Hugh Johnson

DER KLEINE JOHNSON FÜR WEINKENNER 1990

Hallwag Verlag Bern und Stuttgart

ZEICHEN UND ABKÜRZUNGEN

r	rot
rs	rosé (...): in Klammern gesetzte Angaben bedeuten
w	weiß relativ bescheidene Anbaumengen
br	braun
lbl	lieblich
s	süß
tr	trocken
sch	schäumend

★	einfache Qualität für jeden Tag
★★	überdurchschnittliche Qualität
★★★	bekannt, berühmt
★★★★	erstklassig, anspruchsvoll, teuer
☐	besonders gut und preiswert in der jeweiligen Klasse

83 84	usw.: allgemein erhältliche, empfohlene Jahrgänge
82'	usw.: besonders erfolgreicher Jahrgang für das betreffende Weingut
80 81	usw.: **fettgedruckt** bedeutet, daß der betreffende Jahrgang genußreif ist (andere Jahrgänge sollten noch gelagert werden). Sind sowohl rote als auch weiße Weine angegeben, dann ist der Rotwein gemeint, wenn nicht ausdrücklich anders erwähnt.
	NB: Deutsche Weinjahrgänge werden nach einem anderen System geführt. Näheres siehe Seite 107 ff.
BV	baldiger Verbrauch, d. h. möglichst jung zu trinken
oJ	meist ohne Jahrgangsangabe auf dem Etikett. Bei Champagner eine einheitlichen Geschmack garantierende Mischung mehrerer Jahrgänge.
Ch.	Château (Weingut); bei den französischen Weinen

Weitere Erläuterungen auf Seite 6.

Eine Übersichtstabelle über französische und deutsche Weinjahrgänge finden Sie auf Seite 29.

Übersetzung aus dem Englischen: Wolfgang Kissel
Umschlaggestaltung: Robert Buchmüller
11., neu überarbeitete und ergänzte Auflage 1990

© 1978 Hallwag AG, Bern
Satz: Hallwag AG, Bern
Produced by Mandarin Offset
Printed and bound in Malaysia

Die englische Originalausgabe ist bei Mitchell Beazley Publishers
Limited, London, unter dem Titel «Hugh Johnson's Pocket Wine
Book» erschienen.
© 1977 Mitchell Beazley Publishers Limited
Text © Hugh Johnson

ISBN 3 444 70147 0

Inhalt

Dank

Die hier vorliegende Sammlung ausführlicher Empfehlungen stammt teilweise von mir, teilweise aber von vielen guten Freunden. Ganz besonders danken möchte ich den nachstehend namentlich Genannten:

Rodrigo Alvarado
Burton Anderson
Anthony Barton
Jean-Claude Berrouet
Tim Bleach
Michael Broadbent M.W.
Pierre Coste
Alain de Courseulles
Terry Dunleavy
Len Evans
Dereck Foster
Chris Foulkes
Francis Fouquet
Jean-Paul Gardère
Rosemary George M.W.
James Halliday
Phyllis Hands
Peter Hasslacher
Ian Jamieson M.W.
Nathanial Johnston
Graham Knox
Matt Kramer
Tony Laithwaite

Miles Lambert-Gócs
John Lipitch
Tim Marshall
Patrick Matthews
Dr. Franz Werner Michel
Christian Moueix
David Peppercorn M.W.
István Pusztai
Jan, Maite und Carlos Read
Belle Rhodes
Dr. Bernard Rhodes
Bertrand de Rivoyre
Dr. Bruno Roncarati
Peter M. F. Sichel
Patrick Skinner
Serena Sutcliffe M.W.
Hugh Suter M.W.
Bob Thompson
Peter Vinding-Diers
Manfred Völpel
David Wolfe

Zur Ausgabe 1990

Die Welt des Weins hat in letzter Zeit (bildlich gesprochen) einiges an Schauerwetter überstehen müssen. Sie wurde geplagt von Hypochondern im Gewand von Gesundheitsaposteln, deren geistige Heimat im amerikanischen Prohibitionismus liegt, die inzwischen aber allerorten ihre Stimme erheben. Leider lassen sich Daseinsfreude, Geselligkeit, Freundschaft und Lebensgenuß — alles Dinge, die mit intelligentem Weintrinken zusammenhängen — nicht mit dem Zollstock messen. Reine Verlängerung der Lebenserwartung scheint heute ein Ziel um jeden Preis zu sein. Gott gebe mir zur rechten Zeit ein unbeschwertes Ende!

Dies hier ist die erste Predigt in den 13 Jahren dieses kleinen Buches, und ich hoffe, sie wird die letzte sein. Wir brauchen unseren beschränkten Platz für Besseres. 1988/89 hat überall in der Welt des Weins Neues gebracht. Was davon den Weinfreund berührt, ist hier so getreulich verzeichnet, wie es meine Kräfte und die meiner vielen Helfer vermocht haben. Vieles Neue in dieser Ausgabe, in der alles Alte auf Fehler und überflüssige Silben geprüft und mit 200 neuen Stichwörtern ergänzt worden ist, entfällt auf die «Neue Welt». Aber auch in der Alten Welt, vor allem in Deutschland und Italien, brauen sich Umwälzungen zusammen, die genau unter die Lupe genommen werden mußten. Und in Frankreich ist es allein schon eine unendliche, doch überaus lohnende Aufgabe, den Reichtum an Gottesgaben recht zu würdigen. Ich glaube, inzwischen kommen auf jedes einzelne Stichwort der ersten Ausgabe von 1977 sechs oder sieben — und keines davon ist zuviel.

Neuen Lesern bin ich doch wohl die Erklärung schuldig, daß in diesem Buch versucht wird, so viel aktuelle Information über den Wein der Welt zusammenzupressen wie nur möglich. Die Quellen hierfür sind zahllose Besuche und Weinproben sowie ein stetiger Schriftwechsel, so daß die Revisionsarbeit nie aufhört, ob es nun um neue Details, um die Beurteilung der Jahrgänge oder um Bestandserweiterungen geht. Immer neue Erzeuger möchten gern aufgenommen werden, doch neu sein allein genügt dazu nicht . . . alte Erzeuger haben schließlich auch Neues zu bieten.

Das Buch ist so eingerichtet, daß es Ihnen beim Weinkauf nützlich werden kann, ganz gleich, ob Sie Ihre Liebe zum Wein erst neu entdeckt haben oder ob Sie ein alter Hase mit einem schlechten Gedächtnis sind. Wenn Sie über einer Weinkarte in einem Restaurant oder vor einer mehr oder minder langen Reihe von Flaschen in einer Weinhandlung oder auch im Supermarkt in Verwirrung geraten, dann ziehen Sie Ihr kleines Buch heraus. Sie brauchen jetzt nur festzustellen, aus welchem Land ein Wein kommt. Schlagen Sie die augenfälligsten Wörter auf dem Etikett unter diesem Land auf, und Sie werden genug komprimierte Information finden, um beurteilen zu können, ob dies auch der Wein ist, den Sie haben möchten.

Im einzelnen gibt Ihnen dieses Buch Auskunft über Art und Farbe eines Weins, über seinen Ruf oder sein Prestige, ob er allgemein besonders empfehlenswert ist, welche Jahrgänge gut und welche trinkreif sind — und oft noch manches mehr ... über die Erzeugungsmenge, die Traubensorte, über Besitzverhältnisse usw. Und wenn Sie in diesen Seiten einfach stöbern gehen, werden Sie bestimmt manche Anregung entdecken.

Zum richtigen Gebrauch

Bei den meisten Stichwörtern besteht die erste Zeile aus folgenden Kurzinformationen:

1. Aus welcher Gegend des betreffenden Landes der Wein stammt (Hinweise auf Landkarten im Buch).
2. Ob es sich um einen roten, rosé oder weißen (auch bernsteingelben) Wein handelt, ob er trocken, süß, schäumend, in verschiedenen Formen vorkommt.
3. Allgemeiner Qualitätsstand; eine freilich nur grobe Einstufung nach der folgenden Skala:
   - ★ einfache Qualität für jeden Tag
   - ★★ überdurchschnittlich
   - ★★★ bekannt, berühmt
   - ★★★★ erstklassig, anspruchsvoll, teuer

   Eingerahmte Sterne bedeuten: nach meiner Erfahrung in seiner Klasse besonders gut und preiswert.
4. Der Jahrgang: Angegeben sind die besten aus den *vielleicht* noch erhältlichen neueren Jahrgängen. Für den Wein, den Sie jetzt trinken wollen, wählen Sie am besten die **fettgedruckten** Jahrgänge. Dünngedruckte Jahrgänge sollte man noch reifen lassen.

Bei den Angaben über deutsche Weinjahrgänge gilt ein anderes Prinzip: Näheres erfahren Sie in der Einleitung zu «Deutschland» auf Seite 107.

Die 1990 voll genußreifen Jahrgänge

Roter Bordeaux:
Spitzengewächse von 1981, 1980, 1979, 1976, 1975, 1970, 1966, 1962, 1961
Sonstige Crus Classés von 1984, 1981, 1980, 1979, 1978, 1976, 1975, 1970, 1966, 1961
Petits Châteaux von 1986, 1985, 1983, 1982, 1981, 1979, 1978

Roter Burgunder:
Spitzengewächse von 1984, 1982, 1980, 1979, 1978, 1976, 1973, 1971, 1969, 1966, 1964
Premiers Crus von 1984, 1983, 1982, 1980, 1979, 1978, 1976, 1971
Village-Weine von 1986, 1985, 1983 . . .

Weißer Burgunder:
Spitzengewächse von 1984, 1983, 1982, 1981, 1979, 1978 . . .
Premiers Crus von 1986, 1985, 1984, 1983, 1982, 1981, 1978 . . .
Village-Weine von 1988, 1987, 1986, 1985

Sauternes:
Spitzengewächse von 1982, 1981, 1980, 1979, 1978, 1976, 1975, 1971, 1970, 1967 . . .
Sonstige Weine von 1985, 1983, 1982, 1981, 1980, 1979, 1978, 1976, 1975 . . .

Süße Weine von der Loire:
Spitzengewächse (Anjou/Vouvray) von 1985, 1983, 1982, 1981, 1980, 1979, 1978, 1976, 1975, 1973, 1971, 1969, 1964

Elsaß:
Grands Crus und Spätlesen von 1986, 1985, 1984, 1983, 1981, 1979, 1978, 1976 . . .
Einfache Weine von 1988, 1987, 1986, 1985, 1983

Rhône:
Hermitage/Spitzenrotweine von der nördlichen Rhône von 1982, 1980, 1979, 1978, 1973, 1971, 1969
Châteauneuf-du-Pape von 1984, 1983, 1982, 1981, 1980, 1979, 1978 . . .

Deutsche Weine:
Beerenauslesen und Trockenbeerenauslesen von 1983, 1976, 1975, 1971...
Auslesen von 1985, 1983, 1981, 1979, 1976...
Spätlesen von 1986, 1985, 1983, 1981, 1979, 1976...
Kabinett- und QbA-Weine von 1986, 1985, 1984, 1983

Kalifornische Weine:
Spitzen-Cabernets, -Pinots Noirs, -Zinfandel von 1984, 1983, 1981, 1980, 1979, 1978, 1976, 1974
Sonstige Cabernets usw. von 1985, 1984, 1983, 1982, 1981, 1980
Spitzen-Chardonnays von 1986, 1985, 1984, 1983
Sonstige Chardonnays von 1987, 1986, 1985, 1984

Jahrgangs-Port: 1975, 1970, 1967, 1966, 1963, 1960

Der Jahrgang 1988

Gutes Sommerwetter im größten Teil Europas brachte einen Jahrgang, der mit wenigen Ausnahmen als zuverlässig gelten darf. Es besteht begründete Hoffnung auf gute Weine aus Bordeaux und Burgund. Dagegen verdarben starke Regenfälle im Juni alle Aussichten auf einen Port-Jahrgang, und große Teile Spaniens und Italiens hatten unter den Folgen eines nassen Frühjahres und Frühsommers zu leiden.

Zum ersten Mal seit vielen Jahren gingen Qualität und Quantität in Bordeaux nicht Hand in Hand. Der Ertrag war 1988 bescheiden, die Qualität dagegen höchst aussichtsreich. Es hat so manchen Seufzer der Erleichterung gegeben, denn die nicht nur ausgezeichneten, sondern auch reichlichen Jahrgänge 1985 und 1986 waren für manche Weingutsbesitzer und -händler fast zuviel des Guten. Die Weine von St-Emilion und Pomerol sind besonders fest strukturiert und haben ein langes Leben vor sich. Der Jahrgang 1988 wird für roten Bordeaux aller Qualitätsstufen wie auch für Sauternes und trockene Weißweine als gut beurteilt.

In Burgund ergab ein trockener Sommer einen durchschnittlichen Ertrag bei früher Lese. Es sind tiefe, volle, vielversprechende Weine entstanden. Auch die Weißweine von der Côte d'Or sind sehr fein ausgefallen, dagegen fehlt es dem Chablis an Konzentration. Der Beaujolais ist — wie schon der Nouveau erkennen ließ — gut geraten. An der Loire entstanden gute süße Weine und im Elsaß ausgesprochen viele Spätlesen. An der Rhône sind sowohl im Norden als auch im Süden große Weine gekeltert worden, die aber eine Zeitlang reifen müssen. In der Champagne war der Ertrag gut, wenn auch kleiner als erhofft.

In Deutschland machte Regen gegen Ende der Lesezeit viele Hoffnungen auf große Auslesen zunichte, aber die Kabinette und Spätlesen, vor allem Mosel-Saar-Ruwer, zeigen besonders gute Qualität. Es sind allgemein langlebige Klassiker. In Italien gab es große Unterschiede: Der Mehltau machte nach einem regnerischen Frühjahr Sorgen, und ein heißer Sommer verursachte ebenfalls Probleme. In Spanien gab es ähnliche Unannehmlichkeiten, nur Rioja entging dem Schlimmsten und kann deshalb mit vielversprechenden Reservas und Gran Reservas aufwarten. Österreich erlebte seit Jahren erstmals wieder eine Ernte in guter Qualität und Quantität.

In Australien waren die Erträge allgemein kleiner als erwartet, doch die Qualität war gut. Kalifornien brachte schöne Weißweine, aber auch frühreifende Cabernets hervor, die viel Gutes erhoffen lassen.

Alles in allem sind die Keller der Welt mit ausgezeichnetem Wein gut bestellt. Roter Bordeaux aus den Jahrgängen 1982, 1983 und 1985 ist noch reichlich zu haben, nur der 86er ist etwas knapper. Der 84er und der 87er trinken sich sehr angenehm (sie sind oft besser als ihr Ruf), und die Klassiker aus den 80er Jahren reifen schön heran. Bisher ist das ganze Jahrzehnt dem Wein äußerst günstig gewesen.

Rebsorten

Den entscheidendsten Einfluß auf die Eigenart der Weine haben die Rebe und das mehr oder minder starke Aroma ihrer Trauben. In jahrhundertelanger Zuchtwahl hat sich in jedem traditionsreichen Weinbaugebiet eine bevorzugte Sorte herausgebildet oder auch eine Gruppe von Sorten, deren Moste oder Weine sorgfältig gemischt werden. Roter Burgunder beispielsweise wird aus einer einzigen Traubensorte, dem Pinot Noir, bereitet; roter Bordeaux dagegen besteht aus drei oder vier Sorten: zwei Arten von Cabernet sowie aus Merlot, Malbec und — manchmal — noch anderen (über das Mischungsverhältnis entscheidet der Erzeuger). Welche Trauben hier verwendet werden dürfen, ist gesetzlich festgelegt; auf dem Etikett brauchen sie nicht besonders erwähnt zu werden.

Bei der Neuanlage von Weinbergen ist die erste Entscheidung des Winzers die Wahl der Rebe. Gibt er seinem Wein den Charakter einer bestimmten Traube, dann setzt er auch ihren Namen auf das Etikett — daher der zuerst in Kalifornien entstandene Begriff «sortenreiner Wein», der grundsätzlich aus nur einer Traubensorte besteht.

Die Kenntnis einiger Traubensorten ist deshalb außerordentlich nützlich für Sie. Sie hilft Ihnen den Wein finden, der Ihnen schmeckt. Bei mindestens sieben Sorten — Cabernet, Pinot Noir, Riesling, Sauvignon Blanc, Chardonnay, Gewürztraminer und Muscat — sind Geschmack und Duft so deutlich, daß sie zu internationalen Unterscheidungskategorien geworden sind. Ähnliches gilt für Merlot, Syrah, Sémillon ...

Weitere Hinweise auf Rebsorten finden Sie auf Seite 209 (für Kalifornien) und in den Abschnitten über Mittel- und Südosteuropa, Südafrika usw. Hier folgen die besten bzw. verbreitetsten Rebsorten:

Trauben für Weißwein

Aligoté Die zweitwichtigste weiße Traube in Burgund. Frischer (oft harter) Wein, muß jung getrunken werden. Mit Cassis (schwarzer Johannisbeerlikör) zum «Kir» gemischt, ist er hervorragend.

Arneis Die traditionsreiche Piemonteser Traube wird heute wiederbelebt und zu feinen, fülligen Weißweinen verarbeitet.

Blanc Fumé Andere Bezeichnung für Sauvignon Blanc, so benannt nach dem angeblich «rauchigen» Duft des Weins, besonders an der oberen Loire (Sancerre und Pouilly). Bringt einige der besten kalifornischen Weine.

Bual Liefert hochwertige süße Madeiraweine.

Chardonnay Die weiße Traube in Burgund, eine der Sorten in der Champagne und die vermutlich beste weiße Traube in

Kalifornien und neuerdings auch Australien. Liefert trockenen Wein von reicher Vielfalt, v. a. nach einigen Monaten Lagerung in neuen Fässern. Guter Chardonnay kommt heute aus Italien, Spanien, Neuseeland, Bulgarien, Oregon, Washington, New York; fast möchte man wünschen, dort würde auch einmal etwas anderes probiert.

Chasselas Ertragreiche, weitverbreitete, früh reifende Sorte mit wenig Aroma; auch als Tafeltraube angebaut. Am bekanntesten als Fendant in der Schweiz (eine Köstlichkeit) und Gutedel in Deutschland. Vielleicht dieselbe Sorte wie Leanyka in Ungarn und Fetească in Rumänien.

Chenin Blanc Die führende weiße Traube an der mittleren Loire (Vouvray, Layon usw.). Trockener bis lieblicher (sogar süßer) Wein, aber stets mit reichlich Säure. Ist deshalb in Kalifornien beliebt, kann dort feinen Wein erbringen, wird aber selten sortenrein gekeltert. Siehe auch Steen.

Clairette Flache, neutrale Sorte; in Südfrankreich früher stark verbreitet.

Fendant Siehe Chasselas.

Folle Blanche Viel Säure, wenig Aroma, ideal für Branntwein. In der Bretagne als Gros Plant und in Armagnac als Picpoul bekannt. Am besten ist sie vielleicht in Kalifornien.

Furmint Eine Rebe von großem Charakter: das Gütezeichen Ungarns als Haupttraube, sowohl im Tokajer als auch in lebendigem, kräftigem Tafelwein. Mit apfelähnlichem Geschmack. In Jugoslawien unter der Bezeichnung Sipon.

Gewürztraminer (auch Traminer) Die ausdrucksvollste Weintraube, ausgesprochen würzig in Duft und Geschmack, erinnert oft an Rosen und Grapefruit. Die Weine sind oft voll und weich, selbst wenn sie trocken sind. Am besten im Elsaß; auch gut in Deutschland, Osteuropa, Australien, Kalifornien, Neuseeland.

Grechetto Die alte, in Mittel- und Süditalien heimische Traube zeichnet sich durch Vitalität und Stil aus.

Gros Plant Siehe Folle Blanche.

Grüner Veltliner Eine österreichische Spezialität; um Wien, in der Wachau und im Weinviertel; kann köstlich ausfallen: leicht, trocken und lebendig. Jung zu trinken.

Italienischer Riesling In Norditalien und ganz Mittelosteuropa angebaut. Dem Rhein-Riesling weit unterlegen, hat weniger Säuregehalt. Auch Welschriesling, Olaszriesling, darf aber nicht mehr einfach nur «Riesling» genannt werden.

Kerner Größter Erfolg einer ganzen Reihe neuer deutscher Sorten, gezüchtet durch Kreuzung von Riesling und Silvaner (in diesem Fall allerdings von Riesling und rotem Trollinger). Frühreifer blumiger Wein mit dem richtigen Säuregrad. Populär in der Rheinpfalz, Rheinhessen.

Malvasier In Madeira Malmsey, in Italien Malvasia, in Frankreich Malvoisie. Alias Vermentino. Wird auch in Griechenland, Spanien, W.-Australien und Osteuropa angebaut. Liefert volle, braune oder weiche weiße Weine mit superbem, aber nur selten recht genutztem Charakter. Große Lebensdauer.

Müller-Thurgau Am stärksten in Rheinhessen und der Rheinpfalz vertreten; eine Kreuzung zwischen Riesling und Silvaner. Reift früh und liefert weiche, blumige, jung zu trinkende, vor allem gute liebliche, selten aber hervorragende trockene Weine. Gedeiht auch in Neuseeland und Österreich.

Muscadet (alias Melon de Bourgogne) Bringt leichte, sehr trockene Weine in der Gegend von Nantes in der Bretagne; saftig, mit leichtem Salzgeschmack, sehr erfrischend, leider manchmal auch scharf.

Muscat (Muskateller) in vielen Varianten Weitverbreitete, leicht erkennbare, ausdrucksvolle Traubensorte (am besten M. blanc à petits grains), meist zu bukettreichen, süßen Weinen verarbeitet, oft auch zu Süßweinen (z. B. Vin Doux Naturel in Frankreich). Nur Elsässer Muscat ist trocken.

Palomino Auch Listan. Liefert den besten Sherry, doch sehr nichtssagenden Tafelwein.

Pedro Ximénez Soll aus Deutschland nach Südspanien gekommen sein. Liefert sehr starken Wein. In Montilla und Malaga. Wird in Sherry und Mischungen verwendet. Auch in Australien, Kalifornien und Südafrika angebaut.

Pinot Blanc Gilt als Verwandter des Chardonnay, ohne dessen ausgeprägten Charakter. Wird in der Champagne, im Elsaß (immer häufiger), in Norditalien (guter Schaumwein), Süddeutschland und Osteuropa angebaut. In Deutschland Weißburgunder genannt. Was in Kalifornien als Pinot Blanc wächst, ist eigentlich Muscadet.

Pinot Gris Bringt gehaltvolle, oft «dicke», körperreiche Weißweine mit spezieller Würze. Im Elsaß als Tokajer, in Nordostitalien und Jugoslawien als Tocai, in Deutschland als Ruländer bezeichnet. In Burgund heimisch, heute aber selten.

Pinot Noir Hervorragende dunkle Traube (siehe unter Trauben für Rotweine), in der Champagne und gelegentlich auch andernorts (z. B. in Kalifornien) weiß oder für einen blaßrosa «Vin gris» gekeltert.

Riesling Deutschlands beste Rebe, in der übrigen Welt viel zuwenig geschätzt. Der Wein, von brillanter Ausgewogenheit, ist in der Jugend blumig, entwickelt in der Reife subtile ölige Duft- und Geschmacksnuancen. Gut im Elsaß (trockener Wein), in Österreich, Teilen von Osteuropa, Australien (dort sehr verbreitet), Kalifornien und Südafrika. Heißt auch oft White, Johannisberg oder Rhine Riesling (anfällig für «Edelfäule»). Sollte mehr genutzt werden, weil sie großen Charakter auch ohne viel Alkoholstärke besitzt.

Sauvignon Blanc Sehr ausdrucksvoller, aromatischer, kräuterwürziger, manchmal rauchig duftender Wein, kann herb ausfallen (an der oberen Loire), auch herzhaft (in Sauternes — wo er mit Sémillon kombiniert wird — und teilweise in Kalifornien). Auch Fumé Blanc genannt. Bewährt sich neuerdings auch in Neuseeland.

Scheurebe Aromatische Kreuzung zwischen deutschem Riesling und Silvaner. In der Rheinpfalz sehr beliebt, besonders für Auslesen.

Sémillon Verleiht den großen Sauternes ihre Fülle; unter richtigen Verhältnissen tritt Edelfäule auf. Liefert weichen, trockenen Wein von beachtlichem Charakter, daher auch zunehmend von Bedeutung für trockenen weißen Graves und Bordeaux. In Australien traditionell Riesling genannt. Alter Hunter Valley Sémillon kann ein großartiger Wein sein.

Sercial Liefert den trockensten Madeira — dort wird übrigens behauptet, daß es sich eigentlich um Riesling handle.

Seyval Blanc In Frankreich gezüchtete Hybride zwischen französischen und amerikanischen Reben. Sehr widerstandsfähig, angenehm fruchtig. Im Osten der USA und in England beliebt und erfolgreich.

Silvaner Der Schwerarbeiter unter den deutschen Reben; der Wein ist meist nur gefällig, außer in Franken, wo er viel Saft, Kraft und Haltbarkeit erreicht. Gut in Südtirol, brauchbar im Elsaß. Liefert in der Schweiz als «Johannisberg» sehr guten Wein.

Steen Die populärste weiße Sorte Südafrikas; guter, lebhafter, fruchtiger Wein. Angeblich soll es sich um Chenin Blanc von der Loire handeln.

Tokay Siehe Pinot Gris. In Kalifornien auch als Tafeltraube und in Australien als angeblich ungarische Traube angebaut. Der weltberühmte Tokajer-Wein wird dagegen von der Furmint-Traube gewonnen.

Traminer Siehe Gewürztraminer.

Trebbiano Wichtige Traube in Mittelitalien, vor allem in Orvieto, Chianti, Soave usw. Auch in Südfrankreich als Ugni Blanc und im Cognac als St-Emilion angebaut. Liefert meist dünnen, neutralen Wein, gut als Verschnittgrundlage geeignet.

Ugni Blanc Siehe Trebbiano.

Verdejo Die Traube von Rueda in Kastilien kann feinen, langlebigen Wein erbringen.

Verdelho Rebensorte auf Madeira, liefert hervorragenden mittelsüßen Wein.

Verdicchio Dieser Name steht für guten trockenen Wein in Mittelitalien.

Vermentino Siehe Malvasier.

Vernaccia In Mittel- und Süditalien sowie auf Sardinien für starken, weichen, lebendigen, Sherry-ähnlichen Wein angebaut.

Viognier Seltene, aber bemerkenswerte Traubensorte, im Rhonetal bei Condrieu angebaut, liefert sehr feinen und duftigen Wein. Ein wenig in Kalifornien.

Welschriesling (oder Wälschriesling) Siehe Italienischer Riesling.

Weißburgunder Siehe Pinot Blanc.

Trauben für Rotwein

Barbera Ertragreiche Rebsorte in Norditalien, v. a. in Piemont, liefert dunklen, fruchtigen, oft scharfen Wein. Wegen des hohen Säuregehalts gut für Kalifornien geeignet.

Brunello Verwandter des Sangiovese, in der Süd-Toskana angebaut (Montalcino).

Cabernet Franc Die geringere der beiden in Bordeaux angebauten Cabernet-Sorten; der Cabernet der Loire, für Chinon und Roséwein.

Cabernet Sauvignon Traube mit großem Charakter, würzig, mit Kräuteraroma, gerbstoffreich. Die erste Sorte im Médoc, liefert auch die besten kalifornischen, australischen, südamerikanischen und osteuropäischen Rotweine. Cabernet Sauvignon braucht immer Zeit zum Reifen und wird meist in Verschnitten verwendet. Er bringt auch würzigen Rosé.

Carignan In Frankreich die weitaus verbreitetste Sorte mit einer Anbaufläche von etlichen hunderttausend Hektar. Sehr ertragreich, liefert flachen und harmlosen Wein. Auch in Nordafrika, Spanien und Kalifornien verbreitet; Blaufränkisch in Deutschland.

Cinsaut In Frankreich verbreitete ertragreiche Rebe; in Südafrika für Pinotage mit Pinot Noir gekreuzt!

Dolcetto Liefert in Piemont süffige, milde Rotweine.

Gamay Die Beaujolais-Traube: leichter, sehr duftiger Wein, jung am besten. An der Loire, in der Schweiz und in Savoyen liefert sie noch leichteren Wein. In Kalifornien unter dem Namen Napa Gamay bekannt.

Gamay Beaujolais Kein Gamay, vielmehr eine in Kalifornien angebaute Variante des Pinot Noir.

Grenache (alias Garnacha) Brauchbare Sorte, liefert kräftigen, fruchtigen, aber blassen Wein: gut für Rosé. Wird in Frankreich, Spanien und Kalifornien angebaut und meist in Verschnitten verwendet.

Grignolino Liefert einen der guten, billigen Piemonteser Tafelweine. Auch in Kalifornien verbreitet.

Malbec (alias Cot) In Bordeaux in geringem Maß, in Cahors und Argentinien verbreitet angebaut.

Merlot Vielseitige Rebe, liefert die großen, duftigen, vollen Weine von Pomerol und St-Emilion; wichtiges Element in roten Médocs; bringt in Norditalien, in der italienischen Schweiz, in Jugoslawien usw. leichtere, aber gute, in Kalifornien weiche und starke Weine.

Mourvèdre (alias Mataro) Die ausgezeichnete dunkle, würzige und gerbstoffreiche Traube wird in der Provence (v. a. in Bandol) für Verschnitte verwendet.

Nebbiolo (auch Spanna und Chiavennasca) Italiens beste rote Traube für Barolo, Barbaresco, Gattinara und Valtellina. Intensiv, edle Frucht und volles Bukett, aber viel Gerbstoff — braucht jahrelange Reifezeit.

Pinot Noir Die große Burgundertraube der Côte d'Or, volles Bukett und Aroma, sucht ihresgleichen an Fülle und Körper. Gedeiht anderswo nicht so gut; bringt in Deutschland, der Schweiz und Österreich als Spätburgunder, aber auch in Ungarn leichte, anspruchslosere Weine. Die große Herausforderung für die kalifornischen und australischen Erzeuger; in Oregon sehr vielversprechend.

Sangiovese Die wichtigste rote Chianti-Traube, im größten Teil Mittelitaliens anzutreffen. Siehe auch Brunello.

Spätburgunder Siehe Pinot Noir.

Syrah (oder Shiraz) Die beste Rhonetraube, bringt herben, purpurroten Wein, der sich superb entwickeln kann. In Australien als «Shiraz» von großer Bedeutung.

Tempranillo Die früh reifende, feine Rioja-Traube, wird in Katalonien Ull de Lebre und in La Mancha Cencibel genannt.

Zinfandel Vielseitige, fruchtige Sorte, in Kalifornien beheimatet, wird auch weiß gekeltert.

Wein und Speisen

Es gibt zwar keine festen Regeln und Vorschriften darüber, welcher Wein zu welchen Gerichten gehört, wohl aber einen großen Schatz an Erfahrungen, über den man sich auch beim Erproben neuer Ideen keinesfalls hinwegsetzen sollte.

Die folgende Liste enthält die herkömmlichen Kombinationen von Gerichten und dazu passenden Weinen und gibt Empfehlungen für andere Zusammenstellungen, die mir persönlich zusagen. Es sind nur Anregungen, die Ihnen helfen sollen, sich rasch zu entscheiden. Diese Angaben ließen sich übrigens bis ins Unendliche erweitern, wollte man alle Weine der Welt in sie einbeziehen. Ich habe mich deshalb auf die Weine beschränkt, die man überall bekommen kann, und gleichzeitig versucht, ein wenig Abwechslung hineinzubringen, damit man nicht immer wieder auf die gleichen Weine zurückgreift.

Die Sterne beziehen sich auf das im Buch verwendete Bewertungssystem (siehe auch Zeichenerklärung).

Vor dem Essen — einen Aperitif

Traditionelle Aperitifs sind entweder Schaumweine (am besten: Champagner) oder gespritete Weine (z. B.: Sherry). Will man dazu etwas knabbern, dann am besten Mandeln oder Walnüsse, *aber auf keinen Fall Erdnüsse,* denn sie sind dem Aroma des Weins feindlich. Heute ist es Brauch, vor dem Essen ein Glas Weißwein zu trinken, ein leichtes, appetitanregendes, trockenes, aber nicht saures Getränk mit einem gewissen Charakter, so zum Beispiel:

Frankreich: Elsässer Pinot Blanc, Riesling oder Sylvaner; Chablis; Muscadet; Sauvignon de Tourraine; Graves Blanc; Mâcon Blanc; Crépy, Bugey, Haut-Poitou, Côtes de Gascogne.

Deutschland: Ein halbtrockener Kabinettwein oder QbA.

Italien: Soave; Orvieto Secco; Frascati; Gavi; Pinot Bianco; Montecarlo; Vernaccia; Tocai; Lugana; Albana die Romagna.

Spanien: Rioja Blanco Marques de Cáceres oder Faustino V oder Albariño. Noch besser ist Fino Sherry, Monzanilla oder Montilla.

Portugal: Ein Grüner Wein; Bucelas.

Osteuropa: Leanyka, Welschriesling, Riesling, Chardonnay, Tokaj Szamorodni.

USA: Kalifornien: «Chablis»; Chenin Blanc; Riesling; French Colombard; Fumé Blanc; Gewürztraminer oder ein guter «Haustrunk»; Riesling aus New York oder Oregon; Sémillon aus Washington.

Australien: Barossa- oder Coonawarra-Riesling.

Südafrika: Steen (auf dem KWV-Etikett steht Chenin Blanc).

England: Englischer Weißwein.

Angaben zu diesen Weinen findet man im Verzeichnis des betreffenden Landes.

Vorspeisen

Aïoli Zu so viel Knoblauch braucht man einen Durstlöscher.
★→★★ Weißer Rhône, Frascati oder Verdicchio; viel Mineralwasser.

Antipasto (italienische oder südliche Hors-d'œuvres) ★★
Trockener oder mittlerer Weißwein, vorzugsweise italienischer (z. B. Soave), Rosé de Provence oder leichter Rotwein
(z. B. Valpolicella, Bardolino), junger ★ Bordeaux oder Fino
Sherry.

Artischocken ★ Rot- oder Roséwein.
Mit Sauce vinaigrette am besten gar keinen Wein oder bestenfalls einen jungen Rotwein, z. B. Bordeaux, Côtes-du-Rhône.
Mit Sauce hollandaise ★ oder ★★ voller, trockener oder lieblicher Weißwein, z. B. Mâcon Blanc, Johannisberg VS, Pfälzer
oder ein kalifornischer «Haustrunk».

Austern (S. 19/20) Meursault, Montrachet, Pouilly-Fuissé,
Chablis, Hermitage, Elsässer, Champagner brut, Sekt, Moselweine.

Assiette anglaise (verschiedene Sorten kalter Braten) ★★
Trockener Weißwein, z. B. Chablis, Muscadet, Silvaner, Riesling, v. a. trockener Mosel-Saar-Ruwer.

Avocado *Mit Garnelen, Krabben usw.* ★★→★★★ trockener bis
halbtrockener Weißwein, z. B. Rheingauer oder Pfälzer Kabinett, Graves, trockener Rosé oder spritzige Weißweine, z. B.
Neuenburger (CH) Riesling.
Vinaigrette ★ leichter Rotwein oder Manzanilla Sherry.

Blini mit Kaviar ★★★ Champagner brut, Sekt, Elsässer Riesling, Sancerre (oder Wodka).

Bouillabaisse und Fischsuppen ★→★★ Sehr trockener Weißwein: Cassis, Blanc de Blanc, Elsässer Silvaner, Entre-Deux-Mers, Pouilly Fumé, Côtes de Provence oder Languedoc (weiß
oder Rosé), toskanischer Trebbiano, Grechetto.

Carpaccio Hierzu paßt fast jeder Wein, sogar ★★★-Rotwein
oder bester Vino da tavola aus der Toskana.

Consommé ★★→★★★ Halbtrockener Sherry, trockener Madeira, Montilla.

Eierspeisen (siehe auch Soufflé) Mit den meisten Weinen
vertragen sie sich nicht gut. Mir schmeckt Champagner zu
Rührei zu jeder Zeit. Allenfalls:
Ohne Sauce: Trockene oder mittlere Weißweine, z. B. Elsässer
Riesling, Waadtländer oder Beaujolais.
Mit Sauce: Der Wein, der für die Sauce verwendet wurde,
oder trockener Weißwein.

Empanadas ★→★★ Cabernet, Rioja, junger Bordeaux.

Fleischpastete und Terrines ★→★★ Ein schlichter, einfacher
Rotwein scheint am geeignetsten, ein guter kann aber auch
nicht schaden! St-Emilion, Côtes de Nuits, Walliser Pinot
Noir.

Forelle, geräuchert Sancerre, Pouilly Fumé, kalifornischer
oder neuseeländischer Fumé Blanc oder Rully.

Gänseleberpastete ★★★→★★★★ Weißwein. In Bordeaux
trinkt man dazu Sauternes. Anderswo wird erstklassiger
Champagner oder ein Gewürztraminer Spätlese bevorzugt.

Garnelen oder Krabben ★★→★★★ Trockener Weißwein: Burgunder, Chardonnay oder Riesling («Cocktail Sauce» verträgt sich nicht mit Wein).

Gazpacho Sangría (siehe Spanien) oder Rioja (Rosé) ist erfrischend; wenn man aber nicht zuviel Flüssigkeit zu sich nehmen will, ist trockener Manzanilla oder Montilla besser.

Gravlax Aquavit oder Chablis Grand Cru, kalifornischer oder australischer Chardonnay oder Jahrgangs-Champagner.

Hering, grün oder Matjes Wacholder oder Aquavit oder kühles Bier.

Hors-d'œuvres (Reichhaltiges Hors-d'œuvre) ★→★★ Sauberer, fruchtiger, herber Weißwein: Waadtländer, Walliser, Sancerre oder Sauvignon jeder Art, Elsässer Silvaner, Muscadet oder Fino Sherry.
Mit vorwiegend Fisch: Weißer Burgunder, Riesling.

Hühnerleberpastete Anregender, trockener Weißwein, z. B. ★★ weißer Bordeaux, Pouilly Fumé, Rheingauer Spätlese trocken oder leichter, fruchtiger Rotwein: Beaujolais, Gamay de Tourraine, junger Chianti oder Valpolicella.

Kammuscheln Siehe Coquilles St-Jacques.

Käsefondue ★★ Trockener Weißwein: Walliser Fendant oder Johannisberg, Waadtländer, Neuenburger, Grüner Veltliner, Elsässer Riesling, Neuseeländer Sauvignon Blanc.

Kaviar ★★★ Champagner, Sekt oder eisgekühlter Wodka.

Lachs, geräuchert Trockener, aber ausdrucksvoller Weißwein, z. B. Fino Sherry, Jahrgangs-Champagner, Sekt, Elsässer Gewürztraminer, Chablis, Grand Cru, Pouilly-Fuissé, Fendant, Rheinpfälzer Riesling Spätlese.

Makrelen, geräuchert ★★→★★★ Kräftiger, würziger Weißwein, z. B. Gewürztraminer, Elsässer Tokajer, Rheinweine, Frankenweine oder Manzanilla-Sherry.

Mayonnaise-Vorspeisen Verlangen nach kräftigem Kontrast. Côte Chalonnaise-Weißwein (z. B. Rully) eignet sich gut. Neuseeländer Sauvignon Blanc.

Melonen Hierzu gehört (wenn überhaupt) ein starker süßer Wein: ★★ Alter Port, Bual Madeira, Muscat, Oloroso Sherry.

Minestrone ★ Rotwein: Grignolino, Chianti, Merlot, Zinfandel, Shiraz usw.

Muscheln (Moules). Gehaltvolle Weißweine: Hermitage, Aigle (VD), Johannisberg, Elsässer, Napa Chardonnay.

Omelette Siehe unter Eierspeisen.

Paprika oder Auberginen (Eierfrucht), gefüllt ★★ Herzhafter Rotwein, z. B. Chianti, Zinfandel, Dolcetto.

Pasta (Teigwaren, ital. zubereitet) ★→★★ Rot- oder Weißwein, je nach Sauce oder Beilage, z. B.
Mit Fischsauce (Muscheln usw.) Verdicchio, Soave, Pomino, Sauvignon.
Fleischsauce Merlot, Chianti, Montepulciano d'Abruzzo, Montefalco d'Arquata.
Tomatensauce Chianti, Valpolicella, Barbera, sizilianischer oder jugoslawischer Rotwein; Zinfandel.
Rahmsauce Orvieto, Frascati oder ital. Chardonnay.

Pastete (Vol-au-Vent) Je nach Zusammensetzung, z. B. bei Hühnerleber ein pikanter Weißwein oder ein milder Rotwein (leichter Pomerol) oder auch Amontillado-Sherry; bei einfachen Pasteten ★★ trockener Weißwein, z. B. Mâcon-Villages, Graves, Fumé-Blanc, Waadtländer.

Pilze à la Grèque Robola aus Kefallenia; deftiger trockener Weißwein; frischer, junger Rotwein.

Pizza Beliebiger ★★ trockener italienischer Rotwein oder ★★ Rioja oder Corbières, Roussillon.

Quenelles de Brochet (Hechtklößchen) ★★★ Weißer Hermitage oder weißer Châteauneuf-du-Pape, Chablis Grand Cru, Elsässer Pinot Gris, Hunter Valley Sémillon.

Quiche ★→★★ Trockener, kräftiger Weißwein (Elsässer, Rheingauer, Graves, Sauvignon) oder junger Rotwein, z. B. Beaujolais-Villages, je nach der Füllung, jedenfalls einfache Weine.

Ratatouille ★★ Herzhafter junger Rotwein, z. B. Chianti, Côte du Rhône, Beaujolais, bulgarischer Cabernet, junger roter Bordeaux.

Rohkost (Crudités) ★→★★ Leichter Rot- oder Roséwein, z. B. Côtes-du-Rhône, Côtes de Provence, Beaujolais, Minervois, Chianti, Fino Sherry.

Salade niçoise ★★ Eher trockener, nicht zu leichter oder blumiger Weißwein oder Rosé, z. B. Côtes du Rhône, korsischer oder katalanischer Weißwein, Dão.

Salami ★→★★ Sehr kräftiger, würziger Rot- oder Roséwein, z. B. Barbera, Merlot, Tavel oder Ajaccio rosé, junger Bordeaux, Rioja.

Salate Am besten ohne Wein. Essig in Salatsaucen tötet das Aroma des Weins.

Schellfisch, geräuchert, Mousse Hierzu paßt ein körperreicher, ausdrucksvoller trockener Weißwein.

Schinken mit Melone ★★→★★★ Voller, trockener bis lieblicher Weißwein, z. B. Orvieto oder Frascati, Domino, Fendant, Grüner Veltliner, Elsässer Silvaner.

Schinken roh Veltliner, Bündner Herrschaftswein, Merlot, Rioja, Pinot noir.

Schnecken ★★ Gehaltvoller Rot- oder Weißwein: z. B. Burgunder, Côtes du Rhône, Chardonnay, Shiraz usw.

Schüsselpastete (Pies mit Fleischfüllung) Rotwein: z. B. Beaune, Mercurey, Beaujolais-Village, jüngerer ★★ St-Emilion.

Soufflé Hierzu gehört ein ★★→★★★ Wein.

Fischsoufflé Trockener Weißwein, z. B. Burgunder, Bordeaux, Elsässer, Chardonnay u. ä.

Käsesoufflé Weißwein, z. B. Waadtländer, Walliser, Sancerre, auch roter Burgunder oder Bordeaux, Cabernet, Sauvignon.

Spargel Stark würzige Weine ★★→★★★ Weißwein: Elsässer Riesling oder Gewürztraminer, Burgunder, Chardonnay oder korsischer Rosé, badische Weine (durchgegorene).

Spargel vinaigrette (auf Wein verzichten).

Suppen (meistens kein Wein).

Leichte Suppen: leichte Rotweine, z. B. Beaujolais Primeur, Landweine.

Rustikale Suppen: z. B. Pot-au-feu, Gerstensuppe usw.: Beaujolais, Burgunder (ordinaire), Bourgueil, Corbières, Rioja.

Taramasalata Verlangt einen rustikalen, südlichen, sehr markanten Weißwein — es muß nicht unbedingt griechischer Retsina sein. Fino Sherry ist auch gut.

Tomatensauce (an beliebigen Gerichten). Tomatensauce mit ihrer Säuerlichkeit ist keinem Wein freundlich. Am besten ist noch ein einfacher Rotwein, vielleicht Chianti oder ein deutscher Wein mit kräftiger Säure.

Zwiebelkuchen ★→★★ Fruchtiger, konzentrierter herber Weißwein, z. B. Elsässer Pinot Gris oder Riesling, Mâcon-Villages, Jurançon, Waadtländer (La Côte), Walliser Fendant, Apfelwein (Hessen).

Meeresfrüchte, Fischgerichte

Aal in Aspik Champagner oJ oder eine gute Tasse Tee.

Aal, geräuchert Starker oder säuerlicher Wein, z. B. Fino Sherry oder Bourgogne Aligoté; badische Weine (durchgegoren), Kornschnaps.

Austern (s. S. 16) ★★→★★★ Weißwein, Champagner brut (einfachere Sorten), Chablis oder, noch besser, Chablis Premier Cru, Muscadet oder weißer Graves.

Barsch, in Streifen geschnitten Gleicher Wein wie für Seezunge.

Coquilles St-Jacques Dazu am besten halbtrockener Weißwein, z. B. Elsässer oder Sauternes, Barsac, Traminer, Montrachet.

In Rahmsauce ★★★ Deutsche Spätlese oder Montrachet.

Gegrillt oder überbacken Hermitage Blanc, Gewürztraminer, kalif. Chenin Blanc, Riesling oder Champagner.

Fish and Chips, fritto misto (oder tempura) ★ Weißer Bordeaux, Orvieto Secco, Koshu, Tee . . .

Forellen, Felchen Weißweine, z. B. Chablais (VD), Johannisberg, Frankenweine, ★★★ Mosel; Meersburger. *Geräuchert:* ein gehaltvoller ★★→★★★ Weißwein: Gewürztraminer, Pinot Gris, Rheingauer Spätlese oder australischer Hunter White.

Heringe Ein Weißwein mit etwas Säure, der dem ausgeprägten Geschmack des Herings entgegenwirkt. Burgunder Aligoté oder Gros Plant aus der Bretagne oder trockener Sauvignon Blanc.

Hummer oder Krebs

Salat ★★→★★★ Weißwein. Einfacherer Champagner, Elsässer Riesling, Chablis Premier Crus, Condrieu, Mosel Spätlese.

Mit Mayonnaise Jahrgangs-Champagner, Sekt, feiner weißer Burgunder, Graves cru classé, Pfälzer Spätlese, Hermitage Blanc.

Kabeljau Eine gute, neutrale Grundlage für feine trockene bis liebliche Weißweine, z. B. ★★→★★★ Chablis, Meursault, Graves cru classé, dt. Kabinettweine oder trockene Spätlesen.

Katenschinken Bier, Korn, Frankenwein, Steinhäger.

Krabben Fino Sherry, Chablis oder Gavi.

Krebs, kalt, mit Salat ★★★ Kalifornischer oder Rheinpfälzer Riesling Kabinett oder Spätlese oder Condrieu; ★★★ Chardonnay oder deutscher Spitzen-Riesling.

Lachs, frisch ★★★ Feiner weißer Burgunder: Puligny- oder Chassagne-Montrachet, Meursault, Corton-Charlemagne, Chablis Grand Cru, Rheingauer Kabinett oder Spätlese, Beaujolais oder junger ★★ Bordeaux.

Lamproie à la Bordelaise (Neunauge) ★★ Junger, roter Bordeaux, St-Emilion, Pomerol oder Fronsac.

Makrelen ★★ Harter oder säuerlicher Weißwein: Sauvignon Blanc aus Bergerac oder der Touraine, Gros Plant, Vinho verde, weißer Rioja.

Muscheln (s. S. 17) ★→★★ Gros Plant, Muscadet, kalifornischer Chablis.

Rochen in brauner Butter ★★ Würziger Weißwein, z. B. Elsässer Pinot Gris, oder trockener, einfacher Weißwein, z. B. Muscadet, Sancerre oder Entre-Deux-Mers.

Sardinen, frisch, gegrillt ★→★★ Sehr trockener Weiß- und Roséwein, z. B. Côtes de Provence, Languedoc, Vinho verde, Dão, Silvaner, Muscadet.

Schalentiere (allgemein) Trockener Weißwein zu gekochten Schalentieren, vollere Weine zu gehaltvollen Saucen.

Schellfisch ★★→★★★ Trockene, etwas vollere Weißweine, z. B. Meursault, Chardonnay.

Seebarbe ★★ Weißwein aus dem Mittelmeerraum, Retsina zur atmosphärischen Einstimmung, auch Rotwein.

Seeschnecken ★★→★★★ Trockener bis lieblicher Weißwein, z. B. Sauvignon Blanc, Chardonnay, Pinot Grigio, Muscadet sur Lie.

Seezunge, Goldbutt u.ä.
Gekocht, gegrillt oder gebacken Ideal zu feinen Weinen: ★→★★★★ weißer Burgunder und gleichrangige.
In Sauce Weißer Burgunder.

Shad ★★→★★★ Weißer Graves, Meursault oder Hunter Sémillon.

Schwertfisch Trockener ★★ Weißwein.

Steinbutt Feiner voller trockener Weißwein, z. B. Meursault oder auch Frankenwein, reifer Rheingauer, Mosel- oder Nahe-Spätlese oder -Auslese; sehr fein auch Viognier aus Condrieu.

Sushi (und Sashimi) Schaumwein oder Chardonnay, Sauvignon, Chablis Grand Cru, Rheingauer Riesling halbtrocken.

Thunfisch, gegrillt ★★ Weiß- oder Rotwein (auch Rosé) in recht fruchtiger Art; z. B. Neuseeländer Sauvignon Blanc oder guter Côte du Rhône.

Fleischgerichte

Bœuf Stroganoff ★★→★★★ Ausdrucksvoller Rotwein, Burgunder, Côte Rôtie, Amarone, Brunello, Hermitage, Kaiserstühler — oder georgischer.

Bries Zu einem so besonderen Gericht gehört ein besonderer Wein, z. B. ★★★ Riesling oder Franken-Silvaner Spätlese oder gut ausgereifter weißer Bordeaux bzw. Burgunder, je nach der Sauce.

Cassoulet ★★ Rotwein aus dem Südwesten Frankreichs, z. B. Madiran, Cahors oder Corbières, junger Bordeaux, Barbera.

Chili con carne ★→★★ Junger Rotwein, z. B. Stierblut, Chianti, Rioja u. ä., Bier.

Chinesische Speisen
Kanton oder Peking ★★→★★★ Trockener bis halbtrockener Weißwein oder Rosé, z. B. jugoslawischer Riesling, Mâcon-Villages, Chablis Premier Cru, kalifornischer Chardonnay oder Champagner oJ.
Szechuan Eiskaltes Bier.

Confit d'oie ★★→★★★ Recht junger und herber roter Bordeaux wirkt dem reichlichen Gehalt dieser Speise entgegen, Elsässer Tokajer oder Gewürztraminer hebt ihn.

Coq au vin ★★★→★★★★ Roter Burgunder. Der Idealfall ist eine Flasche Chambertin im Gericht und eine oder zwei auf dem Tisch.

Curry-Fleisch ★→★★ Junger, kräftiger Rot- oder Roséwein, auch lieblicher Weißwein; Bier.

Eintopfgerichte
Ein fruchtiger, vollaromatischer Rotwein, z. B. junger Côtes-du-Rhône, Corbières, Barbera, Shiraz, Zinfandel o. ä.

Ente oder Gans ★★★ Bordeaux bzw. Burgunder, Côtes du Rhône oder Pinot Noir. Mit Orangen oder Pfirsichen ist Sauternes zu empfehlen.
Wildente ★★★ Gehaltvoller Rotwein, z. B. Hermitage, Châteauneuf-du-Pape, Bandol, Torres Gran Coronas.

Feldhase ★★→★★★ Vollduftiger Rotwein; nicht zu alter Burgunder, Bordeaux, Rhône (z. B. Cornas); oder Dôle (VS) oder Spätburgunder (Baden). Dasselbe gilt für Hasenrücken.

Fleischklopse (Hacksteaks) ★★ Rotwein, z. B. Crozes-Hermitage, Beaujolais, Rioja, Madiran, Rubesco, Dão, Bairrada, Cabernet, Kadarka.

Grillgerichte Einfacher, kräftiger, junger Rotwein. Shiraz, Chianti, Zinfandel, Buzbag.

Gulasch ★★ Starker junger Rotwein, z. B. Stierblut, Zinfandel, Cabernet, Kadarka.

Hammel- und Lammfleisch, gebraten Traditionell eine der besten Grundlagen für sehr guten Bordeaux, Côtes-du-Rhône.

Hammel- und Lammkotelett Wie bei Hammelbraten.

Huhn oder Pute, gebraten So gut wie jeder Wein, auch bester herber bis mittlerer Weißwein und feiner alter Rotwein. Bei Geflügel entscheidet die Sauce darüber, welcher Wein am besten dazu paßt (z. B. Coq au vin mit rotem Burgunder); nur sollte man zu Tomatensauce nur einfachen Wein trinken.

Kalbfleisch, gebraten *In brauner Sauce:* Leichte Rotweine wie Côtes du Rhône, Beaujolais, Bordeaux, Spätburgunder.
In heller Sauce: Weißweine wie Fendant oder deutscher ★★★ oder sehr leichte Rotweine.

Kalte Fleischgerichte Zu ihnen paßt vollmundiger Weißwein meist besser als Rotwein. Mosel-Spätlese, Hochheimer.

Kaninchen ★★→★★★ Junger Rotwein: Beaujolais, Bordeaux, Rioja, Merlot.

Kebab ★★ Kräftiger Rotwein, z. B. griechischer Demestica, türkischer Buzbag, bulgarischer Cabernet.

Kutteln (Kaldaunen) ★→★★ Rotwein: Corbières, Mâcon Rouge usw. oder, wenn an heller Sauce mit Weißwein, z. B. Sancerre, Waadtländer, Walliser.

Lamm Ein fruchtiger junger Cru Beaujolais (z. B. Fleurie, Brouilly), ein gleichwertiger Zinfandel oder Cabernet.

Leber ★★→★★★ Junger Rotwein: Beaujolais-Villages, Rhône, Médoc, italienischer Merlot; Zinfandel, Pinot Noir.

Mixed Grill Ein ziemlich leichter Rotwein; ★★ roter Burgunder aus Bourg, Fronsac oder Premières Côtes; Chianti; Bourgogne Passetoutgrains, chilenischer Cabernet.

Moussaka ★→★★ Rot- oder Roséwein, z. B. Naoussa, Chianti, Corbières, Côtes de Provence, griechischer Retsina, Ajaccio, Calvi oder Patrimonio.

Nieren ★★→★★★ Rotwein: Pomerol oder St-Emilion, Rhône, Barbaresco, Rioja, Cabernets jeglicher Herkunft. Bairrada aus Portugal.

Ochsenschwanz ★★→★★★ Recht gehaltvoller Rotwein, z. B. St-Emilion oder Pomerol, Burgunder, Barolo oder Chianti Classico, Rioja Reserva oder trockener Riesling Spätlese.

Paella ★★ Junger spanischer Roter, trockener Weiß- oder Roséwein, z. B. Penedès, Rioja.

Rebhuhn, Fasan Siehe unter Wildgeflügel.

Rie de Veau Siehe Bries.

Rindfleisch, gebraten Dazu ist feiner Rotwein ideal: ★★ →★★★★ (je nach Qualität des Fleisches).

Rindfleisch, gekocht ★★ Rotwein, z. B. Bordeaux (Bourg oder Fronsac), Côtes du Rhône-Villages, Shiraz, auch weißer Mâcon-Villages.

Rindfleisch, geschmort ★★→★★★ Sehr kräftiger Rotwein, z. B. Pomerol oder St-Emilion, Hermitage, Torres Sangre de Toro.

Risotto Pinot Grigio aus Friaul, Gavi, junger Sémillon.

Sauerkraut Elsässer Weißweine oder, je nach Beilage, auch Rotweine, z. B. Salvagnin, Côtes du Rhône.

Sauerkraut mit Eisbein Bier.

Sauerkraut mit Rippchen Apfelwein (Hessen).

Schinken ★★→★★★ Jüngerer roter Burgunder, z. B. Volnay, Savigny, Beaune, Corton oder ein leicht lieblicher deutscher Weißwein, z. B. Rheinwein Spätlese, oder toskanischer Rotwein oder ein leichter Cabernet (z. B. aus Chile).

Schweinefleisch, gebraten Zu Schweinebraten mit einer scharfen Apfelsauce oder zu Braten mit Salbei und Zwiebeln gehört nur ein einfacher junger Weißwein. Ohne solche Zutaten dagegen ist Schweinefleisch eine kräftige neutrale Grundlage für gute Rot- und Weißweine, z. B. Pinot Noir und Gutedel.

Steak

Au poivre Ein ziemlich junger ★★★ Rotwein (Rhône, Cabernet).

Tartar ★★ Leichter junger Rotwein: Beaujolais, Bergerac, Valpolicella.

Filet oder Tournedos ★★★ Guter Rotwein, z. B. Burgunder.

T-Bone ★★→★★★ Gehaltvoller Rotwein, z. B. Burgunder, Bordeaux, Barolo, Hermitage, Shiraz.

Fiorentina (Bistecca) Chianti Classico Riserva oder Brunello.
Ostrich Südafrikanischer Pinotage.

Steak und Kidney Pie oder Pudding Roter Rioja Reserva oder reifer ★★→★★★ Bordeaux.

Sukiyaki ★★ Junger Saké (jap. Reiswein); leichter Weißwein oder Rosé, auch Beaujolais Crus: Fleurie, Brouilly usw.

Taube ★★→★★★★ Roter Bordeaux, Burgunder, Côte Rôtie, Chianti Classico, Cabernet Sauvignon, Silvaner Spätlese aus Franken.

Wiener Schnitzel ★★→★★★ Leichter Rotwein aus Südtirol (Alto Adige) oder dem Médoc; oder österreichischer Riesling, Grüner Veltliner, Gumpoldskirchener.

Wild ★★★ Sehr voller kräftiger Rotwein (Rhône, Bordeaux aus einem guten Jahrgang), Spätburgunder (Baden) oder Ostschweizer.

Wildgeflügel Zu jungem, nicht stark abgehangenem gebratenem Wildgeflügel gehört der beste Rotwein, den man auftreiben kann. Zu älteren Exemplaren in der Kasserolle ★★→★★★ Rotwein, z. B. Gevrey-Chambertin, Pommard, St-Emilion. Wenn mit Sauerkraut serviert, passen Elsässer Weine. Wildgeflügel mit Hautgoût: Hermitage, Châteauneuf-du-Pape, Vega Sicilica.

Wildpastete (warm) ★★★ Rotwein. ★★★ Weißwein.

Wurst ★★★ Junger deutscher Wein, z. B. Pfälzer, aber auch Beaujolais, Salvagnin, Dôle oder Bier. Siehe auch Salami.

Zunge Ideal dazu ist Ihre Lieblingsflasche Rot- oder Weißwein mit fülligem Charakter, besonders italienischer.

Käse

Sehr kräftiger Käse verdeckt das Aroma des Weins. Daher sollte man feinen Wein nur zu mildem, reifem Käse servieren.

Bleu de Bresse, Dolcelatte, Gorgonzola, Stilton Braucht als Begleiter einen ausdrucksvollen Wein: jungen ★★ Rotwein (Chianti, Merlot, Bordeaux, Barbera, Dolcetto); auch Port.

Emmentaler, Greyerzer, Comté Côtes de Nuits, Médoc, Dôle, Pinot Noir.

Englische Käsesorten Gibt es mild oder scharf. Ein süßer oder starker Wein ist zu empfehlen. Zu Cheddar, Cheshire, Wensleydale, Gloucester usw.: milde Sorten Bordeaux, scharfe Sorten Port (Ruby, Tawny oder mit Jahrgangscharakter, aber kein Jahrgangs-Port), alter, trockener Oloroso-Sherry oder ein ausgesprochen voller Rotwein: Hermitage, Châteauneuf-du-Pape, Barolo, Barbaresco u. ä.

Hartkäse (Parmesan, Gruyère, Emmentaler, alter Gouda, Jarlsberg) Vollaromatische, trockene Weißweine, z. B. Tokajer aus dem Elsaß oder Vernaccia; Fino oder Amontillado Sherry. Experimente lohnen sich immer: Alter Gouda und Jarlsberg sind auch gut zu feinem, altem Rotwein.

Harzer Käse, Mainzer Käse Frankenweine, leichter Weißwein, z. B. Pfälzer, Rheinhessen.
Limburger, Romadur Spätburgunder (Baden), Ostschweizer, Beaujolais.
Monsieur, Boursault, Chaource usw. Médoc, Côtes de Beaune.
Münster Elsässer Weißweine, Meursault, Pinot Noir, Côte Rôtie, Mâcon, St-Emilion.
Rahmkäse: Brie, Camembert, Bel Paese, Edamer usw. Sie passen in milder Form zu gutem Rotwein, Burgunder, z. B. Côtes de Beaune, Beaujolais (Moulin-à-Vent), Bordeaux, Dôle (zu Brie auch Champagner).
Roquefort, Dänischer Blaukäse Sie sind von so kraftvollem Eigengeschmack, daß nur kräftige Weine dazu passen, z. B. Bordeaux, Côtes du Rhône (Châteauneuf-du-Pape) und alter, trockener Amontillado- oder Oloroso-Sherry.
Ziegenkäse ★★→★★★ Weißwein mit kräftigem Ausdruck, trocken (z. B. Sancerre, Pouilly-Fumé, Pouilly-sur-Loire).

Desserts

Werden nur noch selten mit Wein serviert; zu Unrecht allerdings! Der Wein sollte immer so süß sein wie das Dessert.

Äpfel, gefüllte Jahrgangs-Port (55, 60, 63, 66, 70, 75).
Apfelkuchen, Apfelstrudel ★★→★★★ Süßer deutscher, österreichischer oder ungarischer Weißwein, Grenache, Muscat, Porto, Malvoisie.
Baked Alaska Süßer Champagner oder Asti Spumante.
Baked Bananas Ein Glas eines sehr süßen Malmsey (Madeira).
Birnen in Rotwein Vor Portwein eine Pause.
Biskuitauflauf Ohne Wein; sollte reichlich mit Sherry getränkt werden.
Crème brûlée Ein üppiges Dessert, verlangt nach ★★★→★★★★ Sauternes, Banyuls oder Rheinwein-Beerenauslese oder nach bestem Madeira oder Tokajer.
Crèmes und Puddings ★★→★★★ Sauternes, Monbazillac oder ähnliche volle süße Weißweine.
Crêpes Suzette Süßer Champagner oder Asti Spumante, Muscat, Grenache.
Erdbeeren mit Schlagsahne ★★★ Sauternes oder Vouvray Moelleux.
Waldbeeren ★★★ mit rotem Bordeaux, Muscat oder Banyuls übergossen (keine Schlagsahne) und dazu ein Glas vom gleichen Wein.
Früchte, frische Süßer weißer Coteaux du Layon, leichter, süßer Muskateller (z. B. kalifornischer).
Himbeeren (ohne Sahne, wenig Zucker) Sehr gut zu feinen Rotweinen.

Käsekuchen (Quarkkuchen) ★★→★★★ Süßer Weißwein: Vouvray oder Coteaux du Layon.

Kompott, z. B. Aprikosen, Birnen usw. Süßer Muskateller: z. B. Muscat de Beaumes de Venise, Moscato di Pantelleria oder aus Tarragona.

Kuchen und Gebäck Muscat, Marsala, Bual oder Malmsey Madeira, Oloroso oder Cream Sherry.

Melasse-Torte Zu süß für irgendwelchen Wein, außer einem zuckersüßen Malmsey Madeira.

Méringues (Baisers) Süßer Champagner oder Asti Spumante.

Nüsse Gute Rotweine, Oloroso Sherry, Bual oder Malmsey Madeira, Port (Jahrgangsqualität oder Tawny), Vinsanto.

Obstsalat, z. B. Orangensalat Moscatel, Banyuls, Porto.

Obsttorten (z. B. Pfirsich, Himbeer) ★★★ Sauternes, Monbazillac oder süßer Vouvray.

Plumpudding Süßer Champagner oder Asti Spumante.

Rum Baba Ein Gläschen besten Martinique-Rums.

Schokoladekuchen, -mousse, -soufflé Huxelrebe Auslese oder kalifornischer Orange-Muscat.

Sommerpudding Ziemlich junger Sauternes eines guten Jahrgangs (z. B. 79, 80, 82, 83).

Sorbet, Eis Kein Wein.

Süße Soufflés Muscat, Grenache, süßer Vouvray oder Coteaux du Layon, süßer Champagner.

Zabaglione (Weinschaumcrème, Chaudeau) Leichter goldener Marsala.

Zitronenpudding Mildes Zitronenaroma harmoniert sehr gut mit einem feinen Riesling Auslese.

Knabbereien

Sind meist zu stark gewürzt und für feinen Wein nicht geeignet (nur ein Madeira Bual oder Verdello kann nicht schaden); lediglich Käsegebäck schmeckt nach dem Essen, zusammen mit einem letzten Glas (oder einer letzten Flasche) eines besonders guten Rotweins, vorzüglich.

Temperatur

Auf der Skala unten können Sie die besten Temperaturen für verschiedene Arten von Wein ablesen.

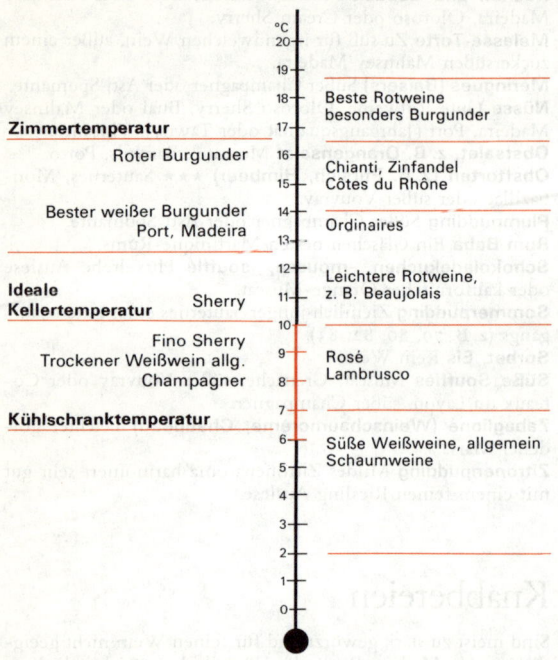

	°C	
	20	
	19	
	18	Beste Rotweine besonders Burgunder
Zimmertemperatur	17	
Roter Burgunder	16	Chianti, Zinfandel Côtes du Rhône
	15	
Bester weißer Burgunder Port, Madeira	14	Ordinaires
	13	
	12	Leichtere Rotweine, z. B. Beaujolais
Ideale Kellertemperatur Sherry	11	
	10	
Fino Sherry Trockener Weißwein allg. Champagner	9	Rosé Lambrusco
	8	
Kühlschranktemperatur	7	
	6	Süße Weißweine, allgemein Schaumweine
	5	
	4	
	3	
	2	
	1	
	0	

Neue Weinsprache

In den letzten fünfzehn Jahren hat sich in der Weintechnologie eine Revolution abgespielt, die zugleich auch grundlegende Veränderungen der Weinfachsprache brachte — und dann die fällige Reaktion. Vage Vergleiche, mit denen einst versucht wurde, einen Wein zu charakterisieren, Ausdrücke also wie «fruchtig», «körperreich», sollten durch eine sachlichere, wissenschaftlichere Terminologie — die Fachsprache der Laboranalyse — ersetzt werden. Einige Begriffe dieser neuen «scharfgeschliffenen» Weinsprache sollen hier kurz erläutert werden.

Wichtigste Kriterien sind: Traubenreife bei der Lese; Alkoholpotential und Zuckergehalt des ausgegorenen Weins; Säuremenge; als Konservierungsmittel beigemischte Schwefeldioxydmenge; Anteil an Trokkensubstanz — die Summe all jener Faktoren, die dem Wein seinen unverkennbaren Charakter verleihen.

Der im Wein enthaltene Zucker ist hauptsächlich Glukose und Fruktose, mit Spuren von Arabinose, Xylose und andern Zuckerarten, die durch Hefe nicht fermentierbar, durch Bakterien aber umwandelbar sind. Jedes Land hat sein eigenes System zum Messen des Reifegrads (oder Mostgewichts). Die nachfolgende Übersicht setzt die drei wichtigsten Systeme (das deutsche, das französische und das amerikanische) in Beziehung zueinander, zum spezifischen Gewicht und zum Alkoholpotential des Weins, wenn der gesamte Zuckergehalt vergoren wird.

Spezifisches Gewicht	Grad Öchsle	Baumé	Brix	Alkoholpotential
1.065	65	8.8	15.8	8.1
1.070	70	9.4	17.0	8.8
1.075	75	10.1	18.1	9.4
1.080	80	10.7	19.3	10.0
1.085	85	11.3	20.4	10.6
1.090	90	11.9	21.5	11.3
1.095	95	12.5	22.5	11.9
1.100	100	13.1	23.7	12.5
1.105	105	13.7	24.8	13.1
1.110	110	14.3	25.8	13.8
1.115	115	14.9	26.9	14.4
1.120	120	15.5	28.0	15.0

Restzucker: nach vollendeter oder künstlich abgestoppter Fermentierung im Wein verbliebener Zucker, gemessen in Gramm pro Liter.

Alkoholgehalt (vorwiegend Äthylalkohol): dieser wird in Prozenten des Gesamtflüssigkeitsvolumens angegeben (manchmal auch in Grad).

Säuren kommen im Wein frei, gebunden und in geringem Maß auch in flüchtiger Form vor. Weinsäure, Apfelsäure sowie Spuren von Zitronensäure können an Kali, Kalzium und Magnesium gebunden sein oder in freier Form vorliegen. Diese Säuren sind schon in den Beeren enthalten. Die Milchsäure dagegen entsteht erst beim biologischen Abbau durch Bakterien aus der Apfelsäure. Bei flüchtiger Säure handelt es sich vorwiegend um Essigsäure, die im Wein in größerer Konzentration unerwünscht ist.

Die titrierbare Gesamtsäure erfaßt nur die freie Wein-, Apfel-, Milch- und Zitronensäure und entspricht ungefähr $2/3$ der im Wein tatsächlich enthaltenen Säuren. Der Rest liegt in gebundener Form vor.

27

Als Faustregel gilt, daß ausgewogener Wein etwa 0,1 % Säure auf je 10° Öchsle haben soll.

Der pH-Wert ist ein Maß für die Intensität der Säure und weniger für ihr Volumen. Je niedriger die Zahl, desto stärker die Säure. Niedrige pH-Werte ergeben eine bessere Farbe, helfen den Verderb durch Bakterien vermeiden, erlauben mehr freies, aktives, schützendes SO_2. Der pH-Wert für Wein beträgt 2,8 bis 3,8.

Schwefeldioxyd (SO_2) gibt man dem Wein bei, um eine Oxydation oder andere Fehlentwicklungen bei der Weinherstellung zu verhüten. Ein Teil desselben verbindet sich mit dem Zucker usw., ist also «gebunden». Nur freies SO_2 wirkt konservierend. Der zulässige SO_2-Gehalt ist im Verhältnis zum Restzucker gesetzlich festgelegt: je mehr Zucker, desto mehr SO_2.

Heutzutage ist es (in Frankreich entstandene) Mode, Analogien mit quasi-poetischer Note zu gebrauchen: «Spuren von Aprikosen-, Himbeeren-, Leder-Düften; Geschmacksnuancen von Pflaumen und Trüffeln, mit Schattierungen von ‹Bauernhof› oder einem Anflug von Fischleim.» Eine große Spielwiese, doch nur wenige verstehen es, gut zu spielen.

Übersichtstabelle über Weinjahrgänge in Frankreich und in Deutschland

Die Tabellen geben ein überschlägiges und verallgemeinertes Bild der in den Hauptanbaugebieten erzeugten Qualitäten (da es in jedem Jahr auch relativen Erfolg und Mißerfolg gibt) und sollen als Anleitung dazu dienen, ob ein Wein getrunken oder noch aufbewahrt werden soll.

0 nicht gut   **10** am besten

jetzt trinken

kann jetzt mit Genuß getrunken werden, bessere Weine können jedoch immer noch besser werden

muß noch länger lagern

(Kombinierte Symbole bezeichnen Grenzfälle.)

FRANKREICH   Roter Bordeaux   Weißer Bordeaux

	Médoc/Graves	Pom/St-Em.	Sauternes süß	Graves trocken
88	6–9	6–9	7–10	7–10
87	3–6	3–6	2–5	7–10
86	6–9	6–8	7–10	7–9
85	6–8	7–9	6–8	5–8
84	4–7	2–5	4–7	5–7
83	6–9	6–9	6–10	7–9
82	8–10	7–9	3–7	7–9
81	5–8	6–9	5–8	7–8
80	4–7	3–5	5–9	5–7
79	5–8	5–7	6–8	4–6
78	6–9	6–8	4–6	7–9
77	3–5	2–5	2–4	6–7
76	6–8	7–8	7–9	4–8
75	7–9	8–9	8–10	8–10
74	4–6	3–5	0	4–6
73	5–7	5–7	0–4	7–8
72	2–5	2–4	2–4	4–5
71	5–8	6–8	8–9	8–9

Roter Burgunder   Weißer Burgunder

	Côte d'Or	Côte d'Or	Chablis	Elsaß
88	6–9	7–10	5–8	7–10
87	6–9	5–8	5–7	7–8
86	5–8	7–10	7–9	7–8
85	7–10	5–8	6–9	7–10
84	3–6	4–7	4–7	4–6
83	5–9	6–9	7–9	8–10
82	4–7	6–9	5–8	6–8
81	3–6	4–8	6–9	7–8
80	4–7	4–6	5–7	3–5
79	5–6	6–8	6–8	7–8
78	8–10	7–9	7–10	6–8
77	2–4	4–6	5	3–5

Beaujolais: 88 und 86 war gut. Mâcon Villages (weiß): 87 86 85 jetzt gut. **Loire:** Süße Weine aus Anjou und der Touraine. Beste neuere Jahrgänge: 88 85 84 83 82 79 78 76. **Obere Loire:** Sancerre und Pouilly-Fumé 88 86 85 jetzt trinkreif. **Muscadet:** BV.

DEUTSCHLAND

	Rhône	Rhein	Mosel
88	7–10	6–8	7–9
87	3–6	4–7	5–7
86	5–8	4–8	5–8
85	6–8	6–8	6–9
84	5–7	4–6	4–6
83	6–9	6–9	7–10
82	5–8	4–6	6–8
81	5–7	5–8	4–8
80	6–8	4–7	3–7
79	6–7	6–8	6–8
78	8–10	4–7	4–7
77	4–6	5–7	4–6
76	6–9	9–10	9–10

NB. Ausführlichere Angaben auf Seiten 32–34 (Frankreich) und 111 f. (Deutschland).

Frankreich

Kanal

Normandie

Bretagne

Loire Lo

F R A

Cognac

St-Estèphe **St-Est** Blaye

Médoc Côte de

St-Julien **St-Jul** Bourg

Margaux **Mar** ● Bordeau:

Golf von Biskaya Bordeaux

Graves

Entre-

Deux-Me

Sauternes

Die fettgedruckten Abkürzungen SW Frankreic

der Regionalnamen finden im Text

Verwendung

Spanien

Frankreich ist als die wahre Heimat des Weins unbe-
stritten. Zehntausende von Weingütern liegen über
große Teile des Landes hinweg mehr oder weniger
verstreut und produzieren Wein aller Arten. Hier soll
ein Wegweiser durch die Vielfalt von Namen, Sorten
und Erzeugern mit Informationen gegeben werden, die
zur Erkennung dessen, was echt und gut ist, unerläßlich
sind.

Frankreichs beste Weinbaugebiete (aus denen rund
20 % der Gesamtweinerzeugung stammen) haben Appellations Contrôlées, die sich manchmal auf einen
einzigen kleinen Weinberg beschränken, sich aber auch
über einen ganzen Bereich erstrecken können. Burgund
beispielsweise hat die kleinsten, genauest bestimmten
Appellations, die nach einer komplizierten Formel wie-
derum zu größeren Einheiten zusammengefaßt sind,
Bordeaux dagegen weist die weitestgefaßten und allge-
meinsten Appellations auf, bei denen es wieder auf das

30

Reims

Epernay

Paris

Champagne Champ

Elsaß
El

Deutschlan

Seine

Dijon

Jura

Schweiz

Obere Loire

Sancerre

Zentral Frankreich

Burgund
Bg

N   K   R   E   I   C   H

Mâcon

Beaujolais

Savoyen

Dordogne Dor

Rhône
Rh

Italien

Dordogne

Pomerol

St-Emilion St-Em

Garonne

Provence Prov

Marseille

Midi

Pyrenäen Pyr

Perpignan

Mittelmeer

einzelne Weingut (oder «château») besonders ankommt. Dazwischen gibt es viele Varianten.

Eine Appellation Contrôlée stellt eine Garantie für Herkunft und Erzeugungsmethode, für Rebsorten und Produktionsmengen dar, jedoch nur zum Teil auch für Qualität. Alle «AC»-Weine werden einer amtlichen Geschmacksprüfung unterzogen, leider schlüpft auch manch fragwürdiges Produkt durch die Maschen.

Die Appellation hilft uns, einen Wein zu identifizieren, und sagt uns, aus welcher Gegend er stammt. Sie ist die wichtigste Angabe auf dem Etikett.

Weinbaugebiete, die nicht über eine allgemeine Qualität und die erforderliche Tradition für eine Appellation Contrôlée verfügen, bieten ihren Wein unter der seltener werdenden Bezeichnung «Vins Délimités de Qualité Supérieure» (VDQS) oder unter einer dritten Bezeichnung an, nämlich als den oft sehr guten und stets preiswerten «Vin de Pays».

Neuere Jahrgänge klassischer französischer Weine

Roter Burgunder

Côte d'Or Die Rotweine von der Côte de Beaune sind meist früher ausgereift als die volleren von der Côte de Nuits. Verschiedene Erzeuger bereiten Weine unterschiedlicher Art für längere oder kürzere Ausbauzeit, aber auch die besten Burgunder sind jung ansprechender als gleichwertiger roter Bordeaux.

1988	Ausnehmend gut, ein großer Jahrgang.
1987	Kleiner Ertrag, vielversprechende Geschmacksfülle. Braucht viel Zeit.
1986	Große Unterschiede; es fehlt an Substanz — man muß noch abwarten.
1985	Ein großartiger Jahrgang. Konzentrierte Weine haben eine herrliche Zukunft. 1989—2000.
1984	Nicht voll ausgereift; oft trocken und dünn. Jetzt—1996.
1983	Wuchtiger, kräftiger, gerbstoffreicher, ansprechender Jahrgang. Durch Fäule beeinträchtigt. Es gibt herrliche Weine, doch ist Vorsicht geboten. Jetzt—2000.
1982	Reichlicher Jahrgang, hell, aber rund. Côte de Beaune am besten. Bald trinken.
1981	Kleine Ernte; reif, aber verregnete Lese. Einige angenehme Weine. Jetzt trinken.
1980	Ein nasser Herbst; wo Fäulnis vermieden werden konnte, entstanden aber ansprechende Weine. Côte de Nuits besser ausgefallen. Nur Spitzenqualitäten noch 1—2 Jahre aufbewahren.
1979	Ertragreiche, ausgereifte Ernte; einige Ausnahmen. Austrinken.
1978	Eine kleine Ernte von außergewöhnlicher Qualität. Die besten halten sich bis 2000.
1977	Sehr nasser Sommer. Besserer Wein als erwartet, muß aber jetzt getrunken werden..
1976	Heißer Sommer, reichliche Ernte. Wie üblich große Qualitätsunterschiede. Die besten Weine (vor allem Côte de Beaune) reich und lang ausbauend. Bis 1990.
1973	Leichte Weine, viele davon aber fruchtig und zart; die meisten sind bereits zu alt.
1972	Fest und ausdrucksvoll; lassen sich gut aufheben.
1971	Sehr kraftvolle und ausdrucksvolle Weine, doch nicht so lange haltbar, wie es zuerst schien. Die besten haben noch 3—4 Jahre Zeit.

Ältere gute Jahrgänge: 1969, 1966, 1964, 1962, 1961, 1959 (alle reif).

Beaujolais

1988	Ansprechend; haltbare Crus.
1987	Sehr ansprechend, jedoch nicht großartig.
1986	Möglichst bald trinken.
1985	Ein herrlicher Herbst mit lang haltbaren Weinen

Ältere Jahrgänge außer vielleicht zum Teil Moulin-à-Vent vermeidet man besser.

Weißer Burgunder

Côte de Beaune Gepflegte Weine aus guten Jahrgängen mit viel Körper und Frucht bauen bis zu 10 Jahren noch aus und gewinnen an Tiefe und Fülle. Geringere Weine aus leichteren Jahrgängen sind nach 2 bis 3 Jahren genußreif.

1988	Außerordentlich gut; einige große Weine.
1987	Größtenteils enttäuschend, doch es gibt Ausnahmen.
1986	Kraftvolle Weine mit schönerer Säure und Ausgewogenheit als 1985. Jetzt—2000.
1985	Sehr reif; viele Weine sind zu weich; Vorsicht. Jetzt—1995.

1984	Viele magere, einige ausgeglichene Weine. Bald trinken.
1983	Kraftvolle Weine; manche übertrieben, manche mit Fehlern, die besten aber großartig. Bis 1995.
1982	Fette, schmackhafte, aber nicht sehr stabile Weißweine mit wenig Säure, nicht lange haltbar.
1981	Leider geringe Ernte, verspricht viel Gutes. Die besten sind jetzt hervorragend.
1980	Schwacher, doch nicht schlechter Jahrgang. Austrinken.
1979	Sehr ertragreicher Jahrgang. Durchweg guter, brauchbarer Wein; kein großer. Bald trinken.
1978	Gute Weine; zuverlässig und ausgeglichen, nur noch die besten aufbewahren.
1977	Ziemlich leicht. Austrinken.
1976	Heißer Sommer, ziemlich schwere Weine. Gut, aber jetzt meist über den Höhepunkt hinaus.
1973	Sehr ansprechend, fruchtig, typisch und voll, aber nicht lange haltbar, da zu wenig Säuregehalt.
1972	Hoher Säuregehalt, aber dennoch Weine mit viel Charakter. Alle sind jetzt genußreif.
1971	Viel Kraft und große Art. Spitzenweine jetzt in Hochform.

Mit Weißweinen aus dem Mâconnais (Pouilly-Fuissé, St-Véran, Mâcon-Villages) verhält es sich ähnlich, sie sind aber nicht so lange haltbar. Sie zeichnen sich mehr durch Frische als durch Fülle aus.

Chablis Chablis Grand Cru aus Jahrgängen mit Festigkeit und gutem Säuregehalt entwickelt sich bis zu 10 Jahren superb; Premiers Crus entsprechend kürzer; leider aber streben viele Winzer vor allem nach Quantität, wodurch Weine entstehen, die verblassen, ohne das klassische Chablis-Aroma je erlangt zu haben. Petit Chablis soll man nur aus reifen Jahrgängen kaufen und stets jung trinken.

1988	Fast musterhaft. Viel Freude steht bevor.
1987	Regen zur Lesezeit, jedoch ausgewogene, freilich kurzlebige Weine. Bald trinken.
1986	Schöner, reichlicher Jahrgang. Jetzt—1995.
1985	Gute, aber säurearme Weine. Beste Grands Crus lohnen Aufbewahrung.
1984	Kleiner Jahrgang. Meist zu schwächlich und nicht lange haltbar. Austrinken.
1983	Superber Jahrgang, manchmal überstark. Gute Weine entwickeln sich noch bis 1993.
1982	Schöne, leichte Weine. Empfehlenswert, aber nicht lange haltbar.
1981	Kleine, konzentrierte, gute Ernte. Hält sich gut, aber jetzt trinken.
1980	Erfolgreicher als die übrigen Burgunder. Jetzt trinken.
1979	Großer Ertrag. Gute, leichte Weine, nicht lange haltbar.
1978	Ausgezeichnete Weine; jetzt über den Höhepunkt hinaus.

Roter Bordeaux

Médoc/roter Graves Bei manchen Weinen ist Flaschenalterung wünschenswert, bei diesen aber unerläßlich. Kleinere Gewächse aus leichteren Jahrgängen brauchen nur 2 bis 3 Jahre, aber einfache Weine aus großen Jahrgängen können über 15 Jahre hinweg noch gewinnen; die großen Gewächse solcher Jahrgänge brauchen doppelt so lange.

1988	Durchweg ausgezeichnet; reif, ausgewogen, haltbar.
1987	Schwierig, bestenfalls sauber. Strenge Auswahl erforderlich. Nicht lange haltbar.
1986	Wieder ein herrlicher, ertragreicher, warmer Herbst, z. T. besser als 1985
1985	Dank Hitzewelle ein sehr guter Jahrgang. Manche Weine besonders groß. Jetzt—2010.
1984	Anständige Qualität. Wenig Merlot, aber guter, reifer Cabernet. Bis 1995.
1983	Klassischer Jahrgang: reichlich Gerbstoff, ausgeglichen durch schöne Frucht.
1982	In einer Hitzewelle entstanden. Große, gehaltvolle Weine mit langer Lebenserwartung. Viele Pomerols, St-Emilions und die meisten Petits Châteaux sind jetzt köstlich. Die besten noch aufbewahren.

1981	Trotz Regen ganz wunderbar; nicht voll, aber fein und ausgeglichen. Jetzt—1998.
1980	Kleine, späte Lese, reif, aber verregnet. Viele gute, leichte Weine. Jetzt trinken.
1979	Reiche Ernte, überdurchschnittlich gut. Jetzt—1995.
1978	Eine Wundererernte: großartiger, langer, warmer Herbst. Einige sehr gute Weine. Jetzt—2000.
1977	Gefälliger, leichter Wein, viele sind besser als 1974. Jetzt trinken.
1976	Extrem heißer, trockener Sommer; Regen unmittelbar vor der Lese. Allgemein sehr gut, reifen ziemlich schnell. Allgemein trinkreif.
1975	Ein sehr feiner Jahrgang mit tiefer Farbe, hohem Zucker- und (manchmal zuviel) Gerbstoffgehalt. Lange haltbar, aber jetzt trinken; nur manche werden noch besser.
1974	Unmassen von enttäuschenden leichten Weinen. Vorsicht ist geboten.
1973	Riesenertrag; ansprechender Wein im Jungzustand, bis heute erfreulich geblieben. Jetzt oder sehr bald.
1972	Viel Säure von unreifen Trauben. Jetzt trinken.
1971	Kleiner Ertrag, nicht so fruchtig und gleichmäßig wie der 70er. Alle trinkreif.
1970	Riesenertrag, ausgezeichneter Wein, kaum Enttäuschungen. Jetzt—1995.
1967	Nie verführerisch, doch gereift charaktervoll. Bald verbrauchen.
1966	Ein sehr guter Jahrgang mit Tiefe, Frucht und Gerbstoffgehalt. Jetzt—1990.

Ältere gute Jahrgänge: 1962, 1961, 1959, 1955, 1953, 1952, 1950, 1949, 1948, 1947, 1945, 1943, 1929, 1928.

St-Emilion/Pomerol

1988	Durchweg ausgezeichnet; ideale Verhältnisse.
1987	Einige sehr anständige Weine, jedoch bald zu trinken.
1986	Sehr reichlicher Jahrgang. Qualität oft vom Erzeuger abhängig.
1985	Einer von den großen Jahrgängen mit schöner Zukunft. Bis 2010.
1984	Ein schlimmes Jahr. Fast der ganze Ertrag ging im Frühjahr zugrunde. Nicht lange aufbewahren.
1983	Ideale Voraussetzungen. Manche Erzeuger halten diesen Jahrgang für besser als den vorherigen.
1982	Enorm volle, konzentrierte Weine, ganz ausgezeichnet. Jetzt—2000.
1981	Sehr guter Jahrgang, aber nicht so groß, wie er zuerst schien. Jetzt—1995.
1980	Schlechtes Merlot-Jahr; variable Qualität. Mit Sorgfalt auswählen. Bald trinken.
1979	Rivale für den 78er. Vielfach noch besser. Jetzt—1995.
1978	Feiner Wein, zum Teil etwas zu wenig Körper. Jetzt—1992.
1977	Sehr nasser Sommer. Mit wenigen Ausnahmen mittelmäßig. Austrinken.
1976	Sehr heißer, trockener Sommer, jedoch Regen zur Lesezeit. Bald trinken.
1975	St-Emilion meist gut, die besten superb. In Pomerol Ernteminderung durch Frost; feiner, voller Wein. Jetzt—2000.
1974/73/72	Alle müssen schleunigst ausgetrunken werden.
1971	Insgesamt besser als im Médoc, jetzt meist trinkreif.
1970	Großartige Weine mit viel Frucht und Kraft. Sehr reichliche Ernte. Jetzt trinken.

Ältere gute Jahrgänge: 1967, 1966, 1964, 1961, 1959, 1953, 1952, 1949, 1947, 1945.

Sonstige Bereiche siehe Frankreich von A bis Z.

Abel-Lepitre Brut oJ, Cuvée 134 Blanc de Blancs 83, Réserve Crémant 83, Rosé 83 — Champagner-Haus, Gründer von Les Grands Champagnes de Reims. Besitzer von Goulet und St-Marceaux.

Abymes Sav; w; tr ★ BV — Kleiner hügeliger Bereich bei Chambéry, bekannt durch leichten, milden Jacquère-Wein.

Ackerman-Laurance Das erste Haus an der Loire (in Saumur), das die Champagner-Methode einführte. Feiner Crémant de Loire.

Ajaccio Korsika r rs w; tr ★→★★ 85' 86 87 — Hauptstadt von Korsika. AC für oft sehr guten Sciacarello-Rotwein.

Aligoté Zweitrangige weiße Burgundertraube und ein oft angenehm säuerlich-fruchtiger, in der Jugend sehr ausdrucksvoller Wein. Am besten ist Bouzeron (AC), aber auch andere können gut und preiswert sein.

Aloxe-Corton Bg; r w ★★★ 69 71 76 78 79 80 82 83 84 85 86 87 — Nördlichster Weinort der Côte de Beaune; Grand-Cru-Lagen: Corton (r) und Corton-Charlemagne (w); Village-Lagen (stets Aloxe-Corton) leichter, aber oft preiswert.

Alsace Elsaß; El; w (r) ★★ 76 81 83' 85' 86 87 — Duftige, fruchtige, oft starke trockene Weißweine nach deutscher Art aus den Ausläufern der Vogesen. Meist mit Angabe der Rebsorte (Riesling, Gewürztraminer usw.). Reift gut bis zu 5 oder gar 10 Jahren, Grand Cru noch länger.

Alsace Grand Cru ★★★ 71 76 79 81 82 83' 84 85 86 87 — AC nur für die 45 besten Lagen.

Alsace Grand Vin oder Réserve — Wein mit mindestens 11 % Alkohol.

Amance, Marcel Siehe Maufoux, Prosper.

Ampeau, Robert Zuverlässiger Erzeuger für Meursault.

Anjou Lo; (r) rs w; s tr sch ★→★★★ 76 78 82 83 85' 86 — Sehr unterschiedliche Loireweine, darunter guter Cabernet rosé, üppiger weißer Coteaux du Layon, Reife hängt von der Art ab.

Anjou-Côteaux de la Loire AC für weißen Chenin Blanc, u. a. den bemerkenswerten trockenen Savennières.

Appellation Contrôlée (AC oder AOC) Staatliche Herkunfts- und Produktionskontrolle für die besten französischen Weine (siehe Einleitung zu Frankreich).

Apremont Sav; w; tr ★★ BV — Einer der besten Weinorte in Savoyen; helle, zarte Weißweine, jetzt auch Chardonnay.

Arbin Sav; r ★★ — Trinkbar ab 1—2 Jahren. Dunkelrot, lebendig, aus Mondeuse-Trauben, etwa wie ein guter Loire-Cabernet. Idealer Après-Ski-Wein.

Arbois Jura; r rs w; tr sch ★★ meist BV — Verschiedene gute und originelle leichte Weine; Spezialität Vin Jaune.

l'Ardèche, Coteaux de Zentralfrankreich; r (w tr) ★→★★ BV — Leichte Landweine, die besten aus Syrah. Schöne Abwechslung zum Beaujolais. Auch bemerkenswerter Burgunder-ähnlicher Chardonnay, z. B. von Louis Latour. Preiswert.

Armagnac Gebiet im Südwesten Frankreichs, berühmt für hervorragenden, feurigen Weinbrand mit rustikalem Charakter. Der Rotwein aus dem Bereich heißt Madiran.

Auxey-Duresses Bg; r w ★★→★★★ 76 78 79 82 83 85 86 87 88 — Offiziell zweitrangiger, aber durchaus löblicher Ort der Côte de Beaune; Ähnlichkeit mit Volnay und Meursault. Beste Güter: Duc de Magenta, Prunier, Leroy, Diconne, Hospices de Beaune Cuvée Boillot. Oft günstiger Preis.

Avize Champ ★★★★ — Einer der besten Champagne-Orte mit Chardonnay.

Ay Champ ★★★★ — Einer der besten Champagne-Orte mit dunklen Trauben.

Ayala oJ «Château d'Ay»; **75 76** 79 82 und Blanc de Blancs **79 82** — Traditioneller, in Ay beheimateter Champagner-Konzern. Früher berühmt, jetzt wieder im Kommen.

Bandol Prov; r rs (w) ★★★ 76 78 80 81 82 83 84 85' 86 87' — Kleine Küstenregion mit kräftigen, den Bordeaux ähnlichen Rotweinen von der Mourvèdre-Traube, v. a. Ch. Vannières, Domaine Tempier, Domaine Ott, Mas de la Rouvière, Dom. de Pibarnon, Ch. Pradeaux.

Banyuls Pyr; br; s ★★ meist oJ — Einer der besten vins doux naturels (Südwein) aus Südfrankreich. Ähnliche Technik wie beim Portwein.

Barancourt Cramant oJ, Cramant Grand Cru **76 78 79 80 81**, Bouzy Brut, Bouzy 81, Rosé oJ — Erzeuger in Bouzy mit körperreichem Champagner. Teuer.

Barsac Bx; w; s ★★→ ★★★★ 70 71 75 76 78 79 80 81 82 83' 84 85 86' — Nachbar von Sauternes mit ähnlich feinen, üppigen Weinen, nicht so füllig, dafür rassiger. Spitzenweine: Climens und Coutet.

Bar-sur-Aube Champ; w (rs) sch ★★★ — Bereich in der südl. Champagne mit gutem, leichterem Wein und ausgezeichnetem Rosé des Riceys.

Barton & Guestier Aus dem 18. Jahrhundert stammendes Handelshaus in Bordeaux, heute im Besitz von Seagram.

Bâtard-Montrachet Bg; w; tr ★★★★ 71 78 81 82 83 84 85 86 87 88 — Größere Nachbarlage von Montrachet. Potentiell äußerst langlebiger und intensiv aromatischer Wein. Spitzenerzeuger u. a. Leflane, Bouchard-Père, Gagnard, Morey, Niellon.

Baumard, Domaine des Führender Erzeuger in Anjou, v. a. mit Savennières und Coteaux du Layon (Clos Ste-Cathérine).

Béarn Südwestfrankreich; r rs w; tr ★ — Appellation mit wachsender lokaler Bedeutung im Baskenland, bes. Weine der Genossenschaft Sallies de Béarn-Bellocq.

Beaujolais Bg; (rs w) ★ 81 82 BV — Einfache Appellation für die ganze Region Beaujolais; leichter, kurzlebiger, fruchtiger Rotwein von Gamay-Trauben. Die besseren Weine der Region Beaujolais werden jedoch nur mit den sogenannten «Cru»-Bezeichnungen versehen: Brouilly, Côte de Brouilly, Chénas, Chiroubles, Fleurie, Juliénas, Morgon, Moulin-à-Vent, Regnié, St-Amour. Siehe jeweils dort. Seit 1984 zeichnet die Confrérie des Compagnes du Beaujolais ausgewählte Weine als «Beaujolais Grumé» aus.

Beaujolais de l'année Eigentlich dasselbe wie Primeur oder Nouveau.

Beaujolais Primeur oder Nouveau Im Schnellverfahren (nur 4 bis 5 Tage Gärung) bereiteter Beaujolais, wird am 3. Mittwoch im November um Mitternacht freigegeben. Meist mild, fruchtig und süffig, oft aber auch sehr einfach und zu alkoholstark. Beaujolais-Villages ist meist mehr zu empfehlen.

Beaujolais Supérieur Bg; r (w) ★ BV — Beaujolais mit 1 % mehr natürlichem Alkoholgehalt als das Minimum von 9 %. Da fast immer Zucker zugegeben wird, macht das im Endeffekt kaum einen Unterschied aus.

Beaujolais-Villages Bg; r ★★ 88 — Wein aus der besseren (nördlichen) Hälfte des Beaujolais; soll kräftiger in Gehalt und Geschmack sein als normaler Beaujolais. Die 9 wirklich besten «Villages» führen die Bezeichnung «Cru»: Fleurie, Brouilly usw. (siehe Beaujolais). Von den übrigen 30 liegen die besten um Beaujeu; Crus dürfen nicht vor dem 15. Dezember «en primeur» verkauft werden. Es lohnt sich aber, sie auch noch etwas länger aufzubewahren (wenigstens bis zum Frühjahr).

Beaumes de Venise Rh (r rs) br; s ★★★ oJ — Zumeist der beste französische Dessert-Muscat von der südlichen Côtes du Rhône; hocharomatisch, fein, anhaltend (z. B. Domaine de Coyeux, Dom. Durban). Die Rot- und Roséweine von Ch. Redortier und der Genossenschaft sind ebenfalls gut.

Beaune Bg; r (w tr) ★★★ 76 78' 82 83' 84 85 86 87 88 — Klassischer Mittelklasse-Burgunder. «Clos»-Weine von Négociants (meist «Premier Cru») sind oft die besten, z. B. der superbe «Clos des Mouches» von Drouhin. «Beaune du Château» ist eine (gute) Marke von Bouchard Père. Beste Lagen: Grèves, Bressandes, Teurons, Marconnets, Fèves u. a.

Becker, Caves J. Schönes, altes Familienweingut in Zellenberg, Elsaß.

Bégadan — Bedeutender Ort im nördlichen Médoc (AC Médoc) mit einer empfehlenswerten Genossenschaft (Cave St-Jean) sowie Ch. la Tour de By, Vieux-Ch.-Landon, Greysac, Laujac, Patache d'Aux u. a. Oft günstige Preise.

Bellet Prov; rs r w; tr ★★ — Modischer, überdurchschnittlicher Wein aus der Nähe von Nizza. Seriöse Erzeuger: Ch. de Bellet und Ch. de Crémat.

Bergerac Dor; r w; s tr ★★ 82 83 85 86 88 — Leichter, schmackhafter Wein nach Bordeaux-Art. Jung zu trinken, der Weiße sehr jung (siehe auch Pécharmant, Montravel, Ch. de Panisseau, Jaubert, Courts-les-Muts, Tiregard).

Besserat de Bellefon Cuvée Blanc de Blancs oJ, 75 82, Rosé 79, Brut Intégral 79 — Aufstrebendes Champagner-Haus mit feinen, leichten Weinen, bes. Crémant.

Beyer, Léon Alteingesessenes Familienunternehmen in Eguisheim. Produziert kräftige, trockene Weine für mind. 2 — 3 Jahre Reifezeit, v. a. Comtes d'Eguisheim.

Bichot, Maison Albert Einer der größten Winzer und Weinhändler in Beaune. Weinberge (Dom. du Clos Frontin) in Chambertin, Clos du Vougeot, Richebourg usw.; Domaine Long-Depaquit in Chablis. Weitere Markenweine.

Billecart-Salmon oJ 75 76 78 79 82, Rosé oJ, Bl. de Blancs 79 82 83 — Gutes kleines Champagner-Haus, frischer, aromatischer Stil, auch sehr schmackhafter Rosé.

Bize, Simon Spitzenerzeuger mit 14 ha in Savigny-lès-Beaune. Mustergültige Weine zu vernünftigen Preisen.

Blagny Bg; r w; tr ★★→ ★★★ 76 78 82 83 85 86 87 88 — Dörfchen zwischen Meursault und Puligny-Montrachet; der Wein hat Ähnlichkeit mit diesen beiden und mit Volnay (Rotwein). Gut haltbar. Erzeuger u. a. Latour, Ampeau, Malrot.

Blanc de Blancs Ein Weißwein nur aus weißen Trauben, insbesondere Champagner (der sonst aus blauen und weißen Trauben hergestellt wird). Keine Qualitätsbezeichnung.

Blanc de Noirs Weißwein aus blauen Trauben (oft mit rosigem Schimmer).

Blanck, Marcel Elsässer Spitzenweinerzeuger in Kientzheim.

Blanquette de Limoux Midi; w; tr, sch ★★ meist oJ — Preiswerter Schaumwein aus der Nähe von Carcassonne, nach einer Spielart der Méthode Champenoise bereitet; sehr trocken und sauber und zunehmend schmackhafter.

Blaye Bx; r w; tr ★→★★ 85 86 88 — Einfacher Bordeaux aus der Gegend östlich der Gironde. Premières Côtes de Blaye ist besser.

Boisset, Jean-Claude Dynamisches Burgunder Handelshaus; Erzeuger in Nuits-St-Georges. Eigentümer der Häuser Viénot, Bassot, Lionel Bruck und Pierre Ponnelle. Hoher Qualitätsstand.

Bollinger «Special Cuvée» oJ, Grande Année 69 70 73 75 76 79 82 83, Année Rare 73 75, Rosé 81 82 — Champagner-Spitzenhaus in Ay. Trocken, aromatisch, rassig. Luxusmarken «R. D.» (73 75 76 79) und «Vieilles Vignes Françaises» (69 70 75 79 80 81) von nichtgepfropften Edelreben.

Bommes Weinort in Sauternes. Spitzenweine: La Tour-Blanche. Lafaurie-Peyraguey u. a.

Bonneau du Martray, Domaine Bedeutender Erzeuger (9 ha) von Corton-Charlemagne feinster Qualität; aber auch von bestem rotem Corton.

Bonnes Mares Bg; r ★★★★ 66 69 71 76 78' 79 80 82 83 84 85' 86 87 88 — 15 ha Grand-Cru-Lage zwischen Chambolle-Musigny und Morey-Saint-Denis. Edel, zuverlässig, manchmal besser als Chambertin. Spitzenerzeuger: de Vogüé, Dom. des Varoilles, Dujac, Groffier, Roumier.

Bonnezeaux Lo; w; s ★★★ 76 78 81 82 83 84 85 86 — Ausgefallener, fruchtig-säuerlicher Wein aus Chenin-Blanc-Trauben. Der beste von Coteaux du Layon, v. a. Ch. de Fesles.

Bordeaux Bx; r (rs) w ★ 85 86 88 — (Châteaux siehe Seite 75). Grundlegende, umfassende Appellation für Bordeauxwein mit weniger Gehalt, nicht zu verachten.

Bordeaux Supérieur ★→★★ — Wie oben, mit etwas mehr Alkoholgehalt.

Bordeaux-Côtes-de-Francs Bx; r w; tr ★ 82 83 85 86 88 — Bordeaux-Randlage nordöstlich von St-Emilion. Immer ansprechendere und schmackhaftere Weine, v. a. von Ch. Puygueraud und de Belcier, Puyfromage.

Borie-Manoux Erstklassiges Weinhandelshaus mit Weingütern in Bordeaux, im Besitz der Familie Castéja. Güter: Batailley, Haut Bages-Monpelou, Domaine de l'Eglise, Trottevieille, Beau-Site, Lynch-Moussas.

Bouchard-Aîné Alteingesessene Weinhändler und Erzeuger in Burgund mit 24 ha in Beaune, Mercurey usw. Gute, aber nicht beste Qualität.

Bouchard Père et Fils Bedeutendes Handels- und Erzeuger-haus in Burgund (gegr. 1731) mit 84 ha besten Lagen, vor allem an der Côte de Beaune und Kellereien im Château de Beaune. Zuverlässige Qualität.

Bourg Bx; r (w; tr) ★★ 82 83 85 86 88 — Fruchtiger, einfacher Bordeaux aus der Gegend östlich der Gironde; Châteaux siehe Côtes de Bourg.

Bourgogne Bg; r (rs) w; tr ★★ 85 86 87 88 — Umfassende Appellation für Burgund, aber mit höherem Qualitätsstand als einfacher Bordeaux. Leicht, aber oft voll im Geschmack, nach 2—3 Jahren am besten. Beaujolais Cru kann auch als Bourgogne bezeichnet werden.

Bourgogne Grand Ordinaire Bg; r (w) ★ BV — Die einfachste Burgunder-Appellation für Gamay-Weine. Nicht sehr verbreitet.

Bourgogne Passe-tout-grains Bg; r (rs) ⊞ Alter 1—2 Jahre — Oft sehr erfreulich junger Burgunder; Verschnitt aus ¹/₃ Pinot Noir und ²/₃ Gamay. Nicht so spritzig wie Beaujolais.

Bourgueil Lo; r ★★★ 76' 81 82 83' 85 86 — Meist zarter, fruchtiger roter Cabernet aus der Touraine. Der beste von St-Nicolas-de-Bourgueil. Besonders gute Jahrgänge mit Geschmackstiefe und Langlebigkeit. Erzeuger u. a. Caslot-Galbaun, Lame-Delille-Boncard, Audebert, Cognard, Jamet.

Bouvet-Ladubay Hauptproduzent von Saumur-Schaumwein, in der Hand von Taittinger. Ausgezeichneter Crémant de Loire. «Saphir» heißt der Jahrgangssekt, «Trésor» die Spitzensorte.

Bouzeron Weinort an der Côte Chalonnaise, hat den einzigen Aligoté mit Einzelortsnamen.

Bouzy Rouge Champ; r ★★★ 82 83 85 86 — Roter Stillwein aus dem berühmten, dunkle Trauben anbauenden Champagne-Ort; ähnlich einem leichten Burgunder, früh trinkreif, manchmal langlebig.

Brédif, Marc Einer der bedeutendsten Erzeuger und Händler in Vouvray.

Bricout Kleines Champagner-Haus in Avize mit guter Cuvée Charles Koch.

Brouilly Bg; ★★★ 85 86 87 — Eines der 9 besten Crus aus dem Beaujolais; fruchtig, rund, erfrischend. Ein Jahr Flaschenlagerung reicht meist. Spitzenerzeuger: Ch. de la Chaize.

Burgund kann sich rühmen, eines der berühmtesten und gewiß das schönste Hospital der Welt zu beherbergen, die Hospices de Beaune, gegründet 1443 von Nicolas Rolin, Kanzler des Herzogs von Burgund, und seiner Frau, Guigone de Salins. Das von ihm gebaute und von ihm mit Weinbergen als Vermögensstiftung versehene Hospital ist noch heute in demselben Gebäude, in dem die Kranken von Beaune kostenlos gepflegt werden, voll in Betrieb und gedeiht aus den Einkünften aus dem Weinverkauf. Seither haben viele Winzer den Hospices ihr Land vermacht. Heute besitzt das Hospital 50 ha erstklassiges Land in Beaune, Pommard, Volnay, Meursault und Corton. Der Wein wird jedes Jahr am dritten Novembersonntag öffentlich versteigert.

Brut Bis vor kurzem die Bezeichnung für den trockensten Schaumwein; neuerdings gibt es völlig ungesüßte Sorten als «Brut intégral», «Brut non dosé», «Brut zéro» usw.

Bugey Sav; w; tr sch ★ BV — Distrikt mit verschiedenen leichten Weißweinen sowie Perl- und Schaumweinen. Trauben: Roussette (Roussanne) und guter Chard.

Buxy Bg; (r) w; tr ★★ — Ort in der AC Montagny mit guter Genossenschaft.

Buzet Südwestfrankreich; r oder w; tr ★★ 82 83 85 86 88 — Gute, preiswerte, Bordeaux-ähnliche Weine aus der Gegend südöstlich von Bordeaux mit einer gut geführten Genossenschaft. Spitzenmarke: Cuvée Napoléon.

Cabernet Siehe Rebsorten für Rotwein.

Cabernet d'Anjou Lo; rs ★→★★ BV — Delikater, oft recht lieblicher, fruchtiger Rosé.

Cahors Südwestfrankreich ★→ ★★ 75 78 79 80 81 82 83 85' 86 88 — Früher ein strenger «schwarzer» Wein von Malbec-Trauben, heute mehr in der Art von Bordeaux bereitet, kann aber voll Körper und Eigenart sein. Spitzenerzeuger: Baldès (v. a. «Prince Probus»), Jouffreau, Vigouroux (v. a. Ch. de Haute-Serre), Ch. de Caix, Ch. de Chambert, Ch. Lagrezette, Ch. St-Didier, Clos de la Coutale, Dom. Euganie.

Cairanne Rh; r rs w; tr ★★ 83 84 85 86 — Zu Côte du Rhône-Villages gehörender Ort. Gute, solide Weine, v. a. von der Dom. Rabasse-Charavrin.

Calvet Berühmtes altes Handelshaus in Bordeaux und Burgund, heute im Besitz von Whitbread. Viele zuverlässige Standardweine, besonders Bordeaux.

Canard-Duchêne oJ Brut, Rosé und Charles VII — Champagnerfirma, seit 1978 im Besitz von Veuve Clicquot, also von Moët.

Canon-Fronsac Bx; r ★★ 70 75 78 79 81 82 83' 85 86 88 — Gerbstoffherbe, oft vollwürzige, in Qualität und Stil immer besser werdende Rotweine aus einem kleinen Bereich westlich von Pomerol. Flaschenreife ist unerläßlich. Châteaux: Canon-Moueix, Canon de Brem, Coustolle, Junayme, Mazeris-Bellevue, Moulin-Pey-Labrie, Toumalin, Vraye-Canon-Boyer. (Siehe auch Fronsac.)

Cantenac Bx; r ★★★ — Ort im Haut-Médoc, hat Anspruch auf die Appellation Margaux. Spitzen-Châteaux: u. a. Palmer, Brane-Cante nac.

Cap Corse Korsika; w; tr; br ★★→★★★ — Das Nordkap der Insel. Hier wächst herrlicher Muscat und ein seltener trockener Vermentino-Weißwein. Lohnt einen Umweg.

Caramany Pyr; r (w tr) ★ 85 86 87 88 — Neue Appellation für gewisse Côtes de Roussillon-Villages.

Cassis Prov; (r rs) w; tr ★★ BV — Küstenort östlich von Marseille, bekannt für lebendigen, trockenen Weißwein über dem üblichen Standard der Provence (z. B. Domaine du Paternel). Nicht zu verwechseln mit dem in Dijon hergestellten Cassis, einem Likör aus schwarzen Johannisbeeren.

Castellane, de Altes Champagner-Haus in Epernay. Liefert u. a. die Maxim-Hausmarke.

Cave Kellerei, auch jede beliebige Weinfirma.

Cave co-opérative Genossenschaftskellerei. Auf Betriebe dieser Art entfallen inzwischen 55 % der französischen Weinerzeugung, und 40 % aller Winzer sind Mitglieder. Fast alle Genossenschaften sind gut geführt und ausgestattet und erzeugen mit die preiswertesten Weine der jeweiligen Gebiete.

Cépage Rebsorte, z. B. Chardonnay, Merlot.

Cérons Bx; w; tr s ★★ 79 80 81 83 84 85 86 — Nachbar von Sauternes mit einigen guten Süßweinerzeugern, z. B. Ch. de Cérons et de Calvimont.

Chablis Bg; w; tr ★★ 85 86 87— Vollaromatischer, grünlich-goldfarbener Wein von eigener Art, im nördl. Burgund rein aus Chardonnay gekeltert. Spitzenerzeuger: Raveneau, Dauvissat, Laroche, Long-Depaquit, Michel, Drain, Pic, Févre u. a. Einfacher Chablis ist manchmal dünn. Die besten Chablis-Lagen sind die Premiers Crus und die Grands Crus (siehe unten). Die Genossenschaft «La Chablisienne» hat hohen Qualitätsstand.

Chablis Grand Cru Bg; w; tr ★★★★ 78 81 82 83 84 85 86 87 88 — Kräftig, edel und rundum vorzüglich. Große weiße Burgunder, jedoch ganz anders als die von der Côte de Beaune. Sieben Lagen: Blanchots, Bougros, Clos, Grenouilles, Preuses, Valmur, Vaudésir. Siehe auch Moutonne.

Chablis Premier Cru Bg; w; tr ★★★ 81 83 85 86 87 88 — Zweite Klasse, oft aber ausgezeichnet und typischer für Chablis als Grands Crus. Beste Lagen: u. a. Côte de Lechet, Fourchaume, Monts de Milieu, Montée de Tonnerre, Montmains, Vaillons — insgesamt 600 ha.

Chai Gebäude, in dem der Wein zum Reifen gelagert wird, insbesondere in Bx.

Chambertin Bg; r ★★★★ 69 71 76 78 79 80 82 83 84 85 86 87 88 — 13 ha Grand-Cru-Lage, bringt den körperreichsten, dauerhaftesten und oft besten roten Burgunder. 15 Erzeuger, u. a. Bouchard Père, Camus, Damoy, Tortochot, Rebourseau, Rousseau, Trapet, Ponsot.

Chambertin-Clos-de-Bèze Bg; r ★★★★ 76 78 79 80 81 82 83 84 85 86 87 88 — 15 ha Nachbarlage von Chambertin, ähnlich vorzüglicher Wein. Zehn Erzeuger: u. a. Clair-Daü, Drouhin, Drouhin-Larose, Damoy, Rousseau.

Chambolle-Musigny Bg; r (w; tr) ★★★ 76 78 80 82 83 84 85 86 87 — Ort an der Côte de Nuits mit 168 ha Anbaufläche. Fabelhaft duftige komplexe, niemals schwere Weine. Beste Lagen: Musigny, Teil von Bonnes-Mares, Les Amoureuses, Les Charmes. Erzeuger: u. a. de Vogue, Drouhin, Faiveley, Roumier, Moine-Hudelot, Mugnier, Hudelot-Noëllat.

Champagne Schaumwein von Pinot Noir, Pinot Meunier und/oder Chardonnay aus der 24 000 ha großen Champagne, 140 km östlich von Paris, hergestellt nach der Méthode Champenoise; Schaumwein anderer Herkunft — so gut er auch sein mag — darf sich nicht Champagner nennen.

Champagne, Grande Appellation für das beste Gebiet in Cognac.

Champigny Siehe Saumur.

Chandon de Briailles, Domaine Kleines Weingut in Savigny (Burgund) mit sehr gutem Corton.

Chanson Père et Fils Erzeuger (44 ha) und Händler in Beaune.

Chantovent Hauptmarke von Tafelweinen, weitgehend von Minervois.

Chapelle-Chambertin Bg; r ★★★ 76 78 80 82 83' 85 86 87 88 — 5 ha Anbaufläche, Chambertin benachbart, ähnlicher Wein, nicht so körperreich, eher «nervig». Spitzenerzeuger: Clair-Daü, Drouhin-Larose, Leroy, Trapet.

Chapoutier Alteingesessene Erzeuger- und Weinhändlerfirma mit feinen Rhôneweinen.

Charbaut, A. et Fils oJ, Blanc de Blancs, Rosé oJ, 73 76 79 82 — Champagner-Haus in Epernay mit sauberem, leichtem Stil. Gute Rosés.

Chardonnay Siehe Rebsorten für Weißwein.

Charmes-Chambertin Bg; r ★★★ 71 76 78 79 80 82 83' 85 86 87 88 — 30 ha, Nachbarlage von Chambertin; geschmeidiger, runder Wein. Erzeuger u. a. Bachelet, Castagnier, Roty, Rousseau.

Chartron & Trebuchet Junge Firma mit delikaten, harmonischen weißen Burgundern, v. a. Puligny-Montrachet und Clos de la Pucelle von der Dom. Chartron.

Chassagne-Montrachet Bg; r w; tr ★★★→ ★★★★ (Rotweine ★★★) 76 78 80 (r) 82 (r) 83 84 85 86 87 88 — Weinort an der Côte de Beaune, 300 ha, mit exzellenten reichhaltigen, trockenen Weißweinen und feinsten kräftigen roten. Die Weißweine erreichen nur selten die Finesse des Nachbarn Puligny-Montrachet. Beste Lagen: Montrachet, Bâtard-Montrachet, Criots-Bâtard-Montrachet, Ruchottes, Cailleret, Boudriottes (r w), Morgeot (r w), Clos-St-Jean (r). Erzeuger: u. a. Ramonet-Prudhon, Morey, Magenta, Delagrange-Bachelet, Gagnard-Delagrange, Niellon, M. Colin-Deleger, J. N. Gagnard, Larny-Pillot, Bachelet-Ramonet.

Chasseloir, Domaine du Sitz der Firma Chéreau-Carré, die mehrere ausgezeichnete Domaine-Muscadets erzeugt, v. a. Ch. du Chasseloir.

Château In Frankreich, v. a. in Bordeaux gebräuchliche Bezeichnung für Weingut. In Burgund herrscht der Ausdruck «Domaine» vor. Die Châteaux von Bordeaux sind auf den Seiten 76 — 100 zusammengefaßt.

Château-Chalon Jura; w; tr ★★★ — Eigenartiger, starker, trockener, gelber Wein, fast wie Fino-Sherry. Nach der Abfüllung (mit ca. 6 Jahren) genußreif. Eine Kuriosität.

Château Corton-Grancey Bg; r ★★★ 76 78 79 81 82 83 85 86 88 — Berühmtes Gut in Aloxe-Corton im Besitz von Louis Latour. Die Weißweine sind meist am besten.

Château d'Arlay Großes Weingut im Jura; 64 ha in tüchtigen Händen.

Château de Beaucastel Rh; r w tr ★★★ 78' 79 80 81 83 84 85 86 87 88 — Eines der größten (69 ha) und bestgeführten Châteauneuf-du-Pape-Güter. Tiefdunkle Weine für mind. 10 Jahre Reifezeit. Kleine Mengen an wundervollem Weißwein, s. a. Côtes du Ventoux, La Vieille Ferme.

Château de la Chaize Bg; r ★★★ 88 — Bekanntestes Gut von Brouilly, evtl. von ganz Beaujolais, 81 ha.

Château de la Maltroye Bg; r oder w; tr ★★★ — Sehr gutes 13-ha-Gut in Chassagne-Montrachet und Santenay, aber nicht immer zuverlässig.

Château de Meursault Bg; r w ★★★ Weingut mit 40 ha im Besitz von Patriarche; gute Weinberge in Meursault, Volnay, Pommard, Beaune und sehr gute Weine. Hervorragende Kellerei, für Publikumsbesuch geöffnet.

Château de Panisseau Dor; r rs w; tr ★★ BV — Führendes Gut in Bergerac mit gutem, trockenem Sauv. Blanc und Sémillon.

Château de Selle r rs oder w; tr ★ BV — Gut im Besitz der Familie Ott in der Nähe von Cotignac, Var. Bekannte und typische provençalische Weine.

Château des Fines Roches Rh; r ★★★ 78 79 80 81 83 84 85 — Großes (45 ha) und distinguiertes Gut in Châteauneuf-du-Pape. Relativ rasch reifender Wein.

Château du Nozet Lo; w; tr ★★★ 85 86 87 — Größtes und bekanntestes Gut in Pouilly (Fumé) an der Loire. Der Spitzenwein, Baron de L., ist oft großartig, aber auch teuer.

Château Fortia Rh; (w; tr) r ★★★ 79 80 81 83 84 85 86 — Erstklassiges Gut in Châteauneuf-du-Pape. Traditionelle Methoden. Sein Besitzer, Baron Le Roy, schuf in den 1920er Jahren das System der Appellations Contrôlées.

Château-Grillet Rh; w; tr ★★★★ 83 84 85 86 87 88 — 1,5 ha Rebfläche, kleinste Einzel-Appellation Frankreichs. Intensiv, duftig, übermäßig teuer; ziemlich jung zu trinken.

Château-Gris Bg; r ★★★ 78 82 83 85 86 88 — Bekanntes Gut in Nuits-St-Georges, mit Bichot verbunden.

Châteauneuf-du-Pape Rh; r (w; tr) ★★★ 78 79 80 81 82 83 84 85 86 — 3100 ha bei Avignon mit stetig steigender Qualität. Die besten Weine der «Domaines» sind dunkel, kraftvoll und ausnehmend langlebig. Andere können leicht oder sogar enttäuschend sein. Der Weißwein ist oft schwer, heute wird er meist für baldigen Verbrauch bereitet. Spitzenerzeuger: u. a. Ch. Fortin, Rayas, Dom. de Beaucastel, Vieux Télégraphe, Clos des Papes, Dom. les Cailloux usw.

Luft zum Atmen

Unter Weinfreunden streitet man sich darüber, ob das Dekantieren von der Flasche in eine Karaffe dem Wein bekomme oder nicht. Rotwein brauche «Luft zum Atmen», um sein volles Bukett zu entfalten, betonen die Befürworter des Umgießens. Nach Ansicht der Gegner geht dadurch hingegen kostbarer «Biß» verloren. Jedenfalls sei durch diese Maßnahme nichts zu gewinnen.

Es lassen sich zwei weitere praktische Argumente zugunsten des Dekantierens anführen: Bei altem Wein kann man Ablagerungen in der Flasche zurücklassen, und jungem, noch nicht voll entwickeltem Wein verleiht die hinzukommende Luft den Anschein von Reife. Zudem sieht eine Karaffe hübsch aus.

Beim Dekantieren gießt man den Wein sehr vorsichtig in ein anderes Gefäß um, bis die Rückstände die Flaschenschulter erreicht haben. Um das Sediment genau auszumachen, hält man die Flaschenschulter über eine Glühbirne oder eine Kerzenflamme.

Châteaumeillant Lo; r rs oder w; tr ★ BV — Kleines VDQS-Gebiet bei Sancerre. Leichter Gamay und Pinot Noir.

Château Rayas Rh; r (w; tr) ★★★ **78 80 81** 83 84 85 86 — Berühmter, traditionsreicher 15-ha-Besitz in Châteauneuf-du-Pape. Konzentrierter Wein, rein von Grenache, entfaltet sich im Alter oft schön. Zweitetikett: «Pignan».

Château Simone Prov; r; rs oder w; tr ★★ Alter 2—6 Jahre — Bekannter Besitz in den Coteaux d'Aix-en-Provence. Am besten ist der Rotwein, kräuterwürzig und pfeffrig. Seit 85 holt der Weißwein auf.

Château Vignelaure Prov r ★★ **82 83' 84** 85 86 87 88 — Provençalisches Gut (54 ha) bei Aix mit gutem Wein im Bordeaux-Stil aus Cabernet-, Syrah- und Grenache-Trauben.

Weitere Châteaux von Bordeaux sind unter Canon-Fronsac, Côtes de Bourg, Cubzac, Fronsac aufgeführt.

Châtillon-en-Diois Rh; r rs oder w; tr ★ BV — Kleine Appellation östlich der Rhône bei Die. Guter Gamay-Rotwein; weiße Trauben (auch Aligoté) werden meist zu Clairette de Die verarbeitet.

Chauvenet, F. Großes Burgunder-Handelshaus, verbunden mit Margnat. Gediegene Weine, v. a. Weißwein von der Côte de Beaune.

Chave, Gérard Viele halten ihn für den besten Erzeuger von rotem und weißem Hermitage.

Chavignol Dorf in Sancerre mit berühmtem Weinberg Les Monts Damnés. Der kalkhaltige Boden bringt lebendige Weine für 4—5 Jahre Reifezeit hervor.

Chénas Bg; r ★★★ **85 86 87** — Guter Beaujolais Cru; Nachbar von Moulin-à-Vent und Juliénas. Gehört zu den gewichtigeren Beaujolais.

Chenin Blanc Siehe Trauben für Weißwein (S. 10 ff.).

Chevalier-Montrachet Bg; w; tr ★★★★ **78 81 83 84 85** 86 87 — 7 ha. Nachbar von Montrachet, Wein vielleicht nicht so kraftvoll. Dazu gehört Les Demoiselles (Latour, Jadot). Erzeuger: u. a. Bouchard Père, Leflaive, Niellon, Prieur.

Cheverny Lo; r rs oder w; tr ★—★★ BV — VDQS-Bereich um Chambord (Loire). Chenin-Bl.- oder Sauv.-Bl.-Weißweine; Gamay-, P.-Noir- oder Cabernet-Rotweine; meist leicht, frisch und süffig.

Chevillon, R. Kleiner Besitz (8 ha) in Nuits; seit 1980 ausgezeichnete Weine.

Chignin Sav; w; tr (sch) ★ BV — Leichter, lieblicher Weißwein aus Jacquère-Trauben. Für Sommertage in den Alpen. Chignin-Bergeron soll etwas besser sein.

Chinon Lo; r ★★★ **82 83' 85 86** 88 — Zarter, fruchtiger Cabernet-Franc-Rotwein aus der Touraine. Kühl trinken. Besonders gute Jahrgänge halten sich wie Bordeaux. Spitzenerzeuger: Couly-Dutheil, Joguet, Raffoult, Plouzeau.

Chiroubles Bg; r ★★★ 88 — Guter, aber sehr kleiner Beaujolais Cru, neben Fleurie; frischer, fruchtiger, zarter Wein für baldigen Verbrauch (in 1 bis 2 Jahren).

Chorey-lès-Beaune Bg; r ★★ 83 85 86 87 88 — Kleinere Appellation auf ebenem Land nördlich von Beaune, bemerkenswert durch einen guten Erzeuger: Tollot-Beaut.

Chusclan Rh; r rs oder w; tr ★ 86 88 — Dorf der Côte du Rhône-Villages. Gute, mittelschwere Genossenschaftsweine (Rosé am besten).

Cissac Dorf im Haut-Médoc, westlich von Pauillac.

Clair, Bruno Neue kleine Domaine in Marsannay; sehr gute Weine aus Fixin, Morey-St-Denis, Savigny.

Clair Daü Erstklassiges Burgundergut in den nördlichen Côtes de Nuits mit Kellereien in Marsannay. 1986 von Jadot aufgekauft; der Wein läuft jetzt unter diesem Namen.

Clairet Sehr heller Rotwein, fast Rosé.

Clairette Mittelmäßige weiße Traube aus Südfrankreich. Neutrale Weine.

Clairette de Bellegarde Midi; w; tr ★ BV — Einfacher, neutraler Weißwein aus der Gegend von Nîmes.

Clairette de Die Rh; w; tr oder lbl sch ★★ oJ — Populärer trockener oder lieblicher, ziemlich stark nach Muscat schmeckender Schaumwein von der östlichen Rhône oder einfacher trockener Clairette-Weißwein, 3—4 Jahre erstaunlich gut haltbar (der liebliche ist besser).

Clairette du Languedoc Midi; w; tr ★ BV — Einfacher, neutraler Weißwein aus der Gegend von Montpellier.

La Clape Midi; r oder w; tr ★→★★ — Körperreiche VDQS-Weine aus den Kalksteinhügeln zwischen Narbonne und dem Meer. Der Rote gewinnt über 2—3 Jahre an Charakter, der Weiße (Malvasia) noch länger. Sehr guter Rosé. Experimente mit Chardonnay.

Climat Burgundischer Ausdruck für Einzellage, z. B. Beaune Grèves, Chambolle-Musigny, Les Amoureuses.

Clos Ein prestigeträchtiger Ausdruck, einzelnen, meist umfriedeten Weinbergen vorbehalten, die sich oft in einer einzigen Hand befinden. In Burgund und im Elsaß häufig anzutreffen. Das Spitzen-Grand-Cru von Chablis heißt Les Clos.

Clos-de-Bèze Siehe Chambertin-Clos-de-Bèze.

Clos de la Roche Bg; r ★★★ 71 76 78 79 80 82 83 84 85' 86 87 — 15 ha Grand Cru in Morey-St-Denis. Wuchtiger, vielfältiger Wein, ähnlich Chambertin. Hersteller: u. a. Bouchard Père, Ponsot, Dujac, Rousseau, Rémy, Castagnier.

Clos des Lambrays Bg; r ★★★ 78 83 84 85 86 87 88 — 6 ha Grand Cru in Morey-St-Denis. Kam 1979 nach einer schlechten Periode in andere Hände. Macht jetzt wieder einen guten Eindruck.

Clos des Mouches Bg; r oder w; tr ★★★ — Premier Cru in Beaune; sehr gute Lage; im Besitz von Drouhin. Der ungewöhnliche Weißwein enthält Pinot Gris, ist gut ausgebaut und empfehlenswert.

Clos de Tart Bg; r ★★★ 71 76 78 79 80 82 83' 84 85 86 87 — 7 ha Grand Cru in Morey-St-Denis; Besitz von Mommessin. Wunderbar bukettreicher Wein — in der Jugend wie im Alter.

Clos de Vougeot Bg; r ★★★ 71 76 78 80 82 83 85 86 87 88 — 50 ha Grand Cru von der Côte de Nuits, unter viele Besitzer aufgeteilt. Unterschiedlich, manchmal von höchster Fein-

45

heit. Die Qualität hängt vom Erzeuger und der Lage am Hang ab. Spitzenerzeuger: Drouhin, Clair-Daü, Drouhin-Larose, Faiveley, Gros, Jadot, Mugneret, Roumier, Grivot.

Clos du Roi Bg; r ★★★ — Teil des Grand Cru Corton; auch ein Premier Cru aus Beaune.

Clos St-Denis Bg; r ★★★ 76 78 79 80 82 83' 84 85 86 87 88 — 6,5 ha Grand Cru in Morey-St-Denis. Hervorragender, fester Wein. Erzeuger: u. a. Dujac, Lignier, Ponsot.

Clos St-Jacques Bg; r ★★★ 71 76 78 79 80 82 83' 84 85 86 87 88 — 7 ha Premier Cru in Gevrey-Chambertin. Ausgezeichneter, wuchtiger, samtiger Wein, oft besser (und teurer) als mancher Chambertin Grand Cru. Haupterzeuger: Rousseau.

Clos St-Jean Bg; r ★★★ 76 78 79 80 82 83' 84 85 86 87 — 14,5 ha Premier Cru in Chassagne-Montrachet. Sehr guter Rotwein, eher fest als subtil, z. B. von Ch. de la Maltroye.

Coche-Dury 7-ha-Domaine in Meursault mit 0,5 ha Anteil an Corton-Charlemagne und überragender Reputation.

Cognac Stadt und Region in Westfrankreich und der dortige Weinbrand.

Collioure Pyr; r ★ 80 81 82 83 84 85 86 — Starker, trockener Rancio-Rotwein aus der Gegend von Banyuls.

Condrieu Rh; w; tr ★★★★ BV — Hervorragender, milder, duftiger Weißwein mit großem Charakter (und Preis) aus der Viognier-Traube von nur 14 ha Weinbergen. Führende Erzeuger: Vernay, Ch. du Rozay, Guigal, Pinchon und Delas. Ähnlich Ch.-Grillet.

Corbières Midi; r oder (rs) oder (w) ★→★★ 85 86 87 88 — Guter, gehaltvoller, preiswerter Rotwein, nach stetiger Verbesserung zur AC erhoben. Enttäuscht selten. Spitzenerzeuger u. a. Ch. des Ollieux, Ch. Aiguilloux, Ch. de Quéribus, Dom. de Villemajou; Coopératives de Paziols, St-Laurent-Cabrerisse usw.

Cordier, Ets. D. Bedeutende Weinhandelsfirma in Bordeaux, Besitzerin einiger Châteaux, z. B. Gruaud-Larose, Talbot, Cantemerle, Meyney, Laufaurie-Peyraguey; ferner Clos de la Poussie (Sancerre).

Cornas Rh; r ★★→★★★ 78 79 80 82 83' 84 85 86 88 — Wachsendes Gebiet mit 160 ha südlich von Hermitage. Typischer kräftiger Rhônewein der Syrahtraube in sehr guter Qualität. Braucht 3—6 Jahre Reifezeit. Erzeuger: u. a. Clape, Jaboulet.

Corse Die Insel Korsika. Starke «Ordinaires» aller Farben. Bessere Appellations sind u. a. Patrimonio, Sartène, Ajaccio, Cap Corse.

Corton Bg; r ★★★★ 71 76' 78' 80 82 83 84 85' 86 87 88 — Einziger Grand-Cru-Rotwein an der Côte de Beaune. 80 ha in Aloxe-Corton, einschließlich Les Bressandes und Le Clos du Roi. Volle, wuchtige, zumeist langlebige Weine. Viele gute Erzeuger.

Corton-Charlemagne Bg; w; tr ★★★★ 78' 79 81' 82 83 84 85 86 87 — Der Weißwein von Corton (1/3 der Gesamtfläche). Voll, würzig, nachhaltig. Reift bei Alterung wie Rotwein. Spitzenerzeuger: Bonneau du Martray, Latour, Jadot.

Costières du Gard Midi; r rs oder w; tr ★→★★ BV — VDQS mäßiger Qualität aus dem Rhônedelta.

Coteaux Champenois Champ; r (rs) w; tr ★★★ Jahrgänge (soweit angegeben) wie bei Champagner. — Die Appellation für nichtschäumenden Champagner. Manchmal überteuert.

Coteaux d'Aix-en-Provence Prov; r rs oder w; tr ★→★★★ — Aufstrebende Appellation. Neben dem alteingeführten Ch. de Vignelaure kommen nun auch die Château Fonscolombe und de Beaulieu sowie die Commanderie de la Bargemore auf.

Coteaux d'Ancenis Lo; r rs oder w; tr ★ BV — Leichte Cabernet- und Gamay-Rotweine und Roséweine; scharfe Weißweine aus kleinerem VDQS-Gebiet in der Muscadet-Region.

Coteaux de la Loire Lo; w; tr s ★★→★★★ 79 82 83 84 85 86 88 — Gehaltvoller, duftiger weißer Chenin Blanc aus Anjou. Am besten in Savennières. Ausgezeichneter Aperitif.

Coteaux de l'Ardèche Zentr. Fr. r (p; w; tr) ★ BV — Aufstrebender Vin-de-Pays-Bereich mit preiswertem Gamay usw.

Coteaux de l'Aubance Lo; rs oder w; tr/s ★★ BV — Leichter und typischer Wein aus Anjou. Die «moelleux» sind am besten.

Die Confrérie des Chevaliers du Tastevin, Burgunds Weinbruderschaft, ist die berühmteste ihrer Art in der Welt. Sie wurde 1933 von burgundischen Patrioten unter der Führung von Camille Rodier und Georges Faiveley gegründet, um die geliebte Heimat aus wirtschaftlichem Niedergang und verzweifelter Armut durch Förderung der bodenständigen Produkte zu retten. Heute veranstaltet sie regelmäßige Bankette mit aufwendigem und heiterem Zeremoniell für 600 Gäste im Zisterzienser-Château im Clos de Vougeot. In vielen Ländern bestehen Zweiggesellschaften der Confrérie, und unter ihren Mitgliedern sind Weinliebhaber aus aller Welt (siehe auch unter Tastevin).

Coteaux de Pierrevert Rh; r rs oder w; tr oder sch ★ BV — Kleinerer VDQS-Bereich im Süden, in der Nähe von Manosque. Gut zubereiteter Genossenschaftswein, zumeist Rosé, aber auch frische Weißweine.

Coteaux de Peyriac Midi r; p ★ BV — Meistbenutzter Vin-du-Pays-Name im Dépt. Aude. Große Erzeugung.

Coteaux de Saumur Lo; w; tr/s ★★ BV — Gefälliger trockener oder lieblicher fruchtiger Chenin Blanc.

Coteaux des Baux-en-Provence Prov; r rs oder w; tr ★→★★ — Nachbarbereich von Coteaux d'Aix, kommt jetzt ebenfalls in Schwung, v. a. Domaine de Trévallon (Cabernet und Syrah).

Coteaux du Giennois Lo; r oder w; tr ★ BV — Kleineres Loire-Gebiet bei Sancerre. Leichter Gamay und Pinot Noir, Sauvignon und Chenin Blanc.

Coteaux du Languedoc Midi; r rs oder w; tr ★→★★ — Verstreut gelegene Weinbaugebiete im Midi mit AC-Status, besser als dort sonst üblich. Die besten Rotweine (z. B. Faugères, St-Saturnin, La Clape, St-Chinian, Quatourze, St-Georges-d'Orgues, Cabrières) lohnen 2 bis 3 Jahre Lagerung.

Coteaux du Layon Lo; w; lbl s ★★ **78 81 82 83** 85 86 88 —
Distrikt um Rochefort, südlich von Angers, mit lieblichem
Chenin Blanc über dem allgemeinen Standard von Anjou. Et-
was bessere Appellation: «C. du L.-Chaume».

Coteaux du Loir Lo; r rs oder w; tr/s ★★ **78 82 83** 85 86 88
— Kleineres Gebiet nördlich von Tours. Manchmal ausgezeichnete Weine. Beste Lage: Jasnières. Der Loir ist ein Nebenfluß der Loire.

Coteaux du Lyonnais Rh; r rs (w; tr) ★ BV — Einfacher
Beaujolais und entsprechender Weißwein aus der Nähe von
Lyon. Als Primeur am besten.

Coteaux du Tricastin Rh; r rs oder w; tr ★ **85 86** 88 —
Côtes-du-Rhône-Randbereich südlich von Valence mit stetig
zunehmender Qualität. Pierre Labeye ist der Hauptproduzent.
Attraktiver Rotwein in Primeur-Art.

Coteaux Varois Prov; r rs ★→★★ — Großer neuer VDQS-
Bereich mit einem Gut im kalifornischen Stil: Dom. de St-
Jean-de-Villecroze.

Coteaux du Vendomois Lo; r rs oder w; tr ★ BV — Loire-
Randbereich nördlich von Blois, v. a. Gamay.

Côte(s) Bedeutet Hang; meist bessere Lagen als in der
Ebene. Viele Appellationen beginnen entweder mit Côte
oder Coteaux, was dasselbe bedeutet. In St-Emilion zur
Unterscheidung der Talhanglagen von den Plateau-Lagen.

Côte Chalonnaise Bg; r w; tr sch ★★→★★★ — Weniger bekanntes Weinbaugebiet zwischen Beaune und Mâcon. Manchmal auch als Région de Mercurey bezeichnet. Siehe Mercurey,
Givry, Rully, Montagny.

Côte de Beaune Bg; r oder w; tr ★★→★★★★ — Geographisch: die südliche Hälfte der Côte d'Or. Als Appellation nur
auf Teile von Beaune angewandt.

Côte de Beaune-Villages Bg; r oder w; tr ★★ **78 80 83 85** 86
87 — Regionale Appellation für zweitrangige Weine dieses
klassischen Bereichs. Sie müssen nebst «Côte de Beaune» den
Zusatz «Villages» oder den Ortsnamen tragen.

Côte de Brouilly Bg; r ★★★ **86 88** — Fruchtig, voll, kräftig,
einer der besten Beaujolais-Crus; führende Weingüter: Ch.
Thivin, Domaine de Chavanne.

Côte de Nuits Bg; r oder (w; tr) ★★→★★★★ — Die nördliche
Hälfte der Côte d'Or. Fast nur Rotwein.

Côte de Nuits-Villages Bg; r (w) ★★ **78 83 85** 86 87 — Eine
neuere Appellation, selten anzutreffen, aber probierenswert.

Côte d'Or Départementsname, gilt für den mittleren und
Hauptteil der burgundischen Weinberghänge, bestehend aus
der Côte de Beaune und der Côte de Nuits. Der Name wird
auf Etiketten nicht verwendet.

Côte Rôtie Rh; r ★★★ **78 79 80 82** 83' **84** 85' 86 88 — Potentiell der feinste Rhône-Rotwein, unmittelbar südlich von
Vienne; erlangt durch Alterung fast bordeauxähnliche Vielfalt
und Zartheit. Beste Erzeuger: u. a. Jaboulet, Chapoutier, Vidal-Fleury, Barge, Dervieux, Jasmin, Guigal, Jamet.

Côtes d'Auvergne Zentralfrankreich; r rs oder (w; tr) ★ BV — Aufblühender, kleiner VDQS-Bereich bei Clermont-Ferrand. Beaujolais-ähnlicher, aber leichterer Rotwein. Am bekanntesten ist Chanturgues.

Côtes de Blaye Bx; w; tr ★ BV — Einfacher, weißer Bordeaux aus Blaye. Bezeichnung für Rotweine: Premières C. de B.

Côtes de Bordeaux Saint-Macaire Bx; w; tr/s ★ BV — Einfacher, weißer Bordeaux aus der Gegend östlich von Sauternes.

Côtes de Bourg Bx; r ★→★★ 78 79 81 82 83 85 86 88 — Appellation für viele der besseren Rotweine von Bourg. Châteaux: Barbe, La Barde, du Bousquet, La Croix de Millorit, de la Grave, Grand-Jour, Fort Guilhem, Guerry, Rousset, Lalibarde, La Grolet, Tayac, Lamothe, Mendoce, Falfas, Peychaud, de Thau.

Côtes de Castillon Bx; r ★→★★ 78 82 83 85 86 87 88 — Blühendes Gebiet östlich von St-Emilion. Ähnlicher, nur etwas leichterer Wein. Châteaux: u. a. Fonds-Rondes, Haut-Tuquet, Lardit, Castégens, Montbadon, Puycarbin, Pitray, Ste-Colombe, Moulin-Rouge, Rocher-Bellevue.

Côtes de Duras Dor; r oder w; tr ★ 83 85 86 88 — Nachbarbereich von Bergerac mit einer sehr tüchtigen Genossenschaft. Ähnlicher leichter Wein.

Côtes de Francs Siehe Bordeaux — Côtes de Francs.

Côtes de Fronsac Siehe Fronsac.

Côtes de Gascogne SW-Frankreich; (r) w; tr ★ BV — Köstlich blumiger weißer Sauvignon, ein Vin de Pays mit zunehmend gutem Ruf und in reichlichen Mengen.

Côtes de Montravel Dor; w; tr/s ★ oJ — Teil von Bergerac; traditionell lieblicher, heute auch trocken bereiteter Weißwein.

Côtes de Provence Prov; r rs oder w; tr ★→★★ — Wein aus der Provence, oft noch mit mehr Alkohol als Charakter. Das Niveau bessert sich jedoch, dank neuer Investoren. Zu 60 % Rosé, zu 30 % Rotwein. Siehe auch Coteaux d'Aix, Bandol usw.

Côtes de Saint-Mont Südwestfrankreich; r w; tr; ts ★ — Vielversprechender VDQS, ähnlich Madiran; wird gemeinsam mit Côtes de Gascogne durch eine Genossenschaft verarbeitet.

Côtes de Thongue Midi; r w; tr ★ BV — Überdurchschnittlich guter Vin de Pays aus dem Hérault.

Côtes de Toul Ostfrankreich; r rs oder w; tr ★ BV — Sehr leichte Weine aus Lothringen, meist Vin Gris (rosé).

Côtes du Forez Zentralfrankreich; r oder rs ★ BV — Leichter Rotwein nach Beaujolais-Art, kann in warmen Jahren gut sein.

Côtes du Frontonnais Südwestfrankreich; r oder rs ★→★★ BV — Der Wein aus der Gegend von Toulouse gewinnt auch anderswo Freunde. Ch. Bellevue-le-Forêt (100 ha) hat ausgezeichneten seidigen Rotwein zu bieten.

Côtes du Haut-Roussillon Südwestfrankreich; br; s ★→★★ oJ — Bereich für Vins Doux Naturels nördlich von Perpignan.

Côtes du Jura Jura; r rs oder w; tr (sch) ★ BV — Verschiedene leichte und helle Weine. Arbois darf als besser gelten.

Côtes du Luberon Rh; r rs oder w; tr sch ★→★★ — Gefällige Landweine aus der nördlichen Provence. Spitzenerzeuger: Ch. Val-Joannis (v. a. mit Syrah-Rotwein, auch Weißwein), Château de Sannes sowie eine Genossenschaft.

Côtes du Marmandais Dor; r rs oder w; tr ★ BV — Leichte Weine aus der Gegend südöstl. von Bordeaux, den besten liefert vor allem die Genossenschaft in Cocumont.

Côtes du Rhône Rh; rs oder w; tr ★→★★ 88 — Die grundlegende Appellation des Rhônetals. Am besten jung zu trinken, besonders als Primeur. Große Qualitätsunterschiede je nach Traubenreife, d. h. Alkoholstärke. Côtes du Rhône-Villages ist besser.

Côtes du Rhône-Villages Rh; r rs oder w; tr ★→★★ 85 86 88 — Der Wein aus den 17 besten Dörfern der südlichen Rhône. Gehaltvoll und alles in allem zuverlässig, manchmal köstlich.

Côtes du Roussillon Pyr; r rs oder w; tr ★→★★ 86 87 88 — Landwein aus den östlichen Pyrenäen. Am besten sind die deftigen, süffigen Rotweine. Manche Weißweine gehören zu den säuerlichen Vins Verts.

Côtes du Roussillon-Villages Pyr; r ★★ 83 84 85 86 87 88 — Die besten Rotweine der Region, darunter Caramany und Latour de France.

Côtes du Ventoux Prov. r (w tr) ★★ 83 85 86 — Stark wachsende Appellation zwischen der Rhône und der Provence mit schmackhaften Rotweinen. Spitzenerzeuger: La Vieille Ferme (im Besitz von Beaucastel).

Côtes du Vivarais Prov; r rs oder w; tr ★ — Gefällige Landweine aus dem südlichen Massif Centrale. Wie leichter Côtes du Rhône.

Côtes Roannaises Zentralfrankreich; r ★ BV — Kleineres Gamay-Anbaugebiet weit oben an der Loire.

Coulée de Serrant Lo; w; tr/s ★★★ 76 78 79 81 82 83 84 85 86 — 4 ha Rebfläche am N-Ufer der Loire bei Savennières, Anjou. Intensiv kräftiger, fruchtig-scharfer Wein, entwickelt sich bei Alterung gut. Eignet sich auch als Aperitif.

Crémant Bedeutet in der Champagne «Perlwein». Seit 1975 Appellation für Schaumweine hoher Qualität nach dem Champagner-Verfahren aus Burgund, dem Elsaß und von der Loire. Oft sehr preisgünstig.

Crémant de Loire w; tr sch ★★ oJ — Schaumwein hoher Qualität aus Anjou und der Touraine. Sablant ist die führende Marke.

Crépy Sav; w; tr ★★ BV — Leichter, milder Weißwein in Schweizer Art von südlich des Genfersees. «Crépitant» ist ein leichter Fizz.

Criots-Bâtard-Montrachet Bg; w ★★★ 78 79 81 82 83 84 85 86 88 — Rund 1,6 ha Nachbarlage von Bâtard-Montrachet. Ähnlicher Wein.

Crozes-Hermitage Rh; r oder (w; tr) ★★ 78 80 82 83 84 85 86 — Größerer und nicht ganz so vornehmer Nachbarbereich von Hermitage. Robuste, oft ausgezeichnete Rotweine, aber

Vorsicht bei der Wahl! Spitzenerzeuger: Domaine de Thalabert von Jaboulet.

Cru «Gewächs» (z. B. Premier Cru) bedeutet auch Lage oder im Beaujolais die 9 Spitzenorte.

Cru Bourgeois Im Médoc gebräuchliche Bezeichnung unterhalb der Crus Classés.

Cru Bourgeois Supérieur (Cru Grand Bourgeois) Die vorletzte Stufe der offiziellen Klassifizierung. Faßalterung ist vorgeschrieben.

Cru Classé Im Médoc eine der fünf obersten offiziellen Qualitätsklassen. In anderen Distrikten ein klassifiziertes Gewächs beliebiger Stufe (z. B. Graves, St-Emilion, Sauternes).

Cru Grand Bourgeois Exceptionnel Die Stufe über Cru Bourgeois Supérieur, unmittelbar unter Cru Classé. Mehrere gute Châteaux gehören auch ohne amtliche Anerkennung dazu und stehen auf gleicher Stufe mit vielen Crus Classés.

Cruse et Fils Frères Alte Weinhandlung in Bordeaux. Besitzerin von Ch. D'Issan.

Cubzac, St-André-de Bx; r w; tr ★ 82 83 85 86 88 — Stadt 25 km nordöstlich von Bordeaux, Zentrum der Cubzaguais-Region. Saubere Rotweine tragen die Appellation Bordeaux. Châteaux: du Bouilh, de Terrefort-Quancard, Timberlay, Domaine de Beychevelle.

Cussac Weinort südlich von St-Julien. Appellation Haut-Médoc.

Cuve Close Abgekürztes Verfahren der Schaumweinherstellung im Tank. Die Bläschenbildung kommt im Glas schneller zum Stillstand als bei der Méthode Champenoise.

Cuvée Die in einer «Cuve», d. h. einem Bottich, bereitete Weinmenge. Sonst auch Allerweltswort, bedeutet z. B. Verschnitt. In Burgund gleichbedeutend mit «Cru». Bezeichnet oft einfach einen «Posten» Wein.

Cuvée de la Commanderie Angenehmer, leichter Wein, speziell bereitet für die Commanderie du Bontemps, den Weinbauförderungsverband für Médoc und Graves.

d'Angerville, Marquis Berühmter Burgunder Erzeuger mit tadellosem Gut in Volnay.

Degré alcoolique Alkoholgehalt, d. h. Volumenprozent.

De Ladoucette Führender Erzeuger von Pouilly-Fumé auf Ch. de Nozet. Luxusmarke: «Baron de L.» Ferner Sancerre Comte Lafond.

Delagrange-Bachelet Führendes Weingut in Chassagne-Montrachet mit vielen Familienverzweigungen.

Delas Frères Alteingesessenes erstklassiges Haus für Rhônewein in Tournon mit Weinbergen an der Côte Rôtie, in Hermitage (v. a. Cuvée de la Tourette), Cornas, Condrieu usw. Im Besitz von Deutz.

Delorme, André Führende Weinhändler- und -erzeugerfirma an der Côte Chalonnaise. Spezialisten für Schaumwein und ausgezeichneten Rully.

De Luze, A. et Fils Weinhandelsfirma in Bordeaux, Besitzerin von Ch. Cantenac-Brown und Paveil de Luze. Im Besitz von Rémy-Martin, Cognac.

Demi-Sec «Halb-trocken», eher lieblich.

Depagneux, Jaques et Cie Angesehenes Handelshaus im Beaujolais.

Deutz Brut oJ und **73 75 76 79 81** 82, Rosé 82, Blanc de Blancs **78 79 81** 82 — Eines der besten kleineren Champagnerhäuser mit vollaromatischen Weinen. Luxusmarke: Cuvée William Deutz (**75 79 82**).

Domaine In Burgund gebräuchlich für Weingut.

Domaine de l'Eglantière Großer Chablis-Besitz, siehe Durup.

Domaine du Vieux Télégraphe Rh; r w; tr ★★★ **76 78 79** 81 83 **84** 85 86 — Führend in modernem Châteauneuf-du-Pape.

Dom Pérignon 70 71 73 75 76 78 80 82 und Rosé **75 78** — Luxusmarke von Moët et Chandon nach dem legendären Klosterkellermeister, der den Champagner «erfand». Der 82er ist ausnehmend gut.

Dopff «au Moulin» Alte Weinhändlerfamilie der Spitzenklasse in Riquewihr, Elsaß. Beste Weine: Riesling Schoenenbourg, Gewürztraminer Eichberg. Elsässer Schaumwein-Pioniere.

Dopff & Irion Ebenfalls prominente Weinhandlung in Riquewihr, Elsaß. Beste Weine u. a. Muscat les Amandiers, Riesling de Riquewihr.

Doudet-Naudin Weinhändler und -erzeuger in Savigny-lès-Beaune (Burgund). Lagen u. a. Beaune Clos du Roi. Dunkle, langlebige Weine.

Dourthe-Frères Angesehenes Handelshaus in Bordeaux, vertritt eine Reihe von Châteaus, vor allem gute Crus Bourgeois, z. B. Ch. Maucaillou, Tronquoy-Lalande, Belgrave. Zuverlässige Bordeaux-Hausmarke: «Beau-Mayne».

Doux Süß.

Drouhin, J. et Cie Weinhandels- und -erzeugerfirma (52 ha) mit großem Ruf in Burgund. Sitz in Beaune, Weinberge in Beaune, Chablis, Musigny, Clos de Vougeot und in Oregon (USA). Auch Jaffelin & Cie gehört zu Drouhin. Spitzenweine u. a. Beaune Clos de Mouches und Puligny-M. Les Folatières.

Drouhin-Larose Blühendes kleines Gut in Gevrey-Chambertin, Clos de Vougeot.

Dubœuf, Georges Beaujolais-Händler in Romanèche-Thorin. Spitzenreiter der Region in jeder Hinsicht.

Dufouleur Frères Großes Weingut und Handelshaus in Nuits-St-Georges und Mercurey, gute Burgunder.

Dujac, Domaine Beliebter Erzeuger von Burgunder in Morey, St-Denis, mit guten Lagen: Echézeaux, Bonnes-Mares, Gevrey-Chambertin usw. Herrlich lebendige Weine, sehr haltbar.

Durup, Jean Einer der größten Chablis-Erzeuger mit 56 ha, u. a. Domaine de l'Eglantière und Ch. de Maligny.

Echézeaux Bg; r ★★★ 76 78' **79** 80 82 83' 84 85 86 87 88 — 29,5 ha Grand Cru zwischen Vosne-Romanée und Clos de Vougeot. Hochfeiner, duftiger Burgunder ohne viel Wucht, z. B. von Mugneret, Gouroux, Dom. de la Romanée-Conti, Jacqueline Jayer.

Edelzwicker El; w ★ BV — Leichter Weißwein für jeden Tag aus gemischten Traubensorten, oft fruchtig und gut.

Engel, R. Bekannter Erzeuger in Vosne-Romanée und Umgebung.

Entre-Deux-Mers Bx; w; tr ⭐ BV — Trockener weißer Standard-Bordeaux aus der Gegend zwischen Garonne und Dordogne. Oft preiswert, bes. «La Gamage»; Ch. St-Bonnet. Gournin, Latour-Laguens, Launay, Thieuley.

Eschenauer, Louis Berühmtes Handelshaus in Bordeaux, Besitzer von Ch. Olivier, Smith-Haut-Lafitte und La Garde in Graves. Heute in der Hand von John Holt, der zur Lonrho-Gruppe gehört.

L'Estaudon Der Vin ordinaire von Nizza (AC Côtes de Provence).

L'Etoile Jura; w; tr/s/sch ★★ — Unterbezirk des Jura, bekannt für stilvolle Weißweine, u. a. Vin Jaune wie Château-Chalon und guten Schaumwein.

Faiveley, J. Erzeuger-Familienbetrieb (73 ha) und Weinhandlung in Nuits-St-Georges, mit Weinbergen in Chambertin-Clos-de-Bèze, Chambolle-Musigny, Corton und Mercurey (60 ha). Gleichbleibend hohe Qualität und lange Lebensdauer.

Faller, Théo Spitzenerzeuger im Elsaß; Domaine Weinbach, Kaysersberg.

Faugères Midi; (r rs) w; tr ★→★★ 86 87 88 — Abgelegenes Dorf der Côteaux de Languedoc, wo überdurchschnittlicher Wein erzeugt wird. Seit 1982 AC.

Fessy, Sylvain Dynamisches Beaujolais-Handelshaus mit großer Auswahl.

Feuillatte, Nicolas oJ Brut, Rosé — Gutes, in Restaurants sehr beliebtes Champagner-Haus, v. a. mit feinem Rosé.

Fèvre, William Konservativer Chablis-Erzeuger mit dem größten Grand-Cru-Besitz (16 ha). Sein Etikett: Domaine de la Maladière.

Fitou Midi; r ★★ 84 85 86 88 — Besserer roter Corbières; sehr gehaltvoll und haltbar. Meist von der Genossenschaft in Tuchan. Seine Beliebtheit trägt in letzter Zeit nicht zur Verbesserung bei.

Fixin Bg; r ★★ 78 80 83' 84 85 86 87 88 — Würdiger, aber unterbewerteter Nachbar von Gevrey-Chambertin. Oft hervorragende Rotweine. Beste Weinberge: Clos du Chapitre, Les Herrelets, Clos Napoléon. Spitzenerzeuger: Clair, Bertheau, Galin.

Fleurie Bg; r ★★★ 85 86 87 88 — Inbegriff eines Beaujolais Cru: fruchtig, duftig, geschmeidig, rassig.

Frais Frisch oder kühl.

Französische Flaschenformen

1 Champagne, 2 Loire, 3 Burgund, 4 Elsaß, 5 Beaujolais, 6 Bordeaux, 7 Châteauneuf-du-Pape

Frappé Eiskalt.

Froid Kalt.

Fronsac Bx; r ★→★★ 75 78 79 81 82 83 85 86 — Ziemlich hügeliger Bereich mit guten Rotweinen westlich von St-Emilion. Châteaux: Dalem, La Dauphine, Mayne-Vieil, la Rivière, de Carles, La Valade, Villars, La Vieille Cuve. Siehe auch Canon-Fronsac.

Frontignan Midi; br; s ★ oJ — Starker, süßer, dickflüssiger Muskateller.

Gagnard-Delagrange, Jacques Schätzenswerter kleiner Erzeuger (5 ha) von Chassagne-Montrachet, auch etwas Montrachet.

Gaillac Südwestfrankreich; r rs oder w; tr/s oder sch ★ — Altes Weinbaugebiet, nach langer Vergessenheit neu belebt. Leicht schäumender, guter und preiswerter «Perlé». Die Rotweine halten sich oft gut. Spitzenerzeuger: Ch. Larroze. Die große Genossenschaft in Labastide-de-Lévis erzeugt neuerdings schön fruchtige Weine.

Gallairé Das Bordeaux-Handelshaus von Peter A. Sichel; hochgeachteter Eigentümer von Ch. d'Angludet.

Gamay Siehe Trauben für Rotwein.

Geisweiler et Fils Eines der größeren Handelshäuser in Burgund. Kellereien und 20 ha Weinberge in Nuits-St-Georges, 60 ha in Bévy an den Hautes Côtes de Nuits und 12 ha an der Côte Chalonnaise.

Gevrey-Chambertin Bg; r ★★★ 76 78 79 80 82 83 85 86 87 88 — Weinort mit dem großen Chambertin und vielen anderen noblen sowie auch einfacheren Lagen. Spitzenerzeuger: u. a. Leclerc, Roty, Rousseau, Drouhin-Larose, Faiveley.

Gewürztraminer Rebsorte, Spezialität des Elsaß: duftig und würzig, sowohl trocken als auch lieblich.

Gigondas Rh; r oder rs ★★ 78 80 81 83 84 85 86 88 — Würdiger Nachbar von Châteauneuf-du-Pape. Gehaltvoller körperreicher, manchmal würziger Wein, u. a. Dom. du Pesquier, Dom. du Cayron, Dom. les Pellières, Dom. Raspail-Ay sowie Weine von Meffre.

Gilbey, S. A. Englische Firma, in Bordeaux seit langem als Weinhandlung auf Ch. Loudenne ansässig. Heute im Besitz von Grand Met.

Gisselbrecht, Louis Hochqualifiziertes elsässisches Handelshaus in Dambach-la-Ville.

Givry Bg; r oder w; tr ★★ 83 84 85 86 87 88 — Unterbewerteter Weinort der Côte Chalonnaise: leichter, aber vollmundiger und typischer Burgunder, z. B. von Baron Thénard, Clos Salomon.

Gosset oJ 73 75 76 78 79 80 81 82 83 85 «Grande Réserve» und Rosé oJ — Kleines, sehr altes Champagner-Haus in Ay. Feine, volle Weine. Heute mit Philipponnat verbunden.

Gouges, Henri Schätzenswerter Burgunder Erzeuger von Nuits-St-Georges. Gute Rotweine und ganz seltener Weißwein «La Perrière».

Goulaine, Château de Das Muscadet-Prunkstück: ein nobles Familiengut mit entsprechendem Wein.

Goulet, Georges oJ, Rosé 76 79, Crémant Blanc de Blancs 79; und 71 73 75 76 79 81 82 — Spitzen-Champa-

gner-Firma in Reims, mit Abel Lepitre verbunden. Luxusmarke: Cuvée du Centenaire **74 76 79.**
Goût Geschmack, z. B. «goût anglais» — wie ihn die Engländer mögen (trocken).
Grand Cru Spitzenlagen in Burgund mit eigener Appellation Contrôlée. Ähnlich im Elsaß, anderswo ein vagerer Begriff. Der dritte Rang der Châteaux von St-Emilion; es gibt davon etwa 200.
Grand Roussillon Midi; br; s ★★ oJ — Weitgefaßte Benennung für Muscat und andere süße, gespritete Weine («Vins Doux Naturels») aus den östlichen Pyrenäen.
Grands-Echézeaux Bg; r ★★★★ **69 71 76 78 79 80 82** 83 **84** 85 86 87 88 — 9 ha Grand Cru neben Clos de Vougeot. Hochfeiner voller Burgunder. Spitzenerzeuger: Dom. de la Romanée-Conti.
Gratien Alfred und Gratien & Meyer Gute kleine Champagner Firma (feine, sehr trockene, lange haltbare Weine **73 76 79** 82 83) und ihre Partnerfirma in Saumur an der Loire.
Graves Bx; oder w ★→★★★★ — Großer Bereich südlich der Stadt Bordeaux. Die Rotweine sind meist am besten, der Name steht aber hauptsächlich für trockene Weißweine.
Graves-Léognan Neue AC für einen Teil des nördl. Graves mit 6 Gemeinden.
Graves-Pessac Neue Appellation für die drei nördlichsten Gemeinden in Graves, fast in der Stadt Bordeaux.
Graves de Vayres Bx; r oder w ★ — Teil von Entre-Deux-Mers; ohne besonderen Charakter.
Les Gravières Bg; r ★★★ — Premier-Cru-Lage von Santenay mit großem Ruf, einschl. Clos des Tavannes.
Griotte-Chambertin Bg; r ★★★ **69 71 76 78' 79 80** 83' **84** 85' 86 87 — 6 ha Grand Cru neben Chambertin. Ähnlicher Wein, aber nicht so kraftvoll, eher zart. Erzeuger u. a. Drouhin.
Grivot, Jean 10-ha-Domaine an der Côte de Nuits mit Anteilen in Vosne Romanée, am Clos de Vougeot usw. Spitzenqualität.
Gros Plant du Pays Nantais Lo; w ⊞ BV — Jüngerer Verwandter des Muscadet, schärfer und leichter, aus der Cognac-Traube, sonst bekannt als Follex Blanche, Ugni Blanc usw.
Haut-Benauge Bx; w tr ★ BV — Appellation für einen kleinen Bereich innerhalb Entre-Deux-Mers.
Hautes-Côtes de Beaune Bg; r oder w; tr ★★ 85 86 87 88 — Appellation für ein Dutzend Dörfer in den Bergen hinter der Côte de Beaune. Leichte, probierenswerte Weine.
Hautes-Côtes de Nuits Bg; r ★★ 78 83 85 86 87 88 — Wie oben an der Côte de Nuits. Ein in Entwicklung begriffenes Gebiet. Mit großer Genossenschaft in Beaune. Gute Weine von Geisweiler.
Haut-Médoc Bx; r ★★→★★★ 75 76 78 79 80 81 82 83 **84** 85 86 88 — Große Appellation, umfaßt die besten Bereiche des Médoc. Der größte Teil des Bereichs wird durch kommunale Appellationen erfaßt (z. B. Margaux und Pauillac). Manche guten Ch. (z. B. la Lagune) fallen nur unter die AC Haut-Médoc.
Haut-Montravel Dor; w; s ★ **82 83 85** 86 88 — Lieblicher Bergerac.

Haut Poitou Lo; (r) w; tr ★→★★ BV — Aufstrebendes VDQS-Gebiet südl. von Anjou. Die Genossenschaft produziert sehr gute Weißweine, u. a. Chardonnay und Sauvignon Blanc.

Heidsieck, Charles oJ; Rosé 81 und **73 75 76 79 81** — Bedeutende Champagnerfirma in Reims, heute mit Henriot (im Mehrheitsbesitz von Rémy Martin) fusioniert. Luxusmarke: Cuvée Champagne Charlie **79** 81. Neuerdings feine Qualität.

Heidsieck, Monopole oJ; Rosé und **73 75 76** 79 82 — Bedeutender Champagner-Erzeuger und -Händler in Reims, heute im Besitz von Mumm. Luxusmarke: Diamant Bleu (**76** 79) und Diamant Rosé 82.

Henriot oJ; Blanc des Blancs, Crémant, Brut Souverain oJ; Brut Rosé **81 83**; Cuvée Baccarat 79; und **79** — Alteingesessener Champagner-Familienbetrieb, jetzt im Besitz von Veuve Clicquot. Wuchtiger, trockener Stil. Luxusmarke: Réserve Baron Philippe de Rothschild.

Hérault Midi; das größte Weinbau-Département Frankreichs. Meist ein ordinaire.

Hermitage Rh; r oder w; tr ★★★ 71 76 79 80 82 83' 84 85' 86 88 — Der «männlichste» Wein Frankreichs. Dunkel, wuchtig und tief. Braucht lange Alterung. Der Weiße ist goldfarben und kräftig, wird heute meist für baldigen Verbrauch bereitet, doch die Spitzenweine halten sich lange Jahre. Spitzenerzeuger: Chave, Jaboulet, Chapoutier, Guigal, Grippat.

Hospices de Beaune Historisches Hospital in Beaune, karitative Stiftung aus dem 15. Jh., mit hervorragendem Weinbergbesitz in Meursault, Pommard, Volnay, Beaune, Corton usw.

Hugel Père et Fils Bekannteste elsässische Erzeuger- und Händlerfirma. Gegründet 1639 in Riquewihr und noch heute in Familienbesitz. Beste Weine: Cuvées Exceptionnelles, Sélections de Grains Nobles.

Impériale Bordeauxflasche mit dem Inhalt von 8½ Normalflaschen (5 l).

Irancy Bg; r oder (rs) ★★ 83 85 86 88 — Guter leichter Rotwein aus der Nähe von Chablis, von Pinot Noir und «César». Die besten Jahrgänge sind langlebig und entwickeln sich gut in der Lagerung. Beachtenswert.

Irouléguy Südwestfrankreich; r rs (oder w tr) ★★ BV — Gefälliger lokaler Wein im Baskenland.

l'Isle de Beauté Bezeichnung für Vins de Pays aus Korsika.

Jaboulet, Paul Alte Familienfirma, führende Erzeuger von Hermitage (v. a. «La Chapelle» ★★★★) sowie Händler mit anderen Rhôneweinen.

Jaboulet-Vercherre et Cie Bekanntes Handelshaus in Burgund mit Weinbergen (10,5 ha) in Pommard usw. und Kellereien in Beaune. Mittelmäßige Weine.

Jadot, Louis Hochangesehenes Handelshaus in Burgund mit Weinbergen (20 ha) in Beaune, Corton usw. Auch ehem. Weingut Clair-Daü (z. B. Bonnes Mares usw.).

Jaffelin Selbständig geführtes, hochwertiges Handelshaus im Besitz von Drouhin.

Jardin de la France Bezeichnung für Vins de Pays aus dem Loire-Tal: meist trockene Weißweine.

Jasnières Lo; (r) (rs) oder w; tr ★★★ **71 76 78 79 80 82** 83 **84** 85 86 — Seltener, Vouvray-ähnlicher, aber trockener Wein aus der nördlichen Touraine.

Jaubertie, Domaine de la Ausgezeichnetes Gut in Bergerac (45 ha), in englischem Besitz. Cuvée Mirabelle ist ein üppiger Sauvignon Blanc. Die rote Reserve ist ebenso fein.

Jayer, Henri Sehr kleine Domaine in Vosne-Romanée, wird selbst von Rivalen als etwas Besonderes anerkannt. (Monsieur J. ist 1988 in den Ruhestand getreten.)

Jeroboam 6fach-Flasche bzw. 3fache Magnum-Flasche in Bordeaux, 2fache Magnum-Flasche in der Champagne.

Josmeyer Familienweingut in Wintzenheim, Elsaß; sehr gute, langlebige Weine, v. a. Gewürztraminer und Pinot Blanc.

Juliénas Bg; r ★★★ 88 — Führendes Gewächs aus dem Beaujolais; gehaltvoller, fruchtiger Wein.

Jura Siehe Côtes de Jura.

Jurançon Südwestfrankreich; w; s oder tr ★★ **78 79 81 82 83 84** 85 87 — Ungewöhnliche, hocharomatische und langlebige Spezialität aus Pau in den Ausläufern der Pyrenäen. Beide Versionen halten sich gut über mehrere Jahre. Spitzenerzeuger: Barrère, Chigé, Guirouilh, Lamouroux, Ramonteu sowie die Genossenschaft (mit «Grain Sauvage»).

Kressman, E. S. & Cie Handelshaus in Bordeaux, Familienbesitz, Eigentümer von Ch. Latour-Martillac in Graves. Der «Monopole Rouge» ist ein guter Standardwein.

Kriter Beliebter preiswerter Perlwein, aus Burgund, verarbeitet durch Patriarche.

Krug «Grande Cuvée» (oJ), **64 66 69 71 73 75 76 79** 81, Rosé 83 und Clos du Mesnil Blanc de Blancs 79 **80** 81 — Kleines Champagnerhaus mit großem Prestige. Bekannt für volle, sehr trockene Champagner von höchster Qualität.

Kuentz-Bas Elsässische Erzeuger- und Handelsfirma der Spitzenklasse in Husseren-les-Châteaux, bes. für Gewürztraminer.

Labarde Dorf südlich von Margaux, zur Appellation gehörend. Bestes Ch.: Giscours.

Labouré-Gontard Hersteller von erstklassigem Crémant de Bourgogne in Nuits.

Labouré-Roi V. Gutes Handelshaus in Nuits-St-Georges, mit vielen Domaine-Weinen, v. a. Meursault von René Manuel.

Lafarge, Michel 10-ha-Gut an der Côte de Beaune, v. a. in Volnay und Meursault. Beste Qualität.

Lafon, Domaine des Comtes Spitzenweingut (12 ha) mit feinsten Burgunderlagen: Volnay, Meursault und Le Montrachet.

Laguiche, Marquis de Größter Grundbesitzer in Le Montrachet. Weinbereitung bei Drouhin.

Lalande de Pomerol Bx; r ★★ **75 78 81 82** 83 85 86 88 — Nachbar von Pomerol. Ähnliche, aber durchwegs nicht so feine Weine. Spitzen-Châteaux: Les Annereaux, Les Hauts-Conseillants, Les Hauts-Tuileries, Moncets, Tournefeuille, Belair, Siaurac.

Langlois-Château Hersteller von Saumur-Schaumwein, in der Hand von Bollinger.

Langon Wichtigste Stadt des Graves-Sauternes-Distrikts.

Lanson Père et Fils Black Label oJ, Red Label **75 76 79 81 82** — Bedeutendes Champagner-Haus. Kellereien in Reims. Luxusmarken: Noble Cuvée **81** und **225** (nach dem Firmenjubiläum benannt) **80 81**. Black Label oJ stets zuverlässig und frisch.

Laroche Großer Chablis-Erzeuger (95 ha) und -Händler; liefert auch Dom. La Jouchère. Weitere Etiketten u. a. Bacheroy-Josselin. Auch Besitzer von Ch. Puligny-Montrachet.

Latour, Louis Führendes Erzeuger- und Handelshaus in Burgund mit Weinbergen (41 ha) in Corton, Beaune usw:; zählt zu den besten, besonders für Weißweine.

Latour de France r (w; tr) ★—★★ **83 85 86** 87 88 — Neue Appellation für Côtes de Roussillon-Villages.

Latricières-Chambertin Bg; r ★★★ **76 78 79 80 82 83'** 84 85 86 87 88 — 7 ha Grand Cru, Nachbar von Chambertin. Ähnlicher Wein, aber leichter und «gefälliger», z. B. von Faireley, Ponsot, Trapet.

Laudun Rh; r rs oder w; tr ★ — Einer der Côtes-du-Rhône-Village-Orte. Gefällige Genossenschaftsweine, u. a. frische Weißweine.

Laugel, Michel Eines der größten elsässischen Handelshäuser; in Marlenheim.

Laurent-Perrier oJ, Rosé Brut und **71 73 75 76 78 79** 81 82 — Ausgezeichnete, erfolgreiche junge Champagnerfirma in Tours-sur-Marne. Luxusmarke: Cuvée Grande Siècle. Der Ultra Brut ist besonders empfehlenswert.

Leflaive, Domaine Vielleicht der beste Erzeuger von weißem Burgunder. Spitzenlagen in Puligny-Montrachet: Clavillons, Pucelles, Bienvenue- und Chevalier-Montrachet.

Leflaive, Olivier Handelshaus in Puligny-Montrachet, gegründet 1984; ausgezeichnete Weiß- und Rotweine, auch aus weniger berühmten Appellationen.

Léognan Bx — Führender Ort der Appellation Graves. Beste Ch.: Domaine de Chevalier, Malartic-Lagravière und Haut-Bailly.

Leroy Bedeutender Négociant-éleveur in Auxey-Duresses mit den schönsten Beständen an alten Weinen in ganz Burgund und einer kleinen Domaine. Mitinhaber und Vertriebsberechtigter der Domaine de la Romanée-Conti.

Lichine, Alexis et Cie Erfolgreiches Handelshaus der Nachkriegszeit in Bordeaux, Besitzer von Ch. Lascombes. Nicht mehr mit dem Schriftsteller Alexis Lichine verbunden. (Siehe Château Prieuré-Lichine, Bordeaux.)

Lie, sur «Auf der Hefe.» Muscadet wird oft direkt vom Faß ohne Filtern auf Flaschen gezogen, um seine Frische zu erhalten (wenigstens behaupten das die Erzeuger).

Limoux Pyr; r oder w; tr ★★ oJ — Die nicht-schäumende Version des Blanquette de Limoux und ein guter, Bordeauxähnlicher, frischer Rotwein: Anne des Joyeuses.

Lirac Rh; r rs oder (w; tr) ★★ **81 83 84** 85 86 — Nachbarort von Tavel. Ähnlicher Wein; dem Rotwein kommt inzwischen mehr Bedeutung zu als dem Rosé, v. a. Ch. de Segrés, Dom. St-Roch.

Listel Midi; r; rs oder w ★ BV — Großes historisches Gut auf den Sandstränden des Golfe du Lion. Im Besitz der riesigen Salins du Midi; erzeugt sehr angenehme, leichte Weine, «Vins des sables», auch Schaumwein. Domaine du Bosquet ist ein leichter, fruchtiger Rotwein und Dom. de Villervy, ein frischer Blanc de Blancs sur lie. Ferner ein fruchtiger, fast alkoholfreier «Pétillant».

Listrac Bx; r ★★→ ★★★ — Ort im Haut-Médoc, neben Moulis. Beste Ch.: Fourcas-Hosten, Fourcas-Dupré, Clarke, Fonréaud.

Loire Hauptfluß Nordwestfrankreichs. Siehe unter Wein- und Regionalnamen (Muscadet usw.).

Long-Depaquit Sehr gute Chablis-Domaine (v. a. Moutonne) im Besitz von Bichot.

Lorentz Zwei kleine, aber erstklassige Elsässer Weingüter in Bergheim, Gustave L. und Jérôme L., unter gleicher Leitung.

Loron et Fils Großfirma für Weinbau und -handel. Spezialist für Beaujolais und sauberen Vin de table.

Loupiac Bx; w; s ★★ 76 79 80 81 83 85 86 88 — Nachbar von Sauternes mit ähnlichen, aber nicht so guten Weinen. Spitzen-Ch.: Loupiac-Gaudiet, de Ricaud, Haut-Loupiac, Clos-Jean, Rondillon.

Ludon Haut-Médoc, Ort südlich von Margaux. Bestes Ch.: La Lagune.

Lugny («Macon-Lugny») Bx; r oder w; tr; sch ★★ 86 87 88 — Dorf unweit von Viré mit aktiver und guter Genossenschaft. Wein der Weinberge Les Genevrières wird von Louis Latour verkauft.

Lupé-Cholet et Cie Erzeuger- und Handelshaus in Nuits-St-Georges, weitgehend im Besitz von Bichot. Beste Weine: Château Gris und Clos de Lupé.

Lussac-Saint-Emilion Bx; r ★★ 78 79 81 82 83 85 86 88 — Nordöstlicher Nachbar von St-Emilion. Spitzen-Châteaux: Lyonnat, Tour de Grenat, Bel Air, Villadière. «Roc de Lussac» ist die Marke der Genossenschaft in Puisseguin.

Burgund: Eigenes Etikett eines Erzeugers

MISE EN BOUTEILLES
AU DOMAINE

APPELLATION CONTROLÉE

VOLNAY
CAILLERETS

DOMAINE DE LA POUSSE D'OR
VOLNAY, CÔTE D'OR

Domaine ist in Burgund der entsprechende Ausdruck für Château.
Die Appellation Contrôlée lautet: Volnay.
Die Lage heißt Les Caillerets.
Name und Adresse des Erzeugers (an dieser Stelle wird auch oft die Bezeichnung «Propriétaire» benutzt)

Händler-Etikett

GEVREY-
CHAMBERTIN

CLOS ST-JACQUES

APPELLATION CONTROLÉE

REMOISSENET PÈRE ET FILS
NÉGOCIANTS À BEAUNE

Der Ort
Die Lage
Der Wein fällt unter die Appellation Gevrey-Chambertin Premier Cru.
Remoissent Père et Fils ist ein Händler, der den Wein vom Erzeuger bezogen, ausgebaut und abgefüllt hat und ihn in den Handel bringt.

Macau Ort im Haut-Médoc südlich von Margaux. Bestes Ch.: Cantemerle.

Macération carbonique Traditionelle Beaujolais-Methode der Gärung mit ganzen unzerquetschten Trauben in einer mit Kohlensäure gesättigten Atmosphäre. Die in den einzelnen Trauben vor sich gehende Gärung bringt diese zum Aufplatzen. Das Ergebnis ist ein spritziger, sehr fruchtiger milder Wein für baldigen Verbrauch. Die Methode wird heute auch in vielen anderen Gegenden, z. B. im Midi, angewandt.

Machard de Gramont Familienunternehmen in Burgund mit Kellereien in Nuits und Weinbergen in Nuits, Savigny, Beaune, Pommard. Außerordentlich gute Rotweine.

Mâcon Bg: r (rs) oder w; tr ★★ 86 87 88 — Südlicher Distrikt mit sauberen, meist wenig bemerkenswerten Rotweinen und vollmundigen trockenen Weißweinen (Chardonnay): mit Ortsnamen (z. B. Mâcon-Prissé) besser in der Qualität. Beste Appellation des Gebiets ist Pouilly-Fuissé. Siehe auch Mâcon-Villages.

Mâcon-Lugny Siehe Lugny.

Mâcon Supérieur Wie Mâcon, etwas gehaltvoller, aus reiferen Trauben.

Mâcon-Villages Bg; w; tr ★★→★★★ 86 87 88 — Typischer weißer Burgunder mit stetig steigender Qualität, z. B. Mâcon-Prissé, Mâcon-Viré, Mâcon-Lugny, Mâcon-Clessé.

Mâcon-Viré Siehe Mâcon-Villages.

Madiran Südwestfrankreich; r ★★ 75 78 79 81 82 83 84 85 86 88 — Dunkler, gehaltvoller duftiger Rotwein aus Armagnac. Lohnt Alterung. Spitzenerzeuger: Dom. de Boucassé, Peyros, Laplace, Barréjat. Preiswert.

Magenta, Duc de Weingut in Burgund (12 ha), in Chassagne-Montrachet beheimatet; unter der Leitung von Jadot.

Magnum Doppelflasche (1,5 Liter).

Mähler-Besse Erstklassiges holländisches Weinhandelshaus in Bordeaux mit Mehrheitsbeteiligung an Ch. Palmer. Marke: Cheval Noir u. a.

Maire, Henri Größter Erzeuger und Händler für Jura-Weine.

Marc Trester; auch der daraus bereitete streng riechende Branntwein (vgl. Grappa).

Marcillac Südwestfrankreich; r rs; ★ BV — Guter, rustikaler VDQS der Genossenschaft.

Margaux Bx; r ★★→★★★★ 66 70 75 76 78 79 80 81 82 83' 84 85 86 — Ort im Haut-Médoc mit den elegantesten Bordeaux-Rotweinen. Der Name schließt Cantenac und einige andere Orte mit ein. Spitzen-Ch. u. a. Margaux, Lascombes usw.

Margnat Hauptproduzent von Tafelweinen für den Alltag.

Marque déposée Schutzmarke.

Marsannay Bg; (r) rs oder w; tr ★★★ 78 80 83 85 86 87 (Rosé BV) — Ort bei Dijon mit ausgezeichnetem leichtem Rotwein und delikatem Pinot-Noir-Rosé, vielleicht dem besten in Frankreich. Spitzenerzeuger: u. a. Clair, Quillardet, Trapet.

Mas de Daumas Gassac Midi; r (w; tr) ★★★ 80 81 82 83 84 85 86 — Spitzenweingut im Midi mit wuchtigen, Bordeaux-ähnlichen Weinen (meist Cabernet) von besonderem Boden. Ferner ein «Rosé Frisant» und ein üppiger Weißwein von Chardonnay- und Viognier-Trauben. Aufsehenerregende Qualität.

Maufoux, Prosper Handelshaus in Santenay, Burgund (Familienbesitz). Verläßliche, gut haltbare Weine, v. a. weiße.. Alias Marcel Amance.

Maury Pyr.; r; lbl ★→★★ oJ — Rotwein Vin doux naturel von Roussillon.

Mazis- (oder Mazy-)Chambertin Bg; r ★★★ 76 78 80 82 83 85 86 87 88 — 12 ha Grand Cru, Nachbar von Chambertin. Leichterer Wein. Bester Erzeuger: Leroy.

Médoc Bx; r ★★ 78 79 81 82 83 84 85 86 88 — Appellation für Rotwein aus dem weniger guten (nördlichen) Teil des größten und besten Distrikts von Bordeaux; der Geschmack ist leicht erdig. Haut-Médoc ist besser.

Meffre, Gabriel Das größte Weingut an der südlichen Rhône, in Gigondas. Zum Besitz gehören Ch. de Vaudieu sowie Châteauneuf-du-Pape-Lagen. Unterschiedliche Qualität.

Ménétou-Salon Lo; r rs oder w; tr ★★ BV — Ansprechende leichte Weine von westlich von Sancerre, weißer Sauvignon, roter Pinot Noir.

Mercier et Cie oJ Extra Rich und Rosé 80 81 82 und 73 75 76 78 80 81 82 — Eine der größten Champagnerfirmen in Epernay. In der Hand von Moët & Chandon. Tadellose Qualität. Neue jahrgangslose Serie «Bulle d'Or» seit ·1988.

Mercurey Bg; r ★★ 78 83 84 85 86 87 — Führender Rotweinort der Côte Chalonnaise. Guter Mittelklasse-Burgunder. Erzeuger u. a. Ch. de Chamirey, Faiveley,. Chanzy.

Mercurey, Région de Moderne Bezeichnung für die Côte Chalonnaise.

Métaireau, Louis Das Haupt einer Gruppe erstklassiger Muscadet-Erzeuger. Teurer, schön ausgebauter Wein.

Méthode champenoise Die traditionelle ausgefeilte Methode der Champagnerbereitung durch Zweitgärung in der Flasche.

Meursault Bg; (r) w; tr ★★★ 78 81 82 83 85 86 87 88 — Ort an der Côte de Beaune mit einigen der größten Weißweine der Welt: voll, saftig, trocken, aber mild. Beste Lagen Perrières, Genevrières, Charmes. Ebenfalls gut: Goutte d'Or, Meursault-Blagny, Poruzots, Tillets. Spitzenerzeuger: Ampeau, Coche-Dury, Delagrange, Lafon, Latour, Magenta, Matrot, Michelin-Buisson, Ch. de Meursault, P. Morey, G. Roulot, Manuel, Jobard. Siehe auch Blagny.

Meursault-Blagny Siehe Blagny.

Midi Allgemeine Bezeichnung für den Süden Frankreichs. Die Standardweine werden dort in den letzten Jahren immer besser.

Minervois Midi; r oder (rs) oder br; s ★→★★ 85 86 88 — Bergiger VDQS-Bereich; die Weine gehören zu den besten des Midi, lebendig und voll Aroma, v. a. von Ch. de Gourgazaud und La Livinière. Auch süßer Muscat von St-Jean-de-M.

Mise en bouteilles au château, au domaine Erzeugerabfüllung. Häufig gebrauchte Angaben wie: dans nos caves (in eigener Kellerei abgefüllt) oder dans la région de production (im Erzeugungsgebiet abgefüllt) haben dagegen nicht viel zu besagen.

Moelleux Mild und voll; Qualifizierung für die Süßweine von Vouvray usw.

Moët & Chandon oJ, Rosé **81**, Dry Impérial **71 73 75 76 78 80 81** 82 — Das größte Champagner-Erzeuger- und -Handelshaus mit Kellereien in Epernay und Zweigbetrieben in Argentinien, Brasilien, Spanien, Australien und Kalifornien. Gleichmäßig gute Qualität. Luxusmarke: Dom Pérignon.

Moillard Große Erzeuger- und Händlerfirma in Familienbesitz in Nuits-St-Georges mit vollen, dunklen Côte-de-Nuits-Weinen.

Mommessin, J. Bedeutendes Handelshaus im Beaujolais, Besitzer von Clos de Tart.

Monbazillac Dor; w; s ★★ **71 75 76 78 79 80 81 83** 85 88 — Goldfarbener Wein nach Sauternes-Art aus Bergerac. Gut haltbar. Am bekanntesten ist Ch. Monbazillac.

Mondeuse Sav; r ★★ BV — Rote Traube aus Savoyen. Ergibt guten, kräftigen dunklen Wein.

Mongeard-Mugneret 16-ha-Gut in Vosne-Romanée mit feinem Echezeaux, Vougeot usw.

Monopole Lage in der Hand eines einzigen Besitzers.

Montagne-Saint-Emilion Bx; r ★★ **75 78 79 81 82 83 85** 86 88 — Nordöstlicher Nachbar von St-Emilion mit ähnlichen Weinen. Gewinnt ständig an Bedeutung. Spitzen-Ch.: Calon, St-André-Corbin, Vieux-Ch.-St-André, Roudier, Teyssier, des Tours.

Montagny Bg; (r) w; tr ★★→★★★ **86 87** 88 — Ort an der Côte Chalonnaise, geographisch wie gastronomisch zwischen Mâcon und Meursault gelegen. Auch etwas Rotwein.

Montée de Tonnerre Bg w tr ★★★ **85 86 87** 88 — Premier Cru aus Chablis, berühmt und ausgezeichnet.

Monthélie Bg; r ★★★ **78 80 82 83 85** 86 87 — Wenig bekannter Nachbar von Volnay, fast gleichwertig. Hervorragende, duftige Rotweine. Bestes Gut: Château de Monthélie.

Montlouis Lo; w; s/tr ★★ **75 76 78 81 82 83' 84 85** 86 88 — Nachbar von Vouvray mit ähnlichen trockenen oder lieblichen langlebigen Weinen.

Montrachet Bg; w; tr ★★★★ **69 71 78 79 80 81 82 83 84** 85 86 87 88 — 8 ha Grand-Cru-Lage in Puligny und Chassagne-Montrachet. Der potentiell größte weiße Burgunder: gehaltvoll, bukettreich, intensiv, trocken und doch von üppiger Fülle. (Zur Aussprache: beide t sind stumm.)

Montravel Siehe Côtes de Montravel.

Mont-Redon, Domaine de Rh; r (w; tr) ★★★ **79 80 81 83 84** 85 86 88 — Bedeutendes Gut in Châteauneuf-du-Pape (94 ha) mit zuverlässigen, relativ früh trinkreifen Weinen.

Moreau et Fils Chablis-Erzeuger- und Handelsfirma mit 70 ha. Auch Großproduzent von Tafelwein. Spitzenwein: Clos de Hospices (Grand Cru). Im Besitz von Hiram Walker.

Morey, Domaines 20 ha in Chassagne-Montrachet; sehr gute, von der Familie selbst ausgebaute Weine.

Morey-Saint-Denis Bg; r ★★★ **71 76 78 79 80 82 83 84** 85 86 87 88 — Kleiner Ort mit vier Grands Crus zwischen

Gevrey-Chambertin und Chambolle-Musigny. Oft übersehener, ganz hervorragender Wein. Erzeuger: u. a. Amiot, Dujac, Lignier, Ponsot, Serveau.

Morgon Bg; r ★★★ 85 86 87 88 — Das «festeste» Gewächs von Beaujolais, braucht Zeit zur Entwicklung seines reichen, anregenden Buketts.

Moueix, J.-P. et Cie Führendes Erzeuger- und Handelshaus in St-Emilion, Pomerol und Fronsac. Ch. u. a. Magdelaine, Lafleur-Pétrus und z. T. Pétrus. Neuerdings auch mit einem Betrieb in Kalifornien, siehe Dominus.

Moulin-à-Vent Bg; r ★★★ 83 85 86 87 88 — Der reichlichste und beste Wein von Beaujolais; gehaltvoll und langlebig, kommt im Geschmack einem Côte d'Or nahe.

Moulis Bx; r ★★→★★★ — Ort im Haut-Médoc mit eigener Appellation und einigen Crus Exceptionnels: Chasse-Spleen, Poujeaux-Theil, Maucaillou. Die Qualität verfeinert sich ständig.

Mousseux Schäumend.

Mouton Cadet Bestsellermarke für rote und weiße Bordeaux-Verschnitte.

Moutonne Chablis Grand Cru honoris causa, im Besitz von Bichot.

Mumm, G.H. & Cie oJ «Cordon Rouge», Rosé 79 82, Crémant de Cramant (oJ) und 69 71 73 75 76 79 82 — Bedeutendes Champagner-Erzeuger- und -Handelshaus im Besitz von Seagram's. Luxusmarke: René Lalou (79 82). Der Cramant ist superb, der Cordon Rouge manchmal etwas flach.

Muscadet Lo; w; tr ★★ BV — Beliebter, preiswerter, oft köstlicher trockener Wein aus der Gegend von Nantes in der südlichen Bretagne. Er soll keinesfalls scharf sein. Besonders gut zu Fisch. Die besten werden «sur lie», auf der Hefe, abgefüllt.

Muscadet de Sèvre-et-Maine Wein aus dem mittleren, meist besten Teil des Gebiets.

Muscat Muskateller. Traube mit charakteristischem Aroma und ihr meist süßer (oft gespriteter VDN), nur im Elsaß trockener Wein.

Muscat de Beaumes-de-Venise Einer der besten französischen Muscats (siehe Beaumes-de-Venise).

Muscat de Frontignan Midi; br; s ★★ BV — Süßer Midi-Muscat in steigender Qualität.

Muscat de Lunel Midi; br; s ★★ oJ — Süßer Muscat aus dem Midi. Kleiner Bereich, aber gut.

Muscat de Mireval Midi; br; s ★★ oJ — wie voriger, aus der Gegend von Montpellier.

Muscat de Rivesaltes Midi; br; s ★ oJ — Süßer Muscat aus einem großen Gebiet bei Perpignan.

Musigny Bg; r (w; tr) ★★★★ 69 71 76 78 79 80 82 83 84 85 86 87 88 — 10 ha Grand Cru in Chambolle-Musigny. Oft der beste, jedenfalls aber der gehaltvollste aller roten Burgunder (und ein leichter Weißwein). Beste Erzeuger: de Vogüé, Drouhin, Leroy, Roumier, Mugnier.

Nature Natürlich bzw. unbehandelt, insbesondere bei stillem Champagner.

Néac Bx; r ★★ — Kleiner Ort nördlich von Pomerol. Sauberer Wein, kommt als Lalande-de-Pomerol in den Handel.

Négociant-éleveur Händler, der den Ausbau des Weins übernimmt.

Nicolas, Ets In Paris beheimatetes Groß- und Einzelhandelshaus (weitgehend im Besitz von Rémy-Martin); eines der größten und besten Frankreichs.

Nuits-St-Georges r ★★→★★★ 69 71 76 78' 80 82 83 84 85' 86 87 88 — Bedeutende Weinstadt; Weine aller Qualitätsklassen, immer kräftig und vollaromatisch. Der Name kann auch kurz «Nuits» lauten. Beste Lagen u. a. Les St-Georges, Vaucrains, Les Pruliers, Clos des Corvées, Les Cailles. Viele Erzeuger und Händler, v. a. Faiveley, Chevillon, Machard de Gramont, Jayer, Rion.

Oisly et Thesée, Vignerons de Rührige Genossenschaft in der östlichen Touraine (Loire); erfolgreiche Experimente mit hochwertigen Traubensorten, v. a. Sauv. Blanc, Cab. und (seit 85) Chardonnay. Verschnitt «Baronnie d'Aignan». Preiswert.

Orléanais, Vin d' Loire, r p w; tr ★ BV — Früher eine reichliche Quelle für Paris, heute ein nur noch kleiner AC-Bereich mit leichten, fruchtigen Weinen.

Ott, Domaine Wichtigster Produzent von hochwertigen Provence-Weinen, u. a. Ch. de Selle und Clos Mireille; sehr gute Rosés.

Pacherenc-du-Vic-Bilh Südwestfrankreich; w; s ★ oJ — Seltene, nicht sehr bedeutende Spezialität aus der Gegend von Armagnac.

Paillard, Bruno oJ, Crémant Bl. de Bls., Rosé, 75 76 79 81 — Kleines, aber bestrenommiertes Champagner-Haus mit großartigen, seidigen Jahrgangs- und oJ-Qualitäten zu fairen Preisen.

Palette Prov; r rs oder w; tr ★★ — Aromatische Rot- und Roséweine von Ch. Simone bei Aix-en-Provence.

Parigot-Richard Erzeuger von erstklassigem Crémant de Bourgogne in Savigny-lès-Beaune.

Pasquier-Desvignes Sehr altes Handelshaus in St-Lager, Brouilly (Beaujolais), seit dem 15. Jh.

Patriarche Eine der größeren Handelsfirmen für Burgunder. Kellereien in Beaune; besitzt auch das Château de Meursault (40 ha); Kriter usw.

Patrimonio Korsika; r w; tr; rs ★★→★★★ — Verschiedene Weine aus einer wilden Kalkstein-Berglandschaft im Norden Korsikas. Vollduftige Rotweine, frische Weißweine und feiner VDN (Spitzenerzeuger: Gentile).

Pauillac Bx; r ★★→★★★★ 66 70 75 76 78 79 81 82 83 84 85 86 87 88 — Der einzige Ort in Bordeaux (Haut-Médoc) mit drei Spitzengewächsen (Ch. Lafite, Latour, Mouton-Rothschild) neben vielen anderen guten; berühmt durch großes Bukett, jedoch unterschiedlich im Stil.

Pécharmant Dor; r ★★ 85 86 88 — Meist besserer leichter Bergerac-Rotwein mit mehr Gehalt. Spitzenweingut: Ch. de Tiregand.

Pelure d'oignon «Zwiebelhaut»; bräunliche Färbung bestimmter Rosé-Weine.

Perlant oder Perlé Perlend; geringfügige Bläschenbildung.

Pernand-Vergelesses Bg; r oder (w; tr) ★★★ **78 80 82 83 85** 86 87 88 — Ort bei Aloxe-Corton, in dessen Gemarkung Teile der großen Lagen Corton und Corton-Charlemagne sowie die Spitzenlage Ile des Vergelesses liegen. Erzeuger: u. a. Bonneau de Martray, Dubreuil-Fontaine, Rapet, Chandon, Delarche.

Perrier, Joseph oJ, Rosé und **71 73 75 76 79** 82 — Champagner-Firma in Familienbesitz, mit großen Weinbergen in Chalon-sur-Marne. Beständige, leichte und fruchtige Art.

Perrier-Jouët oJ, Blason de France und Belle Epoque Rosé **71 73 75 76 79** 82 83 — Bedeutendes Champagner-Erzeuger- und -Herstellerhaus in Epernay, jetzt mit Mumm verbunden. Luxusmarken: Belle Epoque **79** 83 (in einer bemalten Flasche), Blason de France (oJ). Ferner Belle Epoque Rosé **79** 82 83.

Pétillant Perlend.

Petit Chablis Bg; w; tr ★★ BV — Wein aus Chablis-Lagen der vierten Klasse. Großer Charakter fehlt ihm.

Philipponat oJ, oJ Rosé, Grand Blanc 76 81 82, Clos des Goisses 70 71 73 75 76 78 79 82 — Kleines Champagner-Haus mit guter, fetser Qualität, v. a. aus der Einzellage Clos des Goisses. Im Besitz von Gosset.

Piat Père et Fils Bedeutendes Erzeuger- und Handelshaus von Beaujolais- und Mâconweinen. Sitz in Mâcon, in der Hand der Grand Metropolitan Ltd. Weinberge in Moulin-à-Vent, auch Clos de Vougeot. Beaujolais und Mâcon-Viré in der Piat-Flasche sind stets ordentlich.

Pic, Albert Renommierter Chablis-Erzeuger, im Besitz von de Ladoucette.

Picpoul-de-Pinet Midi; w; tr ★ oJ — Recht ausdrucksloser, sehr trockener Weißwein aus dem Süden, schmeckt an Ort und Stelle und gut gekühlt am besten.

Pineau Charentais Starker, süßer Aperitif aus Traubenmost und Cognac.

Pinot Siehe Trauben für Weiß- und Rotwein.

Piper-Heidsieck oJ, Rosé **79**, Année Rare **76** 79, Brut Sauvage **79** 82, Vintage **71 73 75 76 79 82** 85 — Champagnerhersteller mit gutem altem Ruf in Reims.

Pol Roger oJ, Rosé **75 79** 82, Blanc de Chardonnay **79** 82 und **71 73 75 76 79** 82 — Ausgezeichnete Champagnerfirma in Epernay. Besonders gut ist White Foil, Rosé, Réserve P. R. und Chardonnay ohne Jahrgang. Luxus-Cuvée: «Sir Winston Churchill» 75 79 82 85.

Pomerol Bx; r ★★→★★★★ **70 71 75 76 78 79 81 82 83** 85 86 88 — Ort bei St-Emilion. Ähnliche, aber «kernigere» Weine, früher reif, insgesamt zuverlässig und köstlich. Spitzen-Ch.: Pétrus, La Fleur-Pétrus, Vieux-Ch.-Certan, Latour-à-Pomerol usw.

Pommard Bg; r ★★★ 69 71 76 78 80 82 83 84 85 86 87 88 — Größter und bekanntester Weinort in Burgund. Keine überragenden Weine, aber viele warme und ansprechende. Beste Lagen: Rugiens, Epenots und Hospices de Beaune Cuvées. Erzeuger: u. a. Courcel, Gaunoux, Leroy, Armand, Pothier-Rieusset.

Pommery & Greno oJ, oJ rs und **71 73 75 76** 78 **79 80 81** 82 83 — Sehr bedeutendes Champagner-Erzeuger- und -Handelshaus in Reims. Inzwischen stark verbesserte Qualität. Luxusmarke: Louise Pommery **80** 81, hervorragend.

Pouilly-Fuissé Bg; w; tr ★★→★★★ **86 87** 88 — Der beste Weißwein des Bereichs Mâcon. Kann ausgezeichnet sein (z. B. Ch. Fuissé Vieilles Vignes), ist aber fast immer zu teuer.

Pouilly Fumé Lo; w; tr ★★→★★★ **86 87** 88 — Fruchtiger, oft säuerlicher, heller Weißwein mit Feuerstein-Aroma von der oberen Loire bei Sancerre, nur aus der Sauvignon-Blanc-Traube. Gute Jahrgänge entwickeln sich 2 — 3 Jahre. Spitzenerzeuger u. a. Ladoucette, Bailly, Dagueneau, Redde, Saget, Renaud, Ch. de Tracy.

Pouilly-Loché Bg; w; tr ★★ — Nachbar von Pouilly-Fuissé. Ähnlicher Wein (aber nur sehr wenig).

Pouilly-sur-Loire Lo; w; tr ★ BV — Geringerer Wein aus den gleichen Lagen wie Pouilly Fumé, aber von anderen Trauben (Chasselas).

Pouilly-Vinzelles Bg; w; tr ★★ **86 87** 88 — Nachbar von Pouilly-Fuissé. Ähnlicher Wein; beachtenswert.

Pousse d'Or, Domaine de la Weingut mit 13 ha in Pommard, Santenay und (v. a.) Volnay; seine Weine «Monopoles», «Bousse d'Or» und «Clos des 60 Ouvrées» sind herb, gerbstoffreich, gehaltvoll und genießen zu Recht höchsten Ruf.

Preiss Zimmer, Jean Alteingesessene Weinhandlung in Riquewihr.

Premières Côtes de Blaye Bx; r w; tr ★→★★ 82 83 85 86 88 — Beschränkte Appellation für die besseren Rotweine von Blaye. Châteaus: Barbé, Charron, Bourdieu, Haut-Sociando, La Tonnelle, l'Escadre, Segonzac, Le Monotat.

Premier Cru In Bordeaux erste Klasse, in Burgund jedoch Lagen 2. Kl., hinter Grand Cru.

Premières Côtes de Bordeaux Bx; r (rs) oder w; tr oder s ★→★★ — Großer Bereich östlich von Graves, auf der anderen Seite der Garonne, nicht brillant, aber zuverlässig in Qualität und Preis. Châteaux einschl. Lafitte, Gardera, Fayau, Haut-Brignon, Reyon, Tanesse.

Prieur, Domaine Jacques Weingut mit 14 ha bester Burgunderlagen, u. a. Premier Cru Meursault, Volnay sowie Puligny- und Chevalier-Montrachet. Neuerdings enttäuschend.

Primeur Erfrischender, belebender junger Wein, besonders Beaujolais.

Prissée Siehe Mâcon-Villages.

Propriétaire-récoltant Besitzer-Betriebsleiter.

Provence Siehe Côtes de Provence.

Puisseguin-Saint-Emilion Bx; r ★★ 82 83 85 86 88 — Östlicher Nachbar von St-Emilion; ähnlicher Wein — nicht so fein, oft aber preiswert. Ch. u. a. Laurets, Guibeau, Puisseguin, Soleil, Teyssier. Ferner Genossenschaftswein «Roc de Puisseguin».

Puligny-Montrachet Bg; w; tr (r) ★★★ **78 81 82 83 85** 86 87 88 — Größerer Nachbar von Chassagne-Montrachet mit noch herrlicheren und volleren trockenen Weißweinen. Beste Lagen: Montrachet, Chevalier-Montrachet, Bâtard-Montrachet, Bienvenue-Bâtard-Montrachet, Les Combettes, Clavoillon,

Pucelles, Champ-Canet. Spitzenerzeuger: u. a. Ampeau, Bouchard Père, Chartron, Leflaire, Sauzet, Carillon.

Quarts de Chaume Lo; w; s ★★★ 75 76 78 82 83 84 85 86 88 — Berühmte 48-ha-Lage in den Coteaux du Layon. Chenin-Blanc-Trauben. Langlebiger, intensiver, voller, goldener Wein, v. a. Ch. La Suronde, Dom. de Beaumard.

Quatourze Midi; r (rs) oder w; tr ★ 86 87 88 — Kleinerer VDQS-Bereich bei Narbonne.

Quincy Lo; w; tr ★★ 85 86 87 — Kleiner Bereich mit sehr trockenem Wein in Sancerre-Art mit Sauvignon Blanc.

Ramonet-Prudhon Eines der führenden Weingüter in Chassagne-Montrachet mit 13 ha. Oft vorzügliche Weißweine; Rotwein Clos St-Jean.

Rancio Bezeichnung für den Beigeschmack von in Holz gelagertem gespritetem Wein, z. B. Banyuls und andere Vins doux naturels. Bei normalem Wein ist das ein Fehler.

Rasteau Rh r (rs w; tr) oder br; s ★★ 85' 86 88 — Dorf im südlichen Rhônetal. Sehr anständige Rotweine. Spezialität: guter starker Dessertwein.

Ratafia de Champagne Süßer Aperitif aus der Champagne: $^2/_3$ Traubensaft, $^1/_3$ Branntwein.

Récolte Ernte oder Lese.

Reine Pédauque, La Erzeuger- und Handelsfirma für Burgunder in Aloxe-Corton.

Regnié Beaujolais-Ort zwischen Morgon und Brouilly mit ca. 720 ha Rebfläche. 1988 mit Cru-Status versehen.

Remoissenet Père et Fils Gutes Burgunder Handelshaus (bes. für Weißwein) mit kleinem Weinbergbesitz in Beaune.

Rémy Pannier Wichtige Loire-Weinhandlung in St-Hilaire-St-Florent, Saumur.

Reuilly Lo; (r rs) w; tr ★★ 86 87 88 — Nachbar von Quincy mit ähnlichem Wein; auch guter Pinot Gris.

Riceys, Rosé des Champ; rs; ★★ BV — Winzige Appellation in der südlichen Champagne, sie gilt für einen beachtenswerten Pinot Noir Rosé. Haupterzeuger: A. Bonnet.

Edelfäule (franz.: pourriture noble, lat.: Botrytis cinerea) ist ein Schimmelpilz, der in bestimmten Lagen bei warmem, dunstigem Herbstwetter die Schalen der reifen Trauben befällt. Seine Wirkung besteht nicht darin, daß die Trauben faulen, sondern vielmehr einschrumpfen. Die Außenhaut wird dadurch weich und welk, so daß der Saft verdunstet, und übrig bleibt eine übersüße Konzentration aller in der Traube enthaltenen Stoffe, während das Wasser entzogen wird.

Die besten süßen Weine der Welt werden sämtliche aus edelfaulen Trauben bereitet. In guten Jahren tritt die Edelfäule in Sauternes, am Rhein und an der Mosel (Trockenbeerenauslese) sowie in Tokaj in Ungarn, im Burgenland in Österreich und gelegentlich auch andernorts, z. B. in Kalifornien, auf. Gefährlich ist Regen auf die weichen Trauben, wenn die Edelfäule bereits weit fortgeschritten ist. Nur zu oft gehen besonders in Sauternes die Hoffnungen der Winzer dann in einem Regenguß «baden».

Richebourg Bg; r ★★★★ 69 70 71 76 78 79 80 81 82 83 84 85 86 87 88 — 8 ha Grand Cru in Vosne-Romanée. Wuchtiger, bukettreicher, fabelhaft teurer Wein, zählt zu den besten Burgundern. Spitzenerzeuger: Dom. de la Romanée-Conti, Grivot, Méo-Camuzet.

Riesling Siehe Trauben für Weißwein.

Rivesaltes Midi; r oder w; tr; br; s ★★ oJ — Süßwein aus den östlichen Pyrenäen, z. T. Muscat-Aroma. Eine alte, noch lebendige, wenn auch heutzutage hart bedrängte Tradition.

La Roche-aux-Moines Lo; w; tr/s ★★★ 75 76 78 79 82 83 85 86 88 — 24-ha-Areal in Savennières, Anjou. Intensiver, gehaltvoller, fruchtig-säuerlicher Wein, braucht lange Reife.

Rodet, Antonin Bedeutender Händler in Burgund, zugleich bekannter Erzeuger von Mercurey (Ch. de Chamirey).

Roederer, Louis Brut Premier oJ, Rosé 75 sowie 71 73 75 76 78 79 81 — Eines der besten Champagner-Erzeuger- und -Handelshäuser in Reims. Zuverlässiger, vollmundiger Champagner. Luxusmarke: Cristal 79 (in Klarglasflaschen) nicht gerade preiswert.

La Romanée Bg; r ★★★★ 76 78 80 82 83 84 85 86 87 88 — 1 ha Grand Cru in Vosne-Romanée oberhalb von Romanée-Conti. Vertrieb durch Bouchard-Père. Frankreichs kleinste AC.

Romanée-Conti Bg; r ★★★★ 66 71 73 76 78 79 80 81 82 83 84 85 86 88 — Ca. 2 ha Grand Cru in Vosne-Romanée. Der gefeiertste und teuerste Rotwein der Welt und manchmal auch der beste. Der 85er ist erstaunlich.

Romanée-Conti, Domaine de la Das großartigste Weingut in Burgund. Dazu gehört ganz Romanée-Conti und La Tâche sowie größere Teile von Richebourg, Grands Echézaux, Echézaux und Romanée-St-Vivant, ferner ein sehr kleiner Teil von Le Montrachet. D. R. C.-Weine brauchen jahrzehntelange Reife.

Romanée-St-Vivant Bg; r ★★★★ 78 79 80 82 83 84 85 86 87 88 — 9 ha Grand Cru in Vosne-Romanée. Ähnlich wie Romanée-Conti, jedoch leichter und nicht so üppig.

Ropiteau Weinerzeuger und -Handelshaus in Meursault, Burgund. Spezialität; Meursault- und Côte-de-Beaune-Weine.

Rosé d'Anjou Lo; rs ★ BV — Blasser, lieblicher Rosé. Cabernet d'Anjou gilt als besser.

Rosé de Loire Lo; rs; tr ★→★★ BV — Appellation für trockenen Loire-Rosé (Anjou ist süß).

Roty, Joseph Kleiner Erzeuger von klassischem Gevrey-Chambertin.

Rousseau, Domaine A Haupterzeuger von Burgunder, bekannt für Chambertin feinster Qualität.

Roussette de Savoie Sav; w; tr ★★ BV — Der schmackhafteste unter den frischen Weißweinen aus der Gegend südlich von Genf.

Roussillon Siehe Côtes du Roussillon. «Grands Roussillons» sind Vins doux naturels.

Ruchottes-Chambertin Bg; r ★★★ 71 76 78 79 80 82 83 84 85 86 87 88 — 3 ha Grand Cru, Nachbar von Chambertin; ähnlicher, hervorragender, langlebiger Wein.

Ruinart Père et Fils oJ, Rosé und Bl. de Blancs 71 73 75 76 78 79 — Zu Moët & Chandon gehörende, älteste Champagnerfirma. Luxusmarken: Dom Ruinart, Blanc de Blancs **79**, v. a. Rosé.

Rully Bg; r oder w; tr oder (sch) ★★ 85 86 87 — Ort an der Côte Chalonnaise, durch Burgunder-Schaumwein berühmt. Stille Rot- und Weißweine, leicht, aber vollmundig und preiswert, v. a. der Weißwein. Erzeuger: u. a. Delorme, Faiveley, Jacquesson, Dom. de la Folie.

Sablet Rh; r (rs) w; tr ★★ — Erstklassiger Côte-du-Rhône-Village-Ort, v. a. Ch. du Trignon.

Saint-Amour Bg; r ★★ 85 87 — Nördlichstes Gewächs im Beaujolais; leichter, fruchtiger, einschmeichelnder Wein.

Saint-Aubin Bg; (r) oder w; tr ★★ 83 85 86 87 88 — Wenig bekannter Nachbar von Chassagne-Montrachet in einem Seitental. Keine Spitzenklasse, aber typisch und preiswert. Im Handel. Spitzenerzeuger: J. Lamy, Jadot, Thomas, Roux, Clerget.

Saint Bris Bg; w r; tr ★ BV — Ort westlich von Chablis, bekannt durch fruchtigen Aligoté, der auch zu gutem Burgundersekt verarbeitet wird, v. a. aber durch Sauvignon-de-St-Bris.

Saint Chinian Midi; r ★→★★ 87 88 — Hügeliges Gebiet mit wachsendem Ansehen in den Coteaux du Languedoc. Seit 1982 AC. Gut schmeckende Rotweine.

Sainte Croix-du-Mont Bx; w; s ★★ 75 76 79 80 81 82 83 84 86 88 — Nachbar von Sauternes mit ähnlich goldenem Wein. Nichts Herausragendes, aber probierenswert, v. a. Ch. Loubens, Ch. du Mont, Clos des Coulinats. Oft sehr preiswert.

Sainte-Foy-Bordeaux Bx; w; s ★ BV — Teil von Entre-Deux-Mers, mehr mit Bergerac verwandt.

Saint-Emilion Bx; r ★★→★★★★ 70 71 75 76 78 79 81 82 83 85 86 — Der größte Distrikt (5200 ha) von Bordeaux mit Spitzenqualität; solide, bukettreiche, vollmundige Weine aus vielen Ch., u. a. Cheval-Blanc, Ausone, Canon, Magdelaine und Figeac. Sehr gute Winzergenossenschaft.

Saint-Estèphe Bx; r ★★→★★★★ 75 78 79 80 81 82 83 84 85 86 88 — Ort im nördlichen Haut-Médoc. Solider, sauberer, manchmal überragender Wein. Spitzen-Ch.: Calon-Ségur, Cos d'Estournel, Montrose u. a. Viele gute Crus Bourgeois.

St-Gall Markenname der hervorragenden Champagner-Produzenten-Genossenschaft in Avize Union-Champagne.

Saint-Georges-Saint-Emilion Bx; r ★★ 82 83 85 86 88 — Teil von Montagne-St-Emilion; hoher Qualitätsstand. Spitzen-Ch.: St-Georges, Belair-Montaiguillon, Marquis-St-Georges, Tour-du-Pas-St-Georges.

Saint-Joseph Rh; r (rs oder w; tr) ★★ 76 78 79 80 82 83 85 86 — Appellation an der nördlichen Rhône; zweiter Rang mit vernünftigen Preisen. Kräftiger Wein, oft besser als Crozes-Hermitage, v. a. von Jaboulet, Rostaing.

Saint-Julien Bx; r ★★★→★★★★ 70 75 76 78 79 80 81 82' 83' 84 85 86 87 — Ort im mittleren Médoc mit einem Dutzend der besten Ch. von Bordeaux, u. a. 3mal Léoville, Beychevelle, Ducru-Beaucaillou, Gruaud-Larose. Inbegriff eines wohlausgewogenen Rotweins.

Saint-Laurent Nachbarort von St-Julien. Appellation Haut-Médoc.

Saint-Nicolas-de-Bourgueil Lo; r ★★ 82 83 84 85 86 88 — Nachbarort von Bourgueil; gleichartiger, leichter, aber spritziger und fruchtiger roter Cabernet. Spitzenerzeuger: Ammeux, Audebert, Cognard, Tamet.

Saint-Péray Rh; w; tr oder sch ★★ oJ — Ziemlich schwerer Weißwein von der nördlichen Rhône, zum großen Teil als Schaumwein. Eine Kuriosität, die sich aufzuspüren lohnt.

Saint Pourçain Zentralfrankreich; r rs oder w; tr ⊞ BV — Der altehrwürdige lokale Wein von Vichy aus Gamay- und/oder Pinot-Noir-Trauben und der (leichte) der Weißwein von Chardonnay, Tressalier und Sauvignon Blanc ist in Paris in Mode.

Saint Romain Bg; r w; tr ★★ 85 86 87 — Lang übersehener Ort hinter der Côte de Beaune. Bes. wegen junger Weißweine schätzenswert. Spitzenerzeuger: Thévenin, Leroy, Gros, Fèvre.

Saint-Sauveur Ort westlich von Pauillac im Haut-Médoc.

Saint-Seurin-de-Cadourne Ort nördlich von Saint-Estèphe im Haut-Médoc.

Saint-Véran Bg; w; tr ★★ 85 86 87 88 — Nachbar-Appellation von Pouilly-Fuissé. Ähnlicher Wein, aber preiswerter; trockener Weißwein mit echtem Charakter von den besten Hängen von Mâcon-Villages.

Salins du Midi, Domaine Viticole Siehe Listel.

Salon Le Mesnil 61 64 66 69 71 73 76 79 — Champagner-Haus mit Blanc de Blancs nur aus Le Mesnil — sehr feiner, trockener und langlebiger Champagner. 1988 von Laurent-Perrier übernommen.

Sancerre Lo; (r rs) oder w; tr ★★★ 86 87 88 — Sehr duftiger, frischer weißer Sauvignon, kaum von Pouilly Fumé (dem Nachbarwein von der anderen Loire-Seite) zu unterscheiden. Jung zu trinken. Auch leichter roter Pinot Noir, mit 2 bis 3 Jahren am besten, und Rosé. Spitzenerzeuger: Crochet, Delaporte, Cordier, Gitton, Reverdy.

Santenay Bg; r oder (w; tr) ★★★ 76 78 79 80 82 83 84 85 86 87 88 — Wertvoller, selten hinreißender kräftiger Rotwein vom Süden der Côte de Beaune. Beste Lagen: Les Gravières, Clos de Tavannes. Spitzenerzeuger: Dom. de la Pousse d'Or, Lequin-Roussot.

Saumur Lo; r rs oder w; tr und sch ★→★★ — Großer, vielseitiger Distrikt in Anjou mit frischen, fruchtigen Weißweinen, sehr gutem Crémant, hellen Rosés und immer besseren roten Cabernets, die besten aus Saumur-Champigny, v. a. Ch. de Targé, Dom. Filliatreau.

Sauternes Bx; w; s ★★ → ★★★★ 67 71 75 76 78 79 80 81 82 83 84 85 86 88 — Distrikt mit 5 Orten (einschl. Barsac), aus denen Frankreichs beste Süßweine kommen: gehaltvoll (14 % + Alkohol), üppig und goldfarben, braucht Alterung. Spitzen-Ch.: d'Yquem, Suduiraut, Coutet, Climens, Guiraud u. a. Auch schwere trockene Weine, die nicht als Sauternes verkauft werden dürfen.

Sauvignon Blanc Siehe Trauben für Weißwein.

Sauvignon-de-St-Bris Bg; w; tr ★★ BV — Junger VDQS-Bereich nahe Chablis, mit Sancerre verwandt. Probierenswert.

Sauvion et Fils Ehrgeiziges, gutgeführtes Muscadet-Haus mit Sitz im Ch. de Cléray. Spitzenwein: Cardinal Richard.

Sauzet, Etienne Weingut mit weißem Burgunder in Puligny-Montrachet. Gut ausgebaute, manchmal sogar superbe Weine.

Savennières Lo; w; tr/s ★★★ **75 76 78 81 82** 83 **84** 85 86 88 — Kleiner Distrikt in Anjou mit würzigen, langlebigen Weißweinen, einschließlich Coulée de Serrant, La Roche aux Moines, Clos du Papillon.

Savigny-lès-Beaune Bg; r oder (w; tr) ★★★ **78 83 85** 86 87 88 — Bedeutender Ort bei Beaune mit ähnlichen ausgeglichenen mittelschweren Weinen, oft vorzüglich, delikat und fruchtig. Beste Lagen: Marconnets, Dominode, Serpentières, Vergelesses, les Guettes. Spitzenerzeuger: Bize, Girard-Vollot, Tollot-Beaut, Clair.

Savoie Ostfrankreich; r oder w; tr oder sch ★★ BV — Alpiner Bereich mit leichten, trockenen Weinen, ähnlich den Schweizer oder einfacheren Loire-Weinen. Bekannteste Weißweine: Crépy, Seyssel und Apremont; interessanter ist oft der Roussette. Auch roter Mondeuse.

Schlumberger et Cie Elsässer Erzeuger- und Handelshaus in Guebwiller mit üppigen, kraftvollen Weinen.

Schröder & Schyler Altes Handelshaus in Bordeaux, Familienbesitz, Eigentümer von Ch. Kirwan.

Sciacarello Rote Traube, Grundlage der besten Rot- und Roséweine Korsikas, z. B. Ajaccio, Sartène.

Sec Wörtlich: trocken; so bezeichneter Champagner ist halbsüß (für das Sektfrühstück besser als Brut).

Sélection de Grains Nobles Von Hugel geprägte Bezeichnung für das elsässische Gegenstück zur deutschen Beerenauslese. «Grains nobles» sind Trauben mit Edelfäule (siehe S. 67).

Sèvre-et-Maine Das Département mit den besten Muscadet-Lagen.

Seyssel Sav; w; tr oder sch ★★ oJ — Delikater blasser, trockener Weißwein, auch vorzüglicher Schaumwein.

Sichel & Co. Zwei berühmte Handelshäuser. In Bordeaux Besitzer von Ch. d'Angludet und Mitbesitzer von Ch. Palmer; in Deutschland ein angesehenes Handelshaus.

Soussans Ort nördlich von Margaux, gehört mit zur AC.

Sylvaner Siehe Trauben für Weißweine.

Syrah Siehe Trauben für Rotwein.

La Tâche Bg; r ★★★★ **69 70 71 73 76 78 79 80** 81 82 83 84 85 86 87 88 — 6 ha Grand Cru in Vosne-Romanée, eine der besten Lagen der Erde; dunkler, bukettreicher, luxuriöser Wein. Im Besitz der Domaine de la Romanée-Conti.

Taittinger oJ, Collection Brut **78** und **71 73** 75 **76 78 79 80** 82 — Bekanntes Champagner-Erzeuger- und -Handelshaus in Reims mit leichtem Stil. Luxusmarke: Comtes de Champagne **76, 79** 81 (auch sehr guter Rosé **79**).

Tastevin, Confrèrie des Chevaliers du Illustre und erfolgreiche Gesellschaft zur Förderung des Weinbaus in Burgund. Mit dem Tastevinage-Etikett versehener Wein ist von der Gesellschaft geprüft und gewöhnlich auch gut. Ein Tastevin ist der traditionelle flache silberne Weinprobierbecher von Burgund.

Tavel Rh; rs ★★★ BV — Der berühmteste, wenn auch nicht der beste französische Rosé, gehaltvoll, trocken, anfangs rosa, später in Orange übergehend, dann aber nicht mehr zu empfehlen.

Tempier, Domaine Spitzenerzeuger in Bandol mit sehr feinen Rotweinen (u. a. aus Einzellagen) und Rosés.

Tête de Cuvée Ein veralteter, in etwas vager Weise auf die besten Weine einer Appellation angewandter Begriff.

Thénard, Domaine Großer Erzeuger in Givry, am bekanntesten jedoch durch seinen bedeutenden Anteil (1,8 ha) an Le Montrachet.

Thevenet, Jean Meisterhafter Erzeuger von weißem Mâcon-Clessé (Domaine de la Bon Gran) in Quintaine-Clessé bei Lugny, einige mit Edelfäule.

Thorin, J. Erzeuger und bedeutender Händler in Pontanevaux (Beaujolais), Besitzer des Château des Jacques, Moulin-à-Vent; wurde von der deutschen Firma Racke übernommen.

Thoursais, Vin de Lo; r ★ BV — VDQS-Bereich für leichten Gamay aus der Gegend südlich von Saumur.

Tokay d'Alsace Siehe Pinot Gris unter Trauben für Weißwein.

Tollot-Beaut Stilvoller Burgunder-Erzeuger, 20 ha in der Côte de Beaune mit Corton, Beaune, Grèves, Savigny und in seinem Heimatort Chorey-les-Beaune.

Tortochot, Domaine 10-ha-Weingut in Gevrey-Chambertin mit klassischen Weinen.

Touraine Lo; r rs w; tr/s/sch — Große Provinz an der mittleren Loire mit einer Vielfalt von Weinen, u. a. trockener weißer Sauvignon, trockener und lieblicher Chenin Blanc (z. B. Vouvray), roter Chinon und Borgueil, leichter roter Cabernet-, Gamay- und Roséwein. Cabernets, Sauvignon- und Gamay-Weine aus guten Jahren sind sehr zu empfehlen. Unterbereiche: Amboise, Azay-le-Rideau und Mesland.

Trimbach, F. E. Distinguiertes Elsässer Erzeuger- und Handelshaus in Ribeauvillé. Die besten Weine, u. a. der herbe Riesling Clos Ste-Hune, reifen ausgezeichnet.

Tursan Südwestfrankreich; r rs w; tr ★ — Aufstrebender VDQS-Bereich in den Landes mit sauberen Rotweinen.

Vacqueyras Rh; r ★★ 78 80 82 83 85 86 88 — Bedeutender Ort der südlichen Côtes du Rhône, Nachbar von Gigondas; mit Châteauneuf-du-Pape vergleichbar, jedoch nicht so schwer, dafür eleganter, v. a. die Version von Jaboulet.

Valençay Lo; w; tr ★ BV — Nachbar von Cheverny; ähnlicher gefälliger säuerlicher Wein.

Val-Joannis, Ch. de Prov; r rs w; tr ★★ — Eindrucksvolles neues Gut mit feinen Côtes du Lubéron-Weinen.

Valréas Rh r (rs w; tr) ★★ — Côtes-du-Rhône-Village-Ort mit großer Genossenschaft «Enclave des Papes» und guten Rotweinen.

Varichon & Clerc Bedeutendste Erzeuger- und Händlerfirma für Schaumweine aus Savoyen.

Varoilles, Domaine des Burgundergut in Gevrey-Chambertin (12 ha). Gerbstoffreiche Weine mit bester Haltbarkeit.

Vaudésir Bg; w; tr ★★★★ 78 81 83 84 85 86 87 — Wohl einer der besten der 7 Grands Crus von Chablis.

VDQS Vin Délimité de Qualité Supérieure (siehe Einleitung).

Vendange Lese.

Vendange tardive Spätlese. Im Elsaß gleichwertig mit deutscher Auslese.

Veuve Clicquot oJ («Yellow Label») und Rosé, oJ Demi-Sec («White Label») und («Gold Label») **73 75 76 78 79 80** 82 und Rosé 83 — Historisches Champagnerhaus mit höchstem Ansehen. Jetzt im Besitz von Moët-Hennessy. Körperreicher Champagner. Kellereien in Reims. Luxusmarke: La Grande Dame **79** 83.

Vidal-Fleury, J. Alteingesessenes Erzeuger- und Handelshaus für Spitzenweine von der Rhône, v. a. Hermitage und Côte-Rôtie.

Vieilles Vignes «Alte Reben», deshalb die besten Weine. Als Markenname von Bollinger, de Vogüé u. a.

Viénot, Charles Erzeuger und Händler für guten Burgunder in Nuits-St-Georges; im Besitz von Boisset. 28 ha in Nuits, Corton, Richebourg usw.

Vignoble Weinberg.

Vin de garde Wein, der bei Lagerung besser wird. Meist seriöse Spitzenweine.

Vin de l'année Diesjähriger Wein. Siehe Beaujolais.

Vin de paille «Strohwein», aus auf Strohmatten getrockneten Trauben, daher sehr süß, z. B. italien. Passito. Bes. im Jura.

Vin de Pays Die neuere Klasse von Landweinen (siehe Einleitung). Es gibt inzwischen über 100, vorwiegend im Midi. Eine durchaus beachtenswerte Neuerung mit manchen erfreulichen Überraschungen.

Vin de Table Standard-Alltagswein, der keinen besonderen Bestimmungen über Trauben und Ursprung unterliegt. Meist ist der Vin de Pays empfehlenswerter.

Vin Doux Naturel («VDN») Süßer, mit Weingeist gespriteter Wein; die Süße ist also «natürlich», nicht aber der Alkoholgehalt. Im Roussillon ein besonders markantes Erzeugnis. Ein Vin doux liquoreux hat einen höheren Alkoholgehalt.

Vin Gris «Grauer Wein»; er ist blaßrötlich, wird aus roten Trauben hergestellt, die vor Einsetzen der Gärung gepreßt werden, anders als beim Rosé, der nach kurzer Gärung abgepreßt wird. Œil de Perdrix ist ungefähr dasselbe.

Vin Jaune Jura; w; tr ★★★ — Spezialität von Arbois: von eigentümlich gelber Farbe wie Fino Sherry; nach dem Abfüllen genußreif. Am besten ist der Château Chalon.

Für die Magnum-Flasche (eine Doppelflasche) gilt eigentlich dasselbe, was Queen Anne einmal vom Truthahn gesagt haben soll, der — wie sie meinte — «für einen zuviel und für zwei nicht genug» sei.

Vin nouveau Siehe Beaujolais Nouveau.

Vin vert Sehr leichter, säuerlicher, erfrischender Weißwein, eine Spezialität des Roussillon und im Sommer in dieser heißen Gegend höchst willkommen.

Vinsobres Rh; r (rs oder w; tr) **★★** **81 83 85** 86 88 — Widersprüchlicher Name (sobre = nüchtern) eines guten Weinortes an der südlichen Rhône. Kräftige, volle Rotweine mit guter Entwicklung bei Lagerung.

Viré Bg; w; tr **★★** **86 87 88** — Eines der besten Weißweindörfer von Mâcon. Guter Genossenschaftswein sowie Ch. de Viré. Clos du Chapitre, Jadot.

Visan Rh; r rs oder w; tr ★★ **85 86** 88 — Eines der besseren Dörfer an der südlichen Rhône. Rotwein besser als weißer.

Viticulteur Winzer.

Vitteaut-Alberti Erzeuger von vorzüglichem Crémant de Bourgogne in Rully.

Vogüé, Comte Georges de Erstklassige Burgunder-Domaine (12 ha) in Chambolle-Musigny. Spitzenlagen: Musigny und Bonnes Mares. Der 83er ist nicht zu empfehlen.

Als einfache Faustregel gilt: Ein Rebstock liefert eine Flasche Wein guter Qualität. Ein Bordeaux-Rebberg ist normalerweise mit 5269 Rebstöcken bepflanzt und ergibt 4000 Liter (5333 Flaschen). Bei der Reifung gehen zehn Prozent des Weinvolumens verloren, das Endergebnis sind somit 4800 Flaschen Wein.

In ausgesprochen fruchtbaren Weinregionen und in Deutschland mit seiner besonders hohen Produktionskapazität kann der Ertrag über 10 000 Liter pro Hektar betragen. Im Gegensatz dazu gewinnt man im Château d'Yquem, wo durch Edelfäule entwässerte Trauben verarbeitet werden, nur 900 Liter Wein pro Hektar Rebfläche.

Volnay Bg; r ★★★ 76 78 79 80 82 83 84 85' 86 87 88 — Ort zwischen Pommard und Meursault; oft die besten Rotweine von der Côte de Beaune, nicht stark oder schwer, aber duftig und samtig. Beste Lagen: Caillerets, Clos des Ducs, Champans, Clos des Chênes u. a. Spitzenerzeuger: Pousse d'Or, d'Angerville, Laforge.

Volnay-Santenots Bg; r ★★★ — Hervorragender Rotwein aus Meursault, wird unter dieser Bezeichnung verkauft. Von Volnay nicht zu unterscheiden.

Vosne-Romanée Bg; r ★★★→★★★★ 76 78 79 80 81 82 83 84 85 86 88 — Der Ort mit den grandiosesten Crus von Burgund (Romanée-Conti, La Tâche u. a.). Gewöhnlichen Wein gibt es in Vosne kaum. Erzeuger, u. a. Arnoux, Jayer, Gros, Mongeard-Mugneret, Mugneret, Dom. de la Romanée-Conti, Castagnier, Engel.

Vougeot Siehe Clos de Vougeot.

Vouvray Lo; w; tr/s/sch ★★→★★★★ 71 76 78 79 82 83 85 86 88 — Kleiner Distrikt in der Touraine mit sehr unterschiedlichen Weinen, die besten intensiv süß und fast ewig haltbar. Guter trockener Schaumwein. Spitzenerzeuger: Huet, Foreau, Ch. Moncontour, Brédif, Poniatowski.

Weinbach, Domaine Siehe Faller, Théo.

Willon, A. Erzeuger in Barr im nördl. Elsaß mit sehr gutem Clos-Gaensbroennel-Gewürztraminer.

Y (igrek) 78 79 80 84 85 — Markenname für gehaltvollen trockenen Wein mit viel Charakter, wie er gelegentlich im Ch. d'Yquem bereitet wird.

Ziltener, André Schweizer Handelshaus und Weingut in Burgund mit Kellereien in Gevrey-Chambertin. Rotwein besonders gut.

Zind-Humbrecht 25-ha-Weingut in Wintzenheim, Turckheim und Thann im Elsaß. Erstklassige Einzellagenweine, v. a. Clos St-Urbain Riesling.

Die Châteaux von Bordeaux

Es folgt hier ein alphabetisches Verzeichnis der bekannteren Châteaux mit vollständigen Angaben über den aktuellen Stand aller Jahrgänge bis 1987 (ob die Trinkreife schon erreicht oder noch längere Lagerung zu empfehlen ist und ob dieser oder jener Jahrgang nach Ansicht des Erzeugers besonders viel bietet). Für den roten Bordeaux war 1987 ein sehr ungleichmäßiges Jahr, zumeist eine Enttäuschung, wie immer aber auch mit großen Ausnahmen — für Weißwein dagegen war es sehr günstig. Bei ersten Proben zeigt sich der rote 87er dürftiger als der 84er, aber schließlich hat sich der 84er inzwischen zu seinen Gunsten entwickelt, und so darf man erwarten, daß es mit dem 87er nicht anders sein wird. Ihm ist der durchweg exzellente 88er gefolgt — ein Jahrgang, nach dem zu gegebener Zeit große Nachfrage herrschen wird. Und vorausgegangen sind ihm die insgesamt sehr guten Jahrgänge 1986 und 1985 — vom 83er und 82er ganz zu schweigen. Es gibt also roten Bordeaux in wünschenswert guter Qualität und in allen Entwicklungsstadien, vom *chai* des Erzeugers bis zum Keller des Verbrauchers. Und bei diesem Überfluß muß man ja nicht unbedingt 87er kaufen, selbst wenn er mit einem beträchtlichen Abschlag von 30 % und mehr vom Erzeuger angeboten wird, den man auch im Verkaufspreis wiederfinden müßte. Mit der Zeit wird das Restaurantgewerbe den 87er wie schon alle früheren minderen Jahrgänge aufnehmen, und schließlich wird man ihn zu einem angemessenen Preis auch trinken können. Er wird dann ein ordentlicher, nur eben kein glanzvoller Wein sein. Jedenfalls darf man nie vergessen, daß in Bordeaux die Entstehung eines Jahrgangs immer erst der Anfang ist . . .

d'Agassac Haut-Médoc; r ★★ 75' 78 79 80 81 82' 83 84 85 86 — Im 14. Jh. eine befestigte Burg mit 32 ha. Gleicher Besitzer wie Ch. Calon-Ségur und du Tert. Sehr süffige Weine.

Andron-Blanquet St-Est; r ★★ 82 83 84 85' 86 — Schwester-Château von Cos-Labory. 16 ha. Sehr ansprechender, gefälliger Wein.

L'Angélus St-Em; r ★★ 75' 78 79' 80 81' 82 83 85 86 — 24 ha beste Lage auf den Côtes westlich der Stadt St-Emilion; eher gleichbleibend gut als aufregend, in letzter Zeit vielversprechend.

d'Angludet Cant-Mar; r ★★ 70' 76' 78' 79 80 81' 82 83' 84 85 86 87 — 30 ha. Im Besitz von Peter A. Sichel. Cru Exceptionnel mit Cru-Classé-Qualität. Lebendiger, duftiger Margaux mit großem Stil.

d'Archambeau Graves; r w; tr (s) ★★ (r) 85 86 87 (w) 84 85 86 87 — Modernes 22-ha-Gut in Illats. Sehr guter, fruchtiger Weißwein und seit 84 duftiger, faßgereifter Rotwein.

D'Arche Sauternes; w; s ★★ 78 79 80 81 82 83' 85 — Mit 35 ha ein größeres Gut, zu 2ᵉ Cru gehörend, seit 1980 verjüngt. Ch. d'Arche-Lafaurie war bis 1981 das Zweitetikett.

d'Arcins Médoc; r ★★ — 74 ha Besitz der Familie Castel (Castelvin); Schwester-Château des Nachbarguts Barreyres (64 ha).

L'Arrosée St-Em; r ★★ 78 79 81 82 83 84 85 86 — Großes Gut (9,5 ha) in den Côtes. Seriöser, feiner Wein, der es trotz des Namens («gewässert») in sich hat.

Ausone St-Em; r ★★★★ 70 75 76' 78 79' 80 81 82' 83' 85 86' 87 — 7 ha in allerbester Lage an den Côtes, erstklassiges Gewächs mit großem Ruf (rund 2500 Kisten); berühmte Keller unter dem Weinberg in den Felsen gehauen. Höchst fester, subtiler und eleganter St-Emilion. Siehe auch Ch. Belair.

Bahans-Haut-Brion Graves; r ★★★ oJ und 83 87 — Zweitetikett von Ch. Haut-Brion.

Balestard-la-Tonnelle St-Em; r ★★ 70' 75' 76' 78 79 81 82 83 85 86' — Historisches Gut, 12 ha, auf dem Plateau nahe der Stadt. Bereits von dem Dichter Villon (15. Jh.) erwähnt, noch heute im Besitz derselben Familie, der auch das Ch. Cap-de-Mourlin gehört. Volles Aroma; seit 85 mehr Finesse.

de Barbe Côtes de Bourg; r (w) ★★ 79' 81 82' 83 85 86 — Größtes (59 ha) und bekanntestes Ch. auf dem rechten Gironde-Ufer. Guter, vollmundiger, leichter, aber fruchtiger Merlot-Rotwein.

Bastor-Lamontagne Saut; w s ★★ 76 79 80 82 83 84 85 86' — Großes Cru-Bourgeois-Gut in Preignac mit ausgezeichnetem, vollem Wein. 10 000 Kisten.

Batailley Pauillac; r ★★★ 61 70 71 75' 78' 79' 80 81 82' 83 84 85 86 — Das größere der zwei berühmten Güter der 5. Stufe (das andere ist Haut-Batailley) an der Grenze zwischen Pauillac und St-Julien. 44 ha. Fester, feiner, vollduftiger Wein, Vertrieb durch Borie-Manoux.

Beaumont Cussac, Haut-Médoc; r ★★ 78' 79 81 82 83 84 85 86 87 — Crus Bourgeois mit über 80 ha, in Frankreich bekannt für eher leichte, immer ansprechendere Weine. In neuem Besitz seit 1979. Zweites Etikett: Ch. Moulin d'Arvigny. 35 000 Kisten.

Beauregard Pomerol; r **★★★** 75' 76 79 81 82' 83 85 86 — Ca. 13 ha Weinberge mit schönem Ch. aus dem 17. Jh., nahe La Conseillante. Guter, delikater, «runder» Wein, schon recht früh genußreif.

Beau Séjour-Bécot St-Em; r ★★★ 75' 76' 78 79 81 82' 83' 85' 86 — Hälfte der alten Premier-Grand-Cru-Besitzung Beau Séjour am Westhang der Côtes mit Weinen voller Wohlgeschmack (18 ha). Die Herabstufung von 1985 ist umstritten. Den Bécots gehört auch Ch. Grand Pontet.

Beauséjour-Duffau-Lagarosse St-Em; r ★★★ 70 75 76 78 79 80 81 83 85 86 — Die andere Hälfte der Besitzung B. (7 ha); seit alters in Familienhand; traditionell guter Wein für lange Alterung.

Beau-Site St-Est; r ★★ 70' 75' 76 78' 79 80 81 82 83 84 85 86 — 22 ha Cru Bourgeois Exceptionnel. In gleichem Besitz wie Chx. Batailley, Trottevieille usw. Gleichmäßige Qualität mit typischer Substanz.

Belair St-Em; r **★★★** 70 71 75' 76' 78 79' 80 81 82' 83' 85' 86' — Schwestergut und Nachbar von Ausone, ca. 14 ha an den Côtes. Der Wein ist etwas herzhafter und nicht so subtil; sehr hoher Standard in den letzten Jahren (v. a. 1985 und 1986). Marke «Roc-Blanquant» oJ, nur in Magnum-Flaschen.

de Bel-Air Lalande de Pomerol; r **★★** 75' 76 79 81 82' 83 85 86 — Bekannteste Besitzung in dem Dorf nördlich von Pomerol. Für die Gegend typischer Wein. 10 ha.

Bel Air-Marquis d'Aligre Sou-Mar; r **★★** 70' 75 76 78 79 80 81 82' 83 84 85 — 17 ha Cru Exceptionnel mit altem Rebbestand. Der Besitzer liebt saftigen Wein.

Belgrave St-Lau; r ★★ 81 82 83 85 86 — Ca. 43 ha 5ᵉ Cru, im Hinterland von St-Julien; nicht ganz so bekannt. 1979 von Dourthe aufgekauft. Der 86er ist vielversprechend.

Bel-Orme-Tronquoy-de-Lalande St-Seurin-de-Cadourne (Haut-Médoc); r ★★ 70' 71 75' 76 78' 79' 81 82' 83 84 85 86 — 24 ha Cru Bourgeois mit gutem Ruf, nördlich von St-Estèphe. Alter Weinberg für Erzeugung tanninhaltiger Weine. In gleichem Besitz wie Ch. Rauzan-Gassies.

Berliquet St-Em; r ★★ 79 81 82 83 85 86 — Kleines Cru Classé, jetzt sehr gut geführt (von der Genossenschaft).

Beychevelle St-Jul; r **★★★** 61 66 70' 75' 78 79 80 81 82' 83 84 85 86 87 — 68 ha, 4ᵉ Cru, mit dem schönsten Landsitz im Médoc. Wein mit mehr Eleganz als Kraft. Bis 1982 ungleichmäßig, jetzt wieder stetig.

Bonnet Entre-Deux-Mers; r w tr **★★** (w) BV — Großproduzent von mit zum Besten gehörendem Entre-Deux-Mers.

Bon-Pasteur, Le Pom; r **★★** 70 75 76 78 79 81 82 83 84 85 86 — Ausgezeichnetes, sehr kleines Gut an der Grenze von St-Emilion. Konzentrierte, manchmal sehr körperreiche Weine.

Boscq, Le St-Est r **★★** 82 38 84 85 86 — Cru Bourgeois mit schmackhaftem Wein aus St-Estèphe zu günstigen Preisen.

Le Bourdieu Haut-Médoc; r ★★ 75' 78' 79 80 81 82 83 85 86 — Cru Bourgeois in Vertheuil mit Schwester-Ch. Victoria (zusammen 54 ha), bekannt für Weine im Stil von St-Estèphe.

Bourgneuf-Vayron Pomerol; r ★★→★★★ 75' 76 78' 79 81 82 83 84 85' 86 — 9 ha große Lage auf kreidehaltigem Lehmboden, bringt schön volle Weine mit gutem typischem Pomerol-Pflaumenbukett. 8000 Kisten.

Bouscaut Graves; r w; tr ★★★ **70' 75' 78' 79 80** 81 82' 83 85 86' — Cru Classé bei Cadaujac, 1980 von Lucien Lurton, dem Besitzer von Ch. Brane-Cantenac usw., gekauft. 30 ha Rotwein (meist Merlot); 6 ha Weißwein. Bisher fehlt es an Brillanz, doch ist Besserung unverkennbar.

du Bousquet Côte de Bourg; r ★★ **78 79 81 82 83** 85 86 — 59 ha großes zuverlässiges Gut mit ansprechendem, solidem Wein.

Boyd-Cantenac Margaux; r ★★★ **75' 76' 78' 79 80 82' 83' 84** 85 86' — 18 ha, 3ᵉ Cru; stets gefällige Weine; volles Aroma; Tendenz zu Verbesserung. Siehe auch Ch. Pouget.

Branaire (Ducru) St-Jul; r ★★★ **70' 75' 76 78 79' 80 81 82' 83 84** 85 86 — 50 ha, 4ᵉ Cru, meist würziger, duftiger Wein, ansprechend und zuverlässig. Und was sonst in Bordeaux nicht üblich ist: lieber ein Wein ohne Jahrgang als ein schlechter Jahrgangswein.

Brane-Cantenac Cant-Mar; r ★★★ **75' 78' 79 80 81 82' 83 84** 85 86' — 84 ha, 2ᵉ Cru, gut geführt. Bukettreiche, deftige, charaktervolle Weine. Gleiche Eigentümer wie Ch. Durfort-Vivens, Villegeorge, Climens, Bouscaut usw. Zweitetikett: Ch. Notton.

Brillette Moulis, Haut-Médoc; r ★★ **75 78 79 80** 81' 82 83 **84** 85' 86 — 28 ha großer Rebberg. Zuverlässiger, ansprechender Wein; wird hohen Ansprüchen gerecht.

Ein Bordeaux-Etikett

CHÂTEAU
LANGOA-BARTON
GRAND CRU CLASSÉ
APPELLATION ST-JULIEN
CONTRÔLÉE
MIS EN BOUTEILLE AU
CHÂTEAU

Ein Château ist ein Weingut, nicht unbedingt ein Schloß, und braucht auch kein großes Weinbergareal zu besitzen. Die örtliche Klassifizierung ist in verschiedenen Teilen von Bordeaux unterschiedlich. Die Appellation Contrôlée: vgl. St-Julien in «Frankreich von A—Z».
«Im Château abgefüllt» — bei Cru-Classé-Weinen jetzt das normale Verfahren.

La Cabanne Pomerol; r ★★★ **71 75' 76 78' 79 81 82'** 83 85 86 — Hochgeschätztes, 10 ha großes Gut in der Nähe des großen Ch. Trotanoy. Inzwischen modernisiert; vielversprechend.

Cadet Piola St-Em; r ★★ **70' 75' 76 78 79 81 82 83'** 84 85' 86 — Gediegenes, kleines Gut ganz in der Nähe von St-Emilion. 3000 Kisten. Gehört dem Eigentümer von Ch. Faurie de Souchard; der Wein ist nicht ganz so gut wie dort.

Caillou Saut; w s ★★ **81 82 83** 85 86 — Gut geführtes Weingut in Barsac, 15 ha, 2ᵉ Cru; fester, fruchtiger Wein. Spitzensorte: «Private Cuvée».

Calon-Ségur St-Est; r ★★★ **70 75 78' 79' 80 81 82' 83 84** 85' 86 — 49 ha, 3ᵉ Cru, mit großem Renommée. Großer Klassiker in kräftigen, herzhaften Weinen, doch neuerdings hat der gute Ruf gelitten.

Cambon-la-Pelouse Haut-Méd; r ★★ 82 83 **84** 85 86 — Sehr großes Cru Bourgeois (58 ha). Eine zuverlässige Quelle für frischen, typischen Médoc ohne Faßreife.

Camensac St-Lau; r ★★ 75' 78 79' 80 81 82' 83 84 85 86' 87 — 5ᵉ Cru, 60 ha, Nachbar von Ch. Belgrave; in den 60er Jahren mit neuen Maschinen und unter fachmännischer Leitung neu angepflanzt. Gleiche fachmännische Leitung wie Larose-Trintaudon. Guter, kräftiger, doch kaum klassischer Wein.

Canon St-Em; r ★★★ 70 71 75' 76 78 79' 80 81 82' 83' 85' 86 — Ca. 18 ha, 1ᵉʳ Cru, auf dem Plateau westlich der Stadt. Berühmt, konservative Methoden, sehr beeindruckender Wein.

Canon Can-Fronsac; r ★★ 81 82 83 85 86' — Kleines Gut im Besitz von Christian Moueix; langlebiger Wein.

Canon de Brem Can-Fronsac; r ★★ 78 80' 81 82' 83 84 85 86 — Spitzengut in Fronsac mit dunklem, gerbstoffreichem Wein. Im Besitz von Moueix.

Canon-la-Gaffelière St-Em; r ★★ 75 79 81 82' 83 85 86' — 19 ha Cru Classé am Fuß der Côtes, in deutschem Besitz. Zuverlässiger, etwas leichter Wein.

Canon-Moueix Can-Fronsac; r ★★ 83 85 86 — Die neueste Moueix-Investition in dieser aufstrebenden Appellation. Sehr stilvoller Wein.

Cantemerle Macau; r ★★★ 61 70' 75' 78' 79 81 82 83' 84 85 86 — Wunderbares Gut im äußersten S des Médoc mit einem romantischen Ch. in einem Wald und 60 ha Weinbergen. Offiziell 5ᵉ Cru, potentiell eher 2ᵉ Cru. Ende der 70er Jahre gab es Probleme. Heute schöpft ein «neuer Besen» (Cordier, seit 1981) das Potential voll aus.

Cantenac-Brown Cant-Mar; r ★★★ 70 75 78 79 80 81 82 83 **84** 85 86 87 — 31 ha, 3ᵉ Cru, früher veraltete Methoden, jetzt vielversprechender 82er und 83er. Kräftige Weine. Neue Besitzer seit 1987 mit großen Investitionen. Zweitetikett: Carruet.

Capbern-Gasqueton St-Est; r ★★ 75 78 79 81 82 83 **84** 85 86 — 34 ha Cru Bourgeois, gleicher Eigentümer wie Ch. Calon-Ségur. Gute Qualität.

Cap de Mourlin St-Em; r ★★ 70' 75' 78 79' 81 82' 83 **84** 85 — Bekanntes Weingut, 15 ha, im Besitz der Familie Cap de Mourlin (Eigentümer von Ch. Balestard und Ch. Roudier, Montagne St-Em.); klassischer St-Emilion.

Carbonnieux Graves; r und w; tr ★★★ (r) 78' 79 81 82 83 85 86 87 (w) — Historisches Gut in Léognan, produziert guten, recht leichten Wein. Die Weißweine von 83, 86, 87 haben 10 Jahre Lebensdauer. Ch. Le Pepe und Le Sertre gehören ebenfalls zum Familienbesitz.

Cardaillan Gr r ★★ — Der Rotwein des vornehmen Sauternes-Ch. de Malle.

La Cardonne Blaignan (Médoc): r ★★ 78 79 81' 82 83 84 85 86 — Cru Bourgeois, großes Gut (120 ha) im nördlichen Médoc, seit 1973 im Besitz der Rothschilds auf Ch. Lafite. Immer eine sichere Anlage. Früh trinkreif.

Les Carmes-Haut-Brion Graves; r ★★ 75 78 79 80 81' 82' 83 85 86 — Kleiner (3,5 ha), aber nicht unwürdiger Nachbar von Haut-Brion; hoher Bourgeois-Standard. Alte Jahrgänge beweisen klassisches Potential.

Caronne-Ste-Gemme St-Lau (Haut-Médoc); r ★★→★★★ **75' 78 79 80 81** 82' 83 **84** 85 86 — 40 ha. Cru Bourgeois. Zuverlässige Qualität ist der Lohn für Geduld. Dem Niveau nach könnte es ein Cru Classé sein.

du Castéra Médoc; r ★★ **75 78 79** 81 **82 83 84** 85 86 — Historisches Gut in St-Germain im nördlichen Médoc. Beachtenswert durch Geschmacksvielfalt ohne zuviel Gerbstoff.

Certan de May Pomerol; r ★★★ **70 75 78 79** 81 82' 83 **84** 85' 86 — Nachbar von Vieux-Château-Certan. Winziger Besitz (2500 Kisten) mit körper- und gerbstoffreichem, vollem Wein; neuerdings sehr hoch im Kurs.

Certan-Giraud Pomerol; r ★★★ **71 75 78 79** 81 82 83' 85 86 — Kleines Gut (7 ha) in der Nähe des Ch. Pétrus.

Chambert-Marbuzet St-Est; r ★★ **78 79 80 81 82 83 84** 85 86 — Sehr kleines Schwestergut (8 ha) von Haut-Marbuzet. Sehr guter, fruchtiger, früh genußreifer Wein, in neuen Eichenfässern ausgebaut.

Chantegrive Graves; r w tr ★★ **83 84** 85 86 87 (w) — 72-ha-Gut; je zur Hälfte Weiß- und Rotwein; sehr guter, moderner Graves. Weitere Etiketten: u. a. Mayne-Lévêque, Bon-Dieu-des-Vignes.

Chasse-Spleen Moulis; r ★★★ **70' 75' 76** 78' **79 80 81'** 82' 83' **84** 85 86 87 — 72 ha Cru Exceptionnel in Cru-Classé-Qualität. Stets zuverlässiger, ausgezeichneter, lang reifender Wein. Zweitetikett: Ermitage de C-S.

Chéret-Pitres Graves; r w; tr ★→★★ — Größeres Gut in dem aufstrebenden Weinort Portets.

Cheval Blanc St-Em; r ★★★★ **66 70' 75' 76 78 79 80** 81' 82' 83' **84** 85 86 — Neben Ausone das Spitzen-Cru von St-Emilion. Gehaltreich, vollblütig, kraftvoll und intensiv duftig. 40 ha an der Grenze zu Pomerol.

Chicane Graves r ★★ — Ansprechender, verläßlicher Wein des Händlers Pierre Coste aus Langon. Weitere Marke: Domaine de Gaillat. Nach 2—6 Jahren genußreif.

Cissac Cissac; r ★★ **70' 75' 76 78 79 80** 81 82' 83' **84** 85 86 — Ein Pfeiler der Crus Bourgeois. 32 ha Grand Bourgeois Exceptionnel mit beständig gutem, langlebigem Wein.

Citran Avensan, Haut-Médoc; r ★★ **70' 75** 78' **80 82 83** 85 86 — 71 ha Grand Bourgeois Exceptionnel, 1987 von Japanern aufgekauft. Stilvoller Wein.

Clarke Listrac, Haut-Médoc; r (rs) ★★→★★★ **78 79 80 81 82 83 84** 85' 86 — 140 ha Cru Bourgeois; Rothschild-Unternehmung mit gut ausgestatteten Räumen für Besucher. Zweitetiketten: Ch. Malmaison und Ch. Peyrelebade.

Clerc-Milon Pauillac; r ★★★ **75' 76** 78' **79 80 81** 82' 83' **84** 85 86 87 — 5ᵉ Cru, bis 1970 vergessen, dann von dem inzwischen verstorbenen Baron Philippe de Rothschild erworben. Jetzt 29 ha; meist kein übermäßig anspruchsvoller Wein, doch die 83er, 85er und 86er sind sehr gut.

Climens Sauternes; w; s ★★★ **78' 79 80'** 81 82 83' 85 86 — Gut mit 30 ha Cru Classé in Barsac; produziert mit die besten und stilvollsten Süßweine der Welt, die gut 10 Jahre Reifezeit brauchen. Superber 83er. Zweitetikett: Les Cyprès. Gleicher Eigentümer wie Ch. Brane-Cantenac usw.

Clinet Pomerol; r ★★ 75 76 78 79 81 83 85 — 6 ha großes Gut im mittleren Pomerol; tanninreicher Wein im Pauillac-Stil. Etwas mehr Substanz wäre gut.

Clos l'Eglise Pomerol; r ★★★ 75 78 79' 81 82' 83 85 86 — 5,6 ha großer Rebberg in einer der besten Lagen des Pomerol. Ausgezeichneter, jedoch nicht allzu gehaltvoller Wein. Ch. Plince gehört derselben Familie.

Clos Floridène Gr w; tr ★★ — Von einem der besten Weißweinerzeuger in Bordeaux, Denis Dubourdieu, lanciert. Jung zu trinken; etwa 5 Jahre haltbar

Clos Fourtet St-Em; r ★★★ 78 79 80 81 82' 83 85 86 — 17 ha Premier Cru auf dem Plateau mit Kellern in der Stadt. Nach Flaute jetzt wieder in Form. Gleiche Eigentümer wie Climens, Brane-Cantenac usw.

Clos Haut-Peyraguey Saut; w s ★★ 80 81 82 83 84 85 86' — Sehr kleiner Besitz, guter, recht vollmundiger Wein. Das Cru Bourgeois Ch. Haut-Bommes gehört dazu.

Clos des Jacobins St-Em; r ★★ 75' 78 79 80 81 82' 83' 85 86 — Bekanntes, gut geführtes kleines Cru-Classé-Gut, 7 ha; im Besitz des Händlers Cordier. Weine mit Tiefe und Stil.

Clos du Marquis St-Jul; r ★★ 75 76 78 79 80 81 82 83 84 85 86 87 — Zweitetikett von Léoville-Las Cases.

Clos l'Oratoire St-Em; r ★★ 78 79 80 81 82 83 85 86 — Grand Cru von typischer Fülle. Siehe auch Ch. Peyreau.

Clos René Pomerol; r ★★★ 70 71' 75 78 79 80 81 82' 83' 85 86 — Führendes Ch. im W von Pomerol; 15 ha; sehr kräftige Weine mit Delikatesse. Auch unter dem Etikett Ch. Moulinet-Lasserre.

La Closerie-Grand-Poujeaux Moulis (Haut-Médoc); r ★★ — Kleines, aber hochgeachtetes, traditionsreiches Gut im mittleren Médoc. Wein mit langer Lebensdauer.

La Clotte St-Em; r ★★ 75' 78 79 81 82 83' 85 86 — Kleines Grand-Cru-Gut in den Côtes mit feinduftigem, geschmeidigem Wein.

Colombier-Monpelou Pauillac; r ★★ 82 83 85 86 — Zuverlässiges, kleines Cru Bourgeois mit hohem Qualitätsniveau.

La Conseillante Pomerol; r ★★★ 70' 75' 76 78 79 80 81' 82' 83 84 85 86 87 — 12 ha Cru Classé auf dem Plateau zwischen Pétrus und Cheval Blanc. Einer der nobelsten und duftigsten Pomerols, seiner herrlichen Lage würdig.

Corbin (Giraud) St-Em; r ★★ 75 76 78 79 81 82' 83' 85 86 — 11 ha Cru Classé im N von St-Emilion mit mehreren gleichen Namens, am Rande des Plateaus. Zuweilen sehr fülliger Wein.

Corbin-Michotte St-Em; r ★★ 70 75 78 79 81 82 83 85 86 — Gut geführtes 8-ha-Gut mit vollmundigem, Pomerol-ähnlichem Wein.

Cos-d'Estournel St-Est; r ★★★★ 61 66 70 71 73 75' 76' 78' 79 80 81' 82' 83 84 85 86 87 — 56 ha 2e Cru, mit einem exotischen Bauwerk oberhalb von Ch. Lafite. Stets vollduftiger, oft großartiger Wein. Einer der besten Médocs. Maître d'Estournel ist eine gute Zweitmarke.

Cos Labory St-Est; r ★★ 75 78' 79' 80 81' 82' 83 84 85 86 — 5ᵉ Cru, wenig bekannter Nachbar von Cos d'Estournel; 15 ha. Robuste, fruchtige Weine, reifen früh. Im Auge behalten.

Coufran St-Seurin-de-Cadourne (Haut-Médoc); r ★★ 78' 79 81 82' 83 85 86 — Coufran und Ch. Verdignan in den nördlichsten Hügeln des Haut-Médoc sind in derselben Hand. Coufran hat hauptsächlich weiche, ziemlich leichte Merlot-Weine, 59 ha.

Couhins-Lurton Graves; w; tr ★★ 83 84 85 86' 87' — Sehr feiner, langlebiger Sauvignon-Wein in kleinen Mengen.

La Couronne Pauillac; r ★★ 75 76 78 79 81' 82' 83 — Sehr kleines, ausgezeichnetes Cru Exceptionnel, gekeltert wurde bis 1983 in Ch. Haut-Batailley.

Coutet Sauternes; w; s ★★★ 70' 71' 73 75' 76 79 81 82 83' 84 85 86 — Traditioneller Rivale von Ch. Climens; 36 ha in Barsac. Oft etwas weniger voll, zuweilen aber genauso fein; in letzter Zeit nicht mehr so zuverlässig. Ein unter demselben Namen angebotener trockener Graves ist nichts Besonderes. «Cuvée Madame» ist eine besonders volle Spitzenauslese.

Couvent des Jacobins St-Em; r ★★ 75 78 79' 80 81 82' 83 85 86 — 9 ha großer, bekannter Rebberg, grenzt an St-Emilion (östlich davon). Der Wein gehört zur Spitzenklasse.

Le Crock St-Est; r ★★ 79 80 81 82 83 84 85 86 — 30 ha Cru Bourgeois in guter Lage. Im Besitz derselben Familie wie Ch. Léoville-Poyferré. Gehört zu den besten seines Rangs.

La Croix Pomerol; r ★★ 70' 71' 75' 78 79' 81 82' 83 85 86 — 13 ha Besitz mit großem Ruf. La-Croix-de-Gay hat denselben Eigentümer. Ansprechender, pflaumenduftiger Pomerol mit kräftigem Rückgrat, entwickelt sich gut in der Reife. Auch La C.-St-Georges, La C.-Touliifaut und Clos des Litanies.

La Croix de Gay Pomerol; r ★★★ 70' 75' 76' 78 79 81 82' 83' 85 86 — 12 ha im besten Teil der Gemarkung. Neuerdings gut in Form. Die unterirdischen Keller sind in Pomerol eine Seltenheit. Bester Wein: «La Fleur de Gay».

Croizet-Bages Pauillac; r ★★ 75' 78' 79' 81 82' 83 84 85 86 — 21 ha, 5ᵉ Cru (ohne Ch.); derselbe Besitzer wie Ch. Rauzan-Gassies. Weine mit immer mehr Finesse (endlich).

Croque-Michotte St-Em; r ★★ 75 78 79 81 82' 83 85 86 — 12 ha Cru Classé am Rand von Pomerol; typische Art.

du Cruzeaux Graves; r w; tr ★★ — Neu erschlossene Weinbergfläche von 40 ha in Graves-Léognan. Guter Qualitätsstand, probierenswert.

Curé-Bon-la-Madeleine St-Em; r ★★★ 71' 75 76' 78 81 82' 83 85 86 — Kleiner Besitz, 5 ha, gehört zu den besten der Côtes; zwischen Ausone und Canon. Unter der Leitung von Moueix.

Dassault St-Em; r ★★ 78 79 81 82 83 85 86 — Grand Cru (23 ha) mit mittelschwerem Wein in sehr beständiger Qualität, früh genußreif.

Dauzac Lab-Mar; r ★★ 75 78 79' 80 81 82' 83' 84 85' 86 — Größeres 5ᵉ-Cru-Gut am Fluß südlich von Margaux. 48 ha. Seit 79 in guter Form; seit 89 neuer Besitzer. 22 500 Kisten.

Desmirail Mar; r ★★→★★★ 81 82 83' 84 85 86 — 3ᵉ Cru mit 18 ha, der Besitzer von Brane-Cantenac hat das alte Gut wiederaufgebaut. Sanfte, angenehme, früh trinkreife Weine.

Dillon Haut-Médoc; r (w tr) ★★ **75' 78' 79' 81 82 83 84** 85 86 — Weinfachschule von Blanquefort, nördlich von Bordeaux. 34 ha. Trockener Weißwein: Ch. Linas (BV). 15 000 Kisten.

Doisy-Daëne Barsac; w; s tr ★★★ **75 76' 78 79 80 81 82** 83' **84** 85 — Zukunftsorientiertes Gut, 14 ha, das frischen, trockenen Weißwein (auch aus Rieslingtrauben) und bemerkenswert süßen Barsac sowie roten Ch. Chantegril erzeugt.

Doisy-Dubroca Barsac; w; s ★★ **73 75' 76 78 79 80 81 83 84** 85 86 87 — Sehr klein (3,5 ha), Cru Classé, gehört zu Ch. Climens.

Doisy-Védrines Sauternes; w; s ★★★ **71 75' 76' 78 79 80 81 82'** 83' 85 86 — 20 ha Cru Classé in Barsac nahe bei Climens und Coutet. Köstlich robuste, volle Weine für lange Lebensdauer.

Domaine de Chevalier Graves; r und w; tr ★★★★ (r) **61 66 70' 71** 75' **76** 78' 79' **80** 81' 82' 83 84 85 86 87 — Herrliches kleines Gut von 15 ha bei Léognan. Der Rotwein ist zuerst streng, gewinnt bei Alterung Fülle und Feinheit. Der Weißwein ist zart und reift zu vollem Bukett (w **75 76' 78 79' 81 82** 83' 84 85 87') Wechselte 1983 den Besitzer, aber nicht den Leiter. Bis zu 9000 Kisten Rot- und 1000 Kisten Weißwein.

Domaine de l'Eglise Pomerol; r ★★ **70 75 76 78** 79' 81 **82'** 83 85 86 — Kleines Gut; solider Wein, wird von Borie-Manoux vertrieben.

Domaine La Grave Graves; r w tr ★★ **82 83 84 85** 86 (w 87) — Innovatives kleines Gut mit lebendigen preisgekrönten Rotweinen für lange Lebensdauer. Eichenfaßgereifte, köstliche Weißweine. Weinbereitung im Ch. de Lauderas durch Peter Vinding-Diers.

La Dominique St-Em; r ★★★ **70 71' 75 76 78 79 80 81** 82' 83 85 86 87 — 18 ha Cru Classé neben Ch. Cheval Blanc mit fast ebenso überwältigendem Wein.

Ducru-Beaucaillou St-Jul; r ★★★ **61 66 70' 71 75' 76 78 79 80 81** 82' 83' **84** 85' 86' 87 — Hervorragendes Ch. 2e Cru, 48 ha am Fluß, Besitzer M. Borie; klassischer Bordeaux mit Eichenholz-Aroma.

Duhart-Milon-Rothschild Pauillac; r ★★★ **70' 75' 78 79 80 81** 82' 83 85 86 — 4^e Cru, Nachbargut von Lafite (44 ha) unter gleicher Leitung. Durch heranwachsende Reben immer feinere Qualität.

Weshalb wird den Châteaux von Bordeaux in diesem Büchlein soviel Gewicht beigemessen? Der Grund ist sehr einfach: Zusammengenommen bilden sie die größte Lieferquelle für hochwertige Weine in der Welt.

Ein durchschnittliches Château des Médoc mit 60 ha Rebfläche (manche haben weit mehr) erzeugt im Jahr etwa 26 000 Dutzend Flaschen landestypischen Wein — dies kommt der Produktion von zwei bis drei kalifornischen «Boutique»-Weinbaubetrieben gleich. Die bekannteren Châteaux haben in den letzten zwanzig Jahren beständig Land zugekauft. Viele klassische Lagen haben sich seit der Klassifizierung 1855 bis auf das 10fache ausgedehnt.

Duplessis-Fabre Moulis; r **★★** 82 83 84 85 86 — Kleines Schwester-Château von Fourcas-Dupré, seit 1974 neu bestockt.

Durfort-Vivens Margaux; r ★★★ 78' 79' 80 81 82' 83 85' 86 — Relativ kleines (20 ha) Ch., 2ᵉ Cru; Besitzer M. Lurton von Brane Cantenac. Die neueren Weine (ausgenommen der 84er) zeigen echte Finesse.

Dutruch-Grand-Poujeaux Moulis; r **★★** 70 75 76 78' 79 80 81 82' 83 84 85 86 — Einer der Spitzenreiter in Moulis; körper- und gerbstoffreiche, volle Weine.

L'Eglise-Clinet Pomerol; r **★★★** 70 75 76 78 79 80 81 82' 83' 84 85' 86 — Hoch eingestuftes Gut (4,4 ha); der Wein ist voll und körperreich. Hat 1982 den Besitzer gewechselt. Der 85er ist nobel. 2550 Kisten.

L'Enclos Pomerol; r **★★** 70 75 76 78 79 80 81 82' 83 85 86 — Geschätztes 10-ha-Gut im W von Pomerol, nahe Clos-René. Kräftiger, gut bereiteter Wein mit anhaltendem Aroma.

L'Evangile Pomerol; r ★★★ 70' 71' 75' 76 78 79 80 81 82' 83' 85 86 — 13 ha zwischen Pétrus und Cheval Blanc. Wuchtige Weine. Zur gleichen Klasse gehörend wie La Conseillante.

Fargues Saut; w; s ★★★ 70' 71' 75' 76' 78 79 80 81 83 85' — 10 ha großer Rebberg mit gleichem Besitzer wie Ch. d'Yquem. Fruchtige, höchst elegante Weine, früher genußreif als Yquem.

Ferrande Graves r (w; tr) **★★** 82 83 84 85 86 87 — Bedeutendes Gut in Castres, über 40 ha. Angenehme, früh genußreife Rotweine. Der Besitzer läßt sie gern länger liegen.

Ferrière Margaux r **★★** 75 78 79 81 82 83 85 86 — Wenig bekanntes 3ᵉ Cru mit nur 4 ha (wird seiner Klasse nicht ganz gerecht). Angenehmer Wein, gekeltert in Ch. Lascombes.

Feytit-Clinet Pomerol; r **★★** 70' 71' 75' 78 79 81 82' 83 85 86 87 — Kleines Gut neben Latour-Pomerol. Erzeuger von feinen, großen, kräftigen Weinen. Leiter ist J.-P. Moueix.

Fieuzal Graves; r und (w; tr) **★★★** 75' 78' 79 80 81' 82' 83 84 85' 86 87 — 30 ha Cru Classé in Léognan. Feine, denkwürdige Rot- und Weißweine, bes. seit 84. Die neueren Weißweine sind langlebig.

Figeac St-Em; r **★★★** 70' 75 76 78 79 80 81 82' 83 84 85' 86 87 — Berühmtes Premier Cru, Nachbar von Cheval Blanc. 39 ha Weinberge mit Kiesboden bringen höchst ansprechenden, vollen, eleganten und recht früh reifenden, doch höchst haltbaren Wein.

Filhot Sauternes; w; s und tr **★★★** 75 76' 79' 80 81 82' 83 85 86' — Cru Classé 2. Stufe, mit schönem Château, 59 ha Weinberge, gute leichte Weine für ziemlich baldigen Verbrauch. Daneben auch trockene und Rotweine.

La Fleur St-Em; r **★★** 75 78 79 80 81 82' 83 85 86 — Sehr kleines Côtes-Gut mit üppig-fruchtigen Weinen.

La Fleur-Gazin Pomerol r **★★** 78 79 80 81 82 83 85' 86 — Sehr kleines Gut unter der Leitung von Moueix. Ansprechende, jedoch nicht überwältigende Weine.

La Fleur-Pétrus Pomerol; r **★★★** 70 75' 76' 78 80 81' 82' 83' 84 85 86 87 — 7 ha Weinberge neben Pétrus gelegen und ebenfalls unter der Leitung von Moueix. Überaus feine, pflaumenduftige Weine; stilvollster Pomerol.

Fombrauge St-Em; r **★★** 70' 75' 78' 79 80 81 82' 83 84 85 86 — Größeres Besitztum (48 ha) in St-Christophe-des-Bardes östlich von St-Emilion. Zuverlässig, typisch, sehr um Qualität bemüht.

Fonbadet Pauillac; r **★★** 70 75 78 79 80 81' 82' 83 84 85 86 — 15 ha großes, renommiertes Cru-Bourgeois-Gut, Nachbar von Ch. Pontet-Canet. Alte Reben und Ausbau ohne Eichenfässer ergeben massive Weine, die lange Flaschenreife brauchen.

Fonplégade St-Em; r **★★** 75 76 78 79 81 82' 83 85 — 19 ha großer Rebberg an den Côtes westlich von St-Emilion, im Besitz eines weiteren Zweigs der Familie Moueix. Duftige, ansprechende Weine.

Fonréaud Listrac; r **★★** 78' 79 80 81 82' 83 84 85' 86 — Einer der größeren (38 ha) und besseren Crus Bourgeois in dieser Gegend. Seit 1983 neue Leitung (und neue Fässer). Siehe auch Ch. Lestage.

Fonroque St-Em; r **★★★** 70 71' 75' 76' 78 79 80 81 82 83' 84 85' 86 87 — 19 ha auf dem Plateau nördlich von St-Emilion, im Besitz von Moueix; schwerer, tiefdunkler Wein, der sehr langsam reift.

Les Forts de Latour Pauillac; r **★★★** 70 75 76 78' 79 80 81 82' 83 — Der zweite Wein von Ch. Latour; seines großen Bruders durchaus würdig. Bringt Preise wie ein 2ᵉ Cru. Einzigartig nach mindestens drei Jahren Flaschenlagerung.

Fourcas-Dupré Listrac; r **★★** 70' 75 76 78' 79 80 81 82' 83' 84 85' 86 87 — Ein Crus Bourgeois Exceptionnel der Spitzenklasse, konsistenter und eleganter Wein, den man im Auge behalten sollte. 40 ha.

Fourcas-Hosten Listrac; r **★★→★★★** 70 75 76 78' 79 80 81 82' 83' 84 85 86' 87 — 38 ha Cru Bourgeois. Gilt z. Zt. als bestes Gut am Ort. Fester, langlebiger Wein.

La Gaffelière St-Em; r **★★★** 79 82' 83' 85 86 — 24 ha Premier Cru am Fuß der Côtes unterhalb Ch. Bel-Air. Wird seit 1982 seinem Ruf gerecht.

La Garde Graves; r (w tr) **★★** 75' 78 79 81 82' 83 84 85 86 — Beachtliches Eschenauer-Besitztum. Stellt zuverlässigen Rotwein her.

Le Gay Pomerol; r **★★★** 70 71 75' 76' 78 79 81 82' 83' 85 86 — Bekannter, 4,6 ha großer Rebberg am nördlichen Rand von Pomerol. Gleicher Besitzer wie Ch. Lafleur. Seit 1985 neue Leitung. Prachtvoller Wein.

Gazin Pomerol; r **★★★** 71' 75' 76 78 81 82 83 85 86 — Großes Gut (für Pomerol-Verhältnisse). 22 ha, nicht so großartig wie seine Lage unweit von Pétrus. Zweitetikett: Ch. l'Hospitalet.

Gilette Sauternes; w s **★★★** 37 49 53 55 59 61 62 — Ungewöhnliches kleines Gut in Preignac. Der üppige Wein erreicht bei Faßlagerung großes Alter. Jeweils nur 5000 Flaschen. Ch. Les Justice ist das Schwester-Château.

Giscours Lab-Mar; r **★★★** 70 71' 75' 76 78' 79' 80 81' 82' 83' 84 85 86' 87 — Herrliche Lage, 73 ha, 3ᵉ Cru, südlich von Cantenac. Dynamisch geführt, produziert hervorragenden, kraftvollen, langlebigen Wein.

du Glana St-Jul; r ★★ 70' 75' 78 79 81 82' 83 85 86 — Großes Cru-Bourgeois-Gut im Zentrum von St-Julien. Anspruchslose Qualität.

Gloria St-Jul; r ★★★ 70' 75' 76 78' 79' 80 81 82' 83 84 85 86 87 — Herausragendes Cru-Bourgeois-Gut, wuchtiger Wein mit Finesse. Der Qualität nach zu Crus Classés gehörig. 44 ha. Der Eigentümer, Henri Martin, kaufte 1982 auch Ch. St-Pierre.

Grand-Barrail-Lamarzelle-Figeac St-Em; r ★★ 70 75 78 79 81 82' 83 85 86 — 19-ha-Gut nahe Figeac mit gutem Ruf, jedoch schlichtem Wein. Ch. La Marzelle gehört dazu.

Grand-Corbin-Despagne St-Em; r ★★ 70 75 78 79 81 82' 83 85 86 — Eines der größten und besten Crus Classés auf dem Corbin-Plateau.

Grand-Pontet St-Em; r ★★ 75 78 79 81 82' 83 85 86 — Weit ausgedehntes Nachbargut von Ch. Beauséjour-Bécot; seit 1980 in gleichem Besitz. «Geschmeidiger» lieblicher Wein. 14 ha.

Grand-Puy-Ducasse Pauillac; r ★★★ 75 76 78 79 80 81 82' 83 84 85 86 — Bekanntes kleines Gut, 5e Cru, nach Besitzerwechsel (1971) erneuert und auf 36 ha vergrößert, unter fachmännischer Leitung. Sehr preiswürdig. Zweitetikett: Ch. Artiges-Arnaud.

Grand-Puy-Lacoste Pauillac; r ★★★ 70' 71 75 76 78' 79' 80 81' 82' 83 84 85 87 — Führendes Gut 5^e Cru, berühmt für vorzüglichen, körperreichen, kräftigen Pauillac. 44 ha unter den «Bages»-Ch. südlich der Stadt. Im Besitz der Familie Borie von Ducru-Beaucaillou.

Gravas Sauternes w; sch ★★ 83' 85 86 — Kleines Barsac-Gut mit eindrucksvollem, festem Wein.

La Grave-Figeax St-Em; r ★★ — Sehr kleiner Nachbar von Cheval Blanc, macht sich mit üppigem Wein einen Namen.

La Grave Trigant de Boisset Pomerol; r ★★★ 75' 76' 78 79 80 81' 82' 83 84 85 86' 87 — Dornröschen-Schloß mit kleinem, aber erstklassigem Weinberg im Besitz von Christian Moueix. Fester Pomerol von schönster Art.

Gressier Grand Poujeaux Moulis; r ★★★ 70 75' 76 78 79' 80 81 82 83' 84 85 86 — Gutes Cru Bourgeois, Nachbar von Chasse-Spleen. Schon lange bewährter, feiner und fester Wein.

Greysac Médoc; r ★★ 78 79' 81' 82 83 85 86 — Elegantes Gut (56 ha). Angenehme, früh genußreife Weine.

Gruaud-Larose St-Jul; r ★★★ 70' 73 75' 76 78' 79 80 81 82' 83 84 85 86 — Eines der größten und bekanntesten Güter 2e Cru, 76 ha; eleganter, voller Wein von feiner Art. Im Besitz von Cordier. Der ausgezeichnete zweite Wein heißt Sarget de Gruaud-Larose.

Guadet-St-Julien St-Em ★★ 82 83 85 86 — Außerordentlich gute Weine aus einem kleinen Cru-Classé-Gut.

Guiraud Sauternes; (r) w; s (tr) ★★★ 70' 76 78' 79' 81 82 83' 84 85 86' — Restauriertes Cru Classé mit Spitzenqualität. 100 ha. Ausgezeichneter süßer Wein mit großer Finesse sowie

Rotwein und trockener Weißwein in kleinen Mengen. Der 83er entwickelt sich superb.

Guiteronde-du-Hayot Saut; w; s ★★ — Größeres Château in Barsac; gute, weithin verkaufte Weine.

La Gurgue Margaux; r ★★ 79 81 82 83' 84 85' 86 — Kleiner, gutplazierter Besitz (12 ha) mit feinem, typischem Margaux, kürzlich erworben durch die Eigentümer von Ch. Chasse-Spleen. Im Auge behalten.

Hanteillan Cissac; r ★★ 75 79' 80 81 82' 83 84 85 86' — Großer, seit 1973 renovierter und erweiterter Rebberg (80 ha). Bewundernswürdiger Cru-Bourgeois-Wein. Zweitetikett: Ch. Larrivaux-Hanteillan. 50 000 Kisten.

Haut-Bages-Averous Pauillac; r ★★ 81 82 83 84 85 86 87 — Zweitetikett von Ch. Lynch-Bages. Köstlich und süffig.

Haut-Bages-Libéral Pauillac; r ★★ 75 76 78 80 81 82' 83 84 85 86 — Weniger bekanntes Gut, 5e Cru, 26 ha; gehört seit 1983 zum gleichen Besitz wie Chasse-Spleen. Schöne Erfolge.

Haut-Bages-Monpelou Pauillac; r ★★ 75' 78 79 80 81 82' 83 84 85 86 — Cru Bourgeois, gehört zu Ch. Batailley. 10 ha früheres Land von Duhart-Milon. Guter, einfacher Pauillac.

Haut-Bailly Graves; r ★★★ 70' 75 78 79' 80 81' 82 83 84 85 86 87 — Gut in Léognan, 24 ha. Berühmt für reifen, runden, manchmal «femininen» roten Graves, v. a. seit 1979. Zweitetikett: La Parde de H-B.

Haut-Batailley Pauillac; r ★★★ 70' 75' 77 78' 79 80 81 82' 83 84 85 86 87 — Der kleinere Teil der Besitzung Batailley, 5e Cru, 20 ha. Bevorzugt eine sanftere Art als das Schwester-Ch. Grand-Puy-Lacoste. Zweitetikett: La Tour-d'Aspic.

Haut-Brignon 1res Côtes; r w tr ★ — Großer Erzeuger von Standardweinen in Cénac, im Besitz einer bedeutenden Champagner-Genossenschaft. Nicht mit Haut-Brion verwechseln.

Haut-Brion Pessac, Graves; r (w) ★★★★ 61 62 64 66 70' 71 75' 76 78' 79 80 81' 82' 83 84 85' 86 87 — Das älteste große Ch. von Bordeaux und als einziges nicht im Médoc gelegenes Gut seit 1855 1er Cru, 43 ha; Rotweine von einzigartiger Ausgewogenheit, besonders gut seit 1975; voller trockener Weißwein in kleinen Mengen (78 79 81 83 84 85 86 87). Siehe auch Bahans-Haut-Brion, la Mission Haut-Brion.

Haut-Marbuzet St-Estèphe; r ★★ 75' 76 78' 79 80 81 82' 83 84 85 86 — Einer der besten von vielen guten Crus Bourgeois von St-Estèphe. Ch'x Tour de Marbuzet, Chambert-Marbuzet, MacCarthy-Moula im gleichen Besitz. Klassischer Stil durch neue Eichenfässer.

Haut-Pontet St-Em; r ★★ 70 71 75 78 79 81 82' 83 85 86 — 4,8-ha-Gut an den Côtes; sein Grand-Cru-Rang ist wohlverdient.

Haut-Quercus St-Em; r ★★ — Eichenfaßgereifter Genossenschaftswein mit sehr hohem Qualitätsstand.

Haut-Sarpe St-Em; r ★★ 78 79 81 82 83' 85 86 — Kleines Grand Cru Classé mit einem sehr schönen Château; gleicher Besitzer wie Ch. La Croix. Beobachtenswert.

Haut-Ségottes St-Em; r ★★ 85' 86 — Gut geführtes, sehr beachtenswertes Grand Cru (8 ha).

Hortevie St-Jul; r **★★** 81 82 83 84 85' 86 — Unter den wenigen Crus Bourgeois von St-Julien sind das kleine Gut und sein Schwester-Ch. Terrey-Gros-Caillou glänzende Vorbilder.

Houissant St-Estèphe; r ★★ 78 79 80 81 82 83 84 85 86 — Typischer, robuster, ausgewogener St-Estèphe Crus Bourgeois Exceptionnel; auch unter dem Namen Ch. Leyssac. Sehr bekannt in Dänemark.

d'Issan Cant-Mar; **★★★** 70 75' 78 79' 80 81 82' 83' 84 85 86' 87 — Schön restauriertes burgartiges Ch. mit 30 ha Weinbergen, 3ᵉ Cru, bekannt für duftigen, kraftvollen und doch sanften Wein.

Kirwan Cant-Mar; r **★★★** 75' 76 78 79' 81 82' 83' 84 85 86 87 — Gut geführtes Ch. 3ᵉ Cru. 34 ha, im Besitz von Schröder & Schyler. Die in den 60er Jahren neu gesetzten Reben liefern inzwischen Ausgezeichnetes.

Labégorce Margaux; r ★★ 70' 75' 76 78' 79 80 81 82' 83 84 85 86 — Gut mit langlebigem Wein von typischer Art. 28 ha, nördlich von Margaux gelegen.

Labégorce-Zédé Margaux; r **★★** 75' 78 79 80 81' 82' 83' 84 85 86 — Crus Bourgeois mit gutem Ruf an der Straße nördlich von Margaux. 25 ha. Typisch zarter, duftiger Margaux, seit 81 wahrhaft klassisch. Gleiche Familie wie Vieux-Château-Certan.

Lacoste-Borie — Zweitetikett von Ch. Grand-Puy-Lacoste.

Lafaurie-Peyraguey Sauternes; w; s ★★★ 75' 76' 78' 80 81 82 83' 85 86 — Cru Classé mit nur 20 ha in Bommes; gehört Cordier. Nach einer kargen Zeit jetzt wieder gute, volle, rassige Weine.

Lafite-Rothschild Pauillac; r **★★★★** 70' 75' 78 79 80 81' 82' 83 84 85 86 87 — Spitzengewächs mit fabelhaftem Charakter und Duft in großen Jahrgängen, die jahrzehntelang haltbar sind. Enttäuschte eine Zeitlang, ist aber seit 1976 wieder im Aufstieg. 1987 wurden moderne Keller eröffnet; Auslandsunternehmen in Chile (1988) und Kalifornien. Zweitetikett: Moulin des Carruades. 90 ha.

Lafleur Pomerol; r ★★★ 70' 71' 75' 78 79 81 82' 83 85 86 — Gut mit 5 ha nördlich von Pétrus. Ausgezeichneter Wein der besseren, weniger deftigen Art. Gleicher Eigentümer wie Le Gay. Unter Leitung von Moueix.

Lafon-Rochet St-Est; r ★★ 70' 75' 78 79 81 82 83' 85 86 87 — 4ᵉ Cru, Nachbar von Ch. Cos-d'Estournel, in den 60er Jahren und vor kurzem nochmals restauriert; 44 ha. Ziemlich harter dunkler, körperreicher St-Estèphe.

Lagrange Pomerol; r ★★★ 70' 71' 75' 76 78 79 80 81 82' 83 85' 86 87 — 8-ha-Weinberg im Zentrum von Pomerol, bewirtschaftet vom allgegenwärtigen Haus Moueix. Mit zunehmendem Alter der Reben vertieft sich der Geschmack der Weine.

Lagrange St-Jul; r ★★★ 70' 75' 78 79' 81 82 83' 84 85 86 87 — Ehemals heruntergekommenes Gut 3ᵉ Cru, landeinwärts von St-Julien. 1982 von Suntory aufgekauft. 49 ha; zu Bestform restauriert. Beobachtenswert. Zweitetikett: Les Fiefs de Lagrange (83' 85 86).

La Lagune Ludon; r **★★★** 70' 75' 76' 78' 79 80 81 82' 83 84 85 86 87 — Gut geführtes, ultramodernes Gut 3ᵉ Cru,

64 ha, im äußersten Süden des Médoc. Ansprechend volle und schwere Weine. Stets brillante Qualität.

Lalande-Borie St-Jul; r **★★** 78 79 81 82 83 84 85 86 — Kleiner Bruder des großen Ducru-Beaucaillou, besteht aus einem Teil des früheren Besitzes von Ch. Lagrange.

Lamarque Lamarque (Haut-Médoc); r ★★ 75' 78 79 81' 82 83' 84 85' 86' — Herrliche mittelalterliche Burg im mittleren Médoc mit 45 ha; wundervoller, immer noch besser werdender Wein mit hohem «Bourgeois»-Standard.

Lanessan Cussac (Haut-Médoc); r **★★** 75' 78' 79 80 81 82' 83 84 85 86' — Vornehmes Cru Bourgeois Exceptionnel (43 ha) südlich von St-Julien mit aromatischem Wein. Gleicher Besitzer wie Pichon-Longueville.

Langoa-Barton St-Jul; r **★★★** 70' 75' 76 78' 79 80 81 82' 83 84 85 86 87 — 20 ha großes Schwester-Château von Léoville-Barton. Sehr alter Familienbesitz, untadelig in Qualität und Wert.

Larcis-Ducasse St-Em; r ★★★ 70' 75' 78 79 81 82' 83 84 85' 86 87 — Spitzengut von St-Laurent, 12 ha, östlicher Nachbar von St-Emilion, auf den Côtes neben Ch. Pavie. Nicht recht verläßlich?

Larmande St-Em; r **★★** 75 76 78 79 80 81 82 83 84 85 86 — Größerer Besitz (22 ha), hängt mit Cap-de-Mourlin zusammen. Neuanpflanzung liefert inzwischen vollen Wein mit auffallend schönem Bukett.

Laroque St-Em; r ★★ 70' 75' 76' 78 79 80 81 82' 83 84 85 86 — Wichtiger, 43 ha großer Rebberg mit einem eindrucksvollen Gutshaus an den St-Emilion-Côtes in St-Christophe.

Larose-Trintaudon St-Lau (Haut-Médoc); r **★★** 75' 78 79 80 81 82 83 84 85 86 — Größtes Weinberg-Areal im Médoc: 155 ha. Moderne Methoden erbringen zuverlässigen, bezaubernd fruchtigen Cru-Bourgeois-Wein.

Laroze St-Em; r ★★ 75' 78' 79 80 81 82 83 85 86 — Großes Rebenareal (28 ha) in den westlichen Côtes. Gehaltvolle, feste Weine, manchmal ausgezeichnet; früh genußreif.

Larrivet-Haut-Brion Graves; r (w) **★★** 75' 76 79' 80 81 82' 83 84 85 86 87 — Gut in Léognan mit Hang zum Perfektionismus. 500 Kisten Weißwein mit bis zu 5 Jahren Lebensdauer.

Lascombes Margaux; r (rs) ★★★ 61 70' 75' 78 79 81 82 83 84 85 86 — 96 ha, 2ᵉ Cru, im Besitz der englischen Brauerei Bass-Charrington, mit großem Aufwand restauriert. Nach einer Zeit der Schwäche seit 1982 neue Kraft und Meisterschaft. Zweitetikett: Ch. Segonnes.

Latour Pauillac; r **★★★★** 61 62 64 66 67 69 70' 71 73 75' 76' 78' 79' 80 81' 82' 83 84 85 86 87 — Spitzengewächs. Der gleichmäßigst große Wein in Bordeaux, in Frankreich und vielleicht in der ganzen Welt. Voll, intensiv, in guten Jahren fast ewig haltbar. Nahezu immer klassisch, auch in schlechten Jahren gefällig. In englischem Besitz. 60 ha. Zweiter Wein: Les Forts de Latour.

Latour à Pomerol Pomerol; r **★★★★** 70' 71' 75' 76' 78 79' 80' 81 82' 83 84 85 86 87 — Spitzengewächs, ca. 8 ha, unter Leitung von Moueix. Pomerol voll Wucht und mit herrlichem Bukett und hinreißender Finesse.

Laujac Médoc; r ★★ **75' 78 81 82 83** 85 86 — 25 ha Cru Bourgeois im nördlichen Médoc, im Besitz der Familie Cruse. Sehr bekannt, aber selten außergewöhnlich.

des Laurets St-Em; r ★★ **75' 78 79 81 82 83** 85 86 — Hauptbesitz von Puisseguin und Montagne-St-Emilion (im Osten) mit 64 ha an den Côtes. Wein der Spitzenklasse.

Laville-Haut-Brion Graves; w; tr ★★★★ **71 75 78 79** 81 82 83' **84** 85 86 87 — Sehr kleine Erzeugung, aber einer der besten weißen Graves; lange Reifezeit; wird im Ch. La Mission-Haut-Brion gekeltert.

Léoville-Barton St-Jul; r ★★★ **61 66 70'** 75' 76 78' **79 80 81** 82' 83 **84** 85 86 87 — Teil des großen Rebenareals Léoville (2ᵉ Cru), 36 ha, seit über 150 Jahren in anglo-irischem Besitz der Familie Barton. Kraftvoller, klassischer Rotwein. Stets mäßige Preise.

Léoville-Las Cases St-Jul; r ★★★★ **61 66 70'** 75' **76 77 78'** 79 80 81 82' 83 84 85' 86' 87' — Größter Teil des alten Besitzes Léoville, 84 ha, gehört zu den angesehensten in Bordeaux. Elegante, komplexe, kraftvolle, aber nie schwere Weine. Zweites Etikett: Clos du Marquis.

Léoville-Poyferré St-Jul; r ★★★ **70' 75' 78'** 79 80 81 82' 83' **84** 85 86' 87 — Jahrelang unter den Léoville-Gütern auf dem letzten Rang; seit 1980 wird es seinem großen Namen wieder gerecht. Der 82er ist ein voller Triumph, der 86er sogar noch besser. 62 ha. Zweitetikett: Ch. Moulin-Riche.

Lestage Listrac; r ★★ **75' 78' 81 82' 83 84** 85 86' — 52,5 ha Cru Bourgeois, in gleicher Hand wie Ch. Fonréaud. Leichter, recht stilvoller Wein, seit 1985 faßgereift.

Liot Barsac; w; s ★★ **70' 71 75' 76 78 79' 80 81** 83 85 86' — Durchweg ziemlich leichte, goldene Weine von 38 ha Rebgelände.

Liversan St-Sau (Haut-Médoc); r ★★ **75' 78 79 81 82' 83 84** 85 86' — 46 ha Grand Cru Bourgeois, landeinwärts von Pauillac. 1984 Wechsel in der Leitung, führt zu verbessertem Standard. Ch. Fonpiqueyre ist auf manchen Märkten Zweitetikett.

Livran Médoc; r ★★ **75 78' 79 81 82' 83** 85 — Große Crus Bourgeois in St-Germain im nördlichen Médoc. Konsistente, runde Weine (zur Hälfte Merlot).

Loudenne St-Yzans (Médoc); r (w) ★★★ **75' 78' 81 82' 83** 84 85 86' — Schönes Château am Flußufer, seit 1875 im Besitz von Gilbeys (48 ha). Gut bereiteter roter Cru Bourgeois, kleine Mengen angenehmer trockener Weißwein; jung am besten (mit 2 — 3 Jahren).

Loupiac-Gaudiet Loupiac; w s ★★ — Zuverlässige Quelle für guten fast-Sauternes, auf der anderen Seite der Garonne.

La Louvière Graves; r und w; tr ★★ (r) **75 78 79 80 81** 82' 83 **84** 85 86 87 (w) — Nobles Gut (54 ha) in Léognan. Ausgezeichneter Weißwein, frisch zu trinken, aber auch haltbar, sowie Rotwein in Cru-Classé-Qualität.

de Lussac St-Em; r ★★ **75' 78' 81 82 83** 85 86 — Eines der besten Weingüter in Lussac-St-Emilion (im Nordosten), 7,2 ha.

Lynch-Bages Pauillac; r ★★★ **61 66 70' 75' 76 78' 79 80 81** 82' 83' **84** 85 86 — Eines der bekanntesten und beliebtesten

Weingüter in Pauillac (80 ha); produziert vollen, robusten, manchmal großen Wein mit schönem Brombeeraroma; neuere Jahrgänge besonders beachtenswert.

Lynch-Moussas Pauillac; r ★★ 75' 78 79 81 82' 83 84 85 86 — 5ᵉ Cru, seit 1969 vom Leiter von Ch. Batailley wieder aufgebaut. Jetzt 24 ha Rebfläche und neue Einrichtungen. Erbringt zuverlässigen Wein, der mit zunehmendem Alter des noch jungen Rebbestandes an Tiefe gewinnt.

du Lyonnat Lussac-St-Em; r ★★ 82 83 85 86' — 48-ha-Gut mit zuverlässigem, weitverbreitetem Wein.

Magdelaine St-Em; r ★★★ 70' 71' 73 75' 76 78 79 80 81 82 83' 85' 86 87 — Spitzengewächs der Côtes. 11 ha neben Bel-Air, im Besitz von J.-P. Moueix. Schön ausgeglichener Wein. In Bestform.

Magence Graves; r w; tr ★★ — Aufstrebendes Gut, 18 ha, in St-Pierre de Mons im S von Graves, bekannt für sehr trockenen und langlebigen Weißwein mit ausgesprochenem Sauvignon-Aroma und für fruchtigen, nach 4—6 Jahren genußreifen Rotwein.

Malartic-Lagravière Graves; r und (w; tr) ★★★ (r) 70' 75' 76' 78 79 80 81' 82' 83 84 85 86' 87 (w) 75 76 79 81' 82 83 84 85 86 87 — Bekanntes Ch. in Léognan, Cru Classé, 20 ha, fester Rotwein sowie vorzüglicher, fruchtiger Sauvignon-Weißwein in kleinen Mengen — in seiner Jugend ist ihm kaum zu widerstehen, doch lohnt sich längere Lagerung.

Malescasse Lamarque (Haut-Médoc); r ★★ 78 79' 81 82 83 85 86 — Cru Bourgeois, renoviert, mit 40 ha in guter Lage. Im Besitz von M. Tesseran vom Ch. Lafon-Rochet.

Malescot St-Exupéry Margaux; r ★★★ 70' 75' 78' 79' 80 81 82' 83' 84 85 86 — 3ᵉ Cru, 33 ha. Langlebiger, duftiger, stilvoller Margaux.

de Malle Sauternes; r w; s/tr ★★★ (w s) 75 76 78 79 80 81' 82 83 85 86' 87 — Berühmtes, schönes Ch. in Preignac (50 ha) mit italien. Gärten; guter süßer und trockener Weißwein sowie Rotwein (Appellation Graves) Ch. de Cardaillan.

Denken Sie daran, daß die ab 1989 genußreifen Jahrgänge in fettgedruckten Zahlen angegeben sind. Nicht fettgedruckte Jahrgänge profitieren von einer weiteren Lagerung, über deren mögliche Dauer die Jahrgangstabellen auf Seiten 32 — 34 orientieren.

---

de Malleret Haut-Médoc; r ★★ 82 83 84 85 86 — Großes, gutgeführtes Cru Bourgeois mit schönem Château und Park in Le Pian bei Bordeaux. Verläßliche Qualität.

Maquin-St-Georges St-Em; r ★★ 81 82 83 85 86 — Gleichmäßig guter Erzeuger in St-Georges, nahe St-Emilion.

de Marbuzet St-Est; r ★★ 75 76 78 79 81 82 83 84 85 86 87 — Praktisch der zweite Wein von Ch. Cos d'Estournel und dementsprechend gut.

Margaux Margaux; r (w; tr) ★★★★ 61 66 70 78' 79 80 81' 82' 83' 84 85' 86' 87 — Spitzengewächs (84 ha), in den besten Jahrgängen der wuchtigste und feinduftigste von allen. Zweitetikett: «Pavillon Rouge» (81 82' 83' 84 85 86 87);

«Pavillon Blanc» ist der beste (Sauvignon-)Weißwein des Médoc; 3—4 Jahre Reifezeit.

Marquis-d'Alesme Margaux; r ★★ 75' 78 79 80 81 82 83 **84** 85 86 — Sehr kleines Gut, 3ᵉ Cru, früher gemeinsame Produktion mit Ch. Malescot; unabhängig seit 1979. Besser als sein Ruf.

Marquis-de-Terme Margaux; r ★★★ 75' 79 80 81' 82 83 85 86 — Renoviertes 4ᵉ Cru mit 34 ha. Duftiger, etwas karger Wein, wird hauptsächlich in Frankreich verkauft.

Martinens Margaux; r ★★ 75 78' 79' 81 82 83 84 85 86 — 30 ha Crus Bourgeois in Cantenac, der sich kürzlich sehr verbesserte.

Maucaillou Moulis; r ★★ 70' 75' 78 79 80 81 82 83' 84 85' 86' 87 — 52 ha Cru Bourgeois mit Cru-Classé-Qualität, im Besitz der Familie Dourthe. Voller, fruchtiger Wein. Zweitetikett: «Cap de Haut-M.».

Meyney St-Est; r ★★→★★★ 75' 78' 79 81 82' 83 **84** 85 86 — Großer Besitz (50 ha) am Fluß neben Ch. Montrose, gehört zu den besten von vielen gleichmäßig guten Cru Bourgeois in St-Estèphe. Im Besitz von Cordier. Zweitetikett: Prieur de Meyney.

Millet Graves; r s tr ★★ 81 82 83 85 86 — 64-ha-Gut in Portets; anständiger Graves.

La Mission-Haut-Brion Graves; r ★★★★ 61 64 66 71' 75' 76 **78'** 79 80 81 82' 83 **84** 85' 86 87 — Nachbar und alter Rivale von Ch. Haut-Brion, seit 1984 im gleichen Besitz. Seriöser, großartiger Rotwein alten Stils; lange Reifezeit; meist gehaltvoller als Haut-Brion. 12 ha. Zweitetikett: Ch. Latour-H-B.

Monbousquet St-Em; r ★★ 70' 76 78' 79' 81 82 83 84 85 86 — 30 ha im Dordogne-Tal unterhalb St-Emilion. Attraktiver, frühreifender, aber haltbarer Wein von tiefgründigem Kiesboden.

Montrose St-Est; r ★★★ 61 66 70' 75' 78 79' 80 81 82' 83 **84** 85 86' 87 — 63-ha-Familienbesitz, 2ᵉ Cru. Sehr bekannt für wuchtigen Rotwein alten Stils mit tiefer Farbe. Neuere Jahrgänge leichter.

Moulin des Carrurades Der zweite Qualitätswein von Ch. Lafite.

Moulin-à-Vent Moulis; r ★★ 70' 75' 78' 79 80 81 82' 83 84 85 86 — Gut mit 24 ha; steht in der aufstrebenden Appellation in vorderster Reihe. Lebendiger, kraftvoller Wein. La Tour Blanche (Médoc) gehört auch zum Besitz.

Moulin du Cadet St-Em; r ★★ 75' 78' 79 80 81 82' 83 85 86 87 — Erstklassiges kleines Weingut in den Côtes, von Moueix geleitet.

Moulinet Pomerol; r ★★★ 75 78 79 81 82 83 85 86 — In Pomerol eines der größeren Güter; 17 ha auf relativ leichtem Boden. Der Wein fällt dementsprechend aus.

Mouton-Baronne-Philippe Pauillac; r ★★★ 70' 75' 78' 79 80 81 82' 83 84 85 86 87 — Bedeutendes Ch. 5ᵉ Cru. Hat den enormen Vorzug, Baron Philippe de Rothschild zu gehören. 50 ha liefern feineren, aber viel sanfteren, nicht so vollen und tanninreichen Wein wie Mouton.

Mouton-Rothschild Pauillac; r ★★★★ 61 66 67 70' 71 73 75' 76 78 79 80 81 82' 83 84 85 86 87 — Seit 1973 offiziell erste Klasse, hätte freilich schon seit 40 Jahren Anrecht auf den Titel. 70 ha (87 % Cabernet Sauvignon). Wein von majestätischer Fülle (der 82er und 86er sind kaum zu überbieten). Auch das größte Museum mit Kunstwerken zum Thema Wein in der Welt.

Nairac Sauternes; w; s ★★ 73 75 76' 78 79 80 81 82 83' 85 86' — Cru Classé in Barsac, der Besitzer ist ein Perfektionist. Faszinierender haltbarer Wein.

Nénin Pomerol; r ★★★ 70' 75' 78 81 83 85 86 — Bekanntes Gut mit 26 ha; zurzeit nicht in Form.

Olivier Graves; r und w; tr ★★★ (r) 79' 81 82 83 84 85 86 — 36 ha Cru Classé, um ein befestigtes Schloß in Léognan gelegen. 9000 Kisten Rotwein, 12 000 Weißwein; beide bedürfen der angekündigten Verbesserung. Die neueren Jahrgänge sind für längere Reifezeit bestimmt.

Les Ormes-de-Pez St-Est; r ★★ 75' 78' 79 80 81' 82' 83' 84 85 86' 87 — Hervorragendes Ch., 29 ha Cru Bourgeois, bewirtschaftet vom Ch. Lynch-Bages. Zunehmend beachtenswerter, fein-duftiger St-Estèphe.

Les Ormes Sorbet Médoc r ★★ 81 82 83 85 86' — Aufstrebender kleinerer Erzeuger guter, in neuen Eichenfässern gereifter Rotweine in Couquèques. Zweitetikett: Ch. de Conques.

Palmer Cant-Mar; r ★★★★ 61' 66' 70 71' 75' 76' 78' 79' 80 81 82 83' 84 85 86 87 — Der Star unter den Ch. von Cantenac. 3ᵉ Cru, in der Qualität oft knapp unter den Spitzengewächsen liegend. Wein mit Wucht, Substanz und Feinheit. 44 ha in holländischem, englischem und französischem Besitz. Zweitetikett: Réserve de Général (preiswert).

Pape-Clément Graves; r (w; tr) ★★★ 70 75' 78' 79' 81 82' 83 84 85' 86 87 — Alte Lage in Pessac. Früher durch verführerisch duftige, jedoch nicht schwere Rotweine bekannt, in letzter Zeit aber unbeständig. Seit 1985 neuer Schwung (und mehr Weißwein).

Patache d'Aux Bégadan (Médoc); r ★★ 79' 81 82' 83' 85 86' — 36 ha Cru Bourgeois im nördlichen Médoc. Bukettreicher, etwas leichter Wein.

Paveil-de-Luze Margaux; r ★★ 75' 78 79 81 82' 83 84 85 86' — Alter Familienbesitz in Soussans; klein, aber hochangesehen.

Pavie St-Em; r ★★★ 70 71' 75' 76 78 79' 80 81 82' 83' 84 85 86 — Ch. 1ᵉʳ Cru in herrlicher Lage an den Côtes, 40 ha. Typisch voller, süffiger St-Emilion, v. a. seit 1982. Ch. Pavie-Decesse und Ch. La Clusière gehören zum gleichen Besitz.

Pavie-Macquin St-Em; r ★★ 75 78 79 82 83 85' 86 — Zuverlässiges Côtes-Weingut (10 ha) östlich von St-Emilion, wird neu bestockt und erweitert.

Pédesclaux Pauillac; r ★★ 70' 75' 78 79 80 81 82' 83 84 85 86 — 20 ha, 5ᵉ Cru auf dem Niveau eines guten Cru Bourgeois. Solide, starke Weine, wie die Belgier sie lieben. Zweitetiketten: Grand-Duroc-Milon und Bellerose.

Petit-Village Pomerol; r ★★★ 70 71' 75' 76' 78 79 81 82' 83 84 85 86 — Eines der bekanntesten kleinen Güter, 10,5 ha,

93

neben Vieux-Ch.-Certan, im gleichen Besitz wie Ch. Cos d'Estournel. Kraftvoller, pflaumenduftiger Wein.

Pétrus Pomerol; r ★★★★ 61 64 66 67 70' 71' 73 75' 76' 78 79' 80 81 82' 83 84 85' 86 87 — Der große Name von Pomerol. Auf 11 ha sandigem Lehmboden wachsen Weine von unvergleichlicher Fülle und Konzentration. 95 % Merlot-Reben. Mit jedem Jahrgang erhöht sich der Glanz (84 und 87 gab es nur kleine Mengen). Und auch der Preis ist sagenhaft.

Peyrabon St-Sauveur; r ★★★ 75 78 79 81 82 83 84 85 86 — Zuverlässiges Cru Bourgeois, 33 ha; populär in den Niederlanden.

Peyreau St-Em; r ★★ — Schwester-Ch. von Clos L'Oratoire.

de Pez St-Est; r ★★★ 66 70' 71' 73 75' 76 78' 79 80 81 82' 83 84 85 86 — Herausragendes Cru Bourgeois, 24 ha. So zuverlässig wie die Crus Classés des Orts und fast ebenso fein. Braucht lange Reifezeit (z. B. ist der 66er 1988 ausgereift).

Phélan-Ségur St-Est; r ★★ 70' 75' 76' 78 79 81 82' 85 86 — Großes, bedeutendes Cru Bourgeois, 50 ha, mit einigen feinen alten Jahrgängen. Seit 1985 neue, energisch zupakkende Besitzer.

Pichon-Longueville Pauillac; r ★★★ 70' 75 78' 79' 80 81 82' 83 84 85 86' 87 — 31 ha 2ᵉ Cru, sehr uneinheitliche Weine; seit 1987 unter neuer ehrgeiziger Leitung.

Pichon-Longueville, Comtesse de Lalande Pauillac; r ★★★★ 61 66 70' 75' 76 78' 79' 80 81' 82' 83' 84 85 86 87 — Nachbar von Ch. Latour; 2ᵉ Cru, 59 ha. Stets Spitzenprodukte; klassische langlebige Weine von fabelhafter Rasse, selbst in ungünstigen Jahren. Zweitetikett: Réserve de la Comtesse.

Pindefleurs St-Em; r ★★ 75 78 79 81 82' 83 85 86 — Aufsteigender, 10 ha großer Betrieb auf dem St-Emilion-Plateau.

Pique-Caillou Graves; r ★★ — Wenig bekanntes Nachbargut von Haut-Brion (16 ha) in den Vororten von Bordeaux. Beachtenswert.

Piron Graves; (r) w; tr ★★ — Erzeuger von verlockend fruchtigem, modernem weißem Graves in St-Morillon.

de Pitray Castillon; r ★★ 81 82' 83 85 86 — 25 ha großer Rebberg an den Côtes de Castillon östlich von St-Emilion. Guter, leichterer Wein.

Plagnac Médoc; r ★★ — Cru Bourgeois in Bégadan, wiederaufgebaut von Cordier (Besitzer von Gruaud-Larose usw.).

Plince Pomerol; r ★★ 75 79 80 81 82' 83 85 86 — Angesehenes 8-ha-Gut bei Libourne. Ansprechender, eher schlichter Wein von sandigem Boden.

La Pointe Pomerol; r ★★★ 70' 75' 78 79 81 82 83' 85 86 — Prominenter Besitz, 25 ha; guter, aber etwas magerer Wein. In gleichem Besitz wie Ch. La Serre.

Pontac-Monplaisir Graves; r (w; tr) ★★ — Weingut in Graves, das neuerdings köstlichen Weißwein anbietet.

Pontet-Canet Pauillac; r ★★★ 75' 78' 79' 80 81' 82' 83' 85 86' — Mit 73 ha eines der größten Crus Classés, Nachbar von Mouton und potentiell besser als der offizielle Rang mit 5ᵉ Cru, jedoch standen die Dinge jahrelang nicht gut. Die neuen Besitzer (gleichzeitig von Lafon-Rochet) geben sich viel Mühe. Zweitetikett: Les Hauts de Pontet.

Potensac Potensac (Médoc); r ★★ **75' 78' 79 81'** 82' 83 **84** 85' 86 87 — Bekanntestes Cru Bourgeois im nördlichen Médoc. Die Nachbar-Ch. Lassalle und Gallais-Bellevue gehören derselben Familie, den Delons (Besitzer von Ch. Léoville-Las Cases). Man merkt die Klasse.

Pouget Margaux; r ★★ **70' 75 78 79 80 81** 82' 83 84 85 86 — Zu Ch. Boyd-Cantenac gehörender Rebberg, 7 ha; ähnliche, etwas leichtere Weine. 1983 wurden eigene Chais gebaut.

Poujeaux (Theil) Moulis; r ★★ **70' 75' 76 78 79'** 80 81 82' 83' 84 85 86 87 — Cru Exceptionnel, Familienbetrieb, 48 ha. Sein wuchtiger, hochkonzentrierter Wein wird meist direkt an Liebhaber in Frankreich verkauft. Zweitetikett: La Salle de Poujeaux. Ferner Ch. Arnauld (83').

Prieuré-Lichine Cant-Mar; r ★★★ 70 75 76 **78'** 79' **80** 81 82' 83' **84** 85 86' — 57 ha großes Gut, 4ᵉ Cru; von Alexis Lichine seit 1952 hochgebracht. Ausgezeichneter, voller und duftiger Margaux.

Puy-Blanquet St-Em; r ★★ **75' 78 79 81 82' 83** 85 — Bedeutendes Gut in St-Etienne-de-Lisse, östlich von St-Emilion, mit 20 ha. Früh reifender St-Em, knapp unter der Spitzenklasse.

Puygueraud Côte de Francs r ★★ **82 83 85** — Führendes Ch. in diesem aufstrebenden Bereich. Faßgereifter Wein von überraschend guter Klasse.

Puy-Razac St-Em; r ★★ **78 79 81' 82' 83** 85 86 — «Kleiner Bruder» von Mon Bousquet, am Fuße der Côtes in der Nähe von Ch. Pavie.

Rabaud-Promis Sauternes; w; s ★★ **71 75 76 78 79** 81 83 85 — 30 ha Cru Classé in Bommes. Außerhalb Frankreichs selten anzutreffen.

Rahoul Graves; r w; tr ★★ (r) **78' 81 82 83** 85 86 (w) **85 86'** 87 — 15 ha großer Rebberg in Portets, wo aus heranwachsenden Reben sehr guter Wein produziert wird, zu 80 % Rotwein. Der Weißwein wird im Eichenfaß ausgebaut.

Ramage-la-Batisse Haut-Médoc; r ★★ **75' 78 79 81 82** 83' 85 86 — Außergewöhnlicher Crus Bourgeois, 48 ha, in St-Sauveur, westlich von Pauillac. Seit 1980 zunehmend attraktiv.

Rausan-Ségla Margaux; r ★★★ **70' 78 79 81** 82 83' **84** 85 86' — 42 ha 2ᵉ Cru, durch sein Bukett berühmt; einer der großen Namen des Médoc, stark bemüht, seinen alten Rang wiederzugewinnen. Seit 89 neuer englischer Eigentümer.

Rauzan-Gassies Margaux; r ★★ **61 75' 76 78' 79' 80 81** 82 83 85 86 87 — 30 ha 2ᵉ Cru. Nachbar von obigem. 20 Jahre lang war wenig Aufregendes zu berichten, jetzt aber geht es anscheinend wieder aufwärts — doch ist der Weg noch weit.

Raymond-Lafon Saut; w; s ★★★ **75 76 78 79 80' 81' 82** 83' 85 86' — Seriöses Sauternes-Gut, das vom Manager des Ch. d'Yquem betrieben wird. Prachtvolle Weine für lange Lagerung. Gehört mit zur Spitzenklasse.

de Rayne-Vigneau Sauternes; w; s ★★★ **67 71' 76' 78 81** 83 85 86 — 66 ha Cru Classé in Bommes mit dem üblichen süßen Wein (auch trockene Versionen «Raynsec»). 1980 neu eingerichtet.

Respide-Médeville Graves; (r) w; tr ★★ 81 83 84' 85 — Gehört zu den besten Weißweinerzeugern im südlichen Graves, bei St-Pierre-de-Mons. Vollaromatische, langlebige Weine (85er Cuvée Kauffman).

Reynon 1res Côtes de Bordeaux; r w tr ★★ — 40-ha-Besitz mit außergewöhnlichem trockenem Weißwein von sehr alten Sauvignon-Reben («Vieilles Vignes»: 85 86 87). Seit 1985 faßvergorener Weißwein (85 86 87') und Rotwein «Clos Floridène». Außerdem jung zu trinkender Weißwein und seriöser Rotwein (81 82 83 85 86).

Reysson Vertheuil, Haut-Médoc; r ★★ 81 82' 83 84 85 86 — Kürzlich neu angepflanztes aufstrebendes Cru Bourgeois mit 48 ha. Gleicher Besitzer wie Ch. Chasse-Spleen.

Ricaud Loupiac; w s (oder tr) r ★★ 81 82 83' 85 86' — Größerer Erzeuger von Sauternes-ähnlichem Desssertwein auf dem anderen Flußufer. Fleißige neue Besitzer.

Rieussec Sauternes; w; s ★★★ 70 71' 75' 76' 78 79 80 81' 82 83' 85 86 87 — Würdiger Nachbar von Ch. d'Yquem, 54 ha, in Fargues, wurde 1984 von den (Lafite) Rothschilds gekauft. Gehört nicht zu den süßesten Weinen, kann exquisit sein. Auch ein trockener Wein: «R» und ein Super-Wein «Crème de Tête».

Ripeau St-Em; r ★★ 75 78 79 81 82 83 85 86 — Grand Cru mit immer besser werdenden Leistungen im Zentrum des Plateaus (20 ha).

La Rivière Fronsac; r ★★ — Das größte und eindrucksvollste Gut in Fronsac. Gerbstoffreicher Wein; lohnt lange Lagerung.

de Rochemorin Graves; r (w; tr) ★★ 81 82 83 84 85 86 — Wiederbelebtes großes Weingut in Martillac, gehört dem Besitzer von Ch. La Louvière. 54 ha neue Reben versprechen viel Gutes.

Romer du Hayot Sauternes; w s ★★ 79 80 81 82 83 85 86 — Kleineres Cru Classé mit wachsendem Ruf.

Roquetaillade-la-Grange Graves; r w tr ★★ — Das große Gut schafft sich mit feinem Rotwein einen guten Namen (im südlichen Graves).

Roudier Montagne-St-Em; r ★★ — 30 ha St-Em.-«Satellites»-Gut; Wein mit echtem, typischem Geschmack. Schwester-Ch. von Balestard. Beachtenswert.

Rouget Pomerol; r ★★ 70 71 75' 76' 78 79 81 82' 83 85' 86 — Bezaubernder alter Besitz am Nordrand von Pomerol. Gute Jahrgänge brauchen mindestens 10 Jahre.

Royal St-Emilion Markenname der bedeutenden, dynamischen Winzergenossenschaft. Siehe auch Haut-Quercus, Berliquet.

Ruat-Petit-Poujeaux Moulis; r ★★ 79 81 82 83 84 85 86 — 18-ha-Weingut mit wachsendem Ruf für sauberen Wein.

de Sales Pomerol; r ★★★ 70' 75' 78' 79 81 82' 83 85 86 — Größtes Rebenareal von Pomerol (46 ha), gehört zum großartigsten Ch. Nicht Poesie, aber vorzügliche Prosa. Zweitetiketten: Ch. Chantalouette und Ch. du Delias.

Sénéjac Haut-Médoc; r ★★ 75 76' 78 79 81 82' 83' 84 85 86' — Cru Bourgeois im südlichen Médoc, 17 ha; mit stetig wachsendem Geschick geführtes Gut.

La Serre St-Em; r ★★ **70 75' 78 79 81 82 83** 85 86 — Gut geführtes kleines Grand Cru. Gleicher Besitzer wie Ch. La Pointe.

Sigalas-Rabaud Sauternes; w; s ★★★ **76' 78 79 81 82** 83' 85 86 — Der kleinere Teil des früheren Besitzes Rabaud; 14 ha in Bommes. Erstklassiger, süßer Wein in frischer, traubiger Art.

Siran Lab-Mar; r ★★★ **61 66 70 71' 75' 78' 79 80 81'** 82' 83 **84** 85 86 — Weingut von 30 ha, mit Cru-Classé-Qualität. Elegante, langlebige, gleichmäßig gute Weine.

Smith-Haut-Lafitte Graves; r und (w; tr) ★★→★★★ (r) **78 79 81** 82' **83 84** 85 86 (w: 2—3 Jahre) — Heruntergekommenes altes Cru-Classé-Gut in Martillac, in den 70er Jahren restauriert. Seit 89 neue engl. Besitzer (wie Rausan-Ségla). Jetzt 49 ha (5,5 ha weiß). Der Weißwein ist leicht und fruchtig; der rote ebenfalls leicht. Auf seine Qualitätsverbesserung wird viel Mühe verwendet.

Sociando-Mallet Haut-Médoc; r ★★ **70 75 78 79 81** 82 83 **84** 85 86 — Prachtvolles Cru Grand Bourgeois in St-Seurin. 26 ha. Dunkler, konzentrierter Wein für Leute mit Geduld.

Soutard St-Em; r ★★ **70' 71 75' 76 78' 79 80** 81 82' 83 85' 86 — Zuverlässiges Cru Classé, 19 ha, nördlich der Stadt. Manche Jahrgänge sind etwas plump ausgefallen. Braucht lange Lagerzeit.

St-André Corbin St-Em; r ★★ **75' 78 79' 81** 82' **83** 85 86 — Bemerkenswerter Besitz von Montagne-St-Emilion mit einer langen Liste von überdurchschnittlichen Weinjahrgängen. 22 ha.

St-Bonnet Médoc; r ★★ — Großes Gut in St-Christoly im nördl. Médoc. Sehr würziger Wein.

St-Estèphe, Marquis de St-Est; r ★ **81 82 83 84** 85 86 — Die Winzergenossenschaft; über 200 Mitglieder; gute Qualität.

St-Georges St-Geo, St-Em; r ★★ **75 78 79 81 82 83** 85 86 — Vornehmes Ch. aus dem 18. Jh., über dem Plateau von St-Emilion auf einem Hügel im Norden gelegen. 50 ha. Sehr guter Wein wird direkt an Kundschaft verkauft.

St-Georges-Côte-Pavie St-Em; r ★★ **79 81 82 83'** 85' 86 — Kleines Weingut in bester Lage an den Côtes. Verdient Beachtung.

Saint-Pierre St-Jul; r ★★★ **70' 75' 76 78' 79 80** 81' 82' 83' **84** 85 86 87 — 4ᵉ-Cru-Gut (20 ha). Jahrelang in belgischem Besitz; 1982 an Henri Martin von Ch. Gloria übergegangen. Ein Name, auf den man achten muß.

St-Pierre Graves; (r) w; tr ★★ **81 84 85 86** 87 — Besitz in St-Pierre-de-Mons; klassischer Graves mit bemerkenswertem Charakter und Aroma.

Suduiraut Sauternes; w; s ★★★ **67 70 75 76' 78 79 80** 81 **82' 83 84** 85 86 — Einer der besten Sauternes, jedoch nur selten sehr üppig. Über 69 ha in der Spitzenklasse. Tüchtiges neues Management. Auslese: Cuvée Madame (82, 85).

Taillefer Pomerol; r ★★ **70 75 78 79 81 82'** 83 85 86 — 9,5-ha-Besitz am Rand von Pomerol, im Eigentum eines weiteren Zweigs der Familie Moueix.

Talbot St-Jul; r (w) ★★★ **70' 75' 78' 79 81** 82' 83 **84** 85 86
87 — Bedeutendes Gut, 4ᵉ Cru, 96 ha, Schwester-Ch. von
Gruaud-Larose mit ähnlich attraktivem, vollem und anspre-
chendem Wein, zuverlässig und seinen Preis wert. Sehr gutes
Zweitetikett: Connétable Talbot. Außerdem etwas Weißwein
«Caillou Blanc».

Tayac südl. Mar; r ★★ **81 82** 83 85 86 — Größtes Cru Bourgeois in Margaux. Zuverlässiger, wenn auch nicht denkwürdiger Wein.

Terrefort-Quancard Bordeaux r w tr ★★ **82 83 84 85** 86 —
Großer Erzeuger in St-André-de-Cubzac mit empfehlenswer-
ten Weinen. Felsiger Unterboden verhilft zu überraschender
Qualität. 33 000 Kisten.

du Tertre Ar-Mar; r ★★★ **70' 75 78 79' 80 81** 82' 83' **84** 85
86 87 — 5ᵉ Cru, südlich von Margaux, isoliert gelegen; vom
Besitzer von Calon-Ségur wieder zu Glanz gebracht. Vollduftiger, langlebiger Wein.

Tetre-Daugay St-Em; r ★★★ **78 79 81** 82' 83' 85 86 — Kleines Grand Cru in spektakulärer Lage. Seit 1978 vom Besitzer
von La Gaffelière wieder auf seinen alten Rang gebracht.

Thieuley Entre-Deux-Mers; r rs w; tr ★★ — Größeres Weingut mit empfehlenswertem «Clairet» (Rosé) und traubigem
Sauvignon.

Timberlay r (w; tr) ★ **82** 83 **85** 86 — Größtes Weingut in
Cubzac, 74 ha. Angenehme leichte Weine.

Toumilon Graves; r w tr ★★ — Bemerkenswertes Château in
St-Pierre-de-Mons. Frische Rot- und Weißweine mit viel
Charme.

La Tour-Blanche Sauternes; w; s (r) ★★★ **75' 76 79 81' 83'**
85 86 — 23-ha-Besitz der Spitzenklasse in Bommes mit einer
staatlichen Weinbauschule. Gehört lange Zeit nicht mehr zu
den führenden Gütern, aber der 83er ist sehr gut.

La Tour-Carnet St-Lau; r ★★ **79 80 81 82' 83 84** 85 86 —
4ᵉ Cru, in den 60er Jahren aus völliger Vernachlässigung wiedererstanden. Mittelalterlicher Turm. 32 ha Rebfläche westlich
von St-Julien. Leichter, angenehmer Wein.

La Tour de By Bégadan (Médoc); r ★★ **78' 79' 80 81** 82' **83**
84 85 86 — Sehr gut geführtes Cru Bourgeois, 58 ha, im
nördlichen Médoc. Stetig wachsender guter Ruf für robusten,
eindrucksvollen, doch ansprechenden Wein.

La Tour-de-Mons Sou-Mar; r ★★★ **70' 78 79 80 81** 82' 83
85 86 — Distinguiertes Cru Bourgeois, 30 ha, seit 3 Jahrhunderten im Besitz der gleichen Familie. Manchmal ausgezeichneter Rotwein mit langer Lagerzeit.

La Tour-Figeac St-Em; r ★★ **75 78 79 81 82' 83** 85 86 —
14 ha Grand Cru zwischen Ch. Figeac und Pomerol. Nicht
ganz in einer Form, die der guten Lage gerecht wird.

La Tour-Haut-Brion Graves; r ★★★ 70 **75 76 78 79 80** 81 82'
83 85 — Zweitetikett von Ch. La Mission-Haut-Brion. Bis
1983 ein einfacher, herber, langlebiger Wein, heute ansprechender.

La Tour-Martillac Graves; r und w; tr ★★ (r) **75' 78 79 81**
82' 83 **84** 85 86 — Kleines, aber seriöses Gut in Martillac.
4 ha weiße Trauben, 15 ha dunkle Trauben. Der Weißwein

hält sich oft wunderbar. Der Eigentümer, Jean Kressmann, läßt das Nachbar-Ch. Lespault wiedererstehen.

La Tour-du-Pin Figeac St-Em; r ★★ — 10 ha. Restaurierenswertes Gut.

La Tour-du-Pin-Figeac-Moueix St-Em; r ★★★ 78 79 81 82 83 85 86 — Ein weiteres, 10 ha großes Stück des alten Besitzes, Eigentum eines Zweigs der berühmten Familie Moueix. Die Dinge stehen sehr gut.

La Tour St-Bonnet Médoc; r ★★ 78' 79 81 82' 83 85 86 — Durchweg gutbereiteter und typischer nördlicher Médoc von St-Christoly. 40 ha.

La Tour du Haut Moulin Cussac (Haut-Médoc); r ★★ 78 79 80 81 82 83 84 85 86 — Wenig bekanntes Gut, 28 ha; konzentrierter, haltbarer Wein.

Tournefeuille Lalande de Pomerol; r ★★ 75' 78 81' 82' 83' 85' 86 — Der Star von Néac. Liegt im Norden von Pomerol. Kleines Gut (17 ha), aber ausgezeichneter, langlebiger Wein.

des Tours Montagne-St-Em; r ★★ 82 83 85 86 — Spektakuläres Ch. mit modernem, 7 ha großem Rebberg. Gesunder, angenehmer Wein.

Toutigeac Entre-Deux-Mers; w (w tr) ★ — Großmengenerzeuger in Targon mit ordentlichem Bordeaux.

Tronquoy-Lalande St-Est; r ★★ 70 71 75 76 78 79 80 81 82' 83 85 86 — 16 ha Cru Bourgeois; typischer St-Estèphe von kräftiger Farbe, braucht lange Lagerung. Vertrieb durch Dourthe.

Troplong-Mondot St-Em; r ★★ 70' 78 79 81 82' 83 85 86 — Eines der größeren Grands Crus von St-Emilion. 28 ha in guter Lage an den Côtes oberhalb von Ch. Pavie.

Trotanoy Pomerol; r ★★★ 61 70 71' 73 75' 76' 78 79 80 81 82' 83 84 85 86' 87 — Stallgefährte von Pétrus und hinter diesem vielleicht der zweite Spitzenreiter in Pomerol. Nur 11 ha, aber ein herrlich körperreicher, duftiger Wein.

Trottevieille St-Em; r ★★★ 75' 79' 81 82' 83 85 86 — 1er Cru, 11 ha an den Côtes, östlich der Stadt; lange etwas abgefallen; der 83er, 85er und 86er sehen besser aus. Gleiche Besitzer wie Batailley.

Le Tuquet Graves; r w; tr ★★ 81 82 83 85 86 — Größeres Gut in Beautiran, wo leichte fruchtige Weine gekeltert werden; der Weißwein ist besser.

Verdignan Médoc; r ★★ 79 81 82 83 85 86 — Großes Grand-Bourgeois-Schwestergut zu Ch. Coufran. Mehr Cabernet als bei Coufran.

Vieux-Château-Certan Pomerol; r ★★★ 75 78 79 80 81 82' 83 84 85 86 — In der Qualität oft fast mit Pétrus gleichgesetzt, in der Art aber ganz anders, eher mit Médoc-Statur. 14 ha. Im Besitz einer belgischen Familie, der auch Labégorce-Zédé und das kleine Pomerol-Gut Le Pin gehört.

Vieux-Château-Landon Médoc r ★★ 82 83 85 86 — Fortschrittlicher Erzeuger mit gehaltvollem Wein, 3—4 Jahre Lagerung lohnen sich.

Vieux Château St-André St-Em; r ★★ 75' 78 79' 81 82' 83 85' 86 — Kleiner Rebberg in Montagne-St-Emilion; Besitzer ist ein führender Weinproduzent aus Libourne. Im Auge behalten. 2500 Kisten.

Villegeorge Avensan; r ★★ 75' 78' 79 81 82 83' 85 86 87 — 10 ha Cru Exceptionnel nördlich von Margaux, gleicher Besitzer wie Ch. Brane-Cantenac. Erfreulicher, körperreicher Wein.

Villemaurine St-Em; r ★★ 70' 75' 78 79' 80 81 82' 83 84 85' 86 — Kleines Grand Cru mit schönen Kellern an den Côtes der Stadt. Fester Wein mit hohem Cabernet-Anteil. Neuerdings sehr gut.

Vraye-Croix-de-Gay Pomerol; r ★★★ 70' 71' 75' 78 81 82' 83 85 86 — Ideal gelegener Rebberg, 10 ha, im besten Gebiet von Pomerol.

Yon-Figeac St-Em r ★★ 79 81 82 83 85 86 — Grand Cru mit 24 ha; beachtenswert durch Wohlgeschmack und reiches Bukett.

d'Yquem Sauternes; w; s (tr) ★★★★ 67' 71' 73 75' 76' 77 78 79 80 81 82 83' 84 86 — Der berühmteste süße Wein der Welt. Produziert werden nur 1250 Flaschen pro Hektar. Sehr starker, intensiver, üppiger Wein. Anbaufläche 100 ha. Die meisten Jahrgänge sollten mindestens 15 Jahre reifen. Auch trockener «Ygrec» 78 79 80 84 85 86 (sehr wenig) 87 88.

Weitere Bordeaux-Châteaux sind unter Canon-Fronsac, Côtes de Bourg, Cubzac, Fronsac, Côtes-de-Castillon, Lalande de Pomerol, Loupiac, Ste-Croix-du-Mont, Premières Côtes de Blaye und Premières Côtes de Bordeaux verzeichnet.

Schweiz

Die Weingärten der Schweiz gehören zu den am rationellsten genutzten und produktivsten der Welt, denn bei den hohen Kosten geht es gar nicht anders. Die bedeutendsten davon liegen entlang den nach Süden abfallenden Hängen des oberen Rhonetals und des Genfersees, in den Kantonen Wallis und Waadt. Zusammenhängend sind auch die Weingebiete an den Südhängen des Juras über Neuenburger- und Bielersee. Weit verstreut liegen Weinberge in der Ostschweiz und in Graubünden, die insgesamt eine bedeutende Produktion bereitstellen. In oft kleinste Parzellen aufgeteilt ist der Rebbesitz in der italienischen Schweiz (Tessin). Die Weine werden nach Ortsnamen, Traubensorten und gesetzlich kontrollierten Gattungsnamen bezeichnet, die zusammen mit den Namen führender Erzeuger und Händler auf den folgenden Seiten erscheinen. Schweizer Wein ist alles in allem jung am besten. Ganz große Weine kann die Schweiz nicht bieten, doch so gut wie alle Schweizer Weine (vor allem die weißen) gewähren stets unbeschwerten und zutiefst befriedigenden Genuß.

Fendant ist der Sammelname für alle Walliser Weißweine, die aus der Traubensorte Chasselas gekeltert werden.

Dorin ist der Familienname aller weißen Waadtländer Weine, die aus der Traubensorte Chasselas gekeltert sind. Meist wird der Ortsname hinzugefügt.

Perlan Sammelname für alle Chasselas-Weißen im Weingebiet Genfs.

Salvagnin ist der Name der Waadtländer Rotweine aus den Rebsorten Pinot Noir und/oder Gamay, die von einer Degustationskommission geprüft worden sind und die offizielle Qualitätsbezeichnung (Label) «Salvagnin Appellation Contrôlée» tragen.

Viti ist die Abkürzung von «Vini Ticinesi», Tessiner Weine, die aus der Traubensorte «Merlot» stammen und von einem Degustationsausschuß geprüft worden sind.

Winzerwy Das Schutzzeichen «Winzerwy» wird in der Ostschweiz abgegeben für alle Weine, die aus eigener Produktion stammen und unverschnitten sind. Verabreicht wird die Benennung von einer Degustationskommission.

Aigle Waadt; w; tr ★★→★★★ — Bedeutendster Ort im Chablais (Rhônetal) zwischen dem Genfersee und dem Wallis. Trockene Chasselas-Weißweine unterschiedlicher Art; die besten kräftig und ausgeglichen.

Amigne Traditionelle weiße Traube im Wallis. Schwerer, aber süffiger Wein, meist trocken.

Arvine Weitere althergebrachte weiße Traube im Wallis, ähnlich wie Amigne, vielleicht besser: bringt guten Dessertwein.

Auvernier Neuenburg; r rs w; tr (sch) ★★ — Ort südlich von Neuenburg, bekannt für leichten Pinot Noir, Chasselas und Œil de Perdrix (Süßdruck).

Blauburgunder oder Blauer Burgunder Einer von mehreren Namen der in der deutschen Schweiz angebauten Form des Pinot Noir.

Chablais Waadt; (r) w; tr ★★→★★★ — Der Bezirk zwischen Montreux am Genfersee und St-Maurice, wo die Rhône das Wallis verläßt. Gute Dorin-Weißweine. Beste Orte: Villeneuve, Yvorne, Aigle, Bex.

Chasselas Die hauptsächliche Weißweintraube der Schweiz, im Geschmack neutral, jedoch mit bemerkenswertem lokalem Charakter (elegant, spritzig [Waadt, Genf, Neuenburg, Bielersee], voll [Wallis]). Der Wein heißt im Wallis Fendant, in der Waadt Dorin und um Genf Perlan.

Clevner (oder Klevner) Ostschweizerischer Name für Blauburgunder.

Completer Die seltene Grisons-Traube liefert einen Likör-Wein.

Cortaillod Neuenburg; r (rs; w) ★★ — Ort bei Neuenburg, auf leichten Pinot-Noir-Rotwein spezialisiert.

Côte, La Das Nordufer des Genfersees von Genf bis Lausanne. Sehr guter Dorin und Salvagnin. Beste Orte: Féchy, Mont-sur-Rolle, Luins, Aubonne u. a.

Dézaley Waadt; w; tr ★★★ — Bekannteste Lage im Lavaux zwischen Lausanne und Montreux. An den steilen Südhängen zum See hin wächst feiner, kräftiger, fruchtiger Chasselas. Ebensogut ist Dézaley-Marsens.

Dôle Wallis; r ★★ — Bezeichnung für Walliser Rotwein, gemischt aus Pinot-Noir- und Gamay-Traube oder allein aus Pinot Noir bestehend. Gefällig, stark, oft überragend.

Dorin Waadt; w; tr ★→★★ — In der Waadt gebräuchlicher Name für Chasselas-Wein, entspricht dem Fendant aus dem Wallis. Hochqualifizierte Weine tragen die Bezeichnung «Terravin».

Epesses Waadt; w und r; tr ★★ — Bekannter Ort am See im Lavaux. Guter trockener Wein.

Ermitage Walliser Name für Weißwein aus Marsanne-Trauben. Voller, konzentrierter und schwerer Wein, meist trocken, oft mit natürlichem Restzucker.

Fendant Wallis; w; tr ★→★★★ — Name für überaus süffigen Chasselas-Wein im Wallis, wo diese Traube den reifsten, gehaltvollsten und geschmeidigsten Wein ergibt. Mittelpunkte sind Martigny, Sion, Sierre, Salgesch.

Flétri Trauben, aus denen süßer Wein gekeltert wird, vielfach Malvoisie.

Gamay Die ursprünglich aus dem Beaujolais stammende rote Sorte bringt tieffarbene, kräftige Rotweine, mit Ausnahme von Neuenburg überall in der Westschweiz verbreitet, unvermischt im Kanton Genf, vermischt mit Pinot Noir als Dôle (Wallis) oder Salvagnin (Waadt) bekannt.

Glacier, vin du Gletscherwein; fast legendärer, lang gereifter Weißwein, der in großen Höhen gelagert wird. Heute praktisch nicht mehr anzutreffen.

Goron Rotwein aus dem Wallis, der den Dôle-Standard nicht erreicht.

Grand Cru In der Waadt für Gutsweine aus Spitzenbereichen gebräuchlicher Ausdruck.

Gutedel Deutscher Name für die Chasselastraube (vgl. Chasselas).

Herrschaft Graubünden; r (w; s) ★→★★★ — Weinbaugebiet im Rheintal nahe der Grenze zu Österreich und Liechtenstein. Leichte Blauburgunder-Rotweine und einige liebliche Weißweine aus Riesling-Sylvaner-Trauben (Müller-Thurgau) in kleinen Mengen.

Humagne Selten anzutreffende alte Traubensorte im Wallis. Es gibt noch etwas roten Humagne, einen anständigen Landwein.

Johannisberg Walliser Name für den Grünen Sylvaner (auch Rhin genannt), eine Traube, die hier ausgezeichneten, festen, konzentrierten und würzigen trockenen Wein — ähnlich dem deutschen Frankenwein — erbringt.

Lausanne In der Umgebung der Stadt wird schon seit Jahrhunderten feiner Wein erzeugt, heute u. a. Chardonnay Spätlese.

Lavaux Waadt; r; w; tr ★→★★★ — Das Nordufer des Genfersees zwischen Lausanne und Montreux; östliche Hälfte der Waadt. Beste Orte für lebendigen, vollen Chasselas: Lutry, Cully, Villette, Epesses, Riex, Rivaz, Chardonne, St-Saphorin u. a.

Légèrement doux Die meisten Schweizer Weine sind trocken. Ein Wein mit meßbarem Restzucker muß diesen oder den Vermerk «leicht süß» tragen.

Malvoisie Walliser Name für Pinot Gris. Erbringt z. T. wunderbare süße Spätlesen.

Mandement Genf; r (rs) w; tr ★ — Weinbaugebiet westlich von Genf (siehe Vin-Union Genève). Sehr leichte Rotweine, meist Gamay, und ebensolche Weißweine (Perlan).

Marsanne Die weiße Traube von Hermitage an der Rhône liefert im französischsprachigen Wallis den Ermitage.

Merlot Rotweintraube aus Bordeaux (siehe Trauben für Rotwein), liefert die besseren Weine der italienischen Schweiz (Tessin). Siehe auch Viti.

Montreux Aus den Weinbergen der Stadt kommen die besten Chasselas-Weine der Waadt, saftig, reif und reichhaltig.

Muscat Nur noch wenig verbreiteter Weißwein des Wallis.

Neuenburg (Neuchâtel) r rs w; tr sch ★→★★★ — Stadt in der Nordwestschweiz. Neuchâtel heißt auch der Wein vom Nordufer des Neuenburgersees. Angenehmer, leichter Pinot Noir und attraktiver Chasselas, manchmal als Schaumwein.

Nostrano Zu deutsch: «unsriger»; der geringere Rotwein des Tessins aus einer Mischung einheimischer und italienischer Trauben (Americani und Bondola) im Gegensatz zur Merlot-Traube aus Bordeaux.

Œil de Perdrix Blasser Rosé aus der Pinot-Noir-Traube.

Perlan Genf; w; tr ★ — Der im Mandement und in den übrigen Genfer Weingebieten übliche Name für den verbreiteten Chasselas, der hier am blassesten, trockensten und flachsten ausfällt.

Pinot Noir Wird in allen westschweizerischen Kantonen angebaut. Im Oberwallis, wo er als Pinot Noir oder Dôle Pinot Noir in den Handel gelangt, erreicht er die höchste Qualität.

Provins Die sehr gute Zentralgenossenschaft im Wallis.

Räuschling Alte, früher maßgebende Weißweinsorte in den Gebieten rings um Zürich. Späte Reife, dezente Frucht, elegante Säure.

Rèze Heute sehr seltene Traube, die für den Vin du Glacier gebraucht wird.

Riesling Nur in wenigen Lagen des Wallis. Bei Edelfäule hervorragende Spitzen.

Riesling-Sylvaner Hauptsächlichster Weißer der Ostschweiz und Graubündens. Die Traube ist das Ergebnis der züchterischen Arbeit von Prof. Müller-Thurgau. Frühreife, fruchtbare Sorte, ergibt süffige, elegante und rassige Weine.

Rivaz Waadt; r w; tr ★★ — Einer der bekannteren Weinorte in Lavaux.

Salvagnin Waadt; r ★→★★ — Rotwein geprüfter Qualität aus der Waadt; entspricht dem Dôle aus dem Wallis.

Savagnin blanc Schweizer Name für die Traminer-Traube, im Wallis Païen genannt. Traube des französischen Jura.

Schafiser Bern; (r) w; tr ★→★★ — Das Nordufer des Bielersees ist bekannt für sehr trockenen, leichten Chasselas und Pinot Noir sowie Pinot Gris, die alle unter ihren Ortsbezeichnungen (Schafis, Ligerz, Twann) und Lagebenennungen in den Handel kommen.

Schiller Wein aus dem bündnerischen Rheintal, aus weißen und roten Trauben gemeinsam gekeltert.

Sion Wallis; w; tr ★→★★★ — Einer der Mittelpunkte des Weinbaus im Wallis. Berühmt für Fendant.

Spätburgunder Pinot Noir (anderer Name für den Blauen Burgunder). Bei weitem die verbreitetste Traube in der deutschen Schweiz; ergibt leichte, angenehm trinkbare und oft gehaltvolle Weine.

St-Saphorin Waadt; w; tr ★★ — Einer der bedeutendsten Orte von Lavaux; trockenere und herbere Weine als Dézaley und Epesses.

Tessin Die italienischsprachige südliche Schweiz. Siehe Merlot, Viti, Nostrano.

Tokayer Weiße aus der Pinot-Gris-Traube, in der Ostschweiz auch Ruländer genannt, höchste Gütestufe an geeigneten und sonnigen Lagen.

Twanner Siehe Schafiser.

Vevey Stadt bei Montreux mit einem berühmten Weinfest, das ungefähr alle 30 Jahre stattfindet. 1977 war das letzte.

Villeneuve Orte mit hochwertigem Chasselas zwischen Montreux und den zum Chablais gehörenden Hängen von Yvorne.

Vin-Union Genève Große Winzergenossenschaft in Satigny im Mandement. Leichte Rotweine (Pinot Noir) und weißer Perlan (Chasselas) sind die in Genf heimischen Weine.

Viti Tessin; r ★★ — Gesetzliche Bezeichnung für Tessiner Rotwein besserer Qualität aus Merlot-Trauben, mit einem Mindestgehalt von 12 % Alkohol.

Waadt (Vaud) Der Kanton am Genfersee, dessen Nordufer das größte Weinbaugebiet der Schweiz ist. Hauptsächliche Weine: Dorin und Salvagnin.

Wallis (Valais) Das Rhônetal zwischen Brig und Martigny. Seine Südseite ist herrliches trockenes, sonniges und geschütztes Weinland, das in der Hauptsache mit der Chasselas-Rebe und dem Pinot Noir bepflanzt ist, die hier ihre stärksten Weine liefern.

Yvorne Ort bei Aigle mit besten Lagen im Chablais.

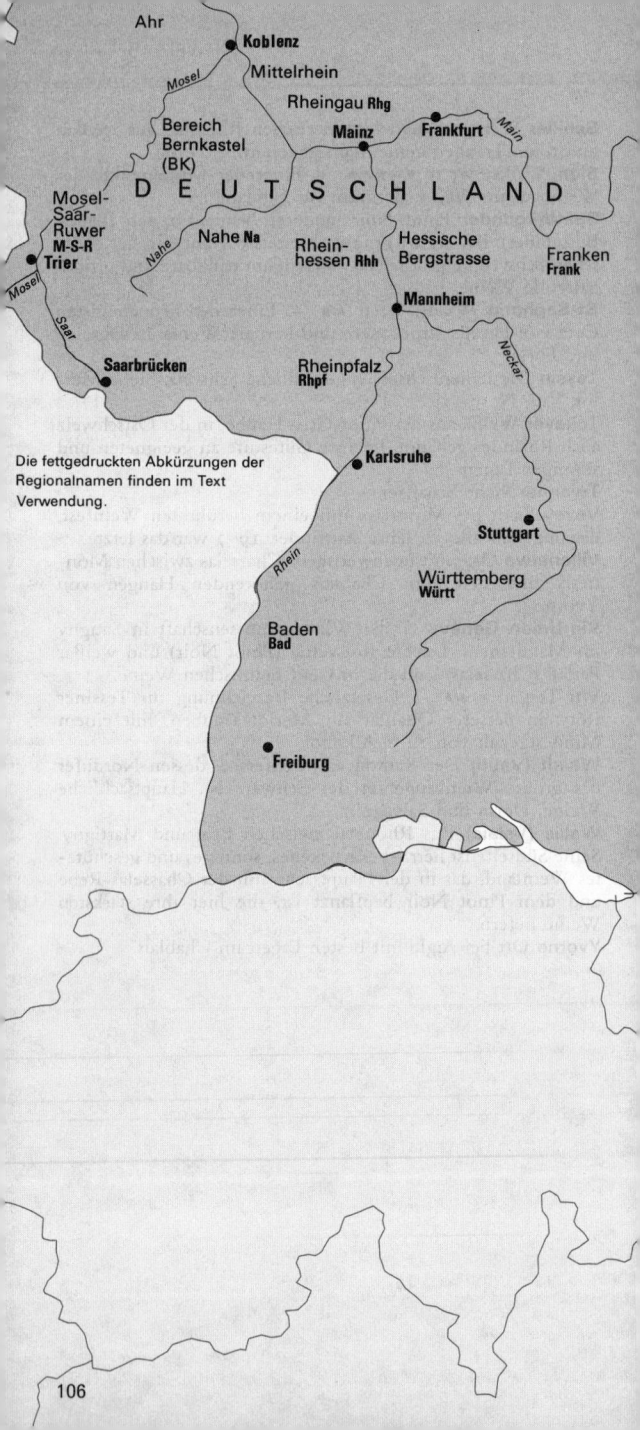

Die fettgedruckten Abkürzungen der Regionalnamen finden im Text Verwendung.

Deutschland

Von allen feinen Weinen der Welt werden heutzutage die deutschen am meisten unterbewertet, und dabei sind sie im buchstäblichen Sinne doch preiswert. Zum Verdruß all derer, die große Bewunderung und Achtung für die vielen prachtvollen Beispiele des einzigartigen deutschen Weinstils hegen, in dem sich deutsche Tradition und die Eigenart des deutschen Bodens und Klimas spiegeln, hat sich in letzter Zeit der Eindruck allzu sehr breitgemacht, daß der deutsche Weinbau sich selbst und der Welt mit Massenprodukten zu Billigpreisen einen schlechten Dienst erwiesen hat. Oft handelt es sich dabei um importierten Wein in einer deutsch aussehenden Aufmachung, leider aber in vielen Fällen auch um wirklich deutschen Wein, der freilich nur den Mindestanforderungen eines allzu liberalen Weingesetzes entspricht. So sind für den Qualitätswein bestimmter Anbaugebiete (QbA) diese Anforderungen so niedrig gesetzt, daß auch recht nichtssagende Produkte in den Genuß dieser doch ziemlich anspruchsvoll klingenden Bezeichnung kommen können.

Es ist nun eine lebhafte Debatte um die Überarbeitung des alten Weingesetzes von 1971, das zu diesen und manchen anderen Problemen im deutschen Weinbau Anlaß gegeben hat, in Gang gekommen. Außer Ertragsbeschränkungen und höheren Anforderungen an den Reifegrad will der Gesetzgeber vorerst hierbei nichts weiter verfügen. Inzwischen haben verantwortungsbewußte deutsche Weinerzeuger regionale Zusammenschlüsse gebildet, die sich, wie beispielsweise die «Charta» im Rheingau, zur Erhaltung selbstgewählter hoher Qualitätsstandards und zur Ablehnung der von ihnen als unzulänglich angesehenen staatlichen Mindestanforderungen verpflichtet.

Inzwischen verlangt der Verbraucher auch eine Änderung des als zu kompliziert empfundenen Etikettierungssystems, das bei der Unterscheidung zwischen anspruchsvollen und weniger anspruchsvollen Weinen nicht viel Hilfe bietet.

Es darf also gesagt werden, daß das herkömmliche deutsche Weinetikett gründlich überdacht werden sollte, damit es den Unterschied zwischen den Erzeugnissen qualitätsbewußter Winzer und Massenware an Liebfraumilch und dergleichen klarer herausstellt als bisher. Entsprechende Bestrebungen sind inzwischen im Gang. Mehr und mehr übernimmt der gute Name des Erzeugers die Rolle einer Gütegarantie, die dem bisherigen amtlichen System nicht mehr zugetraut wird.

Inzwischen hat sich auch der Geschmack des Publikums grundlegend gewandelt. Bis noch vor kurzem wurde der Wein in Deutschland als ein erfrischendes Getränk zwischen den Mahlzeiten, als Aperitif vor dem Essen oder als eigenständiger Genuß betrachtet. Für den Winzer waren Delikatesse und Harmonie durchaus Selbstzweck, sein Streben ging nach schöner Ausgewogenheit zwischen Süße und fruchtiger Säure; Wein wurde stets für sich allein genossen.

Der neue Trend geht zu trockenem, als Begleiter zu Speisen gedachtem Wein. Inzwischen entfällt schon über die Hälfte der Erzeugung guter Winzer auf die Kategorie «trocken». Dieser Wandel ist wohltuend: Wenn sich mindere Qualität nicht mehr hinter einem Schleier von Süße verstecken kann, wird der Weintrinker bald auf Besserem bestehen. So hilft der Trend zum trockenen Wein das Qualitätsniveau insgesamt heben.

Der an das alte Schema gewöhnte Verbraucher, der bei einer Spätlese stets mit einem lieblichen Wein rechnete, muß freilich erst begreifen lernen, daß bei einer trockenen Spätlese der gesamte natürliche Zuckergehalt im Most zu Alkohol vergoren ist und der so entstehende Wein der Elsässer Art recht nahe kommt.

Das Etikett und das Gesetz
Grundlage des deutschen Weingesetzes ist der Reifegrad der Trauben zur Zeit der Lese. Der deutsche Winzer ist mehr als sein Kollege in anderen Ländern auf die Gnade des Wettergotts angewiesen. Darum muß in weniger günstigen Jahren ein Teil der Weinernte in Deutschland (wie auch in Frankreich) durch Zugabe von Zucker zum Most vor der Gärung angereichert werden, um die fehlende Sonnenbestrahlung auszugleichen.

Weine aus ausgereiften Trauben, die keiner Anreicherung mit Zucker bedürfen, werden als Qualitätsweine mit Prädikat (QmP) bezeichnet. Innerhalb dieser Spitzenkategorie gelten je nach dem natürlichen Zuckergehalt in aufsteigender Reihenfolge die Benennungen: Kabinett, Spätlese, Auslese, Beerenauslese, Trockenbeerenauslese.

Gute Erzeuger bringen aber auch guten Wein aus Trauben zustande, die den für einen Prädikatswein erforderlichen natürlichen Zuckergehalt nicht erreichen. Die Bezeichnung hierfür lautet ebenfalls Qualitätswein, jedoch mit dem anderslautenden Zusatz «bestimmter Anbaugebiete» (QbA). Die Benennung «mit Prädikat» ist daher ein Schlüsselbegriff, auf den es zu achten gilt. Die Sachlage kompliziert sich allerdings noch dadurch, daß manche Erzeuger auch dem Prädikatsmost Zucker beifügen, weil sie wie die Franzosen der Meinung sind, ein höherer Alkoholgehalt verbessere das Gleichgewicht. Auf jeden Fall läßt sich nicht von vornherein annehmen, daß QbA-Wein immer eine Qualitätsstufe niedriger steht.

Die dritte Klasse, der Tafelwein, erhebt keinen Anspruch auf Qualität und darf sich auch über den Namen des Anbaugebiets oder Bereichs hinaus kein weiteres Air geben.

Zwar enthält das Gesetz noch manche Details, dies aber ist das Wesentliche über die Qualitätseinstufung. In einem Punkt unterscheidet sich das deutsche vom französischen System jedoch sehr. In jedem Weinberg können in einem Jahr Spätlesen oder Auslesen, im anderen Jahr nur einfache Qualitätsweine wachsen, wie sie die Witterung und die Pflege des Winzers erbringen. Das Gesetz unterscheidet lediglich im Hinblick auf die geographische Genauigkeit. Bei der Benennung von Qualitätsweinen bleibt dem Winzer oder Händler die Freiheit, die relativ kleinen Mengen seines besten Weins mit dem Namen der genauen Einzellage auf dem Etikett zu bezeichnen (und das geschieht auch

Das traditionelle deutsche Etikett

Die Reihenfolge der Angaben auf traditionellen deutschen Qualitätsweinetiketten geschieht nach einem allgemein verbreiteten Schema.

> 1987
> **TRIERER**
> **ABTSBERG**
> RIESLING AUSLESE
> Mosel-Saar-Ruwer
>
> QmP
> A.P.NR. 12345678
> ERZEUGERABFÜLLUNG
> MOZARTHOF TRIER

Die Jahreszahl gibt den Jahrgang an.
Nach dem Ortsnamen, jeweils mit dem Zusatz -er, folgt der Name der Einzellage oder Großlage (siehe Einleitung).
Anschließend ist die Traubensorte verzeichnet (diese Angabe ist nicht vorgeschrieben), gefolgt von einer Qualitätsangabe auf der Basis des Reifegrads.
Qualitätswein mit Prädikat, siehe auch S. 108, 123.
Zwingend ist die Angabe des bestimmten Anbaugebiets vorgeschrieben.
Amtliche Prüfungsnummer.
Erzeugerabfüllung bedeutet, daß der Wein ausschließlich aus Trauben, die im eigenen Weinberg geerntet wurden, gekeltert ist und in den Kellern des Erzeugers auf Flaschen gezogen wurde.
Sonstige Angaben auf deutschen Etiketten siehe Deutschland A–Z.

meistens). Deutschland hat rund 2600 Einzellagennamen. Freilich sind nur ganz besonders gute auch so berühmt, daß sie eine Hilfe beim Verkauf des Weins darstellen. Daher sieht das Gesetz von 1971 eine zweite Klasse von Lagennamen vor: die Großlage. In ihr ist jeweils eine Gruppe einander benachbarter Einzellagen von vermutlich gleichartigem Charakter und Status zusammengefaßt. Da es weit weniger Großlagen gibt und daher jede einzelne viel mehr Wein hervorbringt, besteht eine bessere Chance, daß sie weithin bekannt werden. Auf diese Weise hat das Weingesetz von 1971 Verwirrung gestiftet, unter der die Weinwirtschaft heute zu leiden hat.

Drittens kann der Erzeuger oder Händler (wahrscheinlich der letztere) auch allen Wein unter einem Bereichsnamen verkaufen. Um der ungeheuren Nachfrage nach «Bernkasteler», «Niersteiner» oder «Johannisberger» gerecht werden zu können, wurden diese weltberühmten Namen von Gesetzes wegen für größere Gebiete eingeführt. So umfaßt der «Bereich Johannisberg» den ganzen Rheingau, der «Bereich Bernkastel» die ganze Mittelmosel.

Als vierte Alternative wird es mehr und mehr üblich, ausschließlich den Ortsnamen ohne eine Lagenbezeichnung zu verwenden. Allerdings darf das nur bei QbA- und QmP-Wein geschehen, und das Lesegut muß zu 100 % aus dem betreffenden Ort stammen. Da dem Handel die Vereinfachung der Weinbenennungen sehr am Herzen liegt, wird diese Etikettierungsweise wahrscheinlich immer stärker in Gebrauch kommen; auch wird der Stil des Weins dabei mehr in den Vordergrund gestellt als die Herkunft. So setzt sich das neue Konzept «Riesling trocken» bereits durch. Was aber auch immer auf dem Etikett stehen mag, als goldene Regel bleibt unumstößlich, daß der gute Name des Erzeugers den Ausschlag gibt.

Lieblich oder trocken?

Eine Besonderheit des deutschen Weins ist seine Leichtigkeit und Bekömmlichkeit; er ist also, so sollte man meinen, das ideale Getränk für unser Zeitalter, das soviel Wert auf leichte, gesunde Ernährung legt. Auch das wachsende Mißtrauen der Amerikaner gegenüber dem Alkohol dürfte dem deutschen Wein vorteilhaft sein, denn er enthält im Durchschnitt nur zwei Drittel soviel Alkohol wie beispielsweise der kalifornische. Wer deutschen Wein der lieblichen Art nicht so sehr mag, braucht sich nur an die Schlüsselworte «trocken» oder «halbtrocken» auf dem Etikett bzw. an das gelbe oder grüne Weinsiegel zu halten. Er wird dann kaum eine Enttäuschung erleben. Über die Hälfte des deutschen Qualitätsweins fällt inzwischen in diese Kategorien — das ergibt sich zum Teil schon aus der Natur der Jahrgänge. Ein Jahr, das wirklich üppig süße Weine im deutschen Klima erbracht hätte, ist seit 1976 nicht mehr vorgekommen.

NB
Die Jahrgangsangaben bei den Stichworten im Kapitel Deutschland erfolgen nach einem anderen Schema, um außer der Qualität auch die Art des Jahrgangs erfassen zu können. Es kommen drei verschiedene Angaben in Frage:
Der klassische, vollreife Jahrgang mit einem hohen Anteil von Prädikatsweinen von Kabinett bis Spät- und Auslesen. Beispiel: **83**
Der normale gute Jahrgang mit viel gutem Wein ohne einen großen Anteil lieblicherer Weine. Beispiel: *79*
Der kühle Jahrgang mit im allgemeinen geringerem Reifegrad, aber einem angemessenen Anteil an einfachen Qualitätsweinen mit meist einfruchtiger Säure, also nicht so vielen QmP-Weinen, dafür entsprechend mehr Vielfalt beim QbA-Wein. Solche Weine reifen manchmal besser als erwartet heran. Beispiel: *84*
Nicht angegebene Jahrgänge sind in der Regel nicht zu empfehlen.

Neuere Jahrgänge

Mosel–Saar–Ruwer

Moselweine (auch Weine von Saar und Ruwer) sind jung so ansprechend, daß ihre Haltbarkeit nicht sehr oft auf die Probe gestellt wird. Weine, die älter sind als sieben Jahre, kommen darum kaum vor. Aber gut gepflegte Weine der Kabinett-Klasse gewinnen bei drei Jahren Flaschenlagerung und mehr, Spätlesen noch etwas länger und Auslesen sowie Beerenauslesen über 10 bis 20 Jahre.

In der Regel geraten Saar- und Ruwerweine in geringen Jahren weniger gut als Weine der mittleren Mosel und haben auch mehr Säure; in den besten Jahren aber können sie an Eleganz und Rasse alle anderen deutschen Weine übertreffen.

1988	Ausgezeichneter Jahrgang. Schöne reife, haltbare QmP, v. a. an der Mittelmosel.
1987	Verregneter Sommer, aber warmer Sept./Okt. Größtenteils QbA-Wein, frisch und lebendig, trinkreif 1990−93. Wenige, aber vielversprechende QmP.
1986	Trotz Herbstregen gutes Riesling-Jahr: 13 % Prädikatswein, meist Kabinett. Hält sich gut.
1985	Bescheidener Sommer, schöner Herbst. 40 % des Ertrags entfielen auf QmP. Sehr guter Riesling-Jahrgang aus Spitzenlagen einschl. Eiswein. Genußreif.
1984	Ungünstiges, regnerisches Jahr. ²/₃ QbA, ¹/₃ Tafel- und Landwein, fast kein QmP. Guter Säuregehalt bedeutet lange Haltbarkeit für manche Weine (v. a. Ruwer).
1983	Der beste Jahrgang seit 1976; viel guter QbA, nicht sehr viel Kabinett-Weine, 31 % Spätlese, wenig, aber feine Auslesen. Genußreif.
1982	Große, reife Ernte, durch Regen geschädigt. Zumeist einfacher Qualitätswein b.A.; aus guten Lagen kamen aber auch Kabinette, Spätlesen und Auslesen. Jetzt trinken.
1981	Nasser Herbst, aber einige gute Weine an der Mittelmosel, bis hin zu Spätlesen. Auch Eisweine. Jetzt trinken.
1980	Ein gräßlicher Sommer. Nur ein paar gefällige Weine. Nicht zu empfehlen.
1979	Ungleichmäßiger Ertrag nach schweren Winterschäden. Aber mehrere ausgezeichnete Kabinette und noch bessere Qualitäten. Leichte, aber ausgewogene Weine, jetzt austrinken.

1978 Ähnlicher Ertrag wie 1977, jedoch sehr spät und klein. Sehr wenige süße Weine. Austrinken.
1977 Großer Ertrag bei brauchbarer Qualität, meist QbA. Sofort trinken.
1976 Sehr guter kleiner Ertrag, einige hochfeine liebliche und fast keine trockenen Weine. Die meisten Weine jetzt genußreif, die besten noch etwas haltbar.
1975 Vorzüglich; viele Spät- und Auslesen. Fast alle sind nun reif.
1971 Vorzüglich, tadelloses Gleichgewicht. Auf dem Höhepunkt.

Ältere gute Jahrgänge: 1969, 1967, 1964, 1959, 1953, 1949, 1945.

Nahe/Rheingau/Rheinhessen/Rheinpfalz

Auch die besten Weine lassen sich nach zwei bis drei Jahren mit Genuß trinken, aber Kabinette, Spätlesen und Auslesen aus guten Jahren gewinnen enorm an Charakter und Vielfalt, wenn man sie länger aufhebt. Rheingauer Weine sind wohl die langlebigsten und werden oft über 10 Jahre und noch mehr immer besser, jedoch können auch Naheweine und Rheinpfälzer fast genauso lang haltbar sein. Rheinhessische Weine sind meist früher ausgereift, trockene Frankenweine mit 3—6 Jahren am besten.

1988 Nicht so ausgezeichnet wie an der Mosel, aber mit 1983 vergleichbar.
1987 Gute Durchschnittsqualität: lebendig, rund und frisch. 80 % QbA (Lebensdauer 2—4 Jahre), 15% QmP (3—6 Jahre).
1986 Ausgewogene Rieslinge, meist QbA, aber auch Prädikatsweine, v. a. in Rheinhessen und an der Nahe. Durchaus noch haltbar.
1985 Geringer Ertrag durch Frost, Hagel und Trockenheit, aber gute Qualität, v. a. bei Riesling. Durchschnittlich 65 % QmP. Insgesamt ähnlich gut wie 1983. Hält sich gut.
1984 Schlechte Bedingungen für Blüte und Reife. ³/₄ QbA; Kabinette und Spätlesen nur in Rheinhessen, Baden, der Rheinpfalz und an der Nahe. Trotzdem feiner Geschmack. Bald trinken.
1983 Sehr gute Rieslinge, v. a. im Rheingau und an der mittleren Nahe. Allgemein rund die Hälfte QbA, aber reichlich Spätlesen. Noch haltbar.
1982 Kolossale Ernte, bei strömendem Regen eingebracht. Spätlesen und Kabinette sind rar. Alle sollten jetzt getrunken werden.
1981 Im Rheingau nicht so gute Verhältnisse, dafür bessere an der Nahe und in Rheinhessen und gute in der Rheinpfalz. Allgemein trinkreif.
1980 Schlechtes Wetter von Frühling bis Herbst. Nur leidliche Weine. Nicht mehr zu empfehlen.
1979 Ungleichmäßig; reduzierter Ertrag. Wenig große, aber viele typische und gute Weine, besonders in der Rheinpfalz. Baldigst austrinken.
1978 Zufriedenstellender Ertrag dank eines späten Herbstes. 25 % QmP, aber sehr wenig Spätlese. Austrinken.
1977 Reichlich und brauchbar; nur wenig Kabinette oder noch bessere Qualitäten. Austrinken.
1976 Mancherorts der reichlichste Jahrgang seit 1921. Sehr wenig trockener Wein. Nicht so einheitlich ausgeglichen wie 1975. Jetzt allgemein trinkreif.
1975 Ein großartiges Riesling-Jahr, hoher Anteil an Kabinetten und Spätlesen. Bald trinken.
1971 Ein hochfeiner Jahrgang. Jetzt auf dem Höhepunkt.

Ältere gute Jahrgänge: 1969, 1967, 1966, 1964, 1959, 1957, 1953, 1949, 1945.

Achkarren Bad; (r) w **★★** — Bekannter Weinort am Kaiserstuhl, v. a. Silvaner, Ruländer. Beste Lage: Schloßberg.
Adelmann, Graf Berühmter Erzeuger mit 15 ha in Kleinbottwar, Württemberg. Leichte Rotweine; gute Rieslinge («Brüsseler Spitze»).

Affentaler Aus der Gegend südlich von Baden-Baden stammt der beliebte Affentaler Spätburgunder, der in einer mit einem Affen dekorierten Flasche auf den Markt kommt.

Ahr Ahr; ★→★★ 76 83 85 86 87 88 — Bekanntes deutsches Rotweingebiet, südlich von Bonn. Sehr leichte, helle Spätburgunder.

Amtliche Prüfungsnummer Siehe Prüfungsnummer.

Anbaugebiete Siehe QbA und Weinbaugebiet.

Anheuser Name von zwei angesehenen Erzeugern an der Nahe.

Annaberg Rhpf; w ★★★ 75 76 83 84 85 86 87 88 — Einzellage (18 ha) bei Kallstadt, berühmt für stil- und ausdrucksvollen Wein mit großartiger Haltbarkeit.

A.P.Nr. Abkürzung für Amtliche Prüfungsnummer.

Assmannshausen Rhg; r ★→★★★ 71 75 76 83 85 86 87 88 — Ort im Rheingau, bekannt durch helle, oft milde Rotweine. Spitzenlage: Höllenberg, Großlagen: Steil und Burgweg. Erzeuger: u. a. Staatsdomäne, Eltville.

Die deutsche Weinakademie («The German Wine Academy») veranstaltet regelmäßig Weinseminare für Liebhaber und Professionelle in deutscher und englischer Sprache. Die Veranstaltungen finden in der aus dem 12. Jahrhundert stammenden herrlichen Zisterzienserabtei Kloster Eberbach im Rheingau statt. Zu den Seminaren gehören Exkursionen und Weinproben in allen deutschen Anbaugebieten. Näheres ist bei der «German Wine Academy», Postfach 1705, D-6500 Mainz, zu erfahren.

Auslese Wein von ausgelesenen Trauben, mit hohem natürlichem Zuckergehalt, oft durch «Edelfäule» im Geschmack verfeinert.

Avelsbach M-S-R (Ruwer); w ★★★ 71 75 76 79 83 84 85 86 87 88 — Ort bei Trier. Unübertrefflich delikate Weine. Erzeuger: Staatliche Weinbaudomäne (siehe Staatsweingut), Bischöfliche Weingüter. Großlage: Römerlay.

Ayl M-S-R (Saar); w ★★★ 71 75 76 79 83 84 85 86 87 88 — Einer der besten Orte an der Saar. Spitzenlagen: Kupp, Herrenberger. Großlage: Scharzberg. Erzeuger: u. a. bischöfliche Weingüter.

Bacchus Neue, sehr bukettreiche Traubensorte. Besonders gut für lieblichen Wein.

Bacharach (Bereich) ★→★★ Bereichsname für den Mittelrhein, flußabwärts vom Rheingau. Stahlige, rassige, z. T. sehr angenehme Weine aus der romantischen alten Stadt, einem beliebten Ausflugsziel am Mittelrhein.

Bad Dürkheim Siehe Dürkheim.

Bad Kreuznach Na; w ★★→★★★ 75 76 79 83 84 85 86 87 — Bedeutendste Stadt des Anbaugebiets Nahe mit einigen der besten dortigen Weine. Viele gute Lagen, u. a. Brückes, Kahlenberg, Steinweg, Krötenpfuhl. Großlage: Kronenberg.

Baden Großes Anbaugebiet zwischen Heidelberg und Basel. Die Weine sind gehaltvoll bei relativ wenig Säure, gut zu Speisen passend. Beste Bereiche: Kaiserstuhl und Ortenau.

Badische Bergstraße/Kraichgau (Bereich) Ausgedehnter Bereich in N-Baden. Hier gedeihen Riesling und Ruländer am besten.

Badisches Frankenland (Bereich) Kleinerer Bereich in N-Baden. Weine in der fränkischen Art.

Badischer Winzerkeller Neuer Name der ehemaligen Zentralkellerei Badischer Winzergenossenschaften (ZBW) in Breisach; 25 000 Mitgliedern (insg. 4800 ha) produziert sie als größte ihrer Art in Europa 80 % aller badischen Weine.

Balbach Erben, Bürgermeister Einer der besten Erzeuger in Nierstein. 18 ha, zu 80 % Riesling. Spitzenlagen: Pettenthal, Ölberg.

Bassermann-Jordan 47 ha Familienbesitz in der Mittel-Haardt mit vielen der besten Lagen in Deidesheim, Forst, Ruppertsberg u. a.

Becker, J. B. Ausgezeichnetes Familiengut und Weinhandlung in Walluf (Rheingau).

Beerenauslese Sehr süßer und üppiger Wein aus besonders reifen, einzeln ausgesuchten Trauben, durch Edelfäule verfeinert.

Bereich Distrikt innerhalb eines Anbaugebiets — siehe auch Einleitung und Bereichsnamen (z. B. Bernkastel).

Bergstraße Siehe Badische und Hessische Bergstraße.

Bergweiler-Prüm Erben (Dr. Pauly-Bergweiler) Weingut. Schönes Gut, 10 ha, in Bernkastel mit Besitzungen dort und in Wehlen usw. Liefert auch Nicolay-Weine aus Ürzig und Erden.

Bergzabern, Bad Rhpf; (r) w ★→★★ **76** 79 83 *84* 85 86 87 88 — Stadt an der südlichen Weinstraße. Gefällige, leichte Weine. Großlage: Liebfrauenberg.

Bernkastel Br; w ★★→★★★★ **71 75 76** 79 **83** *84* 85 86 87 88 — Erstklassige Weinstadt an der Mosel; Inbegriff des Rieslings. Beste Lagen: Doctor (3 ha), Graben, Bratenhöfchen u. a. Großlage: Badstube (★★★) und Kurfürstlay (★★). Spitzenerzeuger: u. a. Friedrich-Wilhelm-Gymnasium, Vereinigte Hospitien, Thanisch, Prüm, Wegeler-Deinhard, Bergweiler.

Bernkastel (Bereich) Großer Bereich mit unterschiedlicher Qualität, aber durchweg mit ausgeprägtem blumigem Charakter. Umfaßt die gesamte Mittelmosel.

Bingen Rhh; w ★★→★★★ **71 75 76** 79 **83** *84* 85 86 87 88 — Stadt am Zusammenfluß von Rhein und Nahe mit guten Lagen, u. a. Scharlachberg. Großlage: Sankt-Rochus-Kapelle.

Bingen (Bereich) Bereichsname für das westliche Rheinhessen.

Bischöfliche Weingüter, Verwaltung Berühmtes Gut in Trier, M-S-R, vereinigt in sich kirchliche Besitzungen mit zwei berühmten Stiftungen, Bischöfliches Priesterseminar und Bischöfliches Konvikt. 92 ha Spitzenlagen in Avelsbach, Wiltingen (Scharzhofberger), Ayl, Kasel, Eitelsbach, Piesport, Trittenheim, Ürzig u. a.

Blankenhornsberg Ausgezeichnetes Weingut in Ihringen am Kaiserstuhl. 25 ha.

Blauburgunder Blauer Spätburgunder. Synonym für Pinot Noir.

Bocksbeutel Vor allem in Franken gebräuchliche breit-flache, kurze Weinflasche.

Bodenheim Rhh; w **★★** — Ort bei Nierstein mit delikaten Weinen, bes. vom Silberberg.

Bodensee (Bereich) Kleinerer Bereich in Südbaden.

Brauneberg Bk; w **★★★** **71 75 76** 79 **83** *84* 85 86 87 88 — Ort bei Bernkastel, 60 ha Anbaufläche; ausgezeichnete, bukettreiche Rieslinge. Beste Lage: Juffer. Großlage: Kurfürstlay. Erzeuger: u. a. Pauly-Bergweiler, Paulinshof, Max-Ferd. Richter, Haag.

Breisach Baden. Grenzstadt zum Elsaß, am Rhein nahe dem Kaiserstuhl gelegen. Sitz des Badischen Winzerkellers.

Breisgau (Bereich) Kleinerer Bereich in Baden, nördlich vom Kaiserstuhl, am bekanntesten durch Weißherbst.

Brentano, von Alter Familienbesitz in Winkel, Rheingau, 10 ha.

Breuer, G. Weingut 14-ha-Familien-Weingut in Rüdesheim mit 2,5 ha Anteil an der Lage Berg Schloßberg. Die Flaschen tragen Künstleretiketten; s. a. Scholl & Hillebrand.

von Buhl, Reichsrat Großer Familienbesitz in der Rheinpfalz, 100 ha in Deidesheim, Forst, Ruppertsberg usw. Gehört zur Spitzenklasse.

Bullay M-S-R; x ★ → **★★** 76 **83** 85 86 87 88 — Ort an der unteren Mosel. Guter leichter Wein. Erzeuger: u. a. Drathen.

Bundes-Weinprämierung Bundesweiter Preiswettbewerb mit Auszeichnung für besonders bemerkenswerte Weine, in Form von Großer Preis, Silber- und Bronzepreismünzen. Veranstalter: DLG.

Bürgerspital zum Heiligen Geist Alter Stiftbesitz in Würzburg, 133 ha in Würzburg, Randersacker usw. Volle, trockene Weine.

Bürklin-Wolf, Dr. Großer Familienbesitz in der Rheinpfalz. 99 ha in Wachenheim, Forst, Deidesheim und Ruppertsberg, nur selten mit einem flachen und schon gar nie einem geringen Wein.

Chardonnay Kleine Versuchsanpflanzungen dieser Rebsorte sind z. T. ohne amtliche Anerkennung auf einer Rheininsel angelegt worden, haben sich aber bisher noch nicht bewährt.

Charta Eine Vereinigung Rheingauer Spitzenweingüter, die sich auf trockene und halbtrockene Riesling-Weine konzentrieren. Die Mitglieder müssen höhere Qualitätsmaßstäbe erfüllen als nur die gesetzlichen Mindestanforderungen.

Crusius 12-ha-Familienweingut in Traisen, Nahe. Ausgezeichnete, frische, sehr haltbare Rieslinge aus den Lagen Bastei und Rotenfels. Ferner Sekt sehr hoher Qualität und neuerdings trockener, frisch-fruchtiger Spätburgunder Rosé.

Dahlem Erben, Dr. Alteingesessenes 27-ha-Gut in Oppenheim. Feiner Riesling und Silvaner.

Deidesheim Rhpf; w (r) **★★ → ★★★★** **71 75 76** 79 **83** *84* 85 86 87 88 — Größter Weinort mit Spitzenqualität in der Rheinpfalz mit 400 ha. Volle, bukettreiche, lebendige Weine. Lagen: Hohenmorgen, Kieselberg, Grainhübel, Leinhöhle, Herrgottsacher, Paradiesgarten usw. Großlage: Hofstück (**★★**), Mariengarten (**★★★**).

Deinhard Berühmtes altes Erzeuger- und Handelshaus im Rheingau, an der Mittelmosel, der Ruwer sowie in der Rheinpfalz (siehe Wegeler-Deinhard) mit Weinen in Spitzenqualität und sehr gutem Sekt (Marke Lila). Seit 1988 trockene Serie «Heritage».

Deinhard, Dr. Familienweingut (25 ha) in Deidesheim mit vielen vorzüglichen Lagen.

Deutscher Tafelwein Tafelwein nur aus deutschen Trauben (s. a. Tafelwein).

Deutsches Weinsiegel Qualitätssiegel für Weine, deren Qualität in jeder Güteklasse deutlich über den gesetzlichen Mindestanforderungen liegt. Das gelbe Weinsiegel wird für trockene, das grüne für halbtrockene und das rote für liebliche Weine vergeben.

Deutsche Weinstraße Verläuft von Bockenheim bis Schweigen durch viele schöne Ort der südlichen Rheinpfalz.

Deutsches Weintor Siehe Schweigen.

Dhron Siehe Neumagen-Dhron.

Diabetikerwein Wein mit minimalem Restzuckergehalt (unter 4 g/l). Für Diabetiker und Liebhaber sehr trockener Weine.

Diel auf Bug Layen, Schloßgut 19-ha-Gut an der Nahe, spezialisiert auf Riesling sowie Rotberger, eine Riesling-Kreuzung, die guten Rosé erbringt.

Dienheim Rhh; w ★★ **76 83** *85 86 87* 88 — Südlicher Nachbarort von Oppenheim. Meist einfache Weine. Beste Lagen: Kreuz, Herrenberg, Schloß. Großlagen: Güldenmorgen, Krötenbrunnen.

DLG (Deutsche Landwirtschafts-Gesellschaft) Veranstalter der Bundesweinprämierung.

Denken Sie daran, daß sich die Jahrgangsangaben bei den deutschen Weinen von den Differenzierungen bei andern Ländern — genußreif/nicht genußreif — unterscheiden. Es sei auf die Erklärungen auf Seite 111 verwiesen.

Dom Weine aus den berühmten Trierer Kirchengütern tragen den Zusatz «Dom» vor den Lagennamen.

Domäne Weingut. Der Begriff steht manchmal auch allein für «Staatliche Weinbaudomäne».

Durbach Bad; w (r) ★★→ ★★★ **76 83** *84* 85 86 87 — 310 ha beste Lagen in Baden. Spitzenerzeuger: Schloß Staufenberg, Wolff-Metternich, von Neveu. Klingelberger (Riesling) und Klevner (Traminer) sind sehr zu empfehlen. Großlage: Fürsteneck.

Dürkheim, Bad Rhpf; w oder (r) ★★→★★★ **76** 79 83 *84* 85 86 87 — Bedeutendste Stadt der Mittelhaardt mit dem größten Faß der Welt (umgebaut zu einer Schenke). Spitzenlagen: Hochbenn, Michelsberg. Großlagen: Feuerberg, Schenkenböhl, Hochmess.

Edelfäule Voraussetzung für die Trockenbeerenauslese (s. a. S. 129).

Edenkoben Rhpf; w oder (r) **★★ 76** 79 83 85 86 87 88 — Wichtiges Dorf nördlich der Südlichen Weinstraße. Großlage: Ludwigshöhe. Weine mit großer Geschmacksfülle.

Egon Müller zu Scharzhof Spitzengut an der Saar, ca. 13 ha in Wiltingen. Sein delikater, rassiger Scharzhofberger-Riesling gehört zu den besten Weinen der Welt, v. a. in Spitzenjahren als Auslese.

Eiswein Wein aus gefrorenen Trauben mit stark herabgesetztem Wassergehalt, daher sehr konzentriert in Aroma und Süße mit mindestens dem Reifegrad der Beerenauslese. Selten und teuer. Wird manchmal erst im Januar oder Februar nach der Lese hergestellt. Der Alkoholgehalt ist meist niedrig (z. B. 5,5 %).

Eitelsbach Ruwer; w ★★→★★★ 71 75 76 83 84 85 86 87 88 — Heute zu Trier gehörender Ort mit u. a. besten Kartäuserhofberg-Lagen. Großlage: Römerlay.

Elbling An der oberen Mosel verbreitete traditionelle, einfache Traubensorte, bringt an manchen Stellen (z. B. in Mennig) durchaus lebhaften, frischen Wein.

Eltville Rhg; w ★★→ **★★★** 71 75 76 79 83 84 85 86 87 88 — Bedeutende Weinstadt mit Kellereien der Staatsweingüter sowie Gütern von Fischer und Langwerth von Simmern. Ausgezeichnete Weine. Spitzenlagen: Sonnenberg, Taubenberg. Großlage: Steinmächer.

Enkirch Bk; w ★★→ **★★★** 71 76 83 84 85 86 **88** — Kleinerer Ort an der Mittelmosel, oft übersehen, jedoch mit gefälligem, leichtem, angenehmem Wein. Großlage: Schwarzlay. Einzellagen v. a. Steffensberg, Herrenberg.

Erbach Rhg; ★★★→★★★★ 71 76 79 83 84 85 86 87 88 — Einer der besten Teile des Rheingaus mit gehaltvollen, bukettreichen Weinen, u. a. dem großen Marcobrunn; andere Spitzenlagen: Schloßberg, Siegelsberg, Honigberg, Michelmark. Großlage: Deutelsberg. Bedeutende Güter: Schloß Rheinhartshausen, von Schönborn.

Erden Bk; w ★★→★★★ 71 75 76 82 83 84 85 86 87 — Ort zwischen Ürzig und Kröv mit bukettreichen, kräftigen Weinen. Spitzenlagen: Prälat, Treppchen. Führende Erzeuger: Bischöfliche Weingüter, Bergweiler-Prüm, Nicolay. Großlage: Schwarzlay.

Erzeugerabfüllung Vom Erzeuger aus eigenem Lesegut gekelterter und selbst abgefüllter Wein.

Escherndorf Franken; w ★★→★★★ 76 83 84 86 87 88 — Bedeutende Weinstadt bei Würzburg. Voller, trockener Wein. Spitzenlagen: Lump, Berg. Großlage: Kirchberg.

Fischer, Dr. Weingut Erstklassiges Weingut mit 24 ha in Ockfen, darunter der gesamte Wawerner Herrenberg.

Fischer Erben, Weingut im Rheingau, 7,5 ha, mit höchsten traditionellen Maßstäben; überaus langlebige, klassische Weine.

Forst Rhpf; w ★★→★★★★ 71 75 76 79 83 84 85 86 87 88 — Ort in der Mittelhaardt mit 200 ha der besten deutschen Lagen. Reife, vollduftige, fein abgestimmte, körperreiche Weine. Spitzenlagen: Kirchenstück, Jesuitengarten, Ungeheuer usw. Großlagen: Mariengarten, Schnepfenflug.

117

Franken Anbaugebiet mit hervorragenden, eigenständigen, meist trockenen Weinen, mit Würzburg als Mittelpunkt. Bereiche: Mainviereck, Maindreieck, Steigerwald.

Freiburg Bad; w (r) ★→★★ BV — Hauptstadt des Markgräflerlands, wo vor allem Gutedel angebaut wird.

Freinsheim Rhpf. **★★** — Bekannter Weinort an der Haardt mit hohem Rieslinganteil im Rebbestand. Erdige, würzige Weine.

Friedrich-Wilhelm-Gymnasium Erstklassiges Stiftsweingut, ca. 44 ha, mit Sitz in Trier. Lagen in Bernkastel, Zeltingen, Graach, Trittenheim, Ockfen u. a., sämtlich M-S-R.

Fürstlich Castell'sches Domänenamt Historischer Gutsbesitz (47 ha) im Steigerwald. Gute, typische Frankenweine: Sylvaner, Rieslaner; auch Sekt.

Geheimrat «J» Markenname einer sehr guten trockenen Riesling-Spätlese von Wegeler-Deinhard, Oestrich, die eine neue Denkrichtung im deutschen Wein verkörpert.

Geisenheim Rhg; w ★★→★★★ 71 76 83 *84* 85 86 87 88 — Stadt im Rheingau, Sitz der führenden deutschen Weinbaufachschule; feine, würzige Weine. Beste Lagen: Rothenberg, Kläuserweg, Fuchsberg. Großlagen: Burgweg und Erntebringer.

Gewürztraminer Vor allem im Elsaß, aber auch in Süddeutschland, bes. Rheinpfalz und Baden, angebaute würzige Traubensorte.

Gimmeldingen Rhpf; w ★→**★★** 76 83 *84* 85 86 87 88 — Ort im südlichen Bereich Mittelhaardt. Großlage: Meerspinne.

Goldener Oktober Markenbezeichnung für Weine aus der Weinkellerei St. Ursula, Bingen.

Graach Bk; w ★★→**★★★** 71 75 76 83 *84* 85 86 87 88 — Kleiner Ort zwischen Bernkastel und Wehlen. Spitzenlagen: Himmelreich, Domprobst, Abtsberg, Josephshöfer. Großlage: Münzlay.

Großlage Siehe Einleitung, Seite 110.

Guntersblum Rhh; w ★→★★ 76 83 *84* 85 86 87 88 — Große Weinstadt südlich von Oppenheim. Großlagen: Krötenbrunnen, Vögelsgärten.

Guntrum, Louis 65 ha Familienbesitz in Rheinhessen. Beste Lagen in Nierstein, Oppenheim u. a. Zugleich bekanntes, zuverlässiges Weinhandelshaus.

Gutedel Deutscher Name für die einfache Chasselastraube.

Haag, Fritz Kleines Gut (5 ha) der Spitzenklasse in Brauneberg.

Halbtrocken Mit unter 18, jedoch über 9 g/l Zuckerrest. Eine beliebte Zwischenstufe, hauptsächlich als Wein zu Speisen gedacht; oft besser ausgeglichen als trockener Wein.

Hallgarten Rhg; w ★★→★★★ 71 76 83 *84* 85 86 87 88 — Bedeutende kleine Weinstadt bei Hattenheim. Robuste, körperreiche Weine. Spitzenlagen u. a. Schönhell, Jungfer. Großlage: Mehrhölzchen.

Hallgarten, House of Bekanntes Weinhandelshaus mit Sitz in London.

Hanns Christof Schätzenswerte Rheinweinmarke von Deinhard.

Hattenheim Rhg; w ★★→★★★★ 71 75 76 83 *84* 85 86 87 88 — Erstklassige Weinstadt mit 200 ha. Lagen u. a. Steinberg, Hassel, Nußbrunnen, Mannberg (Marcobrunn liegt an der Grenze zu Erbach). Großlage: Deutelsberg.

Heilbronn Württ; w; r ★→★★ 76 *83* 85 86 87 88 — Weinstadt mit vielen kleinen Erzeugerbetrieben und einer großen Genossenschaft.

Hessische Bergstraße w ★★→★★★ 76 83 84 85 86 87 88 — Kleinstes deutsches Anbaugebiet (400 ha) nördl. von Heidelberg. Gefällige Weine aus dem Staatsweingut in Heppenheim und Bensheim.

Hessische Forschungsanstalt für Wein-, Obst- und Gartenbau Führende deutsche Weinbaufachschule und Forschungseinrichtung in Geisenheim, Rheingau.

Heyl zu Herrnsheim Weingut in Nierstein, 29 ha, 55 % Riesling.

Hochgewächs Neue Bezeichnung für QbA, v. a. gebräuchlich in Mosel-Saar-Ruwer.

Hochheim Rhg; w ★★→★★★ 71 75 76 79 83 *84* 85 86 87 88 — Weinstadt am Main mit 240 ha Rebfläche; zum Rheingau gehörig. Wein ähnlichen Charakters (mit besonderer «erdiger» Note). Spitzenlagen: Domdechaney, Kirchenstück, Hölle, Königin-Viktoria-Berg. Großlage: Daubhaus. Erzeuger: u. a. Aschrott, Ress, Schönborn, Werner. Hochheimer Wein ist in England so berühmt geworden, daß er dort in der Kurzform «Hock» für Rheinwein überhaupt steht.

Huesgen, Adolph Bedeutendes Handelshaus in Traben-Trarbach.

Huxelrebe Neue, sehr würzige Traubensorte, meist für lieblichen Wein.

Ihringen Bad; (r) w ★→★★★ 81 83 *84* 85 86 87 88 — Einer der besten Orte am Kaiserstuhl; guter Spätburgunder (Rotwein und Weißherbst) sowie Silvaner.

Ilbesheim Rhpf; w ★→★★ 83 85 86 87 88 — Sitz einer bedeutenden Winzergenossenschaft an der südlichen Weinstraße. Siehe auch Schweigen.

Ingelheim Rhh; r oder w ★ 85 86 87 — Historische Stadt gegenüber dem Rheingau, seit alters durch ihren Spätburgunder Rotwein bekannt.

Iphofen Franken; w ★★→★★★★★ 75 76 *83* 85 87 88 — Ort östlich von Würzburg. Superbe Spitzenlage: Julius-Echter-Berg. Großlage: Burgweg.

Jesuitengarten Eine der besten Lagen Deutschlands in Forst (6 ha).

Johannisberg Rhg; w ★★→★★★★ 71 75 76 79 83 *84* 85 86 87 88 — Ort mit 104 ha Weinbergfläche; unübertreffliche Rieslinge von außerordentlicher Anmut. Spitzenlagen u. a. Schloß Johannisberg, Hölle, Klaus. Großlage: Erntebringer.

Johannisberg (Bereich) Bereichsname für den gesamten Rheingau.

Josephshöfer Erstklassige Lage in Graach. Besitzer: von Kesselstatt.

Juliusspital Alte gemeinnützige Stiftung in Würzburg mit besten Frankenwein-Lagen, 150 ha. Der Silvaner ist besonders zu beachten.

Kabinett Bezeichnung für den leichtesten nichtangereicherten Prädikatswein (QmP). Alkoholgehalt im Durchschnitt 7—9 %.
Kaiserstuhl-Tuniberg (Bereich) Einer der besten Bereiche in Baden mit den Orten Ihringen, Achkarren usw.
Kallstadt Rhpf; w (r) ★★→★★★ 75 76 83 *84* 85 86 87 88 — Ort im nördlichen Bereich Mittelhaardt. Gute, volle Weine. Spitzenlage: Annaberg. Großlagen: Kobnert, Feuerberg.
Kammerpreismünze Siehe Landespreismünze.
Kanzem M-S-R (Saar); w ★★→★★★ 71 75 76 83 *84* 85 86 87 88 — Kleiner, aber ausgezeichneter Nachbarort von Wiltingen. Spitzenlagen: Sonnenberg, Altenberg. Großlage: Scharzberg.
Kasel M-S-R (Ruwer); w ★★→★★★ 71 75 76 83 *84* 85 86 87 88 — Ort mit höchst ansprechenden leichten Weinen. Beste Lage: Nieschen. Großlage: Römerlay.
Keller Auch im Sinne von Kellerei gebraucht.
Kerner Neue Traubensorte, reift früher als Riesling; gute blumige Art, jedoch ohne die Nachhaltigkeit des Rieslings.

Der deutsche Wein wird zumeist in hohe schlanke Flaschen abgefüllt, die bei Rhein-, Nahe- und Pfälzer Weinen stets braun und für Mosel-Saar-Ruwer-Weine grün sind. Das Glas bringt gewissermaßen die verschiedenen Eigenarten der Weine zum Ausdruck: der Rheinwein voll und golden, der Mosel frisch und grün (oft im buchstäblichen Sinne). Es ist manchmal nützlich, daran zu denken, wenn man von maliziösen Freunden gebeten wird, einen Wein zu beurteilen. Frankenwein wird stets in flache, breite, kolbenförmige «Bocksbeutel»-Flaschen abgefüllt.

Kesselstatt, von Größtes privates Weingut an der Mosel mit 600jähriger Geschichte. 80 ha in Graach (Josephshöfer), Piesport, Kasel, Mennig, Wiltingen u. a.; hinzu kommt noch viel Pachtland. Leichte, fruchtige, typische Moselweine. Jetzt im Besitz von Günther Reh, Leiwen.
Kesten M-M; w ★→★★★ 71 75 76 79 83 *84* 85 86 87 88 — Nachbarort von Brauneberg. Die besten Weine (vom Paulinshofberg) sind dem dortigen ähnlich. Großlage: Kurfürstlay.
Kiedrich Rhg; w ★★→★★★★ 71 76 79 83 *84* 85 86 87 88 — Nachbarort von Rauenthal; fast ebenso vorzügliche und bukettreiche Weine. Spitzenlagen: Gräfenberg, Wasseros, Sandgrub. Großlagen: Heiligenstock.
Klevner (oder Clevner) Roter Klevner (Syn. Blauer Frühburgunder), in Württemberg angebaut, ist vermutlich Pinot Noir oder eine Mutation von Chiavenna. In der Ortenau (Baden) auch für Traminer gebräuchlich.
Klingelberger Badischer Name für Riesling, v. a. um Durbach.
Kloster Eberbach Herrliches Kloster aus dem 12. Jh. bei Hattenheim im Rheingau. Heute Staatsweingut.
Klüsserath Bk; w ★★→★★★ 76 83 *84* 85 86 88 — Kleinerer Moselort mit in guten Jahren sehr probierenswerten Weinen. Beste Lagen: Bruderschaft, Königsberg. Großlage: Sankt Michael.

Kraichgau Kleiner Bereich in Baden südlich von Heidelberg. Am bekanntesten sind die Weine aus Neckarzimmern und Wiesloch.

Kreuznach (Bereich) Bereichsname für die gesamte nördliche Nahe. Siehe auch Bad Kreuznach.

Kröv Bk; w ★→★★★ **76 83** 85 86 87 88 — Populärer Fremdenverkehrsort, berühmt geworden durch den Großlagennamen Nacktarsch.

Landespreismünze Auf Landesebene vergebener Qualitätspreis.

Landgräflich Hessisches Weingut Umfangreicher Besitz: 30 ha in Johannisberg, Winkel, Kiedrich und Eltville.

Landwein Neuere Kategorie, eine Stufe über Tafelwein (die Trauben müssen besser ausgereift sein), aus 15 festgelegten Gebieten. Er muß trocken oder halbtrocken sein. Entspricht dem französischen *Vin de Pays*.

Lauerburg Einer der vier Besitzer der berühmten Lage Doctor in Bernkastel, 4 ha; vorzügliche, rassige Weine.

Liebfrauenstift Ca. 10 ha Weingärten in der Gemarkung Worms; angeblich liegt hier der Ursprung des Namens «Liebfraumilch».

Liebfraumilch Der viel mißbrauchte Name eines Weins, auf den zu Lasten besserer deutscher Weine 50 % des gesamten Exports entfallen. Gesetzlich definiert als QbA «von lieblicher Art» aus den Herkunftsgebieten Rheinhessen, Rheinpfalz, Rheingau und Nahe, als Verschnitt mit mindestens 51 % Riesling, Silvaner, Kerner oder Müller-Thurgau. Den Bestimmungen entsprechend muß er über 18 g/l Zuckerrest enthalten.

Lieser Bk; w ★→★★ **71 76 83** *84* 85 86 87 88 — Wenig bekannter Nachbarort von Bernkastel. Großlage: Kurfürstlay.

Lingerfelder Weingut Kleines, innovatives Weingut in Großkarlbach (Rhpf) mit sehr gutem Spätburgunder, körperreichem Riesling usw.

Lorch Rhg; w (r) ★→★★ **71 76** 83 85 86 87 88 — Am äußersten Westzipfel des Rheingaus. Feine, leichte Rieslinge; den Weinen vom Mittelrhein ähnlich. Bester Erzeuger: von Kanitz.

Löwenstein, Fürst Weingut in Franken, 26 ha, klassische trockene, wuchtige Weine. Ferner ein von Matuschka-Greiffenclau gepachtetes Gut in Hallgarten.

Maikammer Rhpf; w oder (r) ★→★★ **83** *84* 85 86 87 88 — Ort im Norden der Südlichen Weinstraße. Sehr gefällige Weine, u. a. jene von der Genossenschaft in Rietburg. Großlage: Mandelhöhe.

Maindreieck (Bereich) Bereichsname für den mittleren Teil von Franken mit Würzburg.

Mainviereck (Bereich) Bereichsname für den kleineren westlichen Teil von Franken.

Deutsche Weinflaschen sind so hoch, daß sie meist nicht ganz in einen Eiskübel passen. Soll der obere Teil der Flasche (das erste Glas) richtig gekühlt sein, stellt man die Flasche 5 Minuten vor dem Öffnen kopfüber in den Kübel.

Marcobrunn Historische Lage im Rheingau; eine der deutschen Spitzenlagen. Siehe Erbach.

Markgräflerland (Bereich) Das traditionsreiche «Rebland» südlich von Freiburg (Baden), v. a. bekannt durch lebendigen, erfrischenden Gutedel.

Martinsthal Rhg; w ★★→★★★ 71 75 76 83 *84* 85 86 87 88 — Wenig bekannter Nachbarort von Rauenthal. Spitzenlagen: Langenberg, Wildsau. Großlage: Steinmächer.

Matuschka-Greiffenclau, Graf Erwein Besitzer des alten Weinguts Schloß Vollrads. VdP-Präsident; hat das Fürst-Löwenstein'sche Weingut in Hallgarten zugepachtet.

Maximin Grünhaus M-S-R (Ruwer); w ★★★★ 71 75 76 79 83 *84* 85 86 87 88 — Erstklassiges Ruwer-Weingut, 32 ha in Mertesdorf.

Maximinhof Erstklassiges 5-ha-Gut in Wehlen, Graach, Bernkastel. Besitzer: Stephan Studert-Prüm.

Mennig M-S-R (Saar); w ★★ 71 75 76 79 82 83 *84* 85 86 87 88 — Ort zwischen Trier und der Saar mit berühmten Lagen (früher Falkenstein).

Mertesdorf Siehe Maximin Grünhaus.

Mittelheim Rhg; w ★★→★★★ 71 75 76 79 83 *84* 85 86 87 88 — Kleinerer Ort zwischen Winkel und Oestrich. Spitzenerzeuger: Wegeler-Deinhard. Großlage: Honigberg.

Mittelhaardt/Deutsche Weinstraße (Bereich) Der nördliche und beste Teil der Rheinpfalz mit Forst, Deidesheim, Ruppertsberg, Wachenheim usw.; Hauptraube: Riesling.

Mittelmosel Der mittlere und beste Teil der Mosel mit Bernkastel, Wehlen, Piesport usw. Heute Bereich Bernkastel. Die besten Lagen sind ganz mit Riesling besetzt.

Mittelrhein Nördliches Anbaugebiet am Rhein mit Bacharach. Ansprechende, stahlige Rieslinge, v. a. 1983, 1985, 1986. 1988.

Mönchhof, Weingut Erstklassiges 5-ha-Gut in Ürzig, Erden, Zeltingen und Wehlen.

Morio-Muskat Ausgesprochen aromatische Traubensorte, im Zurückgehen begriffen.

Mosel Name des Tafelweingebiets. Als Qualitätswein-Anbaugebiet heißt es Mosel-Saar-Ruwer.

Moselland, Winzergenossenschaft Die frühere Zentralkellerei M-S-R (einschl. Saarwinzerverein, Wiltingen) in Bernkastel. Zählt 5200 Mitglieder und erzeugt 25 % aller M-S-R-Weine.

Mosel-Saar-Ruwer Qualitätswein-Anbaugebiet von 12 400 ha zwischen Trier und Koblenz mit dem größten Riesling-Bestand der Welt. Umfaßt Mittelmosel, Saar, Ruwer und die Randgebiete.

Moseltaler Neuer eingetragener Markenname eines QbA-Weins von Mosel-Saar-Ruwer, der als Alternative zu Liebfraumilch gedacht ist, aber einen höheren Qualitätsstand wahren soll.

Müller, Felix Feines, kleines Saar-Gut mit delikatem Scharzhofberger, Leitung: von Kesselstatt.

Müller zu Scharzhof, Egon Siehe Egon Müller.

Müller-Thurgau Fruchtige, frühreifende Traubensorte, meist säurearm; am verbreitetsten in Rheinhessen, der Rheinpfalz, an der Nahe, in Baden und Franken; wird auch in allen anderen Gebieten mehr und mehr angebaut.

Mumm, von Weingut mit rund 69 ha in Johannisberg, Rüdesheim usw. Besitzverhältnisse wie Schloß Johannisberg.

Münster Nahe; w ★→★★★ 71 75 76 83 *84* 85 86 87 — Bester Ort an der nördlichen Nahe mit feinen, delikaten Weinen. Bester Erzeuger: Staatsweingut. Großlage: Schloßkapelle.

Nackenheim Rhh; w ★→★★★ 75 76 79 83 85 86 87 — Nachbarort von Nierstein. Beste Lagen: Engelsberg, Rothenberg. Großlagen: Spiegelberg (★★★), Gutes Domtal (★).

Nahe Nebenfluß des Rheins und hochwertiges Anbaugebiet mit ausgewogenen, frischen, sauberen, bukettreichen Weinen, v. a. Riesling. Zwei Bereiche: Kreuznach und Schloßböckelheim.

Nahesteiner Markenname eines neuen halbtrockenen Naheweins von Riesling, Silvaner und Müller-Thurgau in einer einprägsamen Flasche und mit modernem Etikett.

Neef M-S-R; w ★→★★ 71 76 83 85 86 87 — Ort an der unteren Mosel mit einer feinen Lage: Frauenberg.

Neipperg, Graf Spitzengut in Schwaigern, Württemberg, 28 ha. Besonders für Rotwein und Traminer bekannt.

Nell, von — **(Weingut Thiergarten)** Familienbesitz in Trier, Ayl usw., 16 ha.

Neumagen-Dhron Bk; w ★★→★★★ 71 75 76 83 *84* 85 86 — Nachbarort von Piesport. Spitzenlage: Hofberger. Großlage: Michelsberg.

Die deutschen Qualitätsstufen
Die Qualitätsstufen sind in aufsteigender Reihenfolge:

1. Tafelwein: lieblicher, leichter Wein ohne besondere Eigenart.
2. Landwein: trocken bis halbtrocken, in der Art der jeweiligen Landschaft.
3. Qualitätswein: trocken bis lieblich, Zuckerung vor der Gärung gestattet, stets auf Qualität geprüft und mit ausgeprägtem Charakter, je nach Landschaft und Traubensorte.
4. Kabinett: trocken bis lieblich (ungezuckert) mit ausgeprägter, oft sehr feiner Eigenart und charakteristischer Leichtigkeit.
5. Spätlese: alkoholreicher als Kabinett, meist mit mehr Süße. Körperreich. Der Trend geht heute zu halb- oder ganz trockenen Spätlesen.
6. Auslese: süßer, oft auch alkoholreicher als Spätlese, vielfach mit an Honig erinnerndem Aroma, intensiv und nachhaltig.
7. Beerenauslese: ziemlich süß und alkoholreich, intensiv im Geschmack, superb.
8. Trockenbeerenauslese: intensiv süß und aromatisch, oft nicht so alkoholreich.
9. Eiswein (Beeren- oder Trockenbeerenauslese): hochkonzentriert, intensiv süß. Ein außergewöhnlicher, ewig haltbarer Wein.

Neustadt Bekannte Stadt in der Rheinpfalz mit berühmter Weinbaufachschule.

Niederhausen Na; w ★★→★★★★ 71 75 76 79 83 *84* 85 86 87 — Nachbarort von Schloß Böckelheim und Sitz des Staatsweinguts an der Nahe. Weine mit Anmut und Fülle. Spitzenlagen u. a. Hermannshöhle, Steinberg. Großlage: Burgweg.

Niederwalluf Siehe Walluf.

Nierstein Rhh; w ★→★★★ 71 75 76 83 *84* 85 86 87 88 — Berühmter, aber nicht immer zuverlässiger Name. 520 ha mit

123

erstklassigen Lagen: Hipping, Ölberg, Pettenthal usw. und den Großlagen Rehbach, Spiegelberg, Auflangen: reife, würzige Weine von großer Eleganz. Die Großlage Gutes Domtal ist jedoch mit Vorsicht zu genießen.

Nierstein (Bereich) Großer Bereich in Rheinhessen mit sehr unterschiedlicher Qualität.

Nobling Neue weiße Rebsorte, liefert leichten frischen Wein in Baden, bes. im Markgräflerland.

Norheim Nahe; w ★→★★★ 71 76 79 83 84 85 86 87 88 — Nachbarort von Niederhausen. Spitzenlagen: Klosterberg, Kafels, Kirschheck. Großlage: Burgweg.

Novum Neuartiger Wein von Sichel, durch malolaktische Gärung gemildet. Aromatisch, sanft, voll und sehr gut.

Oberemmel M-S-R (Saar); w ★★→★★★ 71 75 76 83 84 85 86 87 88 — Nachbarort von Wiltingen. Sehr feine Weine von Rosenberg, Hütte usw. Großlage: Scharzberg.

Obermosel (Bereich) Bereichsname für die Mosel oberhalb Trier. Meist einfache Weine aus der Elblingtraube, sehr jung am besten.

Oberwalluf Siehe Walluf.

Ockfen M-S-R (Saar); w ★★→★★★ 71 75 76 83 84 85 86 87 88 — 80 ha Rebfläche mit erstklassigen, duftigen, herben Weinen. Spitzenlagen: Bockstein, Herrenberg. Großlage: Scharzberg.

Öchsle Skala für den Zuckergehalt des Traubenmosts.

Oestrich Rhg; w ★★→★★★ 71 75 76 83 84 85 86 87 88 — Bedeutender Weinort; unterschiedliche Qualität bis hin zu herrlichen Riesling-Auslesen. Lagen u. a. Doosberg, Lenchen, Klosterberg. Großlage: Gottesthal. Bedeutender Erzeuger: Wegeler-Deinhard.

Oppenheim Rhh; w ★→★★★ 71 75 76 79 83 84 85 86 87 88 — Stadt südlich von Nierstein mit einer berühmten Kirche aus dem 13. Jh. Beste Weine: Kreuz, Sackträger usw. Großlagen: Güldenmorgen (★★★), Krötenbrunnen (★).

Ortenau (Bereich) Bereich südlich von Baden-Baden. Guter Klingelberger (Riesling) und Ruländer; Spezialität: Spätburgunder. Bester Ort: Durbach.

Perlwein Schwach schäumender Wein, meist mit zugesetzter Kohlensäure.

Pfalz Siehe Rheinpfalz.

Piesport Bk; w ★★→★★★★ 71 75 76 83 84 85 86 87 88 — Kleiner Ort, umgeben von berühmten Weinbergen, die sehr feinen (zuweilen großartigen), zarten, fruchtigen Riesling liefern. Spitzenlagen: Goldtröpfchen, Falkenberg. Treppchen liegt flacher und ist nicht ganz so gut. Großlage: Michelsberg (viel Müller-Thurgau; den echten Piesporter Charakter darf man nicht erwarten).

Plettenberg, von Nahe-Weingut in Bad Kreuznach, 40 ha.

Pokalwein Wein im offenen Ausschank.

Portugieser Verbreitete Rotweintraube, wird oft als Weißherbst gekeltert.

Prädikat Besondere Qualitätsbezeichnung. Siehe QmP.

Prüfungsnummer Die amtliche Kennummer eines Qualitätsweins.

Prüm, J. J. Mosel-Weingut mit 14 ha besten Lagen in Wehlen, Graach, Bernkastel. Delikate, langlebige Weine, v. a. aus der Lage Wehlener Sonnenuhr.

Prüm, S.A., Erben Kleiner, besonderer Teil des Prüm-Familienguts mit feinem Wehlener usw.

QbA — Qualitätswein bestimmter Anbaugebiete Die mittlere deutsche Weinqualität. Zugabe von Zucker zum Most vor der Gärung ist zulässig, aber strenge Kontrolle der zulässigen Menge nach Rebsorte und Anbaugebiet.

QmP — Qualitätswein mit Prädikat Spitzenkategorie, umfaßt alle Weine, die ungezuckert bleiben, vom Kabinett bis zur Trockenbeerenauslese.

Randersacker Franken; w ★★→★★★ 76 79 83 86 87 88 — Führender Ort mit ausdrucksvollem, trockenem Wein. Spitzenlagen u. a. Teufelskeller. Großlage: Ewig Leben.

Rappenhof, Weingut 36-ha-Gut in Alsheim, Rheinhessen, mit einer großen Palette an Rebsorten und Techniken, u. a. Ausbau in kleinen Fässern, Chardonnay und dunkler Spätburgunder.

Rauenthal Rhg; w ★★★→★★★★ 71 75 76 79 83 84 85 86 87 88 — Erstklassiger Ort mit gehaltvollen würzigen Weinen. Spitzenlagen u. a. Baiken, Gehrn, Wülfen. Großlage: Steinmächer. Ein bedeutender Erzeuger ist das Staatsweingut.

Rautenstrauch Erben Besitzer des Kartäuserhofs, Eitelsbach.

Reh, Franz & Sohn Bedeutendes Handelshaus in Leiwen (Mosel) mit zwei kleineren Weingütern.

Ress, Balthasar Erzeuger im Rheingau mit 20 ha guten Lagen, Keller in Hattenheim. Betreibt auch Schloß Reichartshausen. Feine, frische Weine; höchst originelle Künstler-Etiketten.

Reverchon, Eddie Bedeutendes Weingut an der Saar in Filzen, Wiltingen usw.

Rheinart Erben Weingut an der Saar, 10 ha, durch seinen Ockfener Bockstein bekannt.

Rheinburgengau (Bereich) Bereichsname für die Lagen am Mittelrhein im berühmten Rheintal, meist nur mittlere Qualität; Weine mit «stahliger» Säure, verlangen längere Reifezeit.

Rheingau Bestes Anbaugebiet am Rhein bei Wiesbaden. 2800 ha. Klassischer kraftvoller, aber subtiler Riesling. Bereichsname: Johannisberg.

Rheinhess Neuer Markenname für einen halbtrockenen rheinhessischen Wein aus verschiedenen Traubensorten.

Rheinhessen Sehr großes Anbaugebiet (24 400 ha Rebfläche) zwischen Bingen, Mainz, Worms und Alzey. Allgemein ansprechende Weine, aber auch Spitzenweine u. a. aus Nierstein und Oppenheim.

Rheinhessen Silvaner (RS) Neues einheitliches Etikett für trockene Silvaner-Weine, mit dem ein modernes Qualitäts-Image für die Region angestrebt wird.

Rheinpfalz Mit 22 400 ha Rebfläche fast ebenso groß wie das Anbaugebiet Rheinhessen, das an sie südlich anschließt. Die Weine tendieren zur Lieblichkeit (siehe Mittelhaardt. Deutsche Weinstraße und Südliche Weinstraße); neben Rheinhessen wichtigstes Herkunftsgebiet für Liebfraumilch. Hier erreichen die Trauben relativ hohe Reifegrade. Weine aus der

Rheinpfalz sind deshalb meist mild, jedoch geht der Trend immer mehr zu trockenem und halbtrockenem Wein.

Rhodt Dorf an der südlichen Weinstraße mit bekannter Winzergenossenschaft. Angenehme, fruchtige Weine. Großlage: Ordensgut.

Richter, Max Ferd., Weingut Familienweingut (15 ha) an der mittleren Mosel mit Sitz in Müllheim. Feine faßgereifte Rieslinge aus Wehlen, Graach, Brauneberg (Juffer) und Müllheim (Helenenkloster).

Rieslaner Kreuzung zwischen Silvaner und Riesling; hat in Franken, wo er am meisten angebaut wird, schon gute Auslesen gebracht.

Riesling Die beste deutsche Traube: fein, duftig, fruchtig; darf neben Chardonnay als die edelste Weißweintraube der Welt gelten.

Roséwein In Süddeutschland: Weißherbst. Wird aus dunklen Trauben bereitet, deren Hülsen nach kurzer Gärung aus dem Most entfernt werden.

Rotwein Bei der Rotweinbereitung werden die Schalen der dunklen Trauben mit vergoren, um die rote Färbung zu erreichen.

Rüdesheim Rhg; w ★★→★★★★ 71 75 76 79 81 82 83 84 85 86 87 88 — Fremdenverkehrsort am Rhein, 260 ha hervorragende Rebfläche. Die drei besten Lagen mit der Bezeichnung «Berg» vor dem Namen. Volle, feine Weine, auch in weniger günstigen Jahren durchaus beachtlich. Großlage: Burgweg.

Rüdesheimer Rosengarten Rüdesheim heißt auch ein kleiner Nahe-Ort bei Bad Kreuznach. Nicht zu verwechseln mit dem großen Rüdesheim aus dem Rheingau.

Ruländer Deutscher Name der Pinot-Gris-Traube und ihres vollen, kräftigen Weins. Gedeiht in Baden am besten.

Ruppertsberg Rhpf; w ★★→★★★ 75 76 79 83 84 85 86 87 88 — Ort in der südlichen Mittelhaardt. Spitzenlagen u.a. Hoheburg, Reiterpfad, Linsenbusch. Großlage: Hofstück.

Ruwer Nebenfluß der Mosel bei Trier. Sehr feine, delikate, aber feste Weine. Weinorte u.a. Eitelsbach, Mertesdorf, Kasel.

Saar Nebenfluß der Mosel südlich des Ruwer mit den Orten Wiltingen (Scharzhofberger), Ayl, Ockfen, Serrig u.a. Brillante, herbe, «stahlige» Rieslinge. Großlage: Scharzberg.

Saar-Ruwer (Bereich) Bereichsname für die beiden vorstehenden Gebiete.

Salem, Schloß Gut der Markgrafen von Baden, 75 ha, am Bodensee. Müller-Thurgau und Spätburgunder Weißherbst.

Scharzberg Großlage für Wiltingen und Nachbarorte.

Scharzhofberger Saar; w ★★★★ 71 75 76 79 83 84 85 86 87 88 — Hervorragende Saar-Lage mit 27 ha. Herbe schöne Weine, Riesling in Vollendung. Spitzengut: Egon Müller. Nicht mit Scharzberg zu verwechseln.

Schaumwein Auch Sekt; nach verschiedenen Verfahren bereitete kohlensäurehaltige Weine.

Scheurebe Fruchtige, aromatische Traubensorte guter Qualität, vor allem in Rheinhessen und der Rheinpfalz.

Schillerwein Blaßrötlicher QbA aus Württemberg, Mischung von Rot- und Weißweintrauben.

Schloß Groenesteyn Weingut (seit 1640) im Rheingau mit 32 ha in Kiedrich und Rüdesheim. Eigentümer ist der Baron Ritter zu Groenesteyn. Wein der Spitzenklasse.

Schloß Johannisberg Rhg; w ★★★ **76** 79 **83** *84* 85 86 87 88 — Berühmter Besitz im Rheingau, 34 ha, gehört dem Fürsten Metternich und der Familie Oetker und wird zusammen mit von Mumm bewirtschaftet. V. a. feine Spätlesen und Kabinett trocken. Früher als eines der ganz erstklassigen deutschen Spitzengewächse unumstritten. Die Weine müssen wenigstens 3 Jahre lagern.

Schloß Reichartshausen Ehemaliger Zisterzienser-Besitz in Hattenheim, 4 ha.

Schloß Reinhartshausen 66 ha beste Lagen in Erbach, Hattenheim usw. 1987 Besitzerwechsel.

Schloß Schönborn Eines der größten und besten Rheingauer Weingüter mit Sitz in Hattenheim. Gehaltvolle, oft ausgezeichnete Weine; auch vorzüglicher Sekt.

Schloß Vollrads Rhg; w ★★★→★★★★ **71 76 83** 85 86 87 88 — Großartiger Besitz bei Winkel, seit 1300; 46 ha mit klassischen Rheingauer Rieslingen, besonders seit 1977. Spezialität: trockene und halbtrockene Weine. Der Besitzer, Graf Matuschka-Greiffenclau, steht an der Spitze der Kampagne «Wein und Speisen aus Deutschland».

Schloßböckelheim Nahe; w ★★→★★★★ **71 75 76** 79 **83** *84* 85 86 87 88 — Ort mit den besten Nahe-Lagen, u. a. Kupfergrube, Felsenberg. Feste, aber delikate Weine. Großlage: Burgweg.

Schloßböckelheim (Bereich) Bereichsname für die gesamte südliche Nahe.

Schmitt, Franz Karl Sehr alter Besitz mit ca. 30 ha, ebenfalls in Nierstein.

Schmitt, Gustav Adolf Handelshaus mit gutem altem Familienbesitz in Nierstein, ca. 100 ha.

Scholl & Hillebrand Handelshaus in Rüdesheim mit feinen Breuer-Gutsweinen und erfolgreichem «Riesling trocken».

Schoppenwein Wein im offenen Ausschank.

Schorlemer, Freiherr von Historisch bedeutendes Mosel-Weingut, 22 ha, in fünf Teilen. Finanzielle und sonstige Probleme haben dem guten Ruf Eintrag getan.

Schubert, von Besitzer von Maximin Grünhaus.

Schweigen Rhpf; w ★→**★★** 83 *84* 85 86 87 88 — Südlichster Ort der Rheinpfalz mit bedeutender Winzergenossenschaft; «Deutsches Weintor». Großlage: Guttenberg.

Sekt Qualitätsschaumwein. Besonders gut aus Riesling. **Sekt b. A.** aus einem der bestimmten deutschen Anbaugebiete.

Senfter, Reinhold Einer der besten Erzeuger in Nierstein mit 13 ha. Spitzenlagen: Niersteiner Hipping und Oppenheimer Sackträger.

Serrig M-S-R (Saar); w ★★→★★★ **71 75 76** 79 83 *84* 85 86 87 **88** — Für «stahligen», in warmen Jahren ganz ausgezeichneten Wein bekannter Ort. Spitzenerzeuger: Vereinigte Hospitien und Staatsweingut. Großlage Scharzberg.

Sichel, H., Söhne Berühmtes Weinhandelshaus in London und Mainz, mit neuer Kellerei in Alzey, Rhh; Exportmarke

«Blue Nun». Liebfraumilch; Schöpfer des neuartigen Weins «Novum».

Silvaner Eine der meistangebauten deutschen Weißwein-Reben; in Franken und am Kaiserstuhl am besten, aber auch aus Rheinhessen kommt guter Silvaner.

Simmern, Langwerth von Erstklassiges Weingut (48 ha) in Eltville, Familienbesitz. Berühmte Lagen: Mannberg, Marcobrunn, Baixen usw. Außerordentlich feine, typische Rheingauer Rieslinge.

Sonnenuhr Name mehrerer Lagen, insbesondere der berühmten in Wehlen.

Wenn irgend etwas im Wandel der Zeiten Bestand hat, so scheint es das Geschäft der Herstellung und des Verkaufs von Getränken zu sein. In «The Guinness Book of the Business World» steht zu lesen, daß sieben der zwölf ältesten Firmen der Erde entweder Brauereien oder Weinbaubetriebe sind. Die älteste Firma ist eine assyrische Bank, Egibi und Sohn, gegründet 700 v. Chr. Es folgen zwei bayrische Brauereien, die auf das Jahr 1040 bzw. 1119 zurückgehen. An 6. und 7. Stelle stehen Clerget-Buffet et Fils und Raoul Clerget et Fils, beides Weinerzeuger in Beaune, Burgund, und um 1270 gegründet. Den 10. Platz hält das Bürgerspital zum Heiligen Geist in Würzburg, gegründet 1319, ebenfalls ein bedeutender Weinerzeuger.

Spätburgunder Pinot Noir; die beste Rotweintraube in Deutschland, bes. in Baden und Württemberg. Ihr Wein erfreut sich in Deutschland großer Beliebtheit.

Spätlese Güteklasse über Kabinett; aus nach der Hauptlese geernteten, vollreifen Trauben, meist gehaltvoller als Kabinett. Mindestens 3 Jahre lagerfähig. Trockene Spätlesen können vorzüglich sein.

Spindler, Wilhelm 13-ha-Familienbesitz mit guten Lagen in Forst, Rheinpfalz.

Staatlicher Hofkeller Bayerisches Staatsweingut. 115 ha feinste Frankenweinlagen und prachtvolle Keller unter der herrlichen Barock-Residenz in Würzburg.

Staatsweingut Auch: Staatliche Weinbaudomäne, meist Muster- und Lehrgut.

Staufenberg, Schloß Durbach-Gut der Markgrafen von Baden, 28 ha. Feiner «Klingelberger» (Riesling).

Steigerwald (Bereich) Bereichsname für den östlichen Teil von Franken.

Steinberger Rhg; w **★★★**→ **★★★★ 71 75 76** 79 **83** 84 85 86 87 88 — Berühmte Lage, 32 ha bei Hattenheim, vor 700 Jahren von Zisterziensermönchen angelegt. Heute Staatsbesitz.

Steinwein Wein aus der besten Lage von Würzburg, dem Stein. Früher ungenau für Frankenwein überhaupt gebräuchlich.

Stuttgart Hauptstadt von Baden-Württemberg. Gefällige Weine (v. a. Riesling), die man neuerdings auch zu exportieren beginnt.

Südliche Weinstraße (Bereich) Bereichsname für die südliche Rheinpfalz. In den letzten 25 Jahren bedeutende Qualitätsverbesserung.

Tafelwein Deutschlands «Vin ordinaire». Meist mit Weinen aus anderen EG-Ländern verschnitten. «Deutscher Tafelwein» muß ausschließlich aus deutschen Trauben bestehen.

Thanisch, Dr. H. Wwe., Weingut 6,5 ha erstklassiger Familienbesitz in Bernkastel mit einem Teil der Lage Doctor. 1987 gab es für weitere 6,5 ha einen Besitzerwechsel; der neue Name hierfür lautet Erben Müller-Burggref.

Traben-Trarbach M-M; w ★★ 76 83 85 86 87 88 — Weinstadt an der Mosel, gute leichte Weine. Beste Lagen u.a. Würzgarten, Schloßberg. Großlage: Schwarzlay.

Traisen Na; w ★★★ 71 75 76 79 83 84 85 86 87 88 — Kleiner Ort mit den hervorragenden Lagen Bastei und Rotenfels. Riesling von großer Fülle und Klasse.

Traminer Siehe Gewürztraminer.

Trier M-S-R; w ★★→★★★ — Bedeutende Weinstadt an der Mosel, nahe der Ruwer, Römergründung. Avelsbach und Eitelsbach gehören heute dazu. Großlage: Römerlay.

Trittenheim Bk; w ★★→★★★ 71 76 83 85 86 87 — Attraktive leichte Weine. Beste Lagen: Apotheke, Altärchen. Großlage: Michelsberg (am Südende der Mittelmosel).

Trocken Die Bezeichnung «trocken» auf dem Etikett bedeutet herbe Weine ohne erkennbare Restsüße. Hat nichts mit Trockenbeerenauslese zu tun.

Trockenbeerenauslese Die süßeste und teuerste Kategorie, aus ausgewählten, geschrumpften Trauben, v. a. Riesling (Edelfäule, S. 115), bereitet. Ausgesprochene Rarität mit feiner Honigsüße.

Trollinger In Württemberg verbreitete Rotweintraube, erbringt leichte, erfrischende Weine, aber auch feine hellrote Auslesen.

Ungstein Rhpf; w ★★→★★★ 71 75 76 83 84 85 86 87 88 — Ort im Mittelhaardt mit feinen, harmonischen Weinen. Spitzenlage Herrenberg. Spitzenerzeuger: Fuhrmann (Weingut Pfeffingen), Fritz Ritter, Bassermann-Jordan. Großlage: Honigsäckel, Kobnert.

Hier seien noch kurz die beiden Begriffe Süßreserve und Restsüße, die im deutschen Weinvokabular eine Rolle spielen, kurz erläutert. Ist der Weingärungsprozeß beendet — sei es auf natürliche Weise bei hohem Alkoholgehalt oder auf künstliche Weise bei niedrigerem Alkoholgehalt —, weist der Wein noch ein bestimmtes Maß an Süße — die Restsüße — auf. Zwecks Erhalt eines ausgewogenen Verhältnisses von süß und sauer pflegte man früher den Gärungsprozeß künstlich zu stoppen. Heute geht man anders vor. Man läßt den Wein ausgären, bis er völlig trocken ist, und mengt ihm dann unvergorenen (süßen) Saft derselben oder einer ähnlichen Traube bei. Dabei spricht man von Süßreserve. Somit hat der Kellermeister die Kontrolle über die Süße des Weines. Er kann trockene, halbtrockene oder süße Versionen desselben Weines hervorbringen. Diese Technik wurde nur dank steriler Filtrierung möglich, bei der jedes Tresterteilchen entfernt wird.

Ürzig Bk; w ★★★ 71 75 76 79 82 83 *84* 85 86 87 88 — Für spritzigen, würzigen Wein berühmter Ort. Spitzenlage: Würzgarten. Großlage: Schwarzlay. Erzeuger: u. a. Mönchhof.

Valckenburg, P. J. Bedeutendes Handelshaus in Worms mit «Madonna» Liebfraumilch und einem kleinen Besitz mit guten Rieslingen. Auch «Riesling Dry».

VdP Verband deutscher Prädikats- und Qualitätsweingüter.

Vereinigte Hospitien Alte, karitative Stiftung in Trier mit großen Besitzungen in Serrig, Wiltingen, Trier, Piesport usw.

Villa Sachsen 27 ha in Bingen im Besitz des Weinguts St. Ursula.

Wachenheim Rhpf; w ★★★→★★★★ 71 75 76 79 83 *84* 85 86 87 88 — 336 ha mit ausnehmend guten Rieslingen. Lagen u. a. Gerümpel, Böhlig, Rechbächel. Spitzenerzeuger: Bürklin-Wolf. Großlagen: Schenkenböhl, Schnepfenflug, Mariengarten.

Waldrach M-S-R (Ruwer); w ★★ 75 76 79 83 *84* 85 87 88 — Charmante leichte Weine. Großlage: Römerlay.

Wallhausen, Schloß 10-ha-Gut des Fürsten zu Salm in Dalberg, Nahe; eines der ältesten in Deutschland. 50 % Riesling; sehr gute trockene Weine.

Walluf Rhg; w ★★ 75 76 79 *81* 82 83 *84* 85 — Nachbarort von Eltville. Früher Nieder- und Ober-Walluf. Oft zu gering bewertete Weine. Großlage: Steinmächer.

Walporzheim Ahrtal (Bereich) Bereichsname für das gesamte Ahrtal.

Walthari-Hof Weingut in Edenkoben, erregt durch Verzicht auf SO_2 bei der Weinbereitung viel Aufsehen.

Wawern M-S-R (Saar); w ★★→★★★ 71 75 76 83 *84* 85 86 87 88 — Kleiner Ort mit feinen Rieslingen. Großlage: Scharzberg. Spitzenerzeuger: Dr. Fischer.

Wegeler-Deinhard Weingut mit 55 ha im Rheingau. Lagen in Oestrich, Mittelheim, Winkel, Geisenheim, Rüdesheim. Beständige Qualität; trockene Spätlesen, klassische Auslesen, feinster Eiswein. Ferner 27 ha an der mittleren Mosel, u. a. größere Anteile am Bernkasteler Doctor sowie an der Wehlener Sonnenuhr und 18 ha an der Mittelhaardt (Forst, Deidesheim, Ruppertsberg).

Wehlen Bk; w ★★★→★★★★ 71 75 76 83 *84* 85 86 87 88 — Nachbarort von Bernkastel mit ebenso feinen, etwas volleren Weinen. Beste Lage: Sonnenuhr. Spitzenerzeuger: Fam. Prüm. Großlage: Münzlay.

Weil, Dr. Schönes Weingut in Kiedrich (18 ha); im Besitz von Santory, Japan.

Weinbaugebiet Ein Tafelweingebiet mit festgelegtem Namen, z. B. Rhein, Mosel, Saar.

Weingut Darf als Bezeichnung auf dem Etikett nur dann verwendet werden, wenn ein Erzeuger Wein ausschließlich aus eigenen Trauben bereitet und selbst abfüllt.

Weinkellerei Betriebsräume zur Weinverarbeitung.

Weinstraße Landschaftlich schöne Straße durch Weinanbaugebiete. In Deutschland gibt es mehrere, die berühmteste ist die Deutsche Weinstraße in der Rheinpfalz.

Weintor Siehe Schweigen.

Weißherbst Roséwein, insbesondere Spezialität von Baden und der Rheinpfalz; Qualitätswein mit QbA-Standard oder höher, oft sogar Beerenauslese. In Deutschland sehr beliebt.

Werner, Domdechant 10-ha-Familienbesitz mit besten Lagen in Hochheim; 95 % Riesling.

Werner-Klein (Mosbacher Hof) 10-ha-Gut in Forst und Deidesheim; 90 % Riesling. Gute trockene Weine.

Wiltingen Saar; w ★★→★★★★ 71 75 76 79 83 85 86 87 88 — Mittelpunkt des Weinbaus an der Saar. 316 ha. Schöne, subtile, herbe Weine. Spitzenlagen: Scharzhofberger, Braune Kupp, Braunfels, Klosterberg. Großlage (für die gesamte Saar): Scharzberg.

Winkel Rhg; w ★★★→★★★★ 71 75 76 79 83 84 85 86 87 88 — Für duftigen, eleganten Wein berühmter Ort, einschl. Schloß Vollrads. Lagen u.a. Hasensprung, Jesuitengarten. Großlage: Honigberg und Erntebringer.

Winningen M-S-R; w ★★ — Ort an der unteren Mosel nahe Koblenz; feiner, delikater Riesling. Spitzenlagen: Uhlen, Röttgen.

Wintrich Bk; w ★★→★★★ 71 75 76 83 84 85 86 87 88 — Nachbarort von Piesport mit ähnlichen Weinen. Spitzenlagen: Großer Herrgott, Ohligsberg, Sonnenseite. Großlage: Kurfürstlay.

Winzergenossenschaft Zusammenschluß vor allem kleinerer Weinbaubetriebe; Erzeuger von gutem und preiswertem Wein.

Winzerverein Dasselbe wie Winzergenossenschaft.

Wirsching, Hans Bekanntes Weingut in Iphofen; robuster, kräftiger Frankenwein. 40 ha in Spitzenlagen: Julius-Echter-Berg, Kalb usw.

Wonnegau (Bereich) Bereichsname für das südliche Rheinhessen.

Württemberg Großes Anbaugebiet, im Ausland wenig bekannt. Einige sehr gute Rieslinge, insbesondere aus dem Neckartal. Auch Trollinger.

Würzburg Franken; ★★→★★★★ 71 76 81 82 83 84 85 86 87 88 — Schöne alte Barockstadt am Main, Mittelpunkt des Weinbaus in Franken. Gute, körperreiche, oft trockene Weine. Spitzenlagen: Stein, Leiste, Schloßberg. Keine Großlage. Siehe auch Maindreieck (Bereich).

Zell M-S-R; w ★→★★ 76 83 84 85 86 87 88 — Der bekannteste Weinort an der unteren Mosel, bes. berühmt durch die Großlage Schwarze Katz'. An steilen Schieferhängen bringt der Riesling hier würzige, leichte Weine.

Zell (Bereich) Bereichsname für die gesamte untere Mosel von Zell bis Koblenz.

Zeltingen-Rachtig Bk; w ★★→★★★★ 71 75 76 79 83 84 85 86 87 88 — Bedeutender Moselort bei Wehlen. Typischer spritziger, frischer Riesling. Spitzenlagen: Sonnenuhr, Schloßberg. Großlage: Münzlay.

Zilliken, Forstmeister Geltz- Früher Weingut des kgl.-preußischen Forstmeisters in Saarburg. 8 ha Riesling erbringen Wein der alten Art, die längere Reifezeit braucht.

Zwierlein, Freiherr von Familienweingut, 22 ha, in Geisenheim. 100 % Riesling. Beste Lagen: Rothenberg, Kläuserweg.

Italien

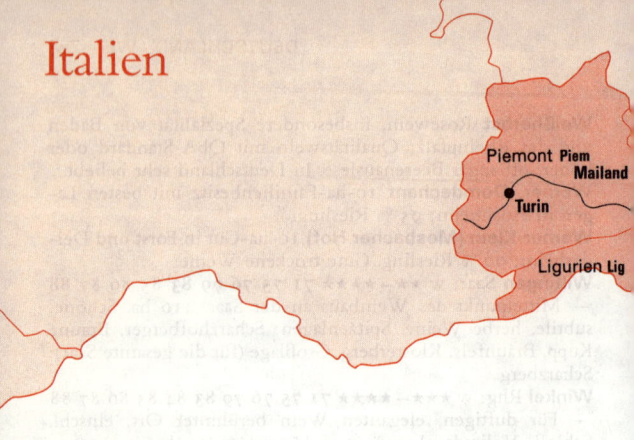

Der italienische Weinbau befindet sich an der Schwelle zu den 90er Jahren in einer revolutionären Situation. Das nun 30 Jahre alte DOC-System ist als Basis der italienischen Weingesetze weitgehend diskreditiert. Sein ursprünglicher Zweck, nämlich die Myriaden Weintraditionen Italiens zu definieren, wird immer mehr als hinderlich denn als hilfreich empfunden, weil die besten Erzeuger inzwischen mit untraditionellen Ideen, Traubensorten und Techniken experimentieren.

Die Regierung in Rom gestand jedem Winzer und jedem Winzerverband, der einen auch noch so eigentümlichen eigenen Stil überzeugend vorzubringen wußte, eine Denominazione di Origine Controllata zu. Eine einmal eingerichtete DOC aber lähmt den Fortschritt und hat dabei doch wenig Einfluß auf die Qualität. In den meisten Regionen kann besserer (und vor allem marktgängigerer) Wein aus den populären internationalen Traubensorten als aus den oft degenerierten heimischen Sorten gewonnen werden. Nichts gegen Sangiovese und alle die anderen Trauben; doch es kostet Zeit und Mühe, die besten Rebenklone zu selektieren und zu verarbeiten. Warum also nicht gleich Cabernet pflanzen?

Als einzige Bezeichnung steht den nicht DOC-anerkannten Weinen, so gut sie auch sein mögen, nur die allereinfachste frei, nämlich *vino da tavola* = Tafelwein. Gute Erzeuger aber setzen in ihre neuen Produkte ein so großes Vertrauen, daß sie dieses scheinbare Stigma als Talisman verstehen. Unter solchen Umständen kommt es freilich auf den Namen des Erzeugers am allermeisten an.

Nichtsdestoweniger bleibt das DOC-System mit allen seinen Schwächen doch der einzige allgemeingültige Schlüssel zur Weinvielfalt Italiens. Es ist in den letzten 25 Jahren aufgebaut worden und entspricht an-

Trentino-Alto Adige
Tr-AAd
Trient
Lombardei
.om
Friuli-
Venezia-
Giulia
Fr-VG
Venetien Ven
Po
Venedig
Emilia-Romagna
m-Ro
Bologna
Florenz
Chianti
Cht
Toskana Tosk
Marche
Mar
Perugia
Umbr
Umbrien
Tiber
Abruzzen
Abr
Rom
Latium
Laz
Molise M
Apulien Apu
Kampanien Camp
Neapel
Bari
Basilicata
Bas
Sardinien
Sard
Cagliari
Kalabrien
Kal
Palermo
Sizilien Siz

Erläuterung der Abkürzungen im Kapitel Italien:
Pa.   Passito
Pr.   Provinz
Gem.   Gemeinde
Sü   Süßwein (gespritet)
VdT   Vino da Tavola (Tafelwein)
Weitere Abkürzungen sind auf der Seite gegenüber dem Inhaltsver-
zeichnis erläutert.

nähernd den französischen Appellations Contrôlées. Die meisten traditionellen Weine Italiens, die im Rahmen dieses Systems in Anbaugebiet und allgemeinen Anforderungen definiert sind, bestanden allerdings schon lange vorher. Für eine wachsende Zahl anderer Weine gilt das jedoch nicht — so wurden vielen Anbaubereichen mit nur lokaler Bedeutung DOC-Rechte zuerkannt; eine DOC hat daher für sich allein wenig zu bedeuten. In diesem Buch sind deshalb einige unwichtige DOC-Bereiche unberücksichtigt geblieben, und dafür wurden ziemlich viele Weine ohne DOC-Anerkennung mit aufgenommen. Auch eine Reihe von Namen, die auf Rebsorten beruhen, gehören mit dazu.

Italienische Weine werden in verschiedenartiger Weise benannt: Manchmal sind es geographische Namen wie in Frankreich, manchmal historische, manchmal folkloristische, und viele der besten Weine werden nach der Traubensorte benannt. Darunter befinden sich alte einheimische Traubensorten wie Barbera und Sangiovese und immer mehr importierte «internationale» Sorten aus Frankreich und Deutschland. Viele DOCs — vor allem im Nordosten — sind Regionalnamen, die für sehr unterschiedliche Weine aus mehr als einem Dutzend verschiedenen Traubensorten stehen. Zur Qualität einer solchen Vielfalt ein allgemeingültiges Urteil abgeben zu wollen ist wirklich nicht möglich, außer daß der allgemeine Standard im Steigen begriffen ist und daß sich eine kleine Gruppe von Produzenten im internationalen Wettbewerb profiliert hat.

Das Wichtigste, das es im Jahr 1990 beim italienischen Wein zu beachten gilt, ist die Tatsache, daß nunmehr zwei besonders gute Jahrgänge allgemein im Handel sind. Die 85er und 86er Weine sind weithin zu allergrößter Zufriedenheit ausgefallen, und auf den ausgezeichneten 88er darf man sich schon freuen.

Abbazia di Rosazzo Führendes Weingut in den Colli Orientali. Der weiße Ronco delle Acacie und Ronco di Corte sowie der rote Ronco dei Roseti sind sehr gute Einzellagenweine.
Abboccato Lieblich.
Adanti Erzeuger von sehr gutem Sagrantino; ferner VdT Rosso d'Arquata, hervorragender Barbera/Canaiolo/Merlot.
Aglianico del Vulture Bas; DOC r (lbl; sch) **★★★ 82 85** 86 88 — Gehört zu den besten süditalienischen Weinen. Entwickelt bei Lagerung große Fülle. Nach 3 Jahren als Vecchio, nach 5 Jahren als Riserva bezeichnet. Spitzenerzeuger: Fratelli D'Angelo.
Alba Bedeutendes Weinzentrum im Piemont.
Albana di Romagna Em-Ro; DOCG w; tr lbl (sch) ★★★ BV — Wird seit Jahrhunderten in der Romagna aus der Albana-

Die bekanntesten Weine der verschiedenen Regionen:
Piemont: Barolo, Barbaresco, Barbera, Dolcetto, Gattinara, Nebbiolo, Asti Spumante.
Ligurien: Cinque Terre, Rossese di Dolceacqua.
Trentino-Alto Adige: Teroldego, Caldaro, Santa Maddalena, Merlot, Cabernet, Pino Bianco, Gewürztraminer usw.
Lombardei: Valtellina, Oltrepò Pavese, Franciacorta.
Venetien: Soave, Valpolicella, Recioto, Bardolino, Prosecco usw.
Friuli-Venezia-Giulia: Collio, Pinot Grigio, Merlot, Tocai usw.
Emilia-Romagna: Albana, Lambrusco, Sangiovese.
Toskana: Chianti, Brunello, Vino Nobile di Montepulciano.
Umbrien: Orvieto, Rubesco di Torgiano.
Marche: Verdicchio, Rosso Conero, Rosso Piceno.
Latium: Frascati, Marino.
Abruzzen/Molise: Montepulciano.
Kampanien: Lacrima Christi, Taurasi.
Apulien: Castel del Monte, Locorotondo.
Basilicata: Aglianico del Vulture.
Kalabrien: Ciro.
Sizilien: Marsala, Corvo, Etna, Regaleali.
Sardinien: Nuragus, Cannonau, Monica, Vermentino.

Traube gekeltert. Erste DOCG für Weißwein. Heute geht ihm durch moderne Bereitungsmethoden viel von seinem Charakter verloren. Spitzenerzeuger: Fattoria Paradiso. Amabile ist oft besser als trocken. Bes. gut: der Passito von Fattoria Zerbina.
Alcamo Siz; DOC w; tr ★ — Weiche neutrale Weißweine aus Sizilien. Rapitalà ist die beste Marke.
Aleatico Rotweintraube mit leichtem Muskatelleraroma, zumeist im Süden angebaut.
Aleatico di Gradoli Lat; DOC r; s oder Sü ★★ — Wird bei Viterbo erzeugt; aromatisch, fruchtig, Alkoholgehalt 17,5 %.
Aleatico di Puglia Apu; DOC r; s oder Sü ★★ — Aleatico-Trauben erbringen kleine Mengen guten Dessertwein. Zwei Arten mit 15 % bzw. 18,5 % Alkoholgehalt.
Alezio Apu; DOC (r) rs; tr ★★ 83 85 86 87 88 — Neuere DOC in Salento, v. a. für delikaten Rosé.
Allegrini Erzeuger hochwertiger Veroneser Weine, u. a. Valpolicella.
Altesino Hochangesehenes Weingut mit Brunello di Montalcino und VdT Palazzo Altese.
Alto Adige Tr-AAd; DOC r rs w; tr s sch ★★→★★★ — Südtirol; die DOC erfaßt rund 19 verschiedene Weine, die meist nach Traubensorten benannt werden und aus 33 Orten um Bozen stammen.
Ama, Castello di Modernes Chianti-Classico-Weingut bei Gaiole. Spitzenwein: San Lorenzo; sehr guter Chardonnay, Sauvignon, Pinot Nero.
Amabile Lieblich, meist etwas süßer als Abboccato.
Amaro Bitter. Als Hauptbezeichnung steht «Amaro» für einen Bitterlikör.

Amarone Siehe Recioto.

Anghelu Ruju Portweinähnliche Version des Cannonau von Sella & Mosca in Sardinien.

Anselmi, Roberto Führend mit Einzellagen-Soave Capitel Foscarino; ferner ausnehmend guter süßer Recioto dei Capitelli.

Antinori Alteingesessener toskanischer Erzeuger von erstklassigem Chianti (v. a. Pepoli) und Orvieto mit bestem Ruf, erwirbt sich jetzt als Pionier neuer VdT-Stile (z. B. Tignanello, Solaia, Cervaro della Sala) großes Verdienst.

Arneis Piem; w tr ★★ BV — Der wiederentdeckte alte Wein ist groß in Mode; eine DOC wird innerhalb von Roero, nördl. von Alba, demnächst erteilt. Gute Erzeuger u. a. Bruno Giacosa, Castello di Neive, Blangé (Ceretto), Montebertotto.

Artimino Alte Bergstadt westlich von Florenz, bekannt durch DOC Carmignano.

Assisi Umbr; r (w tr) ★★ — Der Rosso di Assisi ist ein sehr ansprechender roter VdT. Jung und kühl zu trinken. Auch guter Bianco.

Asti Bedeutendes Weinzentrum in Piemont.

Asti Spumante Piem; DOC w; sch ★★★ oJ — Berühmter süßer, fruchtiger, schäumender Muskateller mit geringem Alkoholgehalt.

Avignonesi Montepulciano-Weingut mit einer Reihe guter Weine, u. a. Vino Nobile, einem Rotweinverschnitt namens Grifi sowie ganz vorzüglichem Vinsanto.

Azienda agricola (oder agraria) Landwirtschaftliches Gut, oft mit Weinbau.

Azienda vinicola (oder casa vinicola) Eine vorwiegend mit zugekauften Trauben arbeitende Kellerei.

Azienda vitivinicola Weingut.

Badia a Coltibuono 71 75 79 82 83 85 86 88 — Erzeuger feiner Chianti-Weine in Gaiole mit einem Restaurant und einer ungewöhnlichen Sammlung alter Jahrgänge. Auch guter VdT «Sangioveto» 80 81 82 83 85 86 88.

Barbacarlo (Oltrepò Pavese) Lomb; DOC r; tr oder s sch ★★→★★★ 82 83 85 86 88 — Delikat mit leicht bitterem Nachgeschmack, aus Broni in der Provinz Pavia.

Barbaresco Piem; DOCG r; tr ★★★→★★★★ 76 78 79 82 83 85 86 87 88 — Nachbar von Barolo aus der gleichen Traube, aber leichter, früher genußreif. Beste Weine subtil und fein. Nach 4 Jahren Riserva. Spitzenerzeuger: Gaja, Bruno Giacosa, Marchesi di Gresy, Produttori del Barbaresco, Castello di Neive, Ceretto.

Barbera Dunkle, säuerliche Traube; eine Spezialität des Piemont, die auch in der Lombardei, der Emilia-Romagna und anderen Regionen im Norden verwendet wird; nach Sangiovese die zweitmeist angebaute Rebe Italiens. Nachstehend die besten Barbera-Weine.

Barbera d'Alba Piem; DOC r; tr ★★ 82 83 85 86 87 88 — Süffiger, herber, duftiger Rotwein. Superiore kann bis zu 7 Jahre lagern. In der Gegend von Alba wird bei *vino da tavola* manchmal Nebbiolo mitverarbeitet.

Barbera d'Asti Piem; DOC r; tr ★★ **82 83 84 85** 86 87 88 — Einer der besten seiner Art, ganz aus Barbera-Trauben; saftig und ansprechend. Schon jung gut, bis zu 7 Jahre haltbar.

Barbera del Monferrato Piem; DOC r; tr ★ **85 86** 87 88 — Aus einem großen Bereich in der Pr. Alessandria und aus Asti. Gefällig, leicht spritzig, manchmal süßlich.

Barberani Führender Orvieto-Erzeuger; süßer Calcaia mit Edelfäule.

Bardolino Ven; DOC r; tr (rs) ★★ BV — Heller, leichter, etwas bitterer Rotwein vom Ostufer des Gardasees. Wird manchmal früh von der Schale abgezogen und liefert dann den sehr hellen Bardolino Chiaretto.

Barolo Piem; DOCG r; tr ★★★→★★★★ **71 79 82 83** 84 85 86 88 — Kleiner Bereich südlich von Turin mit einem der höchstangesehenen italienischen Rotweine. Dunkel, voll, alkoholreich (min. 13 %), trocken, aber mit tiefem Aroma; aus der Nebbiolo-Traube; bis zu 15 Jahren haltbar; nach 5 Jahren Riserva. Spitzenerzeuger u. a. Vietti, Giacosa, Conterno, Pio Cesare, Marcarini, Mascarello, Ceretto, Prunotto, Cordero, Ratti, Rinaldi, Rocche dei Manzoni, Fontanafredda, Sandrone, Voerzio, Altare, Clerico sowie Cooperativa Terre del Barolo.

Bell'Agio Marke für süßen weißen Moscato aus Banfi.

Bellavista Weingut in Franciacorta, Rivale von Ca' del Bosco bei Schaumwein (beachtlicher Crémant), ferner guter roter VdT von Cabernet und Pino Nero.

Berlucchi, Guido Italiens größter Hersteller von *metodo classico*-Schaumwein in Franciacorta. Gleichmäßig gute Qualität.

Bertani Bekannter Erzeuger von Veroneser Qualitätsweinen (Valpolicella, Valpantena, Soave usw.), u. a. gealtertem Amarone.

Bianco Weiß.

Bianco d'Arquata Umbr; w tr ★★ **85 86** 87 88 — Außergewöhnlicher, sehr heller, anregender, leichter und fruchtiger Weißwein aus der Gegend um Perugia.

Bianco di Custoza Ven; DOC w tr (sch) ★★ BV — Wein aus der Gegend westlich von Verona, dem Soave sehr ähnlich, ihm in der Qualität gleich, manchmal sogar besser.

Bianco di Pitigliano Tosk; DOC w; tr ★ BV — Ein sanfter, fruchtiger, lebendiger Wein, der in der Nähe von Grosseto bereitet wird.

Bianco Vergine della Valdichiana Tosk; DOC w; tr ★ BV — Heller, trockener und leichter Weißwein aus Arezzo — und was für ein klangvoller Name!

Bigi, Luigi & Figlio Berühmter Erzeuger von Orvieto und anderen Weinen aus Umbrien und der Toskana, v. a. der trockene Orvieto aus Torricella ist sehr gut.

Biondi-Santi Der ursprüngliche Erzeuger von Brunello mit Weinkellern in Montalcino (Siena) und sehr hohen Preisen, aber einmalig guten älteren Jahrgängen. Die Lage Il Grappo hat allein 18 ha.

Boca Piem; DOC r; tr ★★ **82 85** 86 88 — Aus der gleichen Traube wie Barolo, im nördlichen Piemont, Pr. Novara. Ein Name mit Zukunft.

Bolla Berühmter Veroneser Erzeuger von Valpolicella, Soave usw. Spitzenweine: Jago, Castellaro.

Bonarda In Piemont und der Lombardei verbreitete zweitrangige Rotweintraube.

Bonarda (Oltrepò Pavese) Lomb; DOC r; tr ★★ 86 87 88 — Weicher, frischer, gefälliger Rotwein aus der Gegend südlich von Pavia.

Bosca Weinerzeuger in Piemont, bekannt für Asti Spumante und Wermutweine sowie den populären perlenden Canei.

Boscarelli, Poderi Kleines Weingut mit sehr gutem Vino Nobile di Montepulciano.

Botticino Lomb; DOC r; tr ★★ 85 86 87 88 — Gehaltvoller, körperreicher, ziemlich süßer Rotwein aus Brescia.

Brachetto d'Acqui Piem; DOC r; s (sch) ★★ BV — Süßer roter Schaumwein mit verlockendem Muskataroma.

Bramaterra Piem; DOC r tr ★★ 82 85 86 88 — Gehalt- und stilvolle Neuerscheinung unter den Rotweinen Piemonts, vorwiegend von Nebbiolo-Trauben.

Breganze Ven; DOC ★→★★★ 82 83 85 86 88 — Sammelname für viele Sorten und Arten aus der Gegend von Vicenza. Am besten sind Cabernet und Pinot Bianco. Spitzenerzeuger: Maculan.

Bricco dell'Uccellone Piem; r tr ★★★ 82 83 84 85 86 87 88 — Faßgereifter Barbera des Weinguts Giacomo Bologna.

Bricco Manzoni Piem; r ★★★ 82 83 85 86 88 — Ausgezeichneter Verschnitt von Barbera und Nebbiolo aus Monforte d'Alba.

Brolio Eines der ältesten (seit 1200) und das berühmteste Chianti-Classico-Weingut, im Besitz einer englischen Gruppe. Gute Weiß- und Rotweine.

Brunello di Montalcino Tosk; DOCG r; tr ★★★★ 70 71 75 77 79 80 81 82 83 85 86 87 88 — Italiens teuerster Rotwein. Gehaltvoll, körperreich, hocharomatisch und langlebig. Nach 5 Jahren Riserva. Wird seit mehr als einem Jh. 40 km südlich von Siena erzeugt. Spitzenerzeuger: u. a. Biondi-Santi, Caparzo, Case Basse, Altesino, Costanti, Il Poggione, Villa Banfi, Fattoria dei Barbi, Col d'Orcia, Lisini. Rosso di Montalcino ist eine preiswertere Alternative.

Brusco dei Barbi Piem; r tr ★★ 83 85 86 87 88 — Lebendige Brunello-Variante nach der alten Governo-Methode.

Buttafuoco Lomb; ★★ — Kräftiger, schäumender Rotwein von Barbera- und anderen Trauben. Nicht zu empfehlen.

Ca' del Bosco Gut in Franciacorta mit einem der besten Schaumweine Italiens sowie ausgezeichneten Rotweinen (Pinot Noir, Maurizio Zanella und Franciacorta).

Cabernet In NO-Italien und zunehmend auch in der Toskana und im Süden verbreitete Bordeaux-Traube.

Cacchiano, Castello di Erstrangiges Chianti-Classico-Gut in Gaiole.

Cafaggio, Villa Seriöses Chianti-Classico-Weingut mit einem guten roten VdT, Marke Solatio Basilica.

Caldaro oder Lago di Caldaro (Kalterersee) Tr-AAd; DOC r; tr ★→★★ BV — Leichter, weicher Rotwein mit Bittermandelgeschmack vom Kalterersee, südlich von Bozen. Classico aus einem kleineren Bereich ist besser.

Caluso Passito Piem; DOC w; s (Sü) ★★ 74 76 78 79 80 82 83 85 88 — Aus ausgewählten Erbaluce-Trauben hergestellt, die teilweise getrocknet werden; zarter Duft, samtig auf der Zunge. Kleine Produktion aus einem großen Bereich.

Cannonau di Sardegna Sard; DOC r (rs); tr oder lbl ★★ **85** 86 87 88 — Cannonau ist die dunkle Haupttraube Sardiniens; der Wein fällt oft ungeheuer stark aus (min. 13,5 %). Zahmere Cannonaus ohne DOC sind manchmal gefälliger.

Cantina 1. Kellerei. 2. C.-Sociale = Winzergenossenschaft.

Capannelle Guter Erzeuger mit toskanischem VdT (früher Chianti Classico), allerdings überbewertet und überteuert.

Caparzo, Tenuta Montalcino-Weingut mit vorzüglichem Brunello La Casa; ferner Chardonnay und Ca'del Pazzo, ein roter Verschnitt.

Capezzana, Tenuta di (oder Villa) Aus dem Gut der alten Familie Contini Bonacossi in der Toskana kommt großartiger Chianti Montalbano und Carmignano sowie ein Rotwein im Bordeaux-Stil namens Ghiaie della Furba.

Capri Camp; DOC r w rs ★ — Weithin mißbrauchter Name der berühmten Insel im Golf von Neapel.

Carema Piem; DOC r; tr ★★ **78 79 82** 85 86 88 — Alte Spezialität aus N-Piemont: vor dem Pressen vergorene Nebbiolo-Trauben (siehe Frankreich: Macération carbonique).

Carpenè Malvolti Führender Erzeuger von klassischem Prosecco und anderen Schaumweinen in Conegliano, Veneto.

Carmignano Tosk; DOC r; tr; (rs br) **★★★** **79 82 83 85** 86 87 88 — Teil von Chianti; guter bis sehr feiner Wein mit 10 % Cabernet-Trauben. Siehe Capezzana.

Carso Fr-VG; DOC r w; tr ★★ BV — DOC bei Triest mit gutem Malvasia. Terrano del Carso heißt ein milder Refosco-ähnlicher Rotwein.

Casa fondata nel . . . Firma gegründet im Jahr . . .

Castel del Monte Apu; DOC r rs w; tr ★★ **81 83 84 85** 86 87 88 — Trockene, frische ausgeglichene Weine aus dem Süden. Rotwein nach 3 Jahren Riserva. Der Rosé ist am bekanntesten. Riveras Il Falcone ist besonders gut.

Castel San Michele Tr-AAd; r; tr **★★** **82 83 85** 86 87 — Ein guter Rotwein, der aus Cabernet- und Merlot-Trauben in der Nähe von Trento von der Trentino-Landwirtschaftsschule bereitet wird.

Castellare Kleiner, vielgelobter Chianti-Classico-Erzeuger mit erstklassigem Sangiovese VdT I Sodi di San Niccoló und spritzigem Governo del Castellare, einem Chianti alten Stils in moderner Version.

Castello d'Albola Früher Pian d'Albola. Berühmtes Chianti-Classico-Weingut im Besitz von Zonin.

Castello della Sala Weingut von Antinori in Orvieto mit frischem Weißwein. Spitzensorte: Cervaro della Sala von Chardonnay und Grechetto, in französischer Eiche ausgebaut.

CAVIT CAntina VITicultori, Zusammenschluß mehrerer Genossenschaften bei Trento. Erzeuger von Tafel- und Schaumwein in großen Mengen.

Cellatica Lomb; DOC r; tr ★★ 87 88 — Leichter Rotwein mit etwas bitterem Nachgeschmack, aus Schiava-Trauben, aus der Pr. Brescia.

Cerasuolo Abr; DOC rs tr ★★ — Die Rosato-Version von Montepulciano d'Abruzzo.

Ceretto Spitzenerzeuger von sehr teurem Barbaresco («Bricco Asili») und Barolo («Bricco Rocche»).

Cerveteri Lat; DOC w; tr lbl ★ **85** 86 87 88 — Saubere Weine, die nordwestlich von Rom zwischen dem Lago Bracciano und dem Mare Tyrrhenia erzeugt werden.

Chardonnay Neuerdings für verschiedene norditalienische DOC-Weißweine zugelassene Rebsorte. Einige der besten Chardonnays (z. B. Gaja) gelten noch als VdT.

Chianti Tosk; DOCG r; tr ★→★★ **82 83 85 86** 88 — Der lebendige Wein aus der Gegend von Florenz. In der Jugend frisch, aber warmfruchtig; oft noch in strohumflochtenen Flaschen verkauft. Unterschiedlich haltbar. Montalbano, Rufina und Colli Fiorentini, Senesi, Aretini, Pisane sind Unterbereiche. Sehr empfehlenswert: Rufina.

Chianti Classico Tosk; DOCG r; tr ★→★★★ **79 81 82 83 85** 86 88 — Älterer Chianti aus dem mittleren Bereich. Viele Erzeuger liefern feine, kräftige, leicht herbe Weine. Riserva (nach 3 Jahren) oft mit Eichenholzduft. Der schwarze Hahn ist das Zeichen für Mitglieder des Consorzio, dem jedoch nicht alle Spitzenerzeuger angehören.

Chianti Putto Tosk; DOCG r tr ★→★★★ — Oft Chianti hoher Qualität von einigen Erzeugern außerhalb der Chianti-Classico-Zone. Mit rosa und weißem Putto-Etikett gekennzeichnet.

Chiaretto Sehr leichte Rotweine, fast Rosé, produziert rund um den Gardasee. Siehe Bardolino, Riviera del Garda.

Cinqueterre Lig; DOC w; tr oder w oder Pa ★★ — Seit Jahrhunderten bei La Spezia erzeugter duftiger, fruchtiger Weißwein. Der Passito ist als Sciacchetrà bekannt.

Cinzano Bedeutende Wermutfirma, auch für Asti Spumante aus Piemont bekannt. Das Montalcino-Weingut Col d'Orcia gehört dazu.

Cirò Cal; DOC r (rs w) tr ★★ **83 84 85** 86 87 88 — Der Wein der alten Olympischen Spiele. Sehr starker Rotwein, fruchtiger Weißwein (bald zu verbrauchen).

Classico Bezeichnung für Wein aus einem begrenzten, meist innerhalb einer DOC zentral gelegenen Bereich. Dem Namen nach, oft aber auch in der Praxis der beste Wein der jeweiligen Gegend.

Collavini, Cantina Erstklassiger Erzeuger von Collio, Colli Orientali und Grave-del-Friuli-Weißweinen: Pinot Grigio, Riesling, Merlot, Pinot Nero, Schaumwein usw.

Colle Picchioni Weingut südlich von Rom mit dem besten Marino-Weißwein; ferner Rotwein (Cabernet/Merlot) VdT, Vigna del Vassallo, vielleicht der beste in Latium.

Colli Zu deutsch: Hügel; kommt in vielen Weinnamen vor.

Colli Albani Lat; DOC w; tr oder lbl (sch) ★★ BV — Weicher, fruchtiger Wein von den Hügeln Roms.

Colli Berici Ven; DOC r w rs tr ★★ **82** 83 **85** 86 88 — Der Cabernet ist der beste von manchen vielversprechenden Weinen aus den Hügeln südlich von Vicenza.

Colli Bolognesi Em-Ro; DOC r, rs oder w; tr ★★ BV (w). **83 85** 86 87 88 — Aus den Hügeln südwestlich von Bologna. Sechs zugelassene Traubensorten. Spitzenweingut: Terre Rosse.

Colli Euganei Ven; DOC r w; tr oder lbl (sch) ⊠ 86 87 88 — DOC für 7 Weine aus der Gegend südwestlich von Padua. Der Rote ist anständig; der Weiße weich und gefällig: der Tafelwein von Venedig.

Colli Orientali del Friuli Fr-VG; DOC r w; tr oder s ★★→★★★ 82 83 85 86 88 — DOC für 18 verschiedene Weine von den Hügeln östlich von Udine, die jeweils nach den Traubensorten benannt sind, v. a. sehr gute Weißweine.

Colli Perugini Umbr; DOC r rs w ★ 85 86 87 88 — DOC für leichte Weine aus den Hügeln um Perugia.

Colli Piacentini Tosk; DOC r rs w; tr ★→★★ — DOC mit 11 Weinen, darunter der traditionsreiche Gutturnio und Monterosso Val d'Arda aus der Gegend um Piacenza. Guter, spritziger Malvasia.

Colli della Toscana Centrale Dieser Name wird von vielen Erzeugern im Chianti für Tafelwein benutzt. (Künftig DOC? Siehe Predicato.)

Colli del Trasimeno Umbr; DOC r w tr ★★ 85 86 87 88 — Lebendige Weine aus der Gegend von Perugia.

Colli di Catone Zuverlässiger Frascati-Erzeuger.

Collio Goriziano Fr-VG; DOC r w; tr ★★→★★★ 85 86 88 — 12 verschiedene, jeweils nach der Traubensorte benannte Weine aus einem kleinen Bereich zwischen Udine und Gorizia nahe der jugoslawischen Grenze.

Coltassala Tosk; r tr ★★★ 81 82 83 85 86 87 88 — Beachtenswerter Rotwein von Sangiovese aus dem alten Chianti-Classico-Gut Castello di Volpaia in Radda. «Balificio» enthält Cabernet.

Coltiva — Gruppo Italiano Vini Gruppe von Winzergenossenschaften und Kellereien, inzwischen vermutlich die drittgrößte Weinerzeuger der Welt; mit 10 % am ital. Weinumsatz beteiligt.

Conterno, Aldo e Giacomo Hochangesehener Erzeuger von Barolo usw. mit getrennten Weingütern in Monforte d'Alba.

Contratto Für Asti-Spumante-Schaumwein, Barolo usw. bekannte Piemonteser Firma.

Copertino Apu; DOC r tr ★★ 82 83 84 85 86 87 — Dunkler Rotwein von Negroamaro-Trauben von der Ferse des italienischen Stiefels. Es lohnt sich, ihn aufzuheben.

Cordero, Paolo, di Montezemolo Kleiner Erzeuger von feinstem Barolo.

Cori Lat; DOC w r; tr/s ⊠ 86 87 88 — Weiche und ausgewogene Weine; ca. 50 km südlich von Rom in der Provinz Latium erzeugt.

Cortese di Gavi Siehe Gavi.

Cortese (Oltrepò Pavese) Lomb; DOC w; tr ★→★★ BV — Wie obg. aus der westlichen Lombardei.

Corvo-Duco di Salaparuta Siz; r w; tr ★★ 83 84 85 86 87 88 — Beliebte sizilianische Weine: sauberer trockener Roter, gefälliger, weicher Weißer. Ausgezeichneter neuer, in kleinen Fässern gereifter Rotwein namens Duca Enrico von Nero-d'Avola-Trauben.

Costanti, Emilio Sehr kleines Gut mit allerfeinstem Brunello di Montalcino.

D'Ambra Ein bekannter Produzent von Ischia- und anderen Weinen, die von dieser Insel stammen.

Darmagi Piem; r tr ★★★ **82** 83 85 86 87 88 — Cabernet Sauvignon aus einer ausgewählten Barbaresco-Lage, erzeugt von Gaja und inzwischen der meistdiskutierte und -bewunderte «landfremde» Rotwein Piemonts.

Decugnano dei Barbi Orvieto-Spitzengut mit einer als «Pourriture Noble» bezeichneten Abboccato-Version sowie einem guten roten VdT.

Di Majo Norante Einsames Spitzengut in Molise mit gutem Montepulciano und weißem Falangina unter dem Etikett Ramitello. Sehr empfehlenswert.

Dolce Süß.

Dolceacqua Siehe Rossese di Dolceacqua.

Dolcetto In Piemont verbreitete Rotweintraube, der Alltagswein der Barolo- und Barbaresco-Gegend, liefert u. a. nachstehende Dolcetto-Weine.

Dolcetto d'Acqui Piem; DOC r; tr ★ 87 88 — Guter Tafelwein aus der Gegend südlich von Asti.

Dolcetto d'Alba Piem; DOC r; tr ★★ 87 88 — Einer der besten Dolcetti mit einer Spur Bittermandel.

Dolcetto di Diano d'Alba Piem; DOC ★★ 87 88 — Ein oft kräftigerer Rivale zu Dolcetto d'Alba.

Dolcetto di Ovada Piem; DOC r; tr ★★ **82 83 85** 86 87 88 — Angeblich der robusteste und langlebigste Dolcetto.

Donnafugata Siz; r w ★★ 86 87 88 — Kräftiger Rotwein und süffiger Weißwein aus den Belici-Bergen bei Agrigento.

Donnaz Val d'Aosta; DOC tr ★★ **82 83** 85 86 87 88 — Nebbiolo aus den Bergen, duftig, hell, leicht bitter. Vorschriftsmäßig 3 Jahre Alterung. Gehört jetzt zur DOC Valle d'Aosta.

Elba Tosk; r w; tr (sch) ★ 86 87 88 — Der Weißwein der Insel ist gut zu Fisch. Sauberer, trockener Rotwein.

Enfer d'Arvier Val d'Aosta; DOC r; tr ★★ **82 83** 85 86 88 — Eine Alpenspezialität: heller, angenehm bitterer, leichter Rotwein (s. a. Donnaz).

Enoteca = «Vinothek»; davon gibt es viele in Italien. Vorbild ist die Enoteca Italica Permanente in Siena. Auch Weinfachgeschäfte nennen sich so.

Erbaluce di Caluso. Siehe Caluso Passito.

Est! Est!! Est!!! Lat; DOC w; tr oder lbl ★ BV — Berühmter, weicher fruchtiger Weißwein von Montefiascone, nördlich von Rom. Der Name ist bemerkenswerter als der Wein.

Etna Siz; DOC r rs w; tr ★→★★ 85 86 87 88 — Wein von den vulkanischen Hängen des Ätna. Der Rotwein ist warm, voll, ausgeglichen und sehr gut haltbar, der Weißwein zart, mit ausgeprägtem Traubengeschmack. Siehe Villagrande.

Falerio dei Colli Ascolani Mar; DOC w; tr ★ BV — Aus der Pr. Ascoli Piceno, gefällig, frisch, fruchtig: ein Wein für den Sommer.

Falerno del Massico Camp; DOC r w; tr ★★ 88 — Einer der bekanntesten Weine aus der Antike (Falernum). Starker Rotwein von Aglianico, fruchtiger Weißwein von Falanghina mit steigender Qualität.

Fara Piem; DOC r; tr ★★ 82 83 85 86 88 — Guter Nebbiolo aus Novara, nördlich von Piemont. Duftig. Lagerung lohnt sich. Kleine Produktion.

Faro Siz; DOC r; tr ★★ 86 87 88 — Seltener, gehaltvoller sizilianischer Rotwein von der Straße von Messina.

Favonio Apu; r oder w; tr ★★ 83 84 85 86 87 88 — Weingut östlich von Foggia; verarbeitet Cabernet-, Chardonnay- und Pinot-Bianco-Trauben.

Fazi-Battaglia Bekannter Erzeuger von Verdicchio usw.

Felluga Die Brüder Livio und Marco (Russiz Superiore) haben jeder seinen eigenen Betrieb im Collio und in den Colli Orientali, aber beide sind hochgeachtet.

Ferrari Bei Trient (Tr-AAd) ansässiger Hersteller von einigen der besten italienischen trockenen Schaumweine nach der Champagnermethode.

Fiano di Avellino Camp; w; tr ★★→★★★ 85 86 87 88 — Gilt als der beste Weißwein Kampaniens. Geschmeidig, hell, trokken; sonst nicht weiter bemerkenswert. Haltbar.

Fiorano Lat; r w; tr lbl ★★ 81 82 83 85 86 87 88 — Interessante Rotweine von Cabernet und Merlot aus der Gegend von Rom.

Flaccianello della Pieve Siehe Fontodi.

Florio Hauptproduzent von Marsala; besitzt mehrere Marken; in der Hand von Cinzano.

Foianeghe Tr-AAd r ★★ — Trentino Cabernet/Merlot-Rotweine; können 7—10 Jahre reifen.

Folonari Großes Handelshaus in Brescia.

Fontana Candida Einer der besten Erzeuger von Frascati; besonders gut die Einzellage Santa Teresa.

Fontanafredda Einer der größten Erzeuger von Piemonteser Wein einschl. Barolo aus Einzellagen und einer Reihe von Alba-DOC-Weinen; ferner sehr guter Schaumwein.

Fonterutoli Erstklassiges Chianti-Classico-Gut in Castellina mit vielbeachtetem VdT Concerto.

Fontodi Aufstrebendes Chianti-Classico-Weingut mit besonders gutem VdT in Flaccianello della Pieve.

Franciacorta Pinot Lomb; DOC w (rs); tr (sch) ★★→★★★ — Angenehmer weicher Weißwein und gute Schaumweine aus Pinot-Bianco, Nero oder Grigio. Besonders gut ist Ca' del Bosco, Bellavista, Monterossa und Cavalleri.

Franciacorta Rosso Lomb; DOC r; tr ★★ 82 83 85 86 88 — Leichter Rotwein aus Brescia, Gemisch aus Cabernet- und Barbera-Trauben.

Frascati Lat; DOC w; tr Sü s (sch) ★→ ★★ BV — Der bekannteste Wein von den Hügeln um Rom: soll weich, reif, golden, angenehm fruchtig sein. Heute ist er meistens enttäuschend und neutral. Eher zu empfehlen sind Weine mit Jahrgangsangabe von kleinen Erzeugern (z. B. Conte Zandotti, Villa Simone bzw. Fontana Candida mit Einzellage Santa Teresa). Die süße Version heißt Cannellino.

Frecciarossa Lomb; DOC r w; tr ★→★★ 85 86 88 — Saubere Weine aus einem Weingut bei Casteggio, Oltrepò Pavese; der Weißwein ist der bekanntere.

Freisa d'Asti Piem; DOC r; tr lbl oder s (sch) ★★ BV — Manchmal süßer, oft schäumender Rotwein, angeblich nach

Erdbeeren und Rosen schmeckend. Sehr angenehm, wenn genug Säure dabei ist.

Frescobaldi Führende Pioniere für Chianti Putto in Nipozzano östlich von Florenz. Auch weißer Pomino und Predicato Sauv. Blanc (Vergena) sowie Cabernet (Mormoreto).

Friuli-Venezia Giulia — Die nordöstliche Region an der jugoslawischen Grenze. Viele Weine, die besten davon unter der DOC Collio und Colli Orientali.

Frizzante Leicht schäumender oder «pétillant» Wein, ein Ausdruck, mit dem Weine wie Lambrusco oder Barbera bezeichnet werden.

Gaja Altes Familienunternehmen unter tüchtiger Leitung. Piemonteser Spitzenweine, v. a. Barbaresco (Einzellagen Sori Tildin, Sori San Lorenzo, Costa Russi) richtungweisend mit ausgezeichnetem Chardonnay (Gaia & Rey **84 85**), Cabernet (Darmagi) und Sauvignon Blanc.

Galestro Tosk; w; tr ★ — Name für einen fruchtigen und leichten Weißwein aus dem Chianti.

Gambellara Ven; DOC w; tr oder lbl (sch) ★ BV — Nachbar von Soave. Trockener Wein mit ähnlichem Charakter. Angenehm fruchtiger, süßer Wein (Recioto di Gambellara); auch Vinsanto.

Gancia Berühmte Asti-Spumante-Firma in Piemont, auch Erzeuger von Wermut und trockenem Schaumwein. Das neue Weingut Torrebianco in Apulien erzeugt guten weißen VdT: Chardonnay, Sauvignon, Pino Bianco.

Garganega Wichtigste weiße Traube für Soave.

Garofoli Beachtlicher Stil bei Verdicchio Macrina und Serra Fiorese; auch Schaumwein. Besonders gut: Rosso Conero Piancarda.

Gattinara Piem; DOC r; tr ★★→★★★ **78 79 82 83** 85 86 88 — Süffiger, fülliger Barolo-ähnlicher Rotwein von Nebbiolo-Trauben, mancherorts unter dem Namen Spanna bekannt, aus Nordpiemont.

Gavi (oder Cortese di Gavi) Piem; w; tr ★★→★★★ **86** 87 88 — Von Cortese-Trauben gekeltert, oft einem guten, trockenen weißen Burgunder ähnlich. Am bekanntesten ist La Scolca; Castello di Tassarolla Spitzenqualität; La Giustiniana und Tenuta San Pietro ausgezeichnet, extrem hohe Preise aber selten gerechtfertigt.

Ghemme Piem; DOC r; tr ★★→★★★ **82 83** 85 86 88 — Nachbar von Gattinara, vielleicht nicht ganz so voll und fein.

Ghiaie della Furba Tosk; r; tr ★★★ **82 83** 85 86 88 — Cabernet-Verschnitt nach Bordeaux-Art von der großartigen Tenuta di Capezzana, Carmignano.

Giacobazzi Sehr bekannter Produzent von Lambrusco in der Nähe von Modena.

Giacosa, Bruno Exzellentes Weingut, das hervorragenden Barbaresco, Barolo und andere Piemonteser Weine produziert (in Neive, Cuneo).

Girò di Cagliari Sard; DOC r tr oder s ★ 86 87 88 — Ein ungeheuer starker Rotwein, am sympathischsten, wenn nicht der ganze Zuckergehalt vergoren ist.

Goldmuskateller Würzige Traube, liefert wunderbaren trockenen Weißwein (bes. von Tiefenbrunner).

Gradi Grad (Alkoholgehalt), d. h. Volumenprozent.

Grave del Friuli Fr-VG; DOC r w; tr ★★ **85 86** 87 88 — Die DOC umfaßt 15 jeweils nach der Traubensorte benannte Weine aus der Nähe der jugoslawischen Grenze. Guter Merlot und Cabernet.

Gravner Weingut im Collio mit einer Reihe superber Weißweine, v. a. Chardonnay und Sauvignon.

Gray, Giorgio Handels- und Beraterfirma für Spitzenweingüter u. a. in Südtirol. Eigene Marken: Bellendorf usw.

Grechetto Traditionsreiche Weißweintraube mit mehr Charakter als der überall anzutreffende Trebbiano; in Umbrien zunehmend beliebt. Der Name deutet auf griechischen Ursprung hin.

Greco di Bianco (oder Greco di Gerace) Cal; DOC w s ★★ **83 85** 86 88 — Origineller, sanfter und duftiger Dessertwein von der Spitze des italienischen Stiefels. Siehe auch Mantonico.

Greco di Tufo Camp; DOC w; tr (sch) ★★ **85 86** 87 88 — Einer der besten Weißweine aus dem Süden, fruchtig, etwas «wild» im Geschmack. Ein origineller Wein.

Grignolino d'Asti Piem; DOC r; tr ★ BV — Gefälliger, lebendiger Standardwein in Piemont.

Grumello Lomb; DOC r; tr ★★ **79 82 83** 85 86 88 — Nebbiolo-Wein aus Valtellina, kann mild, delikat und fein ausfallen.

Guerrieri-Rizzardi Spitzenerzeuger von Bardolino und anderen Veroneser Weinen aus mehreren Familienweingütern (v. a. 86er Villa Rizzardi).

Gutturnio dei Colli Piacentini Em-Ro; DOC r; tr (lbl) ★★ **83 85 86** 87 88 — Kräftiger Barbera/Bonarda-Verschnitt aus den Bergen von Piacenza; reift zu herrlicher Fülle. (DOC Colli Piacentini.)

Inferno Lomb; DOC r; tr ★★ **79 82 83** 85 86 88 — Ähnlich wie Grumello und wie dieser als Valtellina Superiore eingestuft.

Ischia Camp; DOC (r) w; tr ★ BV — Der Wein der vor Neapel liegenden Insel. Der etwas scharfe weiße Superiore ist am besten.

Isole e Olena Aufstrebendes Chianti-Classico-Weingut mit feinem rotem VdT namens Cepparello und sehr gutem Vin Santo.

Isonzo Fr-VG; DOC r w; tr ★★ **83 85** 86 87 — Die DOC umfaßt 10 Sorten Weine im äußersten Nordosten. Die besten Weißweine und der Cabernet (bes. von Stelio Gallo) halten den Vergleich mit Collio-Spitzenweinen aus.

Jerman Weingut im Collio mit hochwertigen VdT-Weinen, u. a. dem einzigartigen Vintage-Tunina-Weißwein.

Kalterersee Deutscher Name für Lago di Caldaro.

Lacryma Christi del Vesuvio Camp; r rs w (Sü) tr (s) ★→★★ 86 87 88 — Berühmte, meist gewöhnliche Weine verschiedenster Art von den Hängen des Vesuvs. (DOC Vesuvio.) Der einzige wirklich gute Wein stammt von Mastroberardino.

Lageder, Alois Der Senior unter den Erzeugern der DOC Bolzano: Sta. Maddalena usw. Interessante Weine, u. a. faßgereifter Chardonnay Portico dei Leoni (alias Löwengang), Sauvignon Lehen-Montigl und sehr gute Rotweine.

Lago di Caldaro Siehe Caldaro.

Lagrein Tr-AAd; DOC rs; tr ★★ **82 83 85** 86 87 88 — Tiroler Traube mit bitterem Beigeschmack. Guter, fruchtiger Wein, oft sehr ansprechend. Es gibt ihn als Rosé («Kretzer») und Rotwein («Dunkel»).

Lamberti Erzeuger von Soave, Valpolicella und Bardolino in Lazise am Ostufer des Gardasees.

Lambrusco DOC (oder nicht) r rs (w); lbl ⚡ BV — Eigenartiger, aber populärer spritziger Rotwein, in Italien meist secco (trocken) getrunken.

Lambrusco Grasparossa di Castelvetro Em-Ro; DOC r; tr oder lbl; sch ★★ BV — Kräftige Blume, angenehme Säure. Wird gern zu schweren Speisen getrunken.

Lambrusco Salamino di Santa Croce Em-Ro; DOC r; tr oder lbl; sch ★ BV — Ähnlich wie obg. Fruchtiger Duft, hoher Säuregehalt, stark zu Kopf gehend.

Lambrusco di Sorbara Em-Ro; DOC r; tr oder lbl; sch ★★ BV — Der beste aller Lambruscos. Aus der Nähe von Modena.

Langhe Die Berge im mittleren Piemont, Heimat von Barolo und Barbaresco; eigene DOC beantragt. Der Name erscheint auf vielen sortenreinen VdT.

Latisana Fr-VG; DOC r w; tr ★★ 86 87 88 — DOC für 7 Sorten-Weine aus der Gegend ca. 80 km nordöstlich von Venedig. Besonders guter Tocai Friulano.

Leone de Castris Führender Erzeuger apulischer Weine mit einem Gut in Salice Salentino bei Lecce.

Lessona Piem; DOC r; tr ★★ **82 83** 85 86 87 88 — Vollaromatischer Wein, der in der Provinz Vercelli aus Nebbiolo-, Vespolina- und Bonarda-Trauben gekeltert wird.

Liquoroso Stark und meist süß (in gespriteter und ungespriteter Version), wie z. B. Vinsanto aus der Toskana.

Lisini Kleines Weingut mit besonders feinem Brunello di Montalcino aus neueren Jahrgängen.

Locorotondo Apu; DOC w; tr (sch) ★ BV — Angenehm frischer Weißwein aus dem Süden.

Lugana Lomb; DOC w; tr (sch) ★★★ BV — Einer der besten Weißweine vom südlichen Gardasee: duftig, geschmeidig, voller Körper und Geschmack. Spitzenerzeuger: Visconti.

Lungarotti Führender Produzent von Torgiano-Weinen mit Kellern und eindrucksvollem Weinmuseum in der Nähe von Perugia. Erzeugt neuerdings auch feinen Chardonnay.

Maculan Spitzenerzeuger in der DOC Breganze. Produziert auch den ★★★ *vino da tavola* Torcolato (ein Dessertwein).

Malfatti Weingut mit modernen Methoden, unweit von Lecce. Erzeuger von Bianco, Rosso und Salice Salentino in mittlerer Qualität.

Malvasia Wichtige weiße oder rote Traube für üppige Weine, auch Madeira Malmsey. In ganz Italien verbreitet als trockener oder süßer Still- und Schaumwein.

Malvasia di Bosa Sard; DOC w; tr s ★★ **85 86** 87 88 — Kräftiger, würziger Wein mit bitterem Nachgeschmack.

SOAVE CLASSICO

VINO A DENOMINAZIONE DI ORIGINE CONTROLLATA

IMBOTTIGLIATO DAL PRODUTTORE ALL'ORIGINE CANTINA SOCIALE DI SOAVE

Im Gegensatz zu der in Frankreich und Deutschland üblichen Bezeichnungsweise mit Ort und Lage erhalten italienische Weine meist nur einen einfachen Namen. Der Wein ist nach dem Städtchen Soave benannt. Näher charakterisiert wird er durch das Wort Classico, dem Gesetz nach für den zentralen (meist auch besten) Teil vieler althergebrachter Weinbaugebiete vorbehalten. «Denominazione di Origine Controllata» bedeutet eine amtliche Echtheitsgarantie für die Herkunft. Imbottigliato... all'origine bedeutet Erzeugerabfüllung Cantina Sociale di Soave ist die Winzergenossenschaft in Soave.

Malvasia di Cagliari Sard; DOC w; tr lbl oder s (Sü; tr s) ★★ 85 86 87 88 — Interessanter starker sardinischer Wein, duftig und leicht bitter.

Malvasia di Casorzo d'Asti Piem; DOC r; s; sch ★★ BV — Duftiger, fruchtiger süßer Rotwein, manchmal Schaumwein.

Malvasia di Castelnuovo Don Bosco Piem; DOC r; s (sch) ★★ — Eine eigentümliche Methode der unterbrochenen Gärung liefert sehr süßen, aromatischen Rotwein.

Malvasia delle Lipari Siz; DOC w; s (Pa Sü) ★★★ 82 83 84 85 86 87 88 — Einer der besten Malvasier, aromatisch und voll, von den Liparischen oder Äolischen Inseln nördlich von Sizilien. Spitzenerzeuger: Carlo Hauner.

Malvoisie de Nus Val d'Aosta; DOC w; tr lbl ★★★ — Seltener Weißwein aus den Alpen mit tiefem Honigduft. Kleine Produktion, großer Ruf. Altert bemerkenswert gut.

Mandrolisai Sard; DOC r rs tr ★ 87 88 — Nicht ganz so starker (und dafür zugänglicher) Cannonau als der im traditionellen Stil.

Manduria (Primitivo di) Apu; DOC r; lbl (Sü; tr oder s) ★★ 85 86 87 88 — Die mit Zinfandel verwandte Traube ergibt starken, oft noch gespriteten Rotwein (um Taranto).

Mantonico Cal; w; tr oder s Sü ★★ 83 85 86 87 88 — Fruchtiger, tief goldgelber Dessertwein aus Reggio Calabria. Bemerkenswert gut haltbar. Siehe auch Greco di Bianco.

Marino Lat; DOC w; tr oder lbl (sch) ★★ BV — Nachbar von Frascati mit ähnlichem Wein, aber oft preiswerter. Beachtung verdient die Marke Colle Picchioni.

Marrano Umbr; w; tr ★★★ — Pikanter Weißwein von Bigi aus Grechetto-Trauben um Orvieto.

Marsala Siz; DOC br; tr lbl oder s Sü ★★★ oJ — Dunkler, sherryartiger Wein, 1773 von den Gebrüdern Woodhouse aus Liverpool «erfunden»; sehr guter Aperitif oder Dessertwein. Wird trocken («jungfräulich») manchmal nach der Solera-Methode bereitet. Muß 5 Jahre alt sein. Spitzenerzeuger: Vecchio Samperi, Pellegrino, Diego Rallo, Florio.

Martina Franca Apu; DOC w; tr (sch) ★ BV — Angenehmer, aber recht neutraler Weißwein aus dem Süden. Enger Verwandter des Locorotondo.

Martini & Rossi Bekannte Wermut- und Schaumweinfirma, auch berühmt für ihr schönes Weinmuseum in Pessione bei Turin.

Marzemino (del Trentino) Tr-AAd; DOC r; tr ★ **86 87** 88 — Angenehmer lokaler Rotwein von Trient. Fruchtiger Duft, etwas bitterer Geschmack. Mozarts Don Giovanni liebte ihn. Sehr guter Einzellagen-Amarone.

Mascarello Name zweier führender Erzeuger von Barolo usw.: Bartolo M. und Giuseppe M. & Figli.

Masi, Agricola Bekannter Erzeuger, Spezialist für Valpolicella, Recioto, Soave usw., auch feiner roter Campo Fiorin.

Mastroberardino Führender Erzeuger aus der Campania, auch Taurasi, Lacryma Christi del Vesuvio, Fiano di Avellion und Greco di Tufa.

Melini Alteingesessener und bedeutender Erzeuger von Chianti Classico in Pontassieve. Erfinder der Standard-Chianti-Flasche (Fiasco).

Melissa Cal; DOC r w; tr ★★ **82 83 84 85** 86 87 88 — Meist aus der Gaglioppo-Traube in der Pr. Catanzaro bereiteter, zarter, ausgegl. Wein. Recht gut haltbar. Ciró ist dasselbe.

Meranese di Collina Tr-AAd; DOC r; tr ★ BV — Leichter Rotwein aus Meran; auf deutsch Meraner Hügel.

Merlot Anpassungsfähige rote Bordeaux-Traube, in Nordostitalien und anderswo sehr verbreitet, z. B.:

Merlot di Aprilia Lat; DOC r; tr ★ **86** 87 88 — Zuerst sehr herb, nach 2 bis 3 Jahren weicher.

Merlot Colli Berici Ven; DOC r; tr ★ **85** 86 87 88 — Angenehm leicht und mild. Campo del Lago von Villa dal Ferro ist einer der besten Merlots Italiens.

Merlot Colli Orientali del Friuli Fr-VG; DOC r; tr ★★ **82 83 85** 86 88 — Gefälliger, kräuterwürziger Charakter, nach 2 bis 3 Jahren am besten (Riserva); z. T. gut haltbar, v. a. Vigne dal Leon.

Merlot Collio Goriziano Fr-VG; DOC r; tr ★★ **85** 86 88 — Grasiger Geruch, leicht bitterer Geschmack. Nach 2 bis 3 Jahren am besten.

Merlot Grave del Friuli Fr-VG; DOC r; tr ★★ **83 85** 86 88 — Angenehmer leichter Wein, meist nach 1 bis 2 Jahren am besten, hält sich eventuell aber auch länger.

Merlot Isonzo Fr-VG; DOC r; tr ★★ **83 85** 86 88 — DOC in Gorizia. Trockener, kräuterwürziger, angenehmer Wein.

Merlot del Piave Ven; DOC r; tr ★★ **85 86** 88 — Sauberer, süffiger Rotwein, nach 2 bis 4 Jahren am besten.

Merlot di Pramaggiore Ven; DOC r; tr ★★ **83 85** 86 88 — Liegt etwas über den meisten anderen Merlots; Flaschenlagerung bekommt ihm gut. Nach 2 Jahren Riserva.

Merlot (del Trentino) Tr-AAd; r tr ★ **83 85** 86 88 — Voll im Geschmack, leicht grasig im Duft; nach 2 Jahren Riserva. (Alto Adige Merlot, v. a. aus den Lagen Margreid und Siebeneich, ist besser.)

Metodo classico/tradizionale Zunehmend gebräuchliche Bezeichnung für Schaumwein nach dem Champagner-Verfahren.

Monica di Cagliari Sard; DOC r; tr oder s (Sü tr oder s) ★★
86 87 88 — Starker würziger Rotwein, oft gespritet. Monica
ist eine sardinische Traube.

Monica di Sardegna Sard; DOC r; tr ★ **85** 86 87 88 —
Trockene Form des vorigen, nicht gespritet.

Monsanto Hochangesehenes Chianti-Classico-Weingut mit
der Einzellage Il Poggio.

Montalcino Ort in der Provinz Siena (Toskana), berühmt
durch tiefroten Brunello und helleren Rosso di Montalcino.

Montecarlo Tosk; DOC w; tr r ★★ BV — Einer der besten
Weißweine der Toskana; geschmeidig und zart. Die DOC gilt
auch für einen Rotwein im Chianti-Stil.

Montecompatri Colonna Lat; DOC w; tr oder lbl ★ BV —
Nachbar von Frascati. Ähnlicher Wein.

Montefalco Umb; DOC r tr oder s ★★ **83 85** 86 87 88 —
Die Standardversion heißt Rosso; der Sagrantino (nach der
Traube benannt) hat Süße und Kraft. Spitzenerzeuger: Adanti
mit hervorragendem Rosso d'Arquata VdT.

Montepulciano, Vino Nobile di Siehe Vino Nobile di Montepulciano.

Montepulciano d'Abruzzo (oder Molise) Abr u. M; DOC r
rs; tr ★★★ **82 83 85** 86 87 88 — Einer der besten italienischen Rotweine, voll Wohlgeschmack und Wärme, von der
adriatischen Küste bei Pescara. Siehe auch Cerasuolo Valentini.

Monterosso (Val d'Arda) Em-Ro; DOC w; tr oder s (sch) ★
BV — Einfacher Weißwein aus Piacenza, angenehm und
frisch (DOC Colli Piacentini).

Montesodi Tosk; r ★★★ **78 79 80 82 83** 85 86 88 — Erstklassiger Chianti Rufina Riserva von Frescobaldi.

Monte Vertine Führendes Weingut in Radda (Chianti). ★★★
VdT — Le Pergole Torte und Sodaccio.

Moscadello di Montalcino Tosk; w s/ sch ★★ BV — Leichter,
schäumender, nicht zu süßer Muskateller. Eine erfrischende
Spezialität von Montalcino, v. a. Villa Banfi.

Moscato In ganz Italien verbreitete fruchtige aromatische
Traube.

Moscato (Oltrepò Pavese) Lomb; DOC w; s (sch) ★ BV —
Lombardisches Gegenstück zum Moscato d'Asti, aber selten
ebenso gut.

Moscato d'Asti Piem; DOC w; s sch ★★ oJ — Alkohol-
armer, lieblich-fruchtiger Schaumwein, bes. gut von Rivetti,
Saraco, Iogliotti, Bera, Vignaioli di Santo Stefano. Asti Spumante ist theoretisch die bessere Version.

Moscato dei Colli Euganei Ven; DOC w; s (sch) ★★ BV —
Goldfarbener, fruchtiger und geschmeidiger Wein um Padua.

Moscato di Pantelleria Siz; DOC w; s (sch) (Sü Pa) ★★★ —
Der beste italienische Muskateller, von der Insel Pantelleria
vor der tunesischen Küste; voll, fruchtig, aromatisch. Gut haltbar. Spitzenwein: Bukkram von De Bartoli.

Moscato di Sorso Sennori Sard; DOC w; s (Sü) ✦ BV —
Starker, goldfarbener Dessertwein aus Sassari, Nordsardinien.

Moscato di Trani Apu; DOC w; s oder Sü ★ **83 84** 85 86 87
88 — Starker goldfarbener Dessertwein, manchmal gespritet,
mit «einem Duft welkender Rosen».

Müller-Thurgau Liefert im Trentino, in Friaul und in Südtirol beachtlichen Wein, v. a. Tiefenbrunners «Feldmarschall».

Nasco di Cagliari Sard; DOC w; tr oder s (Sü tr oder s) ★ **87** 88 — Spezialität aus Sardinien, zartes Bukett, leicht bitterer Geschmack, hoher Alkoholgehalt.

Nebbiolo Die beste Rotweintraube des Piemont und der Lombardei.

Nebbiolo d'Alba Piem; DOC r; tr lbl (sch) ★★ **82 85 86** 87 88 — Leichter, und daher oft mit mehr Genuß zu trinken als der wuchtigere klassische Barolo. Die DOC Roero wurde für solchen Wein nördl. von Alba neu eingerichtet.

Negroamaro Wörtlich «schwarzer Bitterer». Apulische Traubensorte mit großem Qualitätspotential. Siehe Copertino.

Neive, Castello di Führender Barbaresco-Erzeuger in einem Castello, wo Louis Oudart um 1850 den Ausbau von Nebbiolo-Wein im Faß einführte.

Nipozzano, Castello di Das Frescobaldi-Weingut, aus dem der Montesodi kommt, ist das größte außerhalb der Chianti-Classico-Zone.

Nozzole Berühmtes Gut im Zentrum des Chianti-Classico-Bereichs, nördlich von Greve.

Nuragus di Cagliari Sard; DOC w; tr ★ BV — Lebendiger, nicht zu starker Weißwein aus Sardinien.

Oliena Sard; r; tr ★★ — Interessanter, starker, duftiger Cannonau-Rotwein, ganz leicht bitter.

Oltrepò Pavese Lomb; DOC r w; tr s; sch ★→★★ — DOC für 15 meist nach der Traubensorte benannte Weine aus der Pr. Pavia.

Ornellaia Neues Weingut von Ludovico Antinori bei Bolgheri an der toskanischen Küste. Cabernet/Merlot und Sauvignon Blanc (Poggio delle Gazze) vielversprechend.

Orvieto Umb; DOC w; tr oder lbl ★★→★★★ BV — Der klassische goldene Weißwein aus Umbrien, geschmeidig und gehaltvoll, bisher etwas ausdruckslos, neuerdings dagegen interessanter, v. a. in lieblichen Versionen. O. Classico ist die bessere Sorte. Nur die besten, z. B. Bigi, Decugnano dei Barbi, Barberani, sind länger haltbar. Siehe auch Castello della Sala.

Ostuni Apu; DOC r oder w; tr ★ BV — Aus der Provinz Brindisi. Nichts besonders Aufregendes.

Pagadebit di Romagna Em-Ro; DOC w tr/lbl BV — Traditionsreicher, gefälliger Wein aus der Gegend von Bertinoro. Der Name bedeutet «Schuldenzahler».

Paradiso, Fattoria Jahrhundertealtes Familiengut bei Bertinoro (Em-Ro). Guter Albana, feiner Pagadebit und einzigartiger roter Barbarossa; am besten ist der Sangiovese.

Parrina Tosk; r w; tr ★★ **86 87** 88 — Leichter Rotwein und frischer, anregender Weißwein aus der südlichen Toskana.

Pasolini Dall'Onda Adelsfamilie mit Weingütern in Chianti, den Colli Fiorentini und der Romagna; feine Weine in traditioneller Art.

Passito Starker, süßer Wein aus am Rebstock oder unter Dach getrockneten Trauben.

Peppoli Weingut im Besitz von Antinori mit ausgezeichnetem, vollem, rundem, jugendfrischem Chianti Classico — 1. Jahrgang 1985.

Per' e Palummo Camp; r; tr ★★ 86 87 88 — Süffiger Rotwein von der Insel Ischia; zart, etwas grasig und gerbstoffhaltig, ausgewogen.

Petit Rouge V. d'A. ★★ **82 83** 85 86 88 — Guter, dunkler, lebendiger Rotwein, ähnlich Refosco.

Piave DOC r w; tr ★★ **82 83 85** 86 88 (w) BV — DOC für 8 nach der Traubensorte benannte Weine, 4 rote, 4 weiße. Die Cabernet-, Merlot- und Raboso-Rotweine brauchen Reifezeit.

Picolit (Colli Orientali del Friuli) Fr-VG; DOC w; lbl oder s ★★★ 85 86 88 — Feiner Dessertwein. Zartes Bukett, ausgeglichen, sehr süß. Reifezeit bis 6 Jahre; sehr teuer.

Piemont Das bedeutendste italienische Qualitätsweingebiet mit Turin als Hauptstadt und Asti und Alba als Weinzentren. Siehe Barolo, Barbera, Grignolino, Moscato usw.

Pieropan Hervorragender Erzeuger von zu Recht berühmtem Soave.

Pigato Neue DOC unter Riviera Ligure di Ponente; überflügelt oft den Vermentino als feinster Weißwein Liguriens mit meist vollem, kräftigem Gefüge.

Pighin, Fratelli Guter Erzeuger von Collio und Grave del Friuli.

Pinot Bianco Im Nordwesten beliebte Traube, besonders gut für Schaumwein.

Pinot Bianco (Alto Adige) Tr-AAd; DOC w tr ★★ 85 86 88 — Der beste und langlebigste italienische Wein dieser Sorte.

Pinot Bianco (dei Colli Berici) Ven; DOC w; tr ★★ BV — Sauberer, einfacher, trockener Weißwein.

Pinot Bianco (Colli Orientali del Friuli) Fr-VG; DOC w; tr ★★ 87 88 — Guter Weißwein; geschmeidig und recht schlicht.

Pinot Bianco (Collio Goriziano) Fr-VG; DOC w; tr ★★ 86 88 — Ähnlich wie Colli Orientali.

Pinot Bianco (Grave del Friuli) Fr-VG; DOC w; tr ★★ BV — Meist nicht mit Colli Orientali und Collio vergleichbar.

Pinot Grigio In Nordost-Italien zunehmend beliebte, wohlschmeckende weiße Traube mit wenig Säure; bewährt sich am besten in Südtirol und im Collio.

Pinot Grigio (Collio Goriziano) Fr-VG; DOC w; tr ★★ BV — Trockener Weißer, fruchtig, mild, angenehm. Die besten gut haltbar.

Pinot Grigio (Grave del Friuli) Fr-VG; DOC w; tr ★★ BV — Kaum weniger gut als Collio und Colli Orientali.

Pinot Grigio (Oltrepò Pavese) Lomb; DOC w; tr (sch) ★★ BV — Meist wenigstens anständige Weine.

Pinot Nero Tr-AAd; DOC r; tr ★★ 85 86 88 — Pinot Nero (Noir) liefert in weiten Teilen Norditaliens einschl. Trentino lebendigen leichten Wein nach Burgunderart. Nach 2 Jahren Riserva.

Pio Cesare Spitzenerzeuger von Qualitätsrotweinen, z. B. Barolo, in Piemont.

Podere Il Palazzino Kleines Weingut mit bewundernswertem Chianti Classico und VdT Grosso Senese.

Poggio al Sole Chianti-Classico-Gut; nicht mehr so fein wie früher.

Poggione, Tenuta II Das vielleicht beständigste Spitzenweingut für Brunello und Rosso di Montalcino.

Pojer & Sandri Spitzenerzeuger von Müller-Thurgau und Chardonnay aus dem Trentino (ohne DOC).

Polyphemo Benannt nach dem einäugigen Riesen, dem der griechische Rotwein so sehr geschmeckt haben soll.

Pomino Tosk; DOC (r) w; tr (br) ★★★ 85 86 88 — Feiner toskanischer Weißwein, teils aus Chardonnay («Il Beneficio» ist sortenrein) und Sangiovese mit Cabernet. Auch Vinsanto. Von Frescobaldi.

Predicato Name für vier VdT-Stile aus der mittleren Toskana. Sie sind Beispiele für das starke Abweichen von der traditionellen Art: P. del Muschio besteht aus Chardonnay oder Pinot Bianco, P. del Selvante aus Sauvignon Blanc, P. di Bitufia aus Cabernet Sauvignon mit Sangiovese und P. di Cardisco nur aus Sangiovese. Der Cabreo von Ruffino gehört in diese Gruppe.

Primitivo di Puglia Siehe Manduria.

Prosecco di Conegliano Ven; DOC w; tr oder lbl (sch) ★★★ BV — Beliebter Schaumwein aus dem Nordosten. Fruchtiges Bukett, der trockene angenehm bitter, der süße fruchtig; die beste Sorte ist Superiore di Cartizze. Carpenè-Malvolti ist ein berühmter alter Erzeuger; er wird inzwischen von Pino Zardetto, Nino Franco, Canevel, Cardinal ins zweite Glied verwiesen.

Prunotto, Alfredo Seriöses Haus in Alba mit sehr gutem Barolo, Barbaresco, Nebbiolo usw.

Quintarelli, Giuseppe Valpolicella Recioto und Amarone in bester handwerklicher Qualität mit entsprechendem Preis.

Raboso (del Piave) Ven; r; tr ★★ 82 83 85 86 88 — Gehaltvoller, strenger, interessanter Landrotwein; braucht Alterung.

Rallo, Diego & Figli Führendes Weingut in Marsala, u. a. mit erstklassigem Vergine. (Leiter: Giacomo Rallo; seine Frau Gabriella leitet Donnafugata.)

Ramandolo Siehe Verduzzo Colli Orientali del Friuli.

Rampolla, Castello dei Chianti-Classico-Spitzenweingut in Panzano; erzeugt auch vorzüglichen VdT Sammarco auf Cabernet-Grundlage.

Rapitalà Siehe Alcamo.

Ratti, Renato Erzeuger von sehr gutem Barolo und anderen Weinen aus Alba. Signor Ratti († 1988) war ein hochgeachteter Förderer des Weinbaus in Piemont.

Ravello Camp; r rs w; tr ★★ 86 87 88 — Einer der besten Weine der Campania: voller, trockener Rotwein, frischer, sauberer Weißwein. Caruso ist eine gute Marke.

Recioto Zum Teil aus halbgetrockneten Trauben bereiteter Wein. Spezialität aus dem Veneto, schon seit der großen Zeit Venedigs.

Recioto Amarone della Valpolicella Ven; DOC r; tr ★★★★ 77 78 79 80 81 83 85 86 88 — Trockene Version des vorstehenden. Hochkonzentriertes Bukett, etwas bitter. Eindrucksvoll und teuer.

Recioto di Gambellara Ven; DOC w; lbl sch ★ BV — Süßlicher, goldfarbener Wein, oft als Perlwein.

Recioto di Soave Ven; DOC w; lbl (sch) ★★ 85 86 87 88 — Soave aus ausgewählten halbgetrockneten Trauben, süß, fruchtig, frisch, leichter Mandelgeschmack; hoher Alkoholgehalt. Spitzenerzeuger: Anselmi.

Recioto della Valpolicella Ven; DOC r; lbl sch ★★ 80 81 83 85 86 88 — Starker, spätgelesener Rotwein, auch Schaumwein, in Verona beliebt. Der «Amabile» ist vollsüß.

Refosco (Colli Orientali del Friuli) Fr–VG; DOC r; tr ★★ 82 83 85 86 88 — Körperreicher trockener Rotwein; nach 2 Jahren Riserva. Refosco soll die gleiche Traube sein wie die französische Mondeuse Savoyens.

Refosco (Grave del Friuli) Fr–VG; DOC r; tr ★★ 82 83 85 86 87 88 — Ähnlich wie obg., aber etwas leichter.

Regaleali Sic; w r rs ★★ 81 83 84 85 86 87 88 — Vielleicht der beste sizilianische VdT; wird zwischen Caltanissetta und Palermo produziert.

Ribolla (Colli Orientali del Friuli) Fr–VG; DOC w; tr ★ BV — Sauberer, fruchtiger Weißwein aus dem Nordosten.

Ricasoli Berühmte Familie in der Toskana, deren Chianti Classico nach Gut und Schloß Brolio benannt ist.

Riecine Tosk; ★★★ — Erstklassiges Chianti-Classico-Gut in Gaiole, von einem Engländer (John Dunkley) gegründet. Erster Wein 1973.

Riesling Meist ist italienischer R. (Italico oder «Welschriesling») gemeint. Deutscher Riesling wird vermehrt angebaut und heißt R. Renano.

Riesling (Oltrepò Pavese) Lomb; DOC w; tr (sch) ★★ — Die lombardische Version, recht leicht und frisch; manchmal als Schaumwein. Gut haltbar. Aus beiden Rieslingarten erzeugt.

Riesling (Trentino) Tr-AAd; DOC w; tr ★★ BV — Zart, etwas säuerlich, sehr fruchtig.

Riesling Alto Adige DOC w; tr ★★ 85 86 88 — Oft der beste Riesling Italiens.

Riserva Über eine vorgeschriebene Zeit meist im Faß gelagerter Wein.

Riunite Eine der größten Genossenschaftskellereien der Welt, bei Reggio Emilia. Sie produziert Lambrusco und andere Weine in großen Mengen.

Rivera Wichtiger und zuverlässiger Wein-Produzent in Andria, in der Nähe von Bari, mit gutem Rotwein (Il Falcone) und Castel del Monte Rosé. Zweites Etikett: Vigna al Monte.

Riviera del Garda Chiaretto Ven und Lomb; DOC rs; tr ★★ BV — Charmant, rosa, frisch, etwas bitter; vom Südwesten des Gardasees.

Riviera del Garda Rosso Ven; DOC r; tr ★★ 85 86 87 88 — Rote Version des vorstehenden; hält sich überraschend gut.

Rocche dei Manzoni, Podere Aufstrebendes Weingut in Monforte d'Alba. Ausgezeichneter Barolo, Bricco Manzoni sowie sonstige Weine aus Alba und Schaumwein Valentino Brut.

Roero Siehe Nebbiolo d'Alba.

Ronco del Gnemiz Kleines Weingut mit vorzüglichen Colli-Orientali-DOC-Weinen und in kleinen Fässern gereiftem Chardonnay VdT.

Rosa del Golfo Apu; rs tr ★★ BV — Hervorragender VdT Rosato aus Alezio.

Rosato Rosé.

Rosato del Salento Apu; rs; tr ★→★★ BV — Starker, aber erfrischender südlicher Rosé um Brindisi.

Rossese di Dolceacqua Lig; DOC r; tr ★★ 85 86 87 88 — Bekannter, duftiger, leichter Rotwein von der Riviera, sauber und hell. Superiore ist gehaltvoller.

Rosso Rot.

Rosso d'Arquata Siehe Adanti.

Rosso delle Colline Lucchesi Tosk; DOC r; tr ★★ 85 86 88 — Aus der Gegend von Lucca, unterscheidet sich kaum vom Chianti.

Rosso Cònero Mar; DOC r; tr ★★ 82 83 85 86 87 88 — Kleine Produktion an erstklassigen sortenreinen Montepulciano-Rotweinen, u. a. Cumaro und San Lorenzo von Umani Ronchi und Piancarda von Garofoli.

Rosso di Montalcino Tosk; DOC r; tr ★★→★★★ — Neue DOC für jüngere Weine von Brunello-Trauben. Noch unterschiedlich, aber mit guten Aussichten.

Rosso Piceno Mar; DOC r; tr ★→ ★★ 83 85 86 87 88 — Ebenfalls von der Adriaküste kommt dieser Rotwein mit gewissem Stil. Auch Superiore.

Rubesco Ausgezeichneter Rotwein aus Torgiano.

Rubino di Cantavenna Piem; DOC r; tr ★★ 86 87 88 — Lebendiger Rotwein, vor allem Barbera, von einer bekannten Winzergenossenschaft südöstlich von Turin.

Rufina Unterbezirk von Chianti.

Ruffino Größtes und bekanntestes Chianti-Handelshaus. Sein Spitzenwein heißt Riserva Ducale (S. a. Predicato).

Sagrantino Siehe Montefalco.

Salice Salentino Apu; DOC; r ★★ 79 80 81 83 85 86 87 88 — Kräftiger Rotwein von Negroamaro-Trauben; nach 2 Jahren Riserva. Im Alter mild und voll. Spitzenerzeuger: Taurino, de Castris.

San Felice Aufsteigender Stern in Chianti mit feinem Classico Poggio Rosso und preisgekröntem rotem VdT Vigorello sowie Predicato di Biturica.

Sangiovese oder Sangioveto Wichtigste Rotweintraube Italiens, v. a. der Toskana, in vielen Formen: u. a. Brunello und Prugnolo Gentile (von Montepulciano).

Sangiovese d'Aprilia Lat; DOC r oder rs; tr ★ BV — Gehaltvoller trockener Rosé von südlich von Rom.

Sangiovese di Romagna Em-Ro; DOC r; tr ★★ 82 83 85 86 87 88 — Angenehmer Standard-Rotwein; gewinnt bei etwas Lagerung.

San Giusto a Rentennano Einer der besten Chianti-Classico-Erzeuger; erstaunlich guter 85er bei mäßigen Preisen; vorzüglicher roter VdT Percarlo.

San Polo in Rosso, Castello di Chianti-Classico-Weingut mit ausgezeichnetem VdT Cetinaia (in großen Fässern ausgebaut).

San Severo Apu; DOC r rs w; tr ★ 87 88 — Sauberer neutraler Wein aus dem Süden, nicht sehr schwer.

Santa Maddalena Tr-AAd; DOC r; tr **★★** 85 86 87 — Vielleicht der beste Tiroler Rotwein, kommt aus Bozen. Rund und warm, leichter Mandelgeschmack.

Santa Margherita Die Kellerei im Veneto machte den Pinot Grigio populär; sie hat sich inzwischen mit vielen guten Weinen eine breite Basis geschaffen.

Sassella (Valtellina) Lomb; DOC r; tr ★★★ 78 79 80 82 83 85 86 88 — Bemerkenswerter Nebbiolo-Wein, in der Jugend herb. Seit der Römerzeit bekannt; auch von Leonardo da Vinci erwähnt.

Sassicaia Tosk; DOC r; tr **★★★★** 72 75 76 77 78 79 80 81 82 83 84 85 86 87 88 — Ausgezeichneter Cabernet, eine Pionierleistung der Tenuta San Guido, von der Familie Incisa in Bolgheri in der Nähe von Livorno seit 1968 in kleinen Mengen produziert.

Sauvignon Die im Nordosten angebaute vorzügliche Sauvignon-Blanc-Traube gedeiht vielleicht in Terlan, Südtirol, am besten; gut auch im Collio und den Colli Orientali.

Sauvignon (Colli Berici) Ven; DOC w; tr ★ BV — frischer Weißwein aus der Gegend von Vicenza.

Sauvignon (Colli Orientali del Friuli) Fr-VG; DOC w; tr ★★ 85 86 88 — Voller, geschmeidiger, frisch aromatischer Weißwein aus dem Nordosten.

Sauvignon (Collio Goriziano) Fr-VG; DOC w; tr ★★ 85 86 88 — Dem vorstehenden sehr ähnlich, etwas alkoholreicher.

Savuto Cal; DOC r rs; tr ★★ 83 85 86 88 — Der althergebrachte Savuto aus der Pr. Cosenza und Catanzaro. Kräftiger, saftiger Wein.

Schiava Gute rote Traube im Trentino und Alto Adige mit dem typischen bitteren Nachgeschmack, verwendet für Santa Maddalena usw.

Sciacchetrà Siehe Cinqueterre.

Sebaste Beachtenswerter junger Barolo-Erzeuger, arbeitet mit Gancia zusammen.

Secco Trocken.

Secentenario Tosk; r ★★★★ — Vielleicht der bisher beste Rotwein von Antinori, abgefüllt (in Magnum-Flaschen) zum 600jährigen Firmenjubiläum 1985.

Sella & Mosca Bedeutendes Erzeuger- und Handelshaus in Alghero, Sardinien. Besonders gut ist der Port-ähnliche Anghelu Ruju.

Die italienische Weinklassifizierung wird nach und nach um eine Spitzenkategorie, DOCG, Denominazione Controllata e Garantita, erweitert. Diese Bezeichnung wird nur gewissen Weinen aus Spitzenqualitätszonen zuteil, die vom Produzenten in Flaschen abgefüllt und mit dem Staatssiegel versehen wurden. Die ersten fünf «Garantie»-Bereiche sind Barolo, Barbaresco, Brunello di Montalcino, Chianti und Vino Nobile di Montepulciano. Als sechster (erstmals für einen Weißwein) kam aus unerfindlichen Gründen Albana di Romagna hinzu. Dabei darf man aber nicht vergessen, daß etliche von Italiens besten Weinen nicht unter das DOC-System fallen und offiziell nur als Vino da tavola (VdT) gelten, so beispielsweise Sassicaia, Tignanello, Venegazzù und Bricco Manzoni.

Selvapiana Rufina-Weingut im Besitz der Familie Giuntini; feinster Chianti-Wein, kaum ein Classico kommt ihm gleich.

Settesoli Sizilianische Genossenschaft mit einer Reihe manchmal sehr guter Tafelweine.

Sforzato (Valtellina) Lomb; DOC r; tr ★★★ 78 79 80 82 83 85 86 88 — Gegenstück zum Recioto Amarone aus teilweise getrockneten Trauben. Samtig, gehaltvoll, bemerkenswert gut haltbar. Auch Sfursat genannt.

Sfursat Siehe Sforzato.

Sizzano Piem; DOC r; tr ★★ 82 83 85 86 87 88 — Attraktiver, körperreicher Rotwein, meist aus der Nebbiolo-Traube, aus Sizzano in der Pr. Novara. Bis 10 Jahre haltbar.

Soave Ven; DOC w; tr ★★★ BV — Berühmter, zumindest aber sehr charaktervoller Veroneser Weißwein. Frisch, mit attraktivem Gehalt. Classico aus einem enger begrenzten Gebiet ist besser. Jung zu trinken.

Solaia Tosk; r ★★★ 79 82 83 85 — Sehr feiner Wein nach Bordeaux-Art von Cab. Sauv. und 25 % Sangiovese, von Antinori erstmals 1979 bereitet.

Solopaca Camp; DOC r w; tr ★★ 85 86 87 88 — Aus der Gegend von Benevento; in der Jugend etwas streng; der Weiße ist weich und fruchtig.

Sorni Tr-AAd; r w; tr ★★ BV — Aus der Pr. Trento. Leicht, frisch, mild. Jung zu trinken.

Spanna Siehe Gattinara.

Spumante Schäumend, z. B. süßer Asti Spumante, aber auch viele gute trockene Schaumweine, meist *metodo classico*, sowie durch Tankgärung gewonnene Billigprodukte.

Squinzano Apu; DOC r rs; tr ★ 82 83 84 85 86 87 88 — Starker Rotwein aus Lecce im Süden. Nach 2 Jahren Riserva.

Stravecchio Sehr alt.

Sylvaner In Südtirol mit Erfolg angebaute deutsche Weißweintraube.

Taurasi Camp; DOC r; tr ★★★ 75 77 79 80 81 82 83 85 86 87 88 — Der beste Rotwein der Campania, aus Avellino. Mit Kirschenbukett. In der Jugend streng; nach 4 Jahren Riserva.

Tedeschi, Fratelli Kleines Weingut, führend in Valpolicella Recioto und Amarone. Sehr guter Capitel San Rocco VdT rot und weiß.

Terlano Tr-AAd; r w; tr ★★ 86 88 — DOC für 7 nach der Traubensorte benannte Weißweine aus der Pr. Bozen, v. a. hervorragender Sauvignon. Auf deutsch «Terlaner».

Teroldego Rotaliano Tr-AAd; DOC r rs; tr ★★→★★★ 83 85 86 88 — Der attraktive lokale Rotwein von Trient mit Heidelbeerduft und leicht bitterem Nachgeschmack. Gut haltbar. Spitzenerzeuger: Foradori.

Terre Rosse Vornehmes kleines Gut bei Bologna. Sein Cabernet, Chardonnay, Sauv. Bl., Pinot Grigio usw. gehören zur Spitze in der Region.

Tiefenbrunner Hervorragender Erzeuger von einigen der allerbesten Südtiroler Weiß- und Rotweine auf Schloß Turmhof in Kurtatsch (Cortaccio).

Tignanello Tosk; r; tr ★★★ 75 78 79 80 81 82 83 85 86 88 — Einer der Spitzenvertreter des neuen Stils von Bordeaux-inspirierten toskanischen Rotweinen, bereitet von Antinori.

Tocai (Colli Berici) Ven; DOC w; tr ★BV — Ein recht bescheidener Wein.

Tocai (Grave del Friuli) Fr-VG; DOC w; tr ★★ BV — Ähnlich wie Tocai di Lison, meist etwas milder.

Tocai Friulano (Collio) ★★ 86 88 — Weißweintraube in Nordostitalien, mit dem ungarischen oder elsässischen Tokaier nicht verwandt. Leichter, trockener Wein. Am besten sind die Tocais aus den Colli Orientali del Friuli und dem Collio Goriziano.

Tocai di Lison Ven; DOC w; tr ★★ BV — Aus Ost-Venetien, zarter Duft, fruchtiger Geschmack. Classico ist die bessere Sorte.

Tocai di S. Martino della Battaglia Lomb; DOC w; tr ★★ BV — Kleine Produktion südlich vom Gardasee. Leicht, etwas bitter.

Torbato di Alghero Sard; w; tr (Pa) ★★ BV — Guter VdT aus Nordsardinien. Spitzenerzeuger: Sella & Mosca.

Torgiano (Rubesco di) Umb; DOC r w; tr ★★★ 75 77 78 79 80 81 82 83 85 86 87 88 — Eine Kreation der Familie Lungarotti: vorzüglicher Rotwein aus der Nähe von Perugia, vergleichbar mit bestem Chianti Classico. Die Standard-Qualität heißt Rubesco. Riserva Monticchio ist superb, reift 10 Jahre. Weißer Torre di Giano ist ebenfalls gut, aber nicht so hervorragend wie der Rote.

Torricella Tosk; w; tr ★★★ 81 82 83 85 86 87 88 — Bemerkenswerter gealterter trockener Weißwein von Brolio, ein milder, butterzarter Malvasia.

Traminer Aromatico Tr-AAd; DOC w; tr ★★ BV — Delikater, aromatischer, ziemlich weicher Gewürztraminer.

Trebbiano Die wichtigste Weißweintraube in der Toskana, kommt aber in ganz Italien vor. Auf französisch: «Ugni Blanc», kaum bemerkenswert, höchstens in Verschnitten.

Trebbiano d'Abruzzo Abr + M; DOC w; tr ★→★★ BV — Sanft, recht neutral, leicht gerbstoffhaltig. Um Pescara. Spitzenerzeuger: Valentini (auch für Montepulciano d'Abruzzo).

Trebbiano d'Aprilia Lat; DOC w; tr ★ BV — Spritzig, mild aromatisch, gelblich. Von südlich von Rom.

Trebbiano di Romagna Em-Ro; DOC w; tr oder lbl (sch) ★ BV — Sauberer, gefälliger Weißwein aus der Nähe von Bologna.

Trentino Tr-AAd; DOC r w; tr oder s ★→★★★ — DOC für 20 meist nach der Traubensorte benannte Weine; am besten Chardonnay, Pinot Bianco, Marzemino und v. a. Vinsanto.

Umani Ronchi Führender Erzeuger hochwertiger Weine aus den Marken; v. a. Verdicchio, Casal di Serra, Villa Bianchi, Rosso Conero, Cùmaro und San Lorenzo.

Uzzano, Castello di Altes Weingut in Greve. Feinster Chianti Classico.

Valcalepio Lomb; DOC r w; tr ★ 86 88 — Bei Bergamo. Gefälliger Rotwein, leicht duftiger, frischer Weißwein.

Valdadige Tr-AAd; DOC r w; tr oder lbl ★ — Bezeichnung für einfache Tafelweine aus dem Etschtal.

Val d'Arbia Tosk; DOC w; tr ★ BV — DOC für einen gefälligen Weißwein und Vin Santo aus dem Chianti-Bereich.

Valentini, Edoardo Hervorragender traditioneller Erzeuger von Trebbiano und Montepulciano d'Abruzzo.

Valgella (Valtellina) Lomb; DOC r; tr ★★ 78 79 80 82 83 85 86 88 — Einer der Nebbiolo-Weine aus Valtellina: guter, trockener Rotwein mit zunehmendem Nußgeschmack bei Alterung. Nach 4 Jahren Riserva.

Vallana, Antonio & Figlio Förderer des «Spanna» (Nebbiolo) bei Novara, Piemont. Volle, duftige Rotweine unter der DOC Boca.

Valle d'Aosta/Vallée d'Aoste DOC — DOC für 15 Weine aus den Alpen, u. a. Donnaz. Sehr unterschiedliche Qualität.

Valle Isarco Tr-AAd; DOC w; tr ★→★★ 86 88 — DOC für 5 sortenreine Weine aus der Gegend nordöstlich von Bozen; bes. gut Müller-Thurgau, Sylvaner.

Valpantena Tal im Bereich Valpolicella. Wetteifert in der Qualität mit Classico. Siehe Bertani.

Valpolicella Ven; DOC r; tr ★→ ★★★ 83 85 86 88 — Attraktiver leichter Rotwein aus der Gegend um Verona. Zarter Nußduft, leicht bitterer Geschmack. (Für Valpolicella, der in Liter- oder größeren Flaschen verkauft wird, gilt das nicht.) Classico aus engerem Bereich; Superiore hat 12 % Alkohol und 1 Jahr Lagerung.

Valtellina Lomb; DOC r; tr ★★→★★★ 82 83 85 86 88 — DOC für in der Hauptsache aus Chiavennasca (Nebbiolo)-Trauben in der Pr. Sondrio (Nordlombardei) gekelterte Weine. V. Superiore umfaßt Grumello, Inferno, Sassella und Valgella.

Vecchio Samperi Siz ★★★ — Heute der beste Marsala, gehört nicht zur DOC. Ein trockener Aperitif, ähnlich wie Amontillado Sherry.

Velletri Lat; DOC r w; tr oder lbl ★★ (r) 86 87 88 — Angenehme trockene Rotweine und geschmeidige Weißweine um Rom. Jung zu trinken.

Vendemmia Lese bzw. Jahrgang.

Venegazzù Ven; r w; tr sch ★★★ 78 79 82 83 85 86 88 — Bemerkenswerter rustikaler Bordeaux-artiger Rotwein, aus Cabernet-Trauben in der Gegend von Treviso hergestellt. Reiches Bukett, mild und warm im Geschmack. «Della Casa» bietet beste Qualität. Auch als weißer Schaumwein.

Verdicchio dei Castelli di Jesi Mar; DOC w; tr (sch) ★→★★★ BV — Berühmter, sehr gefälliger, frischer, heller Weißwein um Ancona. Läßt sich bis in die Zeit der Etrusker zurückverfolgen. Classico kommt aus einem engeren Bereich. Traditionell in Amphorenflaschen. Besonders beachtliche Qualitäten von Umani Ronchi, Garofoli, Brundri, Bucci, Monte Schiaro sowie Fazi-Battaglia.

Verdicchio di Matelica Mar; DOC w; tr (sch) ★★ BV — Ähnlich wie Jesi, aber nicht so bekannt; kräftiger Wein, stetig im Aufstieg.

Verdiso In NO-Italien heimische seltene weiße Traube für Prosecco.

Verduzzo (Colli Orientali del Friuli) Fr-VG; DOC w; tr lbl s ★★ 85 86 88 — Körperreicher Weißwein aus einer einheimischen Traube. Die beste süße Version heißt Ramandolo. Spitzenerzeuger: Giovanni Dri.

Verduzzo (Del Piave) Ven; DOC w; tr ★ BV — Ausdrucksloser Weißwein.

Vermentino Lig; DOC w; tr ★★ BV — Der beste trockene Weißwein von der Riviera aus Pietra Ligure und San Remo, besonders gut zu Meeresfrüchten. DOC Riviera Ligure del Ponente. Siehe Pigato.

Vermentino di Gallura Sard; DOC w; tr ★★ BV — Weicher, trockener, recht starker Weißwein aus Nordsardinien.

Vernaccia di Oristano Sard; DOC w; tr (s) (Sü) ★★★ 81 82 83 84 85 86 88 — Sardinische Spezialität, ähnlich leichtem Sherry, ein wenig bitter, körperreich und interessant. Superiore mit 15,5 % Alkohol und 3 Jahren Alterung. Spitzenerzeuger: Contini.

Vernaccia di San Gimignano Tosk; DOC w; tr (Sü) ★★ 87 88 — Ausdrucksvoller, gehaltreicher, voll schmeckender Wein um Siena. Michelangelos Lieblingswein. Heute leider oft auch dünn und flau, doch es zeichnet sich Besserung ab. Teruzzi & Puthod, Falchini oder Pietrafitta (im alten Stil) sind empfehlenswert. Nach 1 Jahr Riserva.

Vernaccia di Serrapetrona Mar; DOC r; tr lbl s; sch ★★ BV — Aus der Pr. Macerata; aromatisch mit angenehm bitterem Nachgeschmack.

Vernatsch Deutscher Name der Schiava-Traube.

Vicchiomaggio Bedeutendes Chianti-Classico-Gut bei Greve.

VIDE Vertriebsorganisation für die Weine italienischer Erzeuger der oberen Klasse.

Vietti Ausgezeichneter kleiner Erzeuger charaktervoller Piemonteser Weine, u. a. Barolo; in Castiglione Falletto, Prov. Cuneo.

Vignamaggio Sehr schönes historisches Chianti-Classico-Gut bei Greve.

Villa Banfi Erzeuger für den größten US-Importeur italienischer Weine. Gewaltige Neuanpflanzungen bei Montalcino, u. a. Moscadello, Cabernet, Chardonnay, dienen Bemühungen um Qualität und Quantität. Brunello erweist sich als vorzüglich; Santa Costanza ist ein sehr fruchtiger Vino novello. In Piemont produziert Villa Banfi: Banfi Brut Spumante, Principessa Gavi, Bracchetto d'Acqui, Pinot Grigio.

Villagrande Imposantes altes Gut auf den Hängen des Ätna; aus ihm stammen die besten Weine der DOC Etna.

Vino Nobile di Montepulciano Tosk; DOCG r; tr ★★★ 82 83 85 86 88 — Eindrucksvoller Rotwein ähnlich wie Chianti mit Bukett und feiner Art, kommt rasch zu Ruhm und Ehren. Riserva nach 3 Jahren Alterung, Riserva Speciale nach 4 Jahren. Beste Erzeuger u. a. Boscarelli und Avignonesi, Fognano, Poliziano.

Vino novello Italienisches Gegenstück zum französischen «Primeur» (z. B. Beaujolais).

Vino da arrosto «Wein für Braten», d. h. guter, robuster, trockener Rotwein.

Vino da pasto Tischwein, d. h. ein bescheidener Wein.

Vino da tavola «Tafelwein»; — zugleich die einzige Bezeichnung, die vielen der besten italienischen Weine des neuen Stils offensteht.

Vinsanto bzw. Vin Santo Starker, süßer Wein, besonders in der Toskana; meist Passito. Oft sehr fein, v. a. aus der Toskana und dem Trentino.

Vinsanto di Gambellara Ven; DOC w; s ★★ — Gehaltvoll, samtig, goldfarben; zwischen Vicenza und Verona.

Vinsanto Toscano Tosk; w; lbl ★★ — Aromatisches Bukett, voll und geschmeidig. Wird in sehr kleinen Fässern, den sog. Caratelli, gelagert; u. U. erstaunlich gut.

Vintage Tunina Fr-VG; w tr ★★★ 85 86 88 — beachtlicher weißer Verschnitt aus dem Collio vom Weingut Jermann.

Voerzio, Roberto Führender junger Erzeuger von Barolo mit wunderbar frischen Weinen.

Volpaia, Castello di Erstklassiges Chianti-Classico-Gut in Radda (Siena). Siehe auch Coltassala.

VQPRD Eine Bezeichnung, die man oft auf Etiketten von DOC-Weinen findet. Sie bedeutet «Vini di Qualita Prodotti in Regioni Delimitate» oder Qualitätsweine, die in beschränkten Gebieten in Übereinstimmung mit den EG-Bestimmungen produziert werden.

Zagarolo Lat; DOC w; tr oder lbl ★★ BV — Nachbar von Frascati mit ähnlichem Wein.

Zanella, Maurizio Besitzer von Ca' del Bosco. Sein Name steht auf einem der besten Cabernet/Merlot-Weinen Italiens (82 83 84 85 86 87 88).

Zerbina, Fattoria Neues führendes Weingut in der Romagna mit dem bisher besten Albana DOCG (einem vollen Passito), gutem Sangiovese und in kleinen Fässern ausgebautem Sangiovese-Cabernet Marzeno di Marzeno VdT.

Zonin Eines der größten italienischen Weingüter in Privatbesitz (in Gambellara) mit DOC Valpolicella usw. Weitere große Güter in Asti, Chianti, San Gimignano und Friaul. Auch in Barboursville, Virginia, USA.

Spanien und Portugal

Die fettgedruckten Regionalbezeichnungen werden im Text verwendet.

Weitere Abkürzungen im Kapitel Spanien:

RjA	Rioja Alta
RjAl	Rioja Alavesa
RjB	Rioja Baja
Res	Reserva

Im Jahr 1986 traten Spanien und Portugal der Europäischen Gemeinschaft bei. Dieser Schritt gab Anstoß zu einer Belebung von Wachstum und Qualität des Weinbaus auf der Iberischen Halbinsel.

Moderne Ideen haben die alten Traditionen bereichert — oft auch verdrängt. Daraus hat sich ein höchst produktives Klima entwickelt, und so kommen sowohl in den wenigen traditionellen Qualitätsweinbaugebieten als auch in den Bereichen einstiger Massenweinbaus einige herrliche neue Erzeugnisse ans Licht.

Heute dürfen in Spanien (abgesehen vom Sherry-Land) Katalonien, Rioja, Navarra, Rueda und Ribera del Duero noch immer das größte Interesse beanspruchen. In Portugal sind es (neben Port und Madeira) Bairrada, Douro, Ribatejo, Alentejo und Estremadura sowie Minho. Neu definierte Anbaugebiete («VQPRD») drängen vor allem in Portugal die alten Bezeichnungen allmählich in den Hintergrund.

Die nachfolgende Aufstellung erfaßt die besten und interessantesten Typen und Regionen der beiden Länder, ganz gleich, ob sie gesetzlich festgelegte Grenzen besitzen oder nicht. Die geographischen Hinweise (siehe Landkarte) beziehen sich auf die traditionelle

161

Einteilung Spaniens in die alten Königreiche sowie auf die bedeutenderen Provinzen Portugals. Sherry, Port und Madeira sind auf den Seiten 179 bis 185 in einem eigenen Abschnitt berücksichtigt.

Spanien

AGE, Bodegas Unidas RjA r (rs) w tr oder s Res ★→★★ 73 74 75 78 80 81 82 83 84 — Große Bodega mit einer reichhaltigen Auswahl an Weinen; die besten davon sind die Rotweine Marqués de Romeral und Siglo Gran Reserva.

Alavesas, Bodegas RjA; r (w; tr) Res ★★→★★★ 73 74 75 76 78 80 81 83 — Der hell-orangerote Solar de Samaniego ist einer der feinsten unter den weichen, schnellreifenden Alavesas-Weine. Seit 1983 stark schwankende Qualität, manche Weine sind übertrieben leicht.

Albariño del Palacio Gal; w; tr ★★ — Blumiger, perlender junger Wein aus Fefiñanes bei Cambados, aus der Albariño-Traube gekeltert; der beste der Gegend.

Alella Kat; r (rs) w; tr oder s ★★ — Kleines Anbaugebiet nördlich von Barcelona. Angenehm frische und fruchtige Weine. (Siehe Marfil und Marqués de Alella.)

Alicante Lev; r (w) ★ — Amtlich festgelegter Bereich. Die Weine sind meist «erdig», alkoholreich und schwer.

Almansa Lev; r ★ — Anbaugebiet westlich von Alicante mit gleichartigen Weinen.

Almendralejo Ext; r w ★ — Das Weinhandelszentrum von Estremadura. Ein großer Teil des hiesigen Weins wird zu dem für das Spriten von Sherry benötigten Alkohol destilliert.

Aloque NKast; r ★ BV — Leichte (freilich nicht schwache) Spielart des Valdepeñas, der durch gemeinsames Vergären von roten und weißen Trauben bereitet wird.

Alvear, SA And; g ★★★ — Größter Erzeuger vorzüglicher Sherry-ähnlicher Aperitifs und Dessertweine aus Montilla-Moriles.

Ampurdán Siehe Perelada.

Año 4° Año (oder Años) bedeutet, daß der Wein nach 4 Jahren Lagerung abgefüllt wurde.

Bach, Masía Kat; r rs w; tr oder s; Res ★★→★★★ 70 74 78 80 81 82 83 85 — Ausgezeichnete Bodega bei San Sadurní de Noya im Besitz von Codorníu. Am bekanntesten durch den üppigen, faßgereiften weißen Extrísimo Bach (auch trocken). Auch gute rote Reservas.

Banda Azul RjA; r ★★ 75 76 80 81 84 — Vielverkaufter Wein in unterschiedlicher Qualität von Bodegas Paternina.

Barril, Masia Kat; r br; Res ★★→★★★ 81 82 83 86 87 — Kleines Familiengut in der DO Priorato mit schweren, fruchtigen Rotweinen (der 83er hatte 18 %!); liefert feinen *rancio* an bekannte Firmen.

Berberana, Bodegas RjA; r (w; tr) Res ★→★★★ 64 66 70 73 74 75 76 78 80 82 83 84 85 — Am besten sind die fruchtigen, vollaromatischen Rotweine: der 3° Año Carta de Plata, der 5° Año Carta de Oro und die samtige Reserva.

Beronia, Bodegas RjA; r w; tr; Res ★★→★★★ 73 75 77 78 80 81 82 83 84 — Moderne kleine Bodega, erzeugt ausgezeichnete Rotweine im traditionellen Stil mit Eichenholzaroma. Der leichte, nicht gealterte «Beron» ist sehr ansprechend.

Bilbainas, Bodegas RjA; r (rs) w; tr s oder sch; Res ★★ →★★★ 66 69 70 72 73 75 76 78 81 82 — Große Bodega in Haro, Erzeuger verschiedenartiger zuverlässiger Weine, u. a. dunkler Viña Pomal, hellerer Viña Zaco, Vendimia Especial Reserva; auch Cava «Royal Carlton».

Blanco Weiß.

Bodega 1. Weinhandlung; 2. eine Firma, die sich mit der Herstellung, dem Verschnitt bzw. dem Versand von Wein befaßt, und 3. eine Kellerei.

Campanas, Las Siehe Vinícola Navarra.

Campo Nuevo Nav; r rs w; tr ★ — Preiswerter roter und weißer Navarra der Cooperativa Vinícola Murchantina.

Campo Viejo, Bodegas RjA; r (w; tr) Res ★★→★★★ 64 66 70 71 73 75 76 78 80 81 82 83 84 85 — Zweigfirma von Savin, SA, einem der größten Weinunternehmen Spaniens. Produziert den beliebten, süffigen 2° Año San Asensio und einige große, fruchtige Reservas, v. a. Marqués de Villamagna.

Cañamero Ext; w ★ — Abgelegener Ort bei Guadelupe, dessen Weine Flor entwickeln und Sherry-ähnlichen Geschmack annehmen.

Can Rafols de Caus Kat; r w; tr ★★ 84 85 86 — Neue kleine Bodega in Penedès mit fruchtigem Cab. Sauv. und gefälligem Chardonnay aus eigenem Traubenanbau.

Caralt, Cavas Conde de Kat; sch r w Res ★★→★★★ 73 78 80 81 82 83 84 85 — Cava-Schaumwein aus San Sadurni de Noya sowie angenehme nichtschäumende Weine.

Carbonell And; br ★★ — Erzeuger von gutem Montilla («Sombra») und Olivenöl in Córdoba.

Cariñena Ara; r (rs w) ★ — Von Genossenschaften beherrschtes Anbaugebiet liefert starken Wein für den Alltagskonsum in großen Mengen; jetzt durch moderne Techniken neu belebt; die Weine werden leichter.

Casar de Valdaiga AKast; r w; tr ★★ — Erzeuger in El Biezo, bei León, mit einem leichten, sehr trockenen Clarete.

Castellblanch Kat; sch ★★ — Cava-Firma in Penedès, im Besitz von Freixenet. Der Brut Zero und der etwas mildere Cristal Seco ernten viel Beifall.

Castillo Ygay Siehe Marqués de Murrieta.

Cava 1. Eine Firma, die Schaumweine nach der Champagnermethode herstellt; 2. der spanische Name für solche Weine.

Cenalsa Nav; r w; tr ★★ — Vertriebsorganisation mit einer Reihe guter Navarra-Weine, u. a. einem blumigen Weißwein in neuem Stil sowie dem fruchtigen roten «Agramont».

Cenicero Weinstadt in Rioja Alta, von den Römern gegründet.

Cepa Wein- oder Traubensorte.

Chacolí Guipúzcoa; (r) w ★ BV — Auffällig scharfer, oft perlender Wein von der baskischen Küste; nur 9 bis 11 % Alkoholgehalt.

Chaves, Bodegas Gal; w tr ★★→★★★ 81 82 84 (BV) — Kleines Familienunternehmen, erzeugt einen guten, duftigen, wenn auch etwas säuerlichen Albariño — wohl den besten, der aus Galicia exportiert wird.

Chivite, Bodegas Julián Nav; r (rs) w tr oder s Res ★★ 81 82 83 84 86 — Größte Bodega in Navarra mit körperreichen, fruchtigen Rotweinen und einem blumigen, ausgewogenen Weißwein.

Clarete Heller Rotwein, manchmal auch dunkler Rosé. (Der Ausdruck ist bei der EG nicht gern gesehen.)

Codorníu, SA Kat; sch ★★→★★★ — Eine der zwei größten und bekanntesten Firmen in San Sadurni de Noya. Produziert gute Cava nach der Champagnermethode. Der Non Plus Ultra ist faßgereift, der Ana de Codorníu von der leichteren Art.

Compañía Vinícola del Norte de España (CVNE) RjA; r (rs) w; tr oder s Res ★★→★★★ 66 70 73 74 75 76 78 80 81 82 83 84 85 — Gute Rotweine aus Haro: 3° año ist derzeit der beste junge rote Rioja, Monopole einer der besten Weißweine mit leichtem Eichenaroma. Vorzügliche Rotweine: Imperial und Viña Real Reserva.

Conca de Barberá Kat; (r rs) w tr — Anbaugebiet für Parellada-Trauben zur Cava-Herstellung. Spitzenmarke: Torres Milmanda Chardonnay.

Consejo Regulador Amtliche Organisation für Erhaltung, Kontrolle und Förderung einer Denominación de Origen.

Contino RjAl r Res ★★★ 74 75 76 78 80 81 82 84 — Besonders guter Rotwein aus einer Einzellage, von einem Tochterbetrieb der Compañía Vinícola del Norte de España.

Corral SA, Bodegas RjA; r (rs w tr) Res ★★ 71 73 75 78 — Alteingesessene Bodega, heute in einem neuen Anwesen in Navarrete. Am bekanntesten durch roten Don Jacobo.

Cosecha Ernte oder Weinlese.

Criado y embotellado por . . . Erzeugt und abgefüllt von . . .

Crianza Die «Kinderstube», in der der Wein sich entwickelt. Neuer oder ungealterter Wein ist «sin crianza». «Con crianza» bedeutet mind. 2 Jahre alt, davon 1 Jahr im Eichenfaß.

Cumbrero Siehe Montecillo, Bodegas.

De Muller Kat; (r w; tr) br ★★→★★★ — Alte, durch Meßwein berühmt gewordene Firma in Tarragona, erzeugt guten Priorato und feine, im Solera-System gealterte Dessertweine, u. a. Priorato Dulce und Paxarete; ferner duftigen Moscatel Seco.

Denominación de origen Amtlich abgegrenzter Weinbaubereich.

Domecq, SA RjAl r (r tr) Res ★★→★★★ 73 74 76 78 80 82 84 — Die besten Rioja-Weine von Pedro Domecq (siehe Sherry) sind der fruchtige rote Domecq Domain, der 1976 besonders gut ausfiel, sowie der Marqués de Arienzo Reserva.

Dulce Süß.

El Coto, Bodegas RjAl r (w tr) Res ★★→★★★ 73 76 78 80 81 82 84 85 — Am bekanntesten durch leichte, milde Rotweine El Coto und Coto de Imaz. Alexis Lichine hat vor einiger Zeit eine Beteiligung an der Firma erworben.

Elaborado y añejado por . . . Erzeugung und Lagerung durch . . .

Espumoso Schäumend (s. a. Cava).

Fariña, Bodegas AKast; r w; tr; Res ★★→★★★ 82 85 86 — Aufsteigender Stern in der neuen DO Toro mit guten, würzigen Rotweinen. Gran Colegiata ist faßgereift, Colegiata nicht.

Faustino Martinez, SA RjAl; r w; tr (rs) Res ★★→★★★ 64 70 74 75 76 78 80 81 82 83 — Gute Rotweine und der trokkene, leichte, fruchtige neuartige Faustino V. Die Gran Reserva heißt Faustino I. Von der scheußlichen Flasche darf man sich nicht abschrecken lassen.

Ferrer, José L. Mallorca; r Res ★★ — Seine Bodega in Binisalem ist die einzige beachtenswerte auf Mallorca.

Flor Eine dem Fino-Sherry und bestimmten anderen Weinen eigene Hefe, die eine langsame, wohlschmeckende Oxydation hervorruft.

Franco-Españolas, Bodegas RjA; r w; tr oder s; Res ★→★★ 64 68 70 73 74 75 76 78 79 82 83 — Zuverlässige Weine aus Logroño. Bordon ist ein fruchtiger Rotwein. Der liebliche weiße Diamante wird in Spanien gern getrunken.

Freixenet SA, Cavas Kat; sch ★★→★★★ — Rivalisiert nach Neuerwerbungen mit Codorníu. Hersteller von guten Schaumweinen. Zum Besitz gehören: Gloria Ferrer in Kalifornien sowie das Champagner-Haus Henri Abelé in Reims. Preiswerte Marke: Paul Cheneau.

Gonzalez y Dubosc, SA Cavas Kat; sch ★★ — Zweigbetrieb des Sherry-Giganten Gonzales-Byass. Gefällige Schaumweine, Exportmarke «Jean Perico».

Gran Vas — Drucktanks (cuvés closes) zur Herstellung billiger Schaumweine; der Ausdruck dient auch als Bezeichnung dieser Schaumweine selbst.

«Grüner Wein» Die EG und Portugal erheben Einwände gegen die wörtliche Übersetzung der Bezeichnung «Vinho verde».

Gurpegui, Bodegas RjB r (rs w tr) Res ★→★★ 70 73 75 78 80 81 82 — Großer Familienbetrieb mit Weinen, die zu den besten aus Rioja Baja gehören, v. a. der Berceo und auch ein frischer Rosé.

Haro Die stilvolle alte Stadt ist das Weinzentrum von Rioja Alta.

Huelva And; r w br ★→★★ — Anbaugebiet westlich von Cádiz. Weiße Tafelweine und Sherry-ähnliche Generosos, die früher zur Verarbeitung nach Jerez geschickt wurden.

Irache, S. L. Nav; r rs (w; tr); Res ★★ 64 70 73 78 81 82 — Bekannte Bodega mit beträchtlichem Export.

Jean Perico Siehe Gonzalez y Dubosc.

Jerez de la Frontera Die Hauptstadt des Sherry.

Jumilla Lev; r (w; tr rs) ★→★★ — Anbaugebiet in den Bergen nördl. von Murcia. Die schweren Weine (bis zu 18 % Alkohol) werden jetzt durch frühere Lese und bessere Technik leichter bereitet. Am besten sind die Rosés.

Juvé y Camps Kat; sch ★★→★★★ — Cava-Firma in Familienbesitz, mit Erfolg um Spitzenqualität bemüht; v. a. Reserva de la Familia wird nur von feinstem erzeugt.

Labastida, Cooperativa Vinicola de RjAl; r Res ★★→★★★ 66 70 75 78 82 — Sehr süffiger Manuel Quintano; fruchtiger, ausgewogener Montebuena, Gastrijo und Castillo Labastida Reserva und Gran Reserva sowie ein frischer, trockener Weißwein mit viel Aroma.

La Granja Remellur RjAl; r Res ★★★ **74 76 79 80** 81 83 84 — Der kleine Betrieb erzeugt seit 1970 guten roten Rioja.

Laguardia — Malerische Stadt im Zentrum des Weindistrikts von La Rioja Alavesa.

Lagunilla, Bodegas RjA; r ★★ **73 75 78 81** 83 — Moderne Firma im Besitz der Grand Met. Co. Gefällige, leichte Rotweine mit Eichenholzaroma, u.a. Viña Herminia und Gran Reserva.

Lan, Bodegas RjA; r (rs w) Res ★★→★★★ **73 75 78 82** 85 — Riesige moderne Bodega, großzügig ausgerüstet, erzeugt aromatischen roten Rioja, u. a. einen guten Lancorta und einen frischen weißen Lan Blanco.

La Rioja Alta, Bodegas RjA; r (rs) w; tr (oder s) Res ★★ →★★★ **64 68 70 73 76 78 80 81 83** 84 — Vorzügliche Weine, bes. der rote 3° año Viña Alberdi, der samtige 5° año Ardanza, der leichtere 6° año Araña, der herrliche Reserva 904 und die wunderbare Reserva 890. Künftig liefert die Bodega nur noch Reservas und Gran Reservas.

Léon AKast; r rs w; ★→★★ **78 81** 82 — Ein aufstrebendes Gebiet im Norden. Seine Weine, z. B. der junge Coyanza und der vollblütige Don Suerra Reserva, sind fruchtig, trocken und erfrischend.

Léon, SA Jean Kat; r w tr Res ★★★ 74 **75 77 78 79 80 81 82** 84 — Kleiner Betrieb, Eigentum eines Restaurantbesitzers aus Los Angeles, mit gutem, faßgereiftem Chardonnay und tiefen, körperreichen Cabernet-Weinen, die lange Lagerung lohnen; seit Jahrgang 1980 allerdings nicht mehr so sehr.

Logroño Wichtigste Stadt der Region Rioja.

López de Heredia, SA RjA; r (rs) w; tr oder s; Res ★★→ ★★★★ **64 68 70 73 76 78 80 81 82 83** 84 85 — Alteingesessene Bodega in Haro mit typischem, gutem, trockenem rotem Viña Tondonia von 6 Jahren und mehr. Die alten Tondonia-Weißweine sind ebenfalls oft sehr eindrucksvoll.

Lopez Hermanos Malaga ★★ — Große Bodega mit kommerziellen Malaga-Weinen, u. a. den populären Malaga Virgen und Moscatel Flor de Malaga.

Los Llanos NKast; r (rs w; tr); Res ★★ **75 78 81** — Eine der wenigen Bodegas in Valdepeñas, die ihren Wein in Eichenfässern altern. Señorio de Los Llanos Gran Reserva ist bemerkenswert bukettreich und seidig. Außerdem ein sauberer, fruchtiger Weißwein «Armonioso».

Magaña, Bodegas Nav; r Res **80** 81 82 ★★ — Kleine neue Bodega mit kräftigen Rotwein aus Merlot (bei Pétrus gekauft) und Cabernet Sauvignon.

Málaga And; br; s ★★→★★★ — Abgegrenzter Bereich um die Stadt Málaga. Die besten dieser Dessertweine stehen einem Tawny-Port kaum nach.

Mallorca Kein Wein von Interesse, außer von José Ferrer.

Mancha, La NKast; r w ★ — Großes Anbaugebiet nördl. und nordöstl. von Valdepeñas. Vorwiegend Weißwein; zwar fehlt ihm die lebendige Frische besserer Valdepeñas, doch gibt es deutliche Anzeichen für Besserung. Beachtenswert.

Marfil Kat; r (rs) w ★★ — Markenname für Alella Vinícola (Bodegas Cooperativas), den bekanntesten Erzeuger in Alella. Zu deutsch «Elfenbein».

Marqués de Alella Kat; w tr (sch) ★★→★★★ 83 84 85 86 87 — Kleine Bodega, erzeugt leichte und duftige Alella-Weißweine (u. a. Chardonnay) mit modernen Methoden sowie etwas Cava.

Marqués de Cáceres, Bodegas RjA; r rs w; tr ★★→★★★ 70 73 75 76 78 80 81 82 83 84 85 — Guter roter Rioja verschiedenen Alters, nach franz. Methode aus Cenicero-Trauben (RjA) bereitet; ferner ein leichter, duftiger Weißwein (BV).

Marqués de Griñon AKast; (r) w tr ★★ 82 83 84 85 — Unternehmungslustiger Aristokrat, Erzeuger von sehr feinem Cabernet aus Toledo außerhalb aller anerkannten Weinregionen sowie eines erfrischenden Verdejo-Weißweins in Rueda.

Marqués de Monistrol, Bodegas Kat; w r (tr oder s) sch Res ★★→★★★ 75 77 78 80 — Alte Bodega im Besitz von Martini und Rossi. Es werden erfrischende Weißweine hergestellt, vor allem der Vin nature, ein guter roter Reserva und als Kuriosität ein süßer Rotwein.

Marqués de Murrieta, SA RjA; r rs w; tr Res ★★★→★★★★ 34 42 60 62 64 68 70 73 74 75 76 78 79 80 81 82 83 84 85 — Hochangesehene Bodega bei Logroño mit feinsten Riojas. 4° año Etiqueta Blanca, vorzüglicher roter Castillo Ygay, ein trockener, eichenfaßgereifter Weißwein im alten Stil, fruchtig und langlebig und ein wunderbarer Rosado im alten Stil.

Marqués del Puerto RjA; r (rs w tr) Res ★★→★★★ 73 76 81 83 — Kleine Firma, gegründet als Bodegas Lopez Agos; mit in Spanien viel gelobtem Rotwein Reserva Señorio de Agos.

Marqués de Riscal, SA RjAl; r (p und w) Res ★★→★★★★ 64 65 68 71 73 75 76 78 80 81 82 83 84 — Beste Bodega von Rioja Alavesa. Relativ leichte und trockene Rotweine. Alte Jahrgänge sehr fein; neuere enttäuschen. Ihre Weißweine aus Rueda, u. a. Sauvignon Blanc, sind die besten der Region.

Marqués de Romeral RjA; r w; tr ★★ 76 78 — Der Alltagswein Romeral und die Gran Reserva sind empfehlenswert.

Rioja-Jahrgänge

Dank eines beständigeren Klimas und dem Verschnitt des Weinertrags schlechter Jahre mit einem Teil guter Jahrgänge variieren Riojas nicht im selben Ausmaß wie die Rotweine aus Bordeaux oder Burgund. Mit wenigen Ausnahmen waren die Jahrgänge 1972 und 1977 infolge der schweren Regenfälle und damit verbundener Fäule sowie Mehltaubefall katastrophal.

Beste neuere Jahrgänge sind: **52 55** 58 **64** 66 **68 70 73** 76 **78** 80 **81 82** 83 85 86 *und* 87. *(Die fettgedruckten sind hervorragend.)*

Riojas kommen auf den Markt, wenn sie genußreif sind. Die Spitzen-Reservas der besten Jahrgänge haben ein sehr langes Leben und werden mit zunehmendem Flaschenalter immer besser. Die 64er sind jetzt auf dem Höhepunkt.

Martinez-Bujanda RjAl; r w; tr; Res ★★★ **73 75 80** 81 **82** 83 — 1985 wiedergegründete Familien-Bodega in Rioja mit guter Ausstattung. Vorzügliche Weine, u.a. fruchtiger «sin crianza» und Valdemar Reservas.

Mascaró, Cavas Kat; sch (w; tr; r) ★★→★★★ — Hersteller guter Brandies, Schaumweine und eines erfrischenden trockenen weißen Viña Franca.

Mauro, Bodeags AKast; r ★★★ 81 83 84 — Neue Bodega in Tudela del Duero bei Valladolid mit rundem, fruchtigem Tinta-Fina-Rotwein.

Méntrida NKast; r w ★ — Anbaugebiet westlich von Madrid, liefert roten Alltagswein.

Milmanda Siehe Conca de Barberá, Torres.

Monopole Siehe Compañía Vinícola del Norte de España.

Montánchez Ext; r g ★ — Ort bei Mérida, die dortigen Rotweine entwickeln Florhefe.

Montecillo, Bodegas RjA; r w (rs) Res ★★★ 75 76 78 80 81 82 84 — Rioja-Bodega im Besitz von Osborne (siehe Sherry). Der rote und der trockene, frische weiße Cumbrero zählen zu den besten 3°-año-Weinen. Viña Monti ist eine achtbare Reserva. Ferner eine seltene, aber erstklassige Gran Reserva Especial.

Montecristo, Bodegas ★★ — Bekannte Marke von Montilla-Moriles-Weinen.

Monterrey Gal; r ★ — Bereich nahe der Nordgrenze von Portugal; kräftige Weine ähnlich wie die von Verín.

Montilla-Moriles And; ★★→★★★ — Abgegrenzter Bereich bei Córdoba. Der frische, Sherry-ähnliche Fino und Amontillado enthält 14 — 17,5 % natürlichen Alkohol und bleibt ungespritet. Schmackhaft mit besonderer Art.

Der charakteristische Rioja-Stil

Für den Spanier bedeutet Wein mit Eichengeschmack eine herrliche Gaumenfreude. Eichenholz duftet nach Vanille. Daher zeichnen sich alle reifen spanischen Spitzenweine — z. B. die Reservas von Rioja (rote und weiße) — durch das charakteristische Vanillearoma aus.

Historisch gesehen hatte sich die lange Alterung des Weins in Fässern aus Eichenholz deshalb eingebürgert, weil man die besten Weine stabilisieren wollte, während ihr einfaches Fruchtaroma sich gleichzeitig in einen komplexeren und echt weinigen Geschmack verwandelte. Inzwischen hat sich die Mode (vielleicht zu weit) vom eichenholzduftigen Aroma der alten Rioja-Weißweine abgewandt. Doch beim roten Rioja wird die Verschwisterung von reifem Fruchtaroma und Eichengeschmack nach wie vor hoch geschätzt.

Muga, Bodegas RjA; r (w) Res (sch) ★★★ **70 73 75 76 78 80 81 82** 84 — Kleiner Familienbetrieb in Haro, erzeugt mit die besten roten Riojas, und zwar streng nach der traditionellen Methode. Die Weine sind leicht, sehr intensiv im Aroma, mit langem, komplexem Nachgeschmack. Der beste ist Prado Enea. Die Weißweine sind nicht so gut.

Navarra Nav; r rs (w) ★→★★ — Anbaugebiet; v. a. frische, fruchtige Rosés und robuste Rotweine, aber auch Reservas in Rioja-Qualität. Siehe Cenalsa, Chivite, Magaña usw.

Nuestro Padre Jésus del Perdón, Coop. de NKast; r w; tr ⊠ BV — Preiswerter Yuntera, Casa la Teja sowie frischer weißer Lazarillo.

Olarra, Bodegas RjA; r (w rs) ★★→★★★ Res **70 73 75 76 78 80 81 82** 85 — Große, moderne Bodega bei Logroño, eines der Prunkstücke von Rioja. Hersteller guter Rot- und Weißweine und ausgezeichneter Cerro Año Reservas. Añares ist seit 1981 die Spitzen-Reserva.

Palacio de Arganza AKast; r rs w; tr; Res ★★→★★★ **65 70 74 76 79** — Bekannteste Bodega in El Bierzo zwischen León und Galicia. Weißer Vega Burbia, roter Almena del Bierzo.

Palacio de Fefiñanes Gal; w; Res ★★★ — Der beste aller Albariño-Weine, allerdings kaum perlend, da er im Eichenfaß 3 — 5 Jahre gealtert wird.

Paternina, SA RjA; r (rs) w; tr oder s; Res ★→★★★ **28 59 67 71 73 75** 76 78 **82** 83 — Bekannter Name, bes. für Rotwein Banda Azul und Weißwein Banda Dorata. Feine ältere Jahrgänge; die neueren enttäuschen. Viña Vial ist von den Rotweinen der beständigste.

Pazo Gal; r rs w; tr ★ BV — Markenname der Winzergenossenschaft Ribeiro, Erzeuger von Weinen, die den portugiesischen Vinhos Verdes ähneln. Lokalfavorit ist der rauhe Rotwein. Dagegen sind die gefälligen spritzigen Weißweine Pazo und Xeiro sicherer, und der Viña Costeira hat echte Qualität.

Paxarete Traditionelle, dunkelbraune, fast schokoladenartige Spezialität von Tarragona. Siehe De Muller.

Peñafiel AKast; r Res ★★ **64** 74 **76** 79 **80 82 83** 85 86 — Die besten Produkte sind die fruchtigen Rotweine von der Cooperativa de Ribero del Duero, u. a. der ganz ausgezeichnete 5° Año Protos.

Penedès Kat; r w; tr sch ★→★★★ — Anbaugebiet mit Vilafranca del Penedés, San Sadurní de Noya und Sitges. Siehe auch Torres.

Perelada Kat; (r rs) w; sch ★★ — Im Bereich Ampurdan an der Costa Brava. Am bekanntesten durch Schaumwein, der in Tankgärung bereitet wird.

Perez Pascua Hnos. AKast; r (rs) Res ★★★ **81 83** 85 86 — Winzige, mit Sorgfalt geführte Familienbodega in Riberodel-Duero. In Spanien gilt ihr fruchtiger und komplexer roter Viña Pedrosa als einer der besten im Land.

Pesquera AKast r ★★★ **80 82** 84 85 86 — Ribera-del-Duero-Rotwein, in kleinen Mengen erzeugt von Alejandro Fernandez. Robert Parker beurteilt ihn als Konkurrenten für Bordeaux Grands Crus. Janus ist eine noch teurere Spezialabfüllung.

Piqueras, Bodegas NKast r ⊠ — Erzeuger von einfachem, süffigem Castillo de Almansa mit mehr Stil als sonst in der Gegend üblich.

Priorato Kat; br; tr r ★★ — Enklave im Bereich Tarragona, bekannt für fast schwarzen, körperreichen Rotwein, der oft zu Verschnitten verwendet wird. Leichterer Priorato wird in Barcelona als guter offener Wein verkauft. Siehe de Muller, Scala Dei, Masia Barril.

Protos Siehe Peñafiel.

Raimat Kat; r w rs; sch ★→★★ (Cab.) **76 81 82 83** 84 85 — Hochinteressante, schön ausgebaute Weine aus alten Weinlagen bei Lérida, die vor kurzer Zeit von Codorníu mit Cabernet, Chardonnay und anderen ausländischen Rebsorten neu bepflanzt wurden. Ferner gute Cava rein von Chardonnay.

René Barbier Kat: r w; tr; Res ★★ **73 80** — Gehört zur Freixenet-Gruppe. Bekannt durch frischen weißen Kraliner und rote R. B. Reservas.

Reserva Über längere Zeiträume gereifter Wein guter Qualität. Rote Reservas müssen mind. 1 Jahr im Faß und 2 Jahre in der Flasche gelagert sein; Gran Reservas 2 Jahre im Faß und 3 Jahre in der Flasche.

Ribeiro Gal; r (rs) w; tr ★→★★ — Anbaugebiet an der Nordgrenze Portugals, u.a. mit Weinen ähnlich dem portugiesischen Vinho verde.

Ribera del Duero Historisches Anbaugebiet östl. von Valladolid mit vielen guten Rotweinen Tinto Fino (Tempranillo). Siehe Vega Sicilia, Peñafiel, Mauro, Torremilanos, Tinta Pesquera, Perez Pascua.

Rioja AKast; r rs w; sch; **64 66 68 70 73 75 76 78 80 81 82** 83 85 — Aus dem Hochland am Ebro im Norden Spaniens kommt der größte Teil der besten spanischen Tafelweine aus rund 50 Bodegas de Exportación. Der Bereich ist in folgende drei Gebiete unterteilt:

Rioja Alavesa Nördlich vom Ebro. Aus diesem Teil kommen feine, zumeist helle und leichte Rotweine.

Rioja Alta Südlich vom Ebro und westlich von Logroño. Hier werden die meisten der feinsten Rot- und Weißweine und etwas Rosé erzeugt.

Rioja Baja Erstreckt sich östlich von Logroño. Rioja Baja liefert gröbere, alkoholreiche Rotweine, die oft für Verschnitte verwendet werden.

Rioja Santiago, SA RjA; r w; tr oder s Res ★→★★★ **78** 82 — Bodega in Haro mit bekannten Weinen. Das Aroma leidet manchmal unter der Pasteurisierung, die roten Reservas können aber erstklassig ausfallen. Erzeuger des meistverkauften Sangría. Spitzenrotweine: Condal und Gran Enologica.

Riojanas, Bodegas RjA; r w (rs) ★★→★★★ **34 42 56 64 66 68** 70 73 74 75 76 78 80 81 82 — Eine der älteren Bodegas, produziert guten traditionellen Rioja. Ihre Monte Real Bodegas sind große, milde Weine.

Rosado Rosé.

Rovellats SA Kat; sch ★★→★★★ — Kleine Familienfirma, produziert in geringen Mengen eine exklusive und teure Cava, die in einigen spanischen Spitzenrestaurants angeboten wird.

Rovira SA Pedro Kat; r rs w tr oder br Res ★→★★ — Große Firma mit Niederlassungen in den DO-Zonen Tarragona, Terra Alta und Penedès; Hersteller von Getränken, Aperitifs und Dessertweinen.

Rueda AKast; br w; tr ★→★★ — Kleines Anbaugebiet westlich von Valladolid mit traditionellen Flor entwickelnden Sherry-artigen Weinen mit bis zu 17 % Alkoholgehalt. Quelle frischer Weißweine, u. a. von Marqués de Riscal und Marqués de Griñon.

Ruiz, Santiago Gal; w; tr ★★★ BV — Kleine, angesehene Bodega in der neuen DO Rias Baixas mit ausgezeichnetem Albariño.

Salceda, SA, Bodegas Viña RjAl; r Res ★★→★★★ 73 75 78 80 81 **82** 83 84 — Produziert fruchtige, ausgeglichene Weine.

Sangre de Toro 1. Rotwein aus Toro; 2. Markenname für einen weichen, vollaromatischen Rotwein der Torres, SA.

Sangría Eine Art Rotwein-Cocktail mit Eis, Zitrusfrüchten, Brandy und Limonade. Auch billiger Perlwein.

Sanlúcar de Barrameda Zentrum des Bezirks Manzanilla.

San Sadurní de Noya Kat; sch ★★→★★★ — Stadt südlich von Barcelona, unterhöhlt mit Kellern, in denen Dutzende von Firmen Schaumwein («Cava») nach der Champagnermethode produzieren. Hoher Qualitätsstand, wenn auch der echte Champagner-Geschmack fehlt.

San Valero, Bodega Cooperativa Ara; r rs (w) Res ★→★★★ — Große Winzergenossenschaft in Cariñena mit modernen Weinen: guter roter Villalta Crianza und frischer, spritziger Perceval Rosado.

Sarría, Señorio de Nav; r (rs) w; tr ★★→★★★ 64 73 74 75 76 78 81 82 84 — Weingut und Musterkellerei bei Pamplona. Hier werden Weine produziert, die an guten Rioja-Standard heranreichen.

Scala Dei, Cellars de Kat; r Res ★★ — Eine von wenigen Bodegas in der kleinen DO Priorato. Rotweine mit viel Frucht, Körper und Alkohol, nicht mehr so massiv wie früher.

Scholtz, Hermanos, SA And; br ★★→★★★ — Erzeuger von erstklassigem Málaga, u. a. trockener 10jähriger Amontillado, ausgezeichneter Moscatel und traditioneller Dulce y Negro. Der beste ist der Dessert-Solera Scholtz 1885.

Seco Trocken.

Segura Viudas, Cavas Kat; sch ★★→★★★ — Cava aus Penedès. Brut Reserva empfehlenswert.

Serra, Jaume Kat.; w r; tr Res ★★→★★★ 84 — Firma mit Niederlassungen in Alella und Penedès; frische Weißweine und fruchtige, angenehme Rotweine.

Siglo Populäre sackverpackte Rioja-Marke von Bodegas AGE.

Sin Crianza Siehe Crianza.

Sitges Kat; w; s ★★ — Badeort an der Küste südlich von Barcelona, früher bekannt für Dessertweine aus der Moscatel- und Malvasia-Traube.

Tarragona Kat; r w; tr oder s; br ★→★★★ — 1. Tafelweine aus dem gleichnamigen Bereich; nicht besonders bemerkenswert. 2. Dessertweine von de Muller.

Tinto Rot.

Toro AKast; r ★ — Anbaugebiet, 200 km nordwestl. von Madrid, mit inzwischen leichter gewordenen guten Rotweinen. Siehe Bodega Fariña.

Torremilanos AKast; r Res ★★ 76 79 81 **82** 83 85 86 — Etikett der Bodegas López Peñalba, eines aufstrebenden Familienbetriebs bei Aranda de Duero. Die Rotweine von der Tinto-Fino-Traube (Tempranillo) sind leichter und Rioja-ähnlicher als die meisten anderen. Weiteres Etikett «Peñalba».

Torres, Bodegas Kat; r w; tr oder lbl rs Res ★★→★★★★ 64 70 71 73 74 75 76 77 78 79 80 81 82 83 84 85 86 87 — Vornehmes Familienunternehmen, Erzeuger der besten Weine von Penedès. Dazu zählen u. a. die trockenen weißen Viña Sol und Gran Viña Sol, der in Eiche vergorene Milmanda-Chard., der liebliche, würzige Esmeralda, Waltraud Riesling, die roten Tres Torres und Gran Sangredetoro, die vorzüglichen Gran Coronas Reservas (Cabernet) und der rote Santa Digna Pinot-Noir. Die Familie hat jetzt auch in Chile und Kalifornien Weinberge.

Utiel-Requeña Lev; r (w) ★ — Anbaugebiet westlich von Valencia. Kräftige Rotweine und robuster Vino de doble Pasta für Verschnitt und leichte und blumige Roséweine.

Valbuena AKast; r ★★★ 75 76 77 78 79 80 82 83 — Wird aus derselben Traube gekeltert wie Vega Sicilia, wird aber als 3° año oder 5° año verkauft. Manche mögen ihn lieber als seinen «großen Bruder»; mit etwa 10 Jahren ist er am besten.

Valdeorras Gal; r w; tr ★→★★ — Anbaugebiet östlich von Orense, trockene und erfrischende Weine, manche leicht schäumend.

Valdepeñas NKast; r (w) ★→★★ — Anbaugebiet nahe der andalusischen Grenze. Trotz hohem Alkoholgehalt sind die Weine (v. a. Rotweine) überraschend leicht im Aroma. Bessere Weine werden jetzt in Eichenfässern gealtert.

Valencia Lev; r w ★ — Anbaugebiet mit erdigem, sehr starkem Wein.

Vega Sicilia AKast; r; Res ★★★★ 41 48 53 59 61 62 64 66 67 69 72 73 76 — Einer der allerbesten spanischen Weine, körperreich, fruchtig, pikant und faszinierend. Bis zu 16 % Alkoholgehalt. Valbuena ist derselbe Wein mit kürzerer Faßlagerung (78 79 80 82).

Vendimia Weinlese.

Verín Gal; ★ — Stadt nahe der Nordgrenze Portugals. Die lokalen Weine sind die stärksten in Galicia, ohne Bläschenbildung, mit bis zu 14 % Alkoholgehalt.

Vicente, Suso y Pérez, SA Ara; r ★★ — Eine Bodega südlich von Saragossa, wo besserer Cariñena produziert wird.

Viña Weinberg. Weine wie Tondonia (Lopez de Heredia) oder Zaco (Bilbainas) bestehen jedoch nicht unbedingt nur aus Trauben vom genannten Weinberg.

Vinícola de Castilla NKast; r rs w tr ★ — Einer der größten Betriebe in La Mancha, vertreibt seine Weine unter den Etiketten «Castillo de Manza» und Gran Verdad.

VINIVAL Lev; r w ★ — Großes Unternehmen in Valencia, vertreibt den meistgetrunkenen Wein der Region: Torres de Serrano.

Vino *blanco* Weißwein
    común/corriente einfacher Wein
    clarete heller Rotwein
    dulce Süßwein
    espumoso Schaumwein
    generoso Aperitif oder Dessertwein, alkoholisch

rancio maderisierter (brauner) Weißwein
rosado Roséwein
seco trockener Wein
tinto Rotwein
verde dem portugiesischen Vinho Verde ähnlich.

Yecla Lev; r ★ — Anbaugebiet nördl. von Murcia. Die Genossenschaft «La Purisma» gilt als die größte Spaniens. Ihre Weine, einst ausgesprochene Schwergewichte, sind leichter geworden und wurden für den Export verbessert.

Ygay Siehe Marqués de Murrieta.

Portugal

Port und Madeira siehe Seiten 179—185.

Adega Keller, Weinkellerei.

Alentejo Alen; r (w) ★→★★ — Großes Gebiet in Südportugal mit nur wenig Weinbau an der spanischen Grenze. Die meisten Weine werden von Genossenschaftskellereien erzeugt. Gutsweine von Rosado Fernandes, Quinta de Mouchão und Esporão zeigen beachtliches Potential. Die besten Genossenschaften befinden sich in Redondo, Borba und Reguengos de Monsarraz. Man darf Interessantes erwarten.

Algarve Alg; r w ★ — Weinbaubereich in einem Touristengebiet. In punkto Wein hat man als Tourist freilich zu Hause nicht viel zu erzählen.

Aliança Caves; r w; tr sch Res ★★→★★★ — Große Firma mit Sitz in Bairrada mit Schaumwein nach der Champagner-Methode und verschiedenen Rot- und Weißweinen, u.a. guten Bairradas und reifen Dãos. Tinta Velha ist der meistverkaufte Rotwein Portugals.

Almodovar, Casa Agricola Alen; w tr; r Res ★★ 84 86 87 — Die in Vidigueira beheimatete Firma ist besonders durch Weißwein bekannt, erzeugt aber auch guten Rotwein.

Amarante Teil des Vinho-verde-Gebiets. Die Weine sind hier schwerer und gehaltvoller als weiter im Norden.

Arruda, Adega Cooperativa de B'a al; r Res ★ — Besonders preiswert ist der Vinho Tinto Arruda; die Reserva ist nicht zu empfehlen.

Aveleda Douro; w; tr ★★ BV — Erstklassiger Vinho verde vom Gut Aveleda der Familie Guedes. Wird in Portugal trocken verkauft, für den Export aber gesüßt.

Bacalhoa, Quinta da Est'a; r Res ★★★ 81 82 83 **84** 85 — Weingut bei Setúbal in amerikanischem Besitz; sein harmonischer, fruchtiger, mittelschwerer Cabernet-Sauvignon wird von João Pires bereitet.

Bairrada Bei Lit; r w; tr und sch ★→★★ 66 70 75 76 77 82 — Neu festgelegtes Anbaugebiet, liefert viel offenen (meist guten) Wein aus Oporto. Auch guter Schaumwein nach der Champagnermethode. Große Zukunftsaussichten.

Barca Velha («Ferreirinha») Trás-os-M; r; Res ★★★★ 57 64 65 66 78 — Der vielleicht beste Rotwein Portugals, von der Port-Firma Ferreira in kleinen Mengen bereitet — kraftvoll und fein, mit tiefem Bukett.

173

Barrocão, Cavas do Bei Lit; r w; tr Res ★→★★★ — Firma in Bairrada mit gutem rotem Dão und erstklassigen Bairrada Garrafeiras, z. B. 60 und **64**.

Basto — Teil des Vinho-verde-Gebiets am Tamega. Hier wird mehr herber Rotwein als Weißwein produziert.

Borba Alen; r ★ — Kleiner V.Q.P.R.D.-Bereich bei Evora, liefert einige der besten Weine aus Alentejo.

Borba, Adega Cooperativa de Alen; r Res (w tr) ★★ 82 — Erzeuger von kräftigen, fruchtigen, vollmundigen Weinen, die jung oft am besten sind.

Borges & Irmãs Port- und Tafelwein-Handelshaus in Vila Nova de Gaia. Marken: Gatão und Gamba Vinhos verdes (bessere Qualität). Ferner Fita-Azul-Schaumwein.

Braga Teil des Vinho-verde-Gebiets. Gute Rot- und Weißweine.

Buçaco B'aal; r (rs) w; Res ★★★★ r **51 53 57 58 60** 63 67 70 72 75 77; w **56 65 66 70 72** 75 — Legendäre Spezialität des Palace-Hotels in Buçaco bei Coimbra, sonstwo nicht anzutreffen. Unterschiedliche, aber oft phantastische Qualität.

Bucelas Est'a; w; tr ★★★ 79 — Winziges Anbaugebiet nördlich von Lissabon; delikate, stark duftige Weine mit 11 — 12 % Alkohol von Caves Velhas.

Camarate, Quinta de Est'a; r ★★ **74 78** 80 82 — Beachtlicher Clarete von Fonseca in Azeitão, südlich von Lissabon, u. a. feiner Cabernet Sauvignon.

Carcavelos Est'a; br; s ★★★ — Sehr kleiner Bereich westlich von Lissabon; vorzügliche süße Weine mit durchschnittlich 19 % Alkohol, kalt als Aperitif oder Dessertwein.

Cartaxo Rib; r w ★ — V.Q.P.R.D.-Bereich im Ribatejo bei Lissabon mit einfachen, in der Hauptstadt beliebten Weinen.

Carvalho, Ribeiro & Ferreira B'a al; r w; Sü ★★→★★★ — Großes Handelshaus, Abfüller von Serradayres und vorzüglichen Ribatejo Garrafeiras.

Casa de Sezim Minho; w tr ★★→★★★ BV — Einer der besten Vinhos Verdes in Erzeugerabfüllung von einem Mitglied der neuen Privatwinzervereinigung APEVV.

Casal García Douro; w; tr ★★ BV — Einer der meistverkauften Vinhos verdes in Portugal. Erzeuger: Sogrape.

Casal Mendes Minho; w; tr ★★ BV — Der Vinho verde von Caves Aliança.

Casaleiro Marke von Caves Dom Teodosio-João T. Barbosa, Erzeuger mehrerer zuverlässiger Weine: Dão, Vinhos verdes usw.

Caves Velhas Bei.Lit; r w; tr Res ★★→★★★ — Einziger Erzeuger von Bucelas; liefert auch gute Dão- und Romeira-Garrafeiras.

Cepa Velha Minho; (r) w; tr ★★★ — Markenname von Vinhos de Monção, Lda. Der beste Vinho verde dieser Firma ist Alvarinho aus der gleichnamigen Traube.

Clarete Heller Rotwein.

Colares Est'a; r ★★★ -- Kleines Anbaugebiet an der Küste westlich von Lissabon. Die klassischen, tanninreichen, dunklen Rotweine stammen von Reben, die die Reblausepidemie überlebt haben. Je älter, desto besser, aber mind. 10 Jahre.

Conde de Santar B'aal; r (w; tr) Res ★★→★★★ 70 73 78 — Der einzige Weingut-Dão, ausgebaut und verkauft durch die Port-Firma Cálem. Die Reserves sind fruchtig, körperreich und ungewöhnlich weich.

Dão B'aal; r w; Res ★→★★★ 66 67 69 70 71 74 75 80 83 — Anbaugebiet um Viseu am Mondego; liefert z. T. die besten portugiesischen Tafelweine: solide Rote mit Feinheit im Alter; kräftig trockene Weiße. Alle werden unter Markennamen verkauft. 1970 war der beste Jahrgang des letzten Jahrzehnts.

Douro Fluß im Norden. Im Flußtal wachsen Port und sehr anständige Tafelweine.

Esporão, Heredade do Auf der Grundlage von Weinbergen aus dem 13. Jh. entstehen Neuanpflanzungen von Cab. Sauvignon und Touriga Nacional sowie eine der größten Kellereien Portugals.

Evelita Trás-os-M; r ★→★★ 75 — Zuverlässiger mittelschwerer Rotwein aus Vila Real, erzeugt von Real Companhia Vinícola do Norte de Portugal. Gut haltbar.

Fonseca, J. M. Est'a; r w tr br Res ★→★★★★ — Großer alter Familienbetrieb in Azeitão mit einer reichhaltigen Auswahl guter Weine, u. a. roter Periquita, Pasmados, Quinta de Camarate (früher Palmela) und Terras Altas Dão sowie der berühmte Moscatel de Setúbal.

Fonseca Internacional, J. M. da Est'a; r ★ — Früher zur obigen Firma gehörig, heute im Besitz von Grand Met. Erzeugt Lancers Rosé und Lancers Brut-Schaumwein (siehe dort).

Gaeiras Est'a; r ★★ — Trockener, körperreicher und ausgeglichener Rotwein aus der Nähe von Óbidos.

Garrafeira Der längere Zeit gereifte «Privat-Reserve»-Wein eines Händlers. Mindestausbauzeit 2 Jahre im Faß und 1 Jahr in der Flasche, oft aber viel länger; meistens die Spitzensorte des Hauses, wenn auch die Herkunft oft unbestimmt ist.

Gatão Minho; w; tr ★★ BV — Zuverlässiger «Grüner Wein» von der Firma Borges & Irmão, duftig, manchmal etwas gesüßt.

Gazala Minho; r; tr ★★ BV — Ein neuer Vinho verde von Sogrape in Barcelos, seit das Weingut Alveleda auf einen anderen Zweig der Familie Guedes übergegangen ist.

Grão Vasco B'aal; r w; Res ★★→★★★ 70 73 75 78 80 81 83 — Eine der besten Dão-Marken, von Sogrape in Viseu bereitet.

Lagoa Siehe Algarve.

Lagosta Minho; w; tr ★★ BV — Bekannter Vinho verde der Real Companhia Vinícola do Norte de Portugal.

Lancers Est'a; rs w; sch ★ — Süßer, mit Kohlensäure versetzter Rosé und ein weißer Schaumwein; wird von Fonseca Internacional in großem Umfang nach den USA exportiert.

Lima Teil des Vinho-verde-Gebiets, meist sehr herbe Rotweine.

Madeira Insel; br; tr/s ★★→★★★★ — Herkunftsbereich der berühmten Aperitifs und Dessertweine.

Magrico Minho; w; tr ★★ BV — Im Gegensatz zu den heute für den Export vielfach leicht gesüßten Vinhos verdes ist dieser natürlich und trocken.

Mateus Rosé Trás-os-M; rs ★ — Der meistverkaufte mit Kohlensäure versetzte Rosé der Welt, halbsüß, wird von Sogrape in Vila Real und Anadia in Bairrada produziert.

Neuerdings ist es Mode geworden, weiße Tafelweine als Aperitif oder auch am Abend und zwischendurch zu jeder Tageszeit zu sich zu nehmen. Sie verdrängen in vielen Familien die «härteren Sachen». Diese neue Mode kommt deutschen Weinen sehr zugute. Übrigens ist in fast allen Ländern ein deutlicher Trend vom roten zum weißen Wein spürbar. Das Wort vom «Martini des denkenden Menschen» faßt die Argumente zugunsten des Weins gut zusammen: er erfrischt und belebt, ohne das Denken lahmzulegen.

Monção Teil des Vinho-verde-Gebiets am Minho. Hier entstehen die besten Weine dieser Art aus der Alvarinho-Traube.

Palacio de Brejoeira Minho; w; tr ★★★ — Hervorragender Vinho verde von Monção mit überraschend feinem Duft und vollem, fruchtigem Aroma.

Penafiel Unterbezirk im Süden des Bereichs Vinhos verdes.

Periquita Est'a; r ★★ 71 74 77 78 80 84 — Einer der erfreulichsten robusteren Rotweine Portugals, aus der in Alentejo verbreiteten gleichnamigen Traube von J. M. da Fonseca in Azeitão südlich von Lissabon produziert.

Pinhel B'aal; r ★ — VQPRD-Bereich östlich vom Dão, ähnlicher Weißwein.

Pires, João Est'a; r w; tr/s Res ★★→★★★ — Erzeuger von rotem Tinto de Anfora, jungem rotem Quinta de Santo Amoro nach dem Macération-carbonique-Verfahren, Cabernet Sauvignon sowie weißem trockenem Moscato und Catarina-Chardonnay (s. Bacalhoa, Quinta da).

Planalto Duoro; w; tr ★★ — Guter Weißwein von Sogrape.

Ponte de Lima, cooperativa de Minho; r ★★ — Erzeugt einen der besten roten Vinhos verdes sowie einen erstklassigen, fruchtigen Weißwein.

Quinta do Corval Trás-os-M; r ★★ — Gut in Pinhão, gute leichte Clarete.

Quinta do Côtto Tras-os-M; r w; tr Res ★★ 82 85 — Grande Escolha und Quinta do Côtto sind dunkle, fruchtige, gerbstoffreiche Rotweine, bei denen sich lange Lagerung lohnt. Auch Portwein.

Quinta da Insua B'a al; r w ★★ — Einer der wenigen Einzellagen-Dãos, bereitet mit einem Anteil von Cab. Sauvignon in einer alten, jedoch modernisierten und neu ausgerüsteten Kellerei.

Quinta da Pacheca Trà-os-M; r w ★★ 82 — Hochwertige Douro-Tafelweine in Erzeugerabfüllung.

Quinta de Ribeirinho Bei.Lit; r sch ★★→★★★ — Luis Pato ist Erzeuger einer der besten Bairrada-Gutsweine: fruchtiger Rotwein und frischer Schaumwein nach der Champagner-Methode.

Quinta de S. Claudio Minho; w; tr ★★★ BV — Gut in Esposende, Erzeuger eines der besten Vinho verde außerhalb von Monção.

Raposeira B'a al; sch ★★ — Einer der bekanntesten portugiesischen Schaumweine in Lamego, nach der Champagnermethode hergestellt. Der *bruto* ist zu bevorzugen.
Redondo Siehe Alentejo.
Reguengos de Monsaraz, Cooperativa de Alen; r Res (w tr) ★★ 82 83 87 — Große Genossenschaft, seit der Modernisierung stetig besser werdende Weine; am besten sind die Roten.
Ribalonga, Vinícola B'a al; r Res ★★ 71 74 76 78 80 82 83 — Erzeuger eines anständigen, sehr preiswerten roten Dão.
Ribatejo Region am Tagus nördlich von Lissabon. Quelle guter Garrafeiras usw.
Rosado Fernandes, José de Sousa Alen; r Res ★★ 71 75 79 83 86 — Kleiner Privatbetrieb, neuerdings von J. M. Fonseca übernommen; Erzeuger eines höchst raffinierten, körperreichen Alentejo, der in *tiñajas* vergoren wird und in Eichenfässern heranreift.
Santola B'a al; w; tr ★★ BV — Ein erfrischender und ganz trockener Vinho verde von Vinhos Messias.
São João, Caves Bei.Lit; r w tr sch Res ★★→★★★ 70 75 76 78 80 — Einer der besten Betriebe in der Bairrada, bekannt durch fruchtige, körperreiche Rotweine und Porto dos Cavaleiros Dãos sowie Schaumwein.

Alkoholgehalt des Weins

Das Alkoholpotential der Weine variiert sehr stark. Ein wirklich schwerer Wein wie etwa Châteauneuf-du-Pape, Château d'Yquem oder Spätlese-Zinfandel enthält meist doppelt soviel Alkohol wie ein sehr leichter deutscher Wein: vielleicht 16 % im Vergleich zu 8 %. Es ist der Alkohol, der uns einen Wein als «körperreich» empfinden läßt, wobei er aber durch Geschmackselemente, Zucker, Säuregehalt, Tannin und verschiedenartige Extrakte ausgeglichen sein muß. Ohne begleitendes reiches Bukett würde er zu hitzig und ungefällig schmecken.

Typische Alkoholstärken, im Labor durch Analysen kommerzieller Muster ermittelt (Volumen-%):

Deutscher Tafelwein 8–11	*Montrachet* 12,6
Deutscher Kabinett 8–9	*California Zinfandel* 12–16
Deutsche Auslese 10–10,5	*California*
Deutsche	*Chardonnay* 10,5–13,5
Beerenauslese 12,8–14	*California Cabernet* 11,44
Französischer Tafelwein 9–12	*Australischer Cabernet/*
Roter Bordeaux 10,5–13	*Shiraz* 13,8
Bordeaux Cru Classé 11–12	*Barolo* 12–14
Beaujolais-Villages 10–10,5	*Chianti* 12–13
Muscadet 12	*Valpolicella* 11,7
Elsässer Riesling 10,5–11,5	*Rioja Reserva* 12,5
Chablis	*Sauternes* 12–15
Premier Cru 10,5–12,7	*Château d'Yquem* 13,5–16
Beaune 11–14	*Fino Sherry* 18–20
Chambertin 12,4	*Oloroso Sherry* 18–20
Châteauneuf-	*Jahrgangs-Port* 19–20
du-Pape 12,6 +	*Madeira* 17–19

Serradayres Est'a; r (w) Res **★★** — Ribatejo-Tafelweine von Carvalho, Ribeiro & Ferreira, Lta.; meist sauber und süffig, neuerdings aber sehr streng.

Setúbal Est'a br **★★★** — Kleines Anbaugebiet südlich des Tagus; hier erzeugt J. M. da Fonseca einen 6 bzw. 25 Jahre alten aromatischen Muskateller-Dessertwein.

Sogrape Sociedad Comercial dos Vinhos de Mesa de Portugal. Größte Weinfirma des Landes mit Vinhos verdes, Dão, Mateus Rosé, Vila-Real-Rotweinen usw.; jetzt auch Besitzer der Port-Firma Ferreira.

Terras Altas B'a al; r w; Res **★★ 75 76 78** 79 **80** 82 83 84 — Gute Dão-Weine von J. M. da Fonseca.

Tinto de Anforo Est'a; r **★★** 78 80 81 **82 84** 85 86 — Verdientermaßen populärer saftiger und fruchtiger Rotwein von João Pires.

Torres Vedras Est'a; r w tr **★** — Gebiet nördlich von Lissabon, bedeutende Lieferquelle für Faßwein; mit einer der größten Genossenschaften Portugals.

Verdelho Ein lieblicher Madeira, wird entweder am Anfang einer Mahlzeit oder zu Madeirakuchen getrunken.

Vila Real Trás-os-M; r **★→★★** — Stadt im Anbaugebiet Douro, liefert heute einige gute rote Tafelweine.

Vinho *branco* Weißwein

    consumo Konsumwein

    doce Süßwein

    espumante Schaumwein

    garrafeira Reserva mit mind. 2 Jahren Reifezeit im Faß und 1 Jahr in der Flasche

    generoso Aperitif oder Dessertwein, alkoholreich

    maduro ausgereifter Tafelwein — im Gegensatz zu Vinho verde

    rosado Roséwein

    seco trockener Wein

    tinto Rotwein

    verde siehe unter Vinhos verdes.

Vinhos verdes Minho und Douro; r **★**w; tr **★→★★★** — Anbaugebiet zwischen dem Douro und der Nordgrenze zu Spanien. Von hier stammt der «grüne Wein», eine portugiesische Spezialität, die von nur knapp ausgereiften Trauben so bereitet wird, daß durch Zweitgärung ein leicht perlender Wein entsteht. Er kann weiß oder rot sein und ist im Frühjahr nach der Ernte genußreif.

Sherry, Port und Madeira

Die ursprünglichen echten Sherries aus Spanien, Portweine aus Portugal und Madeiras aus Madeira sind nachstehend in alphabetischer Reihenfolge aufgeführt, die vielen Nachahmungen aus Südafrika, Kalifornien, Australien, Zypern, Argentinien aber nicht. Sie sind in den Kapiteln über die jeweiligen Länder zu finden. («British Sherry» ist ein Namensmißbrauch: ein aus Trockenmost und Wasser zusammengerührtes Getränk, das mit Wein nichts zu tun hat.)

Die Karte auf Seite 161 zeigt die genaue Lage der Port- und Sherry-Gebiete. Madeira ist eine Insel rund 650 km vor der Atlantikküste Marokkos, eine Zwischenstation für westwärts fahrende Schiffe; daher auch der traditionelle Absatzmarkt in Nordamerika.

Die meisten der folgenden Stichworte sind Händlernamen, jeweils mit einer kurzen Übersicht über deren Weine. Die Bezeichnungen der verschiedenen Weintypen sind mit in das alphabetische Verzeichnis aufgenommen.

Almacenista Individueller, alter, unverschnittener Sherry; hochwertige, meist dunkle trockene Weine für Kenner. Oft superb und sehr wertvoll; siehe Lustau.

Amontillado Im allgemeinen Sprachgebrauch ein Medium-Sherry; in der Fachsprache ein Fino, der zur Verstärkung seines Gehalts und seiner Ausdruckskraft gealtert wurde.

Amoroso Eine Art süßer Sherry, nicht merklich verschieden von einem süßen Oloroso.

Barbadillo, Antonio Die größte Firma in Sanlúcar mit rund 50 Manzanillas und Sherries, u.a. Sanlucar Fina, Solera Manzanilla Pasada, Fino de Balbaina usw. Auch frische junge Tafelweine «Castillo de San Diego».

Barbeito Die letzte selbständige Familienfirma im Madeira-Handel mit guten Weinen, u. a. einem der trockensten und besten Aperitif-Madeiras «Island Dry» sowie der Serie Crown und Jahrgangsweinen, z. B. Malmsey 1901.

Bertola Sherry-Firma, am bekanntesten durch Bertola Cream Sherry.

Blandy Historische Madeira-Firma in Familienbesitz. Berühmtestes Erzeugnis des Hauses: Duke of Clarence Malmsey; die 10jährige Malmsey Reserve ist sehr beliebt.

Blazquez Sherry-Bodega in Jerez (im Besitz von Domecq) mit hervorragendem Fino: «Carta Blanca» und «Carta Oro» Amontillado «al natural» (ungesüßt).

Brown Sherry Englische Bezeichnung für eine Art dunklen süßen Sherry, der nicht unbedingt zur besten Qualitätsklasse gehört.

Bual Eine der besten Traubensorten von Madeira, bringt einen weichen, rauchigen, süßen Wein, aber nicht so süß wie Malmsey.

Caballero Sherry-Firma in Puerto de Santa Maria, am bekanntesten durch Pavon Fino, Oloroso, Mayoral, Cream, exzellente «Bourdon»-Sherries und «Ponche»-Orangenlikör.

Cálem Altes portugiesisches Haus mit gutem Ruf, v. a. für gute Jahrgangsweine; zum Besitz gehört die ausgezeichnete Quinta da Foz (82 84). Jahrgänge: **50** 58 **60 63** 70 75 77 80 83 85. Guter, leichter Tawny.

Churchill Die einzige neugegründete Port-Firma, die sich bereits mit ausgezeichneten Jahrgängen 82 und 85 und mit gutem «Crusted» ein Ansehen verschafft hat.

Cockburn Portfirma in englischem Besitz mit einer Reihe von guten Weinen. Feiner Jahrgangsport aus sehr hohen Lagen, kann im Jungzustand leicht scheinen, hat aber große Haltbarkeit, Jahrgänge: **55 60 63 67** 70 **75** 77 83.

Cossart Gordon Führende Händlerfirma auf Madeira (gegründet 1745), am bekanntesten durch ihre Marke «Good Company», erzeugt auch alte Jahrgänge (als letzter 1952) und Soleras (v. a. sehr guten Sercial Duo Centenary).

Cream Sherry Eine bernsteinfarbene, süße Sherry-Art, die durch Süßen eines Verschnitts aus gut abgelagerten Olorosos bereitet wird.

Crofts Zweitälteste Händlerfirma mit Vintage-Port: 1978 wurde sie 300 Jahre alt. Anfang dieses Jahrhunderts von Gilbey's aufgekauft. Ausgezeichneter alter Tawny-Port «Particular». Gut ausgewogene Jahrgangsweine sind außerordentlich haltbar. Jahrgänge: **55 60 63 66** 70 **75** 77; leichtere Jahrgangsweine unter dem Namen Quinta da Roeda in noch weiteren Jahren (**78** 80 83). Jetzt auch im Sherry-Handel tätig mit Croft Original (Pale Cream), Croft Particular (Medium), Delicado (Fino) sowie gutem Palo Cortado.

Crusted Bezeichnung für einen jahrgangartigen, aber aus verschiedenen Jahrgängen verschnittenen, nicht aus einem einzigen stammenden Port, der jung abgefüllt und in der Flasche gelagert wurde, so daß sich in der Flasche eine «Kruste» bildet. Muß dekantiert werden.

Delaforce Besonders in Deutschland bekannte Port-Firma im Besitz von I. D. V. «His Emminence's Choice» ist ein vorzüglicher Tawny. «Vintage Character» ist ebenfalls gut. Jahrgangsweine sind sehr fein, gehören zu der leichteren Art: **55 58 60 63 66 70 75** 77 82 85. «Quinta da Corte» (78 80).

Delgado Zuleta Alteingesessene Firma in Sanlùcar, am bekanntesten durch ihren vorzüglichen La Goya Manzanilla Pasada.

Diez-Merito, SA Aufstrebende Firma in Jerez, auf Sherry eigener Marken spezialisiert, im Besitz von Bodegas Internacionales. Neu erworben wurde die Zoilo Ruiz Mateus, die früher zu dem glücklosen Rumasa-Imperium gehörte. Der Fino Imperial und der Oloroso Victoria Regina sind ausgezeichnet, die Don-Zoilo-Weine hervorragend.

Domecq Sehr große Sherry-Bodegas in Jerez, in Familienbesitz. Double Century Original Oloroso ist die Hauptmarke, La Ina heißt der ausgezeichnete Fino. Weitere berühmte Weine: Celebration Cream, Botaina (alter Amontillado) und der hervorragende Rio Viejo (Dry Oloroso). Neu eingeführt: eine Serie alter Solera-Sherries. Jetzt auch in Rioja ansässig.

Don Zoilo Luxus-Sherrymarke, u. a. tiefer, samtiger Fino; Vertrieb durch Diez-Merito.

Dow Alter, auf dem englischen Markt von der Port-Firma Silva & Cosens benützter Name. Die Firma ist durch relativ trockene, aber ausgezeichnete Jahrgangsweine mit einem schwachen Zedernholzgeschmack bekannt. Außerdem sehr guter «Vintage Character» und «Boardroom Tawny», 15 y. o. Tawny. Quinta do Bomfim heißt der Quinta-Port. Jahrgänge: **55 60 63 66** 70 72 **75** 77 80 83 85. Dow, Warre, Graham, Gould Campbell, Quarles Harris und Smith Woodhouse gehören der Familie Symington.

Dry Sack Siehe Williams & Humbert.

Duff Gordon Durch El Cid Amontillado bekannt gewordene Sherry-Firma im Besitz der großen spanischen Firma Bodegas Osborne. Guter trockener Oloroso Niña.

Duke of Wellington Luxuskategorie von Sherries von Bodegas Internacionales.

Eira Velha, Quinta da Kleines Port-Gut mit Jahrgangsweinen alten Stils, verkauft durch Harvey's von Bristol. Jahrgänge: **72** 78 80 82 85.

Ferreira Größter Port-Erzeuger und -Händler, in portugiesischem Besitz (seit 1751), kürzlich von SOGRAPE übernommen; bekannt für alten Tawny-Portwein und gute, relativ leichte Jahrgänge: **60 63 66 70** 75 77 78 80 82 83 85. Auch Doña Antónia Personal Reserve und sublimer Tawny Duque de Braganza.

Fino Bezeichnung für den leichtesten und feinsten Sherry, völlig trocken, sehr blaßfarben und von großer Delikatesse. Fino soll stets kühl getrunken und rasch verbraucht werden, da er nach dem Öffnen der Flasche schnell an Qualität verliert. Tio Pepe ist das klassische Beispiel.

Flor Charakteristische natürliche Hefe, die dem Fino Sherry sein einzigartiges Aroma verleiht.

Fonseca Guimaraens Hochangesehene Port-Firma in englischem Besitz. Robuste Jahrgangsweine von tiefer Farbe, manchmal angeblich mit einem leicht «angebrannten» Beigeschmack. Jahrgänge: **55 60 63 66** 70 **75** 77 80 83 85. Quinta de Panascal 78 heißt ein neuer Quinta-Port. Auch beliebter Vintage Character «Bin 27».

Forester Port-Firma und Eigentümerin der berühmten Quinta Boa Vista. Ihre Jahrgangsweine sind oft rund, «dick» und süß, gut für relativ frühen Verbrauch. Jahrgänge: **60 62 63 66 67 70 72 75** 77 80 82 83 84.

Garvey's Berühmte alte Sherry-Firma in Jerez. Die feinsten Weine sind Fino San Patricio, Tio Guillermo Dry Amontillado und Ochavico Dry Oloroso. Die populärste Marke ist San Angelo Medium Amontillado. Auch Bicentenary Pale Cream.

Gonzalez Byass Sehr große Firma, liefert den berühmtesten Fino-Sherry der Welt und zudem einen der besten: Tio Pepe. Weitere Marken: La Concha Medium Amontillado, elegante Dry Fino, San Domingo Pale Cream, Nectar Cream und Alfonso Dry Oloroso. Metusalem und Apostoles sind alte Olorosos, süß bzw. trocken, von seltener Qualität.

Gould Campbell Siehe Smith Woodhouse.

Graham Port-Firma, berühmt durch einen der vollsten und süßesten Jahrgangs-Ports, der größtenteils aus der eigenen Quinta Malvedos stammt; ausgezeichnete Marken sind auch «Six Grapes» Ruby, «Late Bottled» und 10- bis 20jährige Tawnies. Jahrgänge: **55 58 60 63 66** 70 **75** 77 80 83 85.

Harvey's Weltberühmte Sherry-Firma; kaufte vor kurzem Palomino und de Terry; süße Sorten: Bristol Milk und Bristol Cream; ferner Club Amontillado und Bristol Dry, letztere sind allerdings Medium; Luncheon Dry und Bristol Fino sowie vorzüglicher Palo Cortado. Sehr gutes neues Programm «1796». Cockburn gehört zum Harvey-Besitz.

Henriques & Henriques Bekannte unabhängige Madeira-Firma in Funchal. Sie liefert u. a. einen guten trockenen Aperitifwein: Ribeiro Seco und (manchmal) feine alte Reservas.

Jerez de la Frontera Zentrum der Sherry-Industrie zwischen Cadiz und Sevilla in Südspanien. Das Wort Sherry ist eine Verballhornung des Namens Jerez. Französisch: Xeres.

Late-bottled Vintage Portwein aus einem einzigen Jahrgang, der länger als Jahrgangsport (etwa 5 Jahre) in Holzfässern gelagert wird. Er ist dann beim Abfüllen heller und altert rascher. Ein echter «L.B.V.» entwickelt wie Jahrgangs-Port eine «Kruste». Solche «nachträglichen» Jahrgangsportweine sind selten.

Leacock Eine der ältesten Madeira-Firmen. Ausgezeichneter 10jähriger Malmsey und 13jähriger Bual.

Lustau Mit die größte unabhängige Familienbodega in Jerez; liefert Sherry an andere Firmen, hat aber selbst mit «Dry Lustau» (v. a. Oloroso) und mit «Herez Lustau»-Palo-Cortado sehr gute Sorten, darunter Almacenista.

Macharnudo Eine der besten Sherry-Lagen nördlich von Jerez, berühmt für Weine höchster Qualität, sowohl Fino als auch Oloroso.

Malmsey Die süßeste Form des Madeira; dunkel bernsteinfarben, voll und honigduftig, jedoch mit der für Madeira charakteristischen eigenartigen Schärfe.

Manzanilla Sherry, meist Fino, der durch Lagerung in Bodegas in Sanlúcar de Barrameda an der Guadalquivirmündung nahe Jerez einen eigentümlich salzigen Charakter annimmt.

Manzanilla Pasada Reifer Manzanilla, schon fast ein Amontillada.

Morgan Tochtergesellschaft von Croft, in Frankreich am besten bekannter Portwein.

Offley Forester Siehe Forester.

Oloroso Sherry-Art, in der Jugend schwerer und weniger brillant als Fino, reift aber zu größerer Fülle und Würze heran. Von Natur aus trocken, wird aber meist gesüßt und als Cream verkauft.

Osborne Bekannter Brandy, aber auch guter Sherry, z. B. Fino Quinta, Coquinero, trockener Amontillado, 10 R. F. Oloroso.

Pale Cream Immer beliebter werdende Sherry-Art aus gesüßtem Fino, von Croft's eingeführt.

Palo Cortado Eine Form von Sherry, die Oloroso nahekommt, aber etwas vom Charakter eines Amontillado hat. Trocken, aber voll und weich. Nicht oft zu finden.

Palomina & Vergara Sherry-Firma in Jerez, bekannt für Palomina Cream, Medium und Dry. Bester Fino: Tio Mateo, 1986 von Harvey's übernommen.

Ponche Ein würziger Magenbitter aus altem Sherry und Brandy, gewürzt mit Kräutern und Orangen und in prächtig silbrigen Flaschen angeboten. Siehe Caballero und de Soto.

Puerto de Santa Maria Zweitgrößte Stadt des Sherry-Bereichs mit einer Reihe von bedeutenden Bodegas.

P. X. Kurz für Pedro Ximenez, die in Jerez zum Süßen von Verschnitten verwendete, teilweise sonnengetrocknete Traube.

Quarles Harris Eines der ältesten Port-Häuser, gegr. 1680, heute im Besitz der Familie Symington (siehe Dow). Jahrgänge: **60 63** 66 **70 75** 77 80 83 85.

Quinta Portugiesisches Wort für «Weingut».

Quinta do Noval Großes portugiesisches Portweinhaus mit intensiv fruchtigem, festem und elegantem Jahrgangsport; eine kleine Zahl von Reben, die sich noch aus der Zeit vor der Reblaus dort gehalten haben, liefert kleine Mengen «Nacional» — sehr dunklen, vollen, langsam reifenden Wein. Ferner sehr guter 20 Y. O. Tawny. Jahrgänge: **55 58 60 63 66 67** 70 **75** 78 82 83 85.

Rainwater In Nordamerika beliebter leichter, nicht allzu süßer Madeira-Verschnitt — eigentlich Verdelho-Wein.

Real Tesoro, Marqués de Eine der kleineren Familienfirmen in Jerez mit ausgezeichnetem Manzanilla La Bailadora und einem guten Sherry-Programm, v.a. Amontillado.

Rebello Valente Name des Vintage-Port von Robertson. Die Jahrgangsweine dieser sind leicht, aber elegant und ausgeglichen ziemlich früh genußreif. Jahrgänge: **55 60 63 66 67** 70 72 **75** 77 80 83 85.

La Riva Vornehme Sherry-Firma mit einem der besten Finos, Tres Palmas, und vielen weiteren guten Weinen.

Rivero, J. M. Die berühmte «C. Z.»-Marke des ältesten Sherry-Hauses ist jetzt Eigentum der Firma Antonio Niñez die neben eigenen auch Rivero-Sherries erzeugt und vertreibt.

Robertson Tochterunternehmen von Sandeman, liefert den Jahrgangsport Rebello Valente sowie L.B.V. und Robertson's Privateer Reserve; ferner Pyramid 10 Years Old und Imperial 20 Years Old Port.

Rozes Port-Firma in der Hand von Moët-Hennessy. Ihr Tawny ist in Frankreich sehr beliebt. Auch Ruby. Jahrgänge: **63 67** 77 78 81 83 85.

Fino, der blasseste, trockenste und delikateste aller Sherries, braucht eine sorgfältigere Behandlung als der ältere, schwerere und/oder süßere Amontillado und Oloroso. Er verliert seine vitale Frische nach der Abfüllung in Flaschen, besonders aber nach dem Öffnen einer Flasche, sehr rasch. Daher verwenden die Spanier gerne Halbliterflaschen. Kaufen Sie Fino in kleinen Quantitäten, konsumieren Sie ihn unverzüglich und bewahren Sie nicht ganz aufgebrauchte Flaschen im Kühlschrank auf.

Ruby Die jüngste (und billigste) Portweinsorte: sehr süß und rot. Die besten dieser Art sind kräftig und bukettreich. Andere können auch nur stark und ansonsten flach sein.

Rutherford & Miles Madeira-Firma mit einem der bekanntesten Bual-Weine: Old Trinity House; ferner Old Custom House Sercial und Old Artillery House Malmsey.

Sanchez Romate 1781 gegründetes Familienunternehmen in Jerez. In der spanischsprachigen Welt am bekanntesten, besonders durch den Brandy Cardinal Mendoza. Guter Sherry: Fino Cristal, Oloroso Don Antonio, Amontillado N.P.U. («non plus ultra»).

Sandeman Gigant im Port-Handel und bedeutende Firma im Sherry-Geschäft, im Besitz von Seagrams. Founder's Reserve heißt der bekannte Vintage Character; die Jahrgangsweine sind robust, einige ältere waren hervorragend (**55 60 63 66 67** 70 **75** 77 80 85). Bei Sherry ist Medium Dry Amontillado der Bestseller, Don Fino ist besonders gut; eine neue Reihe wunderbarer Luxus-Sherries umfaßt Royal Ambrosante, Imperial Corregidor, Character Oloroso usw.

Sanlúcar Sherry-Stadt am Meer, rund 25 km von Jerez (siehe Manzanilla).

Sercial Die in Madeira zur Herstellung des trockensten Weins der Insel — guter Aperitif — angebaute Traube (angeblich Riesling).

Smith Woodhouse 1784 gegründete Portfirma, heute im Besitz der Familie Symington (siehe Dow). Gould Campbell ist eine Tochtergesellschaft. Weine: His Majesty's Choice 20 y. o., Old Lodge Tawny, **60** 70 **75** 77 80.

Solera Bei der Herstellung von Sherry und (in modifizierter Form) von Madeira, gelegentlich auch bei Port angewandtes System. Es besteht darin, daß Fässer mit reiferem Wein nach und nach mit etwas jüngerem Wein derselben Sorte aufgefüllt wurden. Auf diese Weise wird ein einheitliches Endprodukt angestrebt. Die meisten handelsüblichen Sherries sind Verschnitte aus mehreren Solera-Weinen.

Soto, José de Die durch die Erfindung von Ponche berühmt gewordene Familienfirma erzeugt auch eine Reihe ausgezeichneter Sherries.

Tarquinio, Lomelino Durch eine Sammlung antiker Weine berühmt gewordene Madeira-Firma. Ihre Standardmarke heißt Dom Henriques; Spitzenmarke: «Lomelino».

Tawny Ein Portwein, der jahrelang in Holzfässern gelagert wurde (im Gegensatz zu Jahrgangsport, der in Flaschen gelagert wird), bis er eine bräunliche Farbe annimmt. Billiger Tawny ist aus rotem und weißem Port gemischt.

Taylor Eine der besten Portfirmen, besonders bekannt durch vollen, reichhaltigen langlebigen Jahrgangsport sowie Tawny mit Altersangabe (z. B. 40-year-old, 20-year-old usw.). Der charakteristische Veilchenduft soll bei Taylor von der Quinta de Vargellas stammen. Jahrgänge: **55 60** 63 **66** 70 **75** 77 80 83 85. Weniger gute Vargella-Jahrgänge gehen unverschnitten in den Handel (**67 72 74** 76 78). Auch der L.B.V. gehört zu den besseren seiner Art.

Terry, Fernando A. de Bodega in Puerto de Santa Maria mit einer Reihe guter Sherries und berühmter Brandies; 1986 von Harvey's übernommen.

Tio Pepe Der berühmteste Fino-Sherry (s. Gonzalez Byass).

Valdespino Berühmte Bodega in Jerez, Besitzer der Lage Inocente, mit hervorragendem Fino dieses Namens. Tio Diego heißt der wundervolle trockene Amontillado, Matador ist die populäre Marke.

Varela Sherry-Firma, bekannt durch Medium und Cream.

Verdelho Madeira-Traube, liefert ziemlich trockenen Wein, hat nicht den charaktervollen Ausdruck der Sercial-Traube. Angenehmer Aperitif. Feine alte Jahrgangsweine.

Vintage Port Der beste Port aus besonders guten Jahrgängen wird nach nur zweijähriger Faßlagerung abgefüllt und reift dann sehr langsam über 20 Jahre und mehr in der Flasche. Er bildet dabei starke Ablagerungen und muß dekantiert werden.

Vintage Character Ein etwas irreführender Ausdruck für einen vollen und körperreichen Portwein guter Qualität, etwa einen nach dem Solera-System hergestellten erstklassigen Ruby. Ihm fehlt der herrliche Duft des Vintage Port.

Jahrgangsport kann ungeheuer langlebig sein. Über die im Text genannten hinaus waren folgende älteren Jahrgänge besonders gut: 50, 48, 45, 35, 34, 27, 20, 11, 08, 04.

Warre Wahrscheinlich die älteste Portfirma überhaupt (seit 1670), jetzt im Besitz der Familie Symington (siehe Dow); hat feine, lang reifende Jahrgangsweine und einen guten Tawny, Marke Nimrod und Vintage Character Warrior. Der Einzellagen-Port Quinta da Cavadinha ist eine Neuheit. Jahrgänge: **55 58 60** 63 **66** 70 **75** 77 80 83 85.

White Port Aus weißen Trauben hergestellter, daher goldfarbener Port. Wurde früher süß behandelt, heute wird er häufiger trocken bereitet: ein guter, aber schwerer Aperitif.

Williams & Humbert Berühmte erstklassige Sherry-Bodega, neuerdings im Besitz von Antonio Barbadillo. Dry Sack (Medium Amontillado) ist der Bestseller, Pando ein ausgezeichneter Fino. Canasta Cream und Walnut Brown sind gut in ihrer jeweiligen Klasse. Dos Cortados ist ein berühmter Palo Cortado.

England

Englands Weinindustrie erlebte erst wieder in den späten sechziger Jahren dieses Jahrhunderts nach einer Pause von 400 Jahren einen Neubeginn. Heute werden auf über 400 ha jährlich weit mehr als eine Million Flaschen produziert, fast alles Weißweine, allgemein einfach im Stil, viele aus neuen deutschen und französischen Traubensorten, die auch bei kühlem Wetter gut reifen. Der von Natur aus hohe Säuregehalt verleiht guten Weinen Haltbarkeit oder verlangt sogar eine gewisse Reifezeit. Vier Jahre sind meistens, zehn Jahre in manchen Fällen das rechte Alter. So ausgereifte Weine sind oft ganz vorzüglich. Die Gore-Brown-Trophäe wird jährlich dem besten englischen Wein verliehen. N.B.: Vor «British Wine» sollte man sich hüten: Er ist weder britisch noch überhaupt Wein und hat mit dem, was hier folgt, nichts zu tun.

Adgestone Sandown, Isle of Wight — Ein preisgekrönter, 4 ha großer Weinberg, der an einem Hang mit Kalkboden liegt. Die Reben sind Müller-Thurgau, Reichensteiner, Seyval Blanc. Erste Ernte 1970. Leichte, duftende, eher herbe Weine, überaus gut haltbar.

Astley Stourport-on-Severn, Worcestershire — 1,5 ha Kerner, der 85er wurde preisgekrönt.

Barkham Manor Vineyard Uckfield, Sussex — 9 ha Müller-Thurgau, Kerner usw.

Barnsgate Manor Uckfield, Sussex — Ein Paradestück; 8 ha Müller-Thurgau, Reichensteiner, Kerner, Seyval, P. Noir, Chardonnay.

Barton Manor East Cowes, Isle of Wight. — Schöner Besitz (2 ha) mit aromatischem, trockenem Verschnitt. Gewinner der Gore-Brown Trophy 1984. Beständig gut.

Beaulieu Lymington, Hampshire — 2,5 ha großer Rebberg, vor allem Müller-Thurgau, gegründet 1960 von der Familie Gore-Brown; auf altem Klosterbesitz.

Biddenden Tenterden, Kent — 7,2 ha großer, 1970 bebauter gemischter Rebberg. Herstellung von klarem halbtrockenem Weißwein aus Müller-Thurgau und Ortega sowie von einem Rosé aus Pinot Noir. Erster Wein 1973. Produziert auch Wein für andere Güter. Goldmedaillen-Gewinner (1983 und 1986).

Bosmere Chippenham, Wiltshire — 6,4 ha großer Rebberg mit Müller-Thurgau und Seyval Blanc; auch etwas Gamay und Pinot Noir.

Bothy Vineyard Abingdon, Oxfordshire — 1,2 ha bringen seit 1983 zwei Weine hervor.

Breaky Botlom Lewes, Sussex — Gute trockene Weine von 1,6 ha.

Broadfield Bodenham, Herefordshire — Auf 4 ha wachsen Weine, die unter dem Etikett Bodenham vertrieben werden.

Bruisyard Saxmundham, Suffolk — 4 ha großer Rebberg. Müller-Thurgau. Stellt seit 1976 halbtrockene Weine her. Guter Vertrieb.

Carr Taylor Vineyards Hastings, Sussex — 8,4 ha großer Rebberg, 1974 bepflanzt. Gutenborner, Huxelrebe, Kerner und Reichensteiner.

Cavendish Manor Sudbury, Suffolk — 4 ha großer Rebberg mit Müller-Thurgau, der auf einer Farm angebaut wird. Fruchtiger, trockener Wein, der seit 1974 schon verschiedene Auszeichnungen gewonnen hat.

Chalkhill Bowerchalke, Wiltshire — Eine Reihe eindrucksvoller Weine von 2,5 ha. Kellermeister Mark Thompson fungiert bei Wellow Vineyard als Berater.

Chilford Hundred Linton, Cambridge — 8 ha großer Rebberg mit Müller-Thurgau, Schönburger, Huxelrebe und Siegerrebe, die seit 1974 ziemlich trockene Weine ergeben.

Chilsdown Chichester, Sussex — 4 ha mit Müller-Thurgau, Reichensteiner und Seyval Blanc, die seit 1974 volle, trockene Weine nach französischer Art bringen.

Chiltern Valley Wines Henley-on-Thames, Oxfordshire — Moderner, kleiner Betrieb mit 1,2 ha Eigenbesitz; bezieht außerdem Trauben von benachbarten Anbauern. Vier Weine in eindrucksvoller Qualität. 1988 mit einer Goldmedaille ausgezeichnet.

Cranmore Cranmore, Isle of Wight — 5 ha Weinberge mit Müller-Thurgau und Gutenborner.

Ditchling Hassocks, Sussex — Für beständige Qualität bekanntes Weingut (2 ha). Guter Müller-Thurgau.

Downers Vineyard Henfield, Sussex — 2,5 ha Müller-Thurgau, 1976 angelegt.

Elmham Park East Dercham, Norfolk — 3 ha großer Weinberg eines Weinhändlers und Obstfarmers; angebaut werden Müller-Thurgau, Madeleine-Angevine usw. «Moselartige», leichte, trockene, blumige Weine. Auch feiner trockener Most.

Felsted (Früher Felstar) Felsted, Essex — 1966 angelegter Pionier-Weinberg (4 ha). Müller-Thurgau, Seyval, P. Noir, Madeleine-Angevine. Beachtenswerter Chard./Seyval-Blanc-Verschnitt.

Gamlingay Sandy, Bedfordshire — 3,5 ha großer Rebberg mit Müller-Thurgau, Reichensteiner und Scheurebe. Produziert Wein seit 1970.

Great Shoesmiths Farm Wadhurst, Sussex — 7 ha besetzt mit Regner, Huxelrebe, Kerner, Schönburger, Seyval Blanc und Müller-Thurgau.

Hambledon Petersfield, Hampshire — Der erste moderne englische Rebberg, der 1951 auf einem Kalkhang angelegt wurde, und zwar mit Helfern und Trauben aus der Champagne. Chardonnay, Pinot Noir und Seyval Blanc; jetzt 3 ha groß; ziemlich trockene Weine.

Harden Farm Penshurst, Kent — 7 ha Schönburger, Bacchus, Reichensteiner, Regner, Faber, Huxelrebe.

Highwayman's Bury St. Edmunds, Suffolk — 10-ha-Rebberg, bebaut 1974. Müller-Thurgau und Pinot Noir.

Lamberhurst Priory Tunbridge Wells, Kent — Englands größter Weinberg mit 16 ha, seit 1972 bebaut. Vor allem Müller-Thurgau, Seyval Blanc, auch Reichensteiner, Schönburger. Der 86er Huxelrebe Dry erhielt vor kurzem bei einer internationalen Weinprobe höchste Noten. Pro Jahr werden eine halbe Million Flaschen produziert, z. T. wird auch die Weinbereitung für andere kleinere Güter übernommen. Auch Erzeuger von Horam Manor (3,2 ha in Heathfield, Sussex). Regelmäßiger Medaillen-Gewinner.

Leeford Vineyards bei Battle, Sussex — 7 ha; die Weine werden unter dem Etikett Saxon Valley verkauft.

Lexham Hall Kings Lynn, Norfolk — 3,2 ha großer Rebberg, seit 1975 bebaut. Müller-Thurgau, Scheurebe, Reichensteiner und Madeleine-Angevine.

New Hall Maldon, Essex — 12 ha einer gemischten Farm, bebaut mit Huxelrebe, Müller-Thurgau und Pinot Noir. Stellt prämiierte Weißweine her. Versuch mit Rotweinen.

Penshurst bei Turnbridge Wells, Kent — 5 ha mit den üblichen Rebsorten; seit 1976 in Ertrag.

Pilton Manor Shepton Mallet, Somerset — 2,6 ha großer Rebberg an einem Abhang, hauptsächlich Müller-Thurgau und Seyval Blanc, wird seit 1966 bebaut. Ebenfalls ein Schaumwein nach der Méthode Champenoise.

Pulham Norwich, Norfolk — 2,4 ha großer Rebberg, seit 1973 bebaut; hauptsächlich Müller-Thurgau, Auxerrois und versuchsweise Bacchus. Preisgekrönte Weine unter dem Etikett Magdalen.

Rock Lodge Haywards Heath, Sussex — 1,4 ha großer Rebberg mit Müller-Thurgau und Reichensteiner, die seit 1970 einen trockenen Weißwein liefern.

Sedlescombe Robertsbridge, Sussex — 4 ha; angeblich der erste organische Weinberg Englands.

St. Etheldreda Ely, Cambridgeshire — 1 ha gemischter Rebberg, wo seit 1974 Müller-Thurgau und Chardonnay angebaut werden.

St. George's Waldron, Heathfield, Sussex — 2 ha, 1979 angepflanzt. Müller-Thurgau usw. sowie etwas Gewürztraminer. Junger Betrieb mit guter Werbung, verkauft Wein bis nach Japan usw.

Stanlake Park Twyford, Berkshire — 7 ha Müller-Thurgau, Pinot Noir, Schönburger usw.

Staple Canterbury, Kent — 2,8 ha, vor allem Müller-Thurgau. Auch ein wenig Huxelrebe und Reichensteiner. Trokkene, fruchtige Weine.

Stocks Suckley, Worcestershire — Erfolgreicher, 4,4 ha großer Rebberg. Durchweg Müller-Thurgau.

Tenterden Tenterden, Kent — 4,8 ha einer 40 ha großen Früchtefarm. Bebaut seit 1977. Sechs Weine von sehr trocken bis süß, u. a. Müller-Thurgau, Gutenborner, Seyval Blanc und Rosé.

Three Choirs Newent, Gloucestershire — 8 ha mit Müller-Thurgau und Reichensteiner.

Wellow bei Romsey, Hants. — Ehrgeiziges junges Unternehmen, mit 32 ha das größte in England. 12 Rebsorten, v. a. Chardonnay, Müller-Thurgau und Bacchus. Erste Ernte 1987 (2000 Flaschen). Erfolgreiche Weine, darunter eine Huxelrebe Spätlese. Bis 1992 sollen 40 ha Anbaufläche erreicht sein.

Westbury Reading, Berkshire — 5 ha Mischanbau. Seit 1975 größere Mengen in 11 Rebsorten, u. a. der einzige echte Pinot-Noir-Rotwein Englands. Der 82er Müller-Thurgau/Seyval erhielt eine Goldmedaille.

Wootton Nahe Wells, Somerset — 2,4 ha großer Rebberg mit Schönburger, Müller-Thurgau usw., die seit 1973 schon öfter prämiierte frische und fruchtige Weine gebracht haben.

Wraxall Shepton Mallet, Somerset — 2,4 ha mit Müller-Thurgau und Seyval Blanc. Bebaut seit 1974.

Mittel- und Südosteuropa Korf

Die ungeheure Vielfalt an Weinen aus den Ländern auf dieser Karte bietet manchen preiswerten Genuß in einer so ungewohnten Art, daß dem echten Weinliebhaber die Freude am Forschen nicht ausgeht. Die Qualitätsspanne wird immer größer, weil z. B. Bulgarien sich stetig steigert, während Rumänien weit zurückbleibt. In Griechenland bedarf vieles der Erneuerung

Die Stichwörter sind nach Ländern geordnet, alle geographischen Hinweise beziehen sich auf die Karte auf dieser Seite.

In allen hier gezeigten Ländern mit Ausnahme von Griechenland und Zypern beruht das Etikettierungssy-

stem weitgehend auf dem heute international geworbenen Schema aus Ortsnamen und Traubensorte. Darum sind neben den Bereichen und sonstigen Begriffen im alphabetischen Verzeichnis auch die wichtigsten Traubensorten aufgenommen. Qualitätsbewertungen werden in diesem Kapitel nur dort gegeben, wo erfahrungsgemäß mehr als nur Alltagsqualität vorliegt.

Österreich

Eine Reihe kleiner Ernten und entsprechend geringe Exporte haben die Fortschritte seit dem Skandal 1985 vor den Augen der Welt verborgen. Die neuen Weingesetze dürften inzwischen dafür sorgen, daß keine Unregelmäßigkeiten mehr vorkommen. Es sind auch Höchsterträge vorgesehen (für Deutschland ebenfalls zu empfehlen), und in den verschiedenen Klassen werden höhere Reifegrade verlangt als in Deutschland. Manche 1986 eingeführte Bereichsnamen sind den Verbrauchern im Ausland noch nicht geläufig, aber die recht ertragreiche Ernte von 1988 eröffnet dem Export neue Chancen.

Neuere Jahrgänge

1988 Guter Ertrag, manche hervorragende Weine.
1987 Kleiner Ertrag bei guter Qualität.
1986 Fast überall ein hervorragender Jahrgang, jedoch geringer Ertrag.
1985 Eine kleine Ernte in großartiger Qualität.
1984 Gute Weine für baldigen Verbrauch.
1983 Vorzüglich ausgereift; viel liebliche Weine, manche aber säurearm.
1982 Frühe Lese, Rekorderdnte, nicht so viele süße Weine.
1981 Kleine Ernte, hohe Qualität, v. a. süße Weine.

Apetlon Burgenland; (r) w; lbl oder s ★ → ★★ — Ort im Seewinkel mit guten Weiß- und Rotweinen auf Sandboden, darunter sehr gute süße Weine, v. a. Prädikatsweine von Sepp Moser.
Ausbruch Bezeichnung für sehr süße Weine, liegt zwischen Beerenauslese und Trockenbeerenauslese (siehe Deutschland).
Baden Wien; (r) w; tr oder s ★ → ★★★ — Stadt und Weinbaubereich südlich von Wien mit Gumpoldskirchen. Gute, lebendige, bukettreiche Weine, die besten Weißweine aus der Rotgipfler- und Zierfandler-Traube.
Blaufränkisch Angeblich die Gamay-Traube; liefert ordentliche Rotweine. In Ungarn Kékfrankos.

192

Bouvier Einheimische Traubensorte, liefert weichen, aber aromatischen Wein, besonders für Beeren- und Trockenbeerenauslesen.

Burgenland r w; tr s ★→★★★ — Anbaugebiet an der ungarischen Grenze (18 000 ha) mit idealen Voraussetzungen für süße Weine. Vier Bereiche: Neusiedler See (im Osten), Neusiedler See Hügelland (Westufer und um Eisenstadt) und Mittel- und Südburgenland. «Edelfäule» tritt regelmäßig auf, es gibt reichlich Ausbruch, Beerenauslese usw. (siehe Oggau, Rust).

Donauland–Carnuntum Der Bereich mit dem ungefügen neuen Namen umfaßt auch Klosterneuburg.

Dürnstein w; tr s ★★→★★★ — Weinzentrum der Wachau mit berühmter Burgruine und bedeutender Winzergenossenschaft mit den besten österreichischen Weißweinen, besonders Rheinriesling und Grüner Veltliner.

Eisenberg Alte Bezeichnung für Südburgenland.

Eisenstadt Burgenland; (r) w; tr oder s ★★→★★★ — Hauptstadt des Burgenlands und historischer Sitz der Esterhazys.

Esterhazy Historische Adelsfamilie (Gönner und Förderer Haydns); Ausbruch und andere Weine aus dem Burgenland oft von überragender Qualität.

Falkenstein Siehe Weinviertel.

Grinzing Wien; w ★★ BV — Vorort von Wien mit köstlichen lebendigen Heurigen.

Grüner Veltliner Die charakteristischste Weißweintraube Österreichs (33 % der Weißwein-Rebfläche) liefert kurzlebigen, aber wundervoll würzigen, blumigen, rassigen und lebendigen Wein, den idealen Heurigen.

Gumpoldskirchen Wien; (r) w; tr oder s ★★→★★★ — Hübscher Ausflugsort südlich von Wien mit Weinen von großartigem Charakter von Rotgipfler- und Zierfandler-Trauben. Siehe Thermenregion.

Heiligenkreuz, Stift Zisterzienserkloster in Thallern, erzeugt mit die besten Weine Österreichs, bes. Riesling aus der guten steilen Lage «Wiege».

Heuriger Neuer Wein; man trinkt ihn in den Heurigen-Schenken.

Hold, Sepp Bekannter Weinproduzent und -händler im Burgenland.

Kahlenberg Wien; w ★★★ — Ort und Weinberg nördlich von Wien, durch Heurigen berühmt.

Kamptal–Donauland (r) w; tr oder s ★→★★ — Weinregion um Krems und im Kamptal; angenehmer Veltliner (siehe Grüner Veltliner) und Riesling.

Klöch Steiermark; (r) rs w ★→★★ — Bedeutendster Weinort in der Steiermark. Keine berühmten, aber angenehme Weine, besonders Traminer.

Klosterneuburg Donau; r w ★→★★★ — Berühmtes Kloster und bedeutender Erzeuger; Weinbau-Fachschule und -Forschungsanstalt mit großartigen Kellern, nördlich von Wien. Auch Bereichsname.

Kloster Und Neues Wein-Kolleg und Degustationszentrum in einem restaurierten Kapuzinerkloster bei Krems.

Krems Donau; w ★→★★★ — Stadt und Bereich östlich von der Wachau; guter Grüner Veltliner und Rheinriesling (siehe Riesling), bes. von Österreichs größter Winzergenossenschaft.

Langenlois r w ★→★★ — Wichtigster Weinort im Kamp-Tal mit vielen bescheidenen und manchen guten Weinen; spritziger Grüner Veltliner und Rheinriesling (siehe Riesling) von Lößboden. Die Rotweine sind nicht so interessant. Siehe Kamptal-Donauland.

Lenz Moser Der kürzlich von einer großen Einzelhandelskette übernommene Weinerzeuger erfand ein Hocherziehungssystem für Reben, bereitet gute bis hervorragende Weine in Röhrendorf bei Krems, Apetlon usw. Zum Besitz gehört das Schloßweingut Malteser Ritterorden in Mailberg. Experimente mit Cabernet Sauvignon, Merlot und Pinot Noir. 1988 Übernahme von Siegendorf.

Mailberg Weinviertel; w ★★ — Ort im Weinviertel, bekannt für lebendigen, leichten Wein, insbes. Lenz Moser Malteser.

Mörbisch Burgenland; r w; tr oder s ★→★★★ — Führender Weinort im Burgenland. Gute süße Weine; die Rotweine und trockenen Weißweine sind nicht begeisternd.

Müller-Thurgau Nicht so interessant wie der Grüne Veltliner, aber mit dieser Rebsorte sind 9 % der österreichischen Weißwein-Anbaufläche bepflanzt.

Muskat-Ottonel In Osteuropa und Österreich angebauter Verwandter der Muskatellertraube, oft trockener, pikanter Wein.

Neuburger Beliebte Weißweintraube; gefälliger Wein in Krems/Langenlois, aber im Burgenland weich und nicht so fein.

Neusiedler See Flacher See im Steppenland an der ungarischen Grenze; die hier entstehenden Herbstnebel verleihen den süßen Weinen im Burgenland (siehe dort) unverwechselbaren Charakter. Nach dem neuen Gesetz Zentrum von zwei Weinregionen.

Niederösterreich Der nordöstliche Teil Österreichs mit den Weinbaubereichen: Donauland-Caruntum, Kamptal-Donauland, Wachau, Weinviertel.

Nußdorf Wien; w ★★ — Vorort von Wien mit bekannten Heurigen.

Oggau Burgenland; (r) w; s ★★→★★★ — Eines der Weinzentren im Burgenland, berühmt für Beerenauslesen (siehe Deutschland) und Ausbruch.

Portugieser Neben Blaufränkisch die wichtigste Rotweintraube Österreichs, liefert dunklen, aber recht charakterlosen Wein.

Retz Weinviertel; (r) w ★ — Führendes Weinzentrum im Weinviertel, bekannt für angenehmen grünen Veltliner usw.

Ried Österreichischer Ausdruck für «Lage».

Riesling Der Name allein bedeutet immer Rheinriesling. Der weniger edle Welschriesling wird stets als solcher bezeichnet.

Rotgipfler Gute Traubensorte mit kräftigem Aroma, insbesondere in Baden und Gumpoldskirchen. Mit Zierfandler zusammen ergibt sie kräftigen und lebendigen Weißwein. Allein ist sie sehr schwer und süß.

Rust Burgenland; (r) w; tr oder s ★→★★★ — Bedeutendstes Weinzentrum im Burgenland, seit langem und zu recht berühmt für Ausbruch, oft aus gemischten Trauben.

Saloman, Fritz ★★→★★★ — Spitzenerzeuger von eichenfaßgereiftem Riesling und Gewürztraminer in der Weinkellerei Undhof im Donautal bei Krems.

Schilcher Gefälliger, säuerlicher Roséwein, Spezialität der Steiermark.

Schloß Grafenegg w, tr/s ★★→★★★ — Berühmter Besitz der Familie Metternich bei Krems. Gute Standard-Weißweine, hervorragende Auslesen, auch trockene.

Seewinkel Bereich mit sandigem Boden um den Neusiedlersee.

Siegendorf, Klosterkeller Erstklassiges 20-ha-Weingut im Burgenland. Experimente mit Cabernet Sauvignon und Merlot.

Sievering Wien; w ★★ — Malerischer Vorort von Wien mit bemerkenswertem Heurigen.

Spätrot Anderer Name für die Zierfandler-Traube.

Spitzenwein Höchste Qualitätsklasse, im Gegensatz zu Tischwein.

St. Laurent Traditionelle österreichische Rotweintraube mit leichtem Muskatellaroma.

Steiermark Provinz im SO, umfangreicher Weinbau, aber keine bemerkenswerten Weine. Drei Bereiche: Süd-, Südost- und West-Steiermark. Sauvignon Blanc läßt sich hier vielversprechend an. Hauptort: Klöch.

Stift Kloster; Klöster und Stifte spielen seit alters im österreichischen Weinbau eine bedeutende Rolle und vereinen heute gute Tradition mit modernen Methoden bei hohem Qualitätsstand.

Südburgenland Weinbaubereich südlich vom Neusiedler See. z. T. Steilhanglagen. Vorwiegend Riesling und Blauburgunder.

Thallern Wien; (r) w; tr oder s ★★→★★★ — Ort bei Gumpoldskirchen, zugleich Markenname für Weine aus dem Stift Heiligenkreuz.

Thermenregion Neuer Name für die Weinbauregion südlich von Wien um Gumpoldskirchen und Vöslau.

Tischwein Konsumwein, im Gegensatz zu Spitzenwein.

Traiskirchen Wien; (r) w ★★ — Ort bei Gumpoldskirchen mit ähnlichem Wein.

Veltliner Siehe Grüner Veltliner.

Vöslau Baden; r (w) ★ — Badeort südlich von Baden (und Wien), bekannt durch Rotweine aus der Portugieser- und Blaufränkisch-Traube: sauber und erfrischend ohne höheren Anspruch.

Wachau Weinbauregion an der Donau um Dürnstein mit felsigen Hängen, liefert mit die besten Weine Österreichs, besonders Rheinriesling (siehe Riesling) und Grüne Veltliner.

Weinviertel Name des großen und fruchtbaren Bereichs zwischen Wien und der tschechischen Grenze. Meist leichte Weißweine. Früher in Falkenstein-Matzen (Ost) und Retz (West) aufgeteilt.

Weißburgunder alias Pinot Blanc. Wird zunehmend für solide, oft trockene Weine verwendet.

Wien Hauptstadt Österreichs; 720 ha Weingärten in den Vororten versorgen auch die berühmten Wiener Kaffeehäuser mit Heurigem.
Zierfandler Weißweintraube mit kräftigem Aroma, vor allem im Bereich Baden angebaut. Wird mit Rotgipfler zusammen verarbeitet.

Ungarn

Der traditionell kräftige und feurige Charakter, der den ungarischen Wein zum interessantesten ganz Osteuropas macht, hat sich aufgrund neuer Ideen gewandelt. Die Qualität ist im allgemeinen nach wie vor hoch — Weißweine sind lebendig, Rotweine lange haltbar —, doch das Dramatische ist verschwunden, jedenfalls bei den üblichen Exportprodukten. Es scheint, als scheuten sich die ausländischen Weineinkäufer vor echtem Charakter. Wer dagegen Ungarn besucht, wird eine Fülle ausgezeichneter Weine im alten Stil vorfinden. Man erkennt sie an numerierten Flaschen — und höheren Preisen.

Agker Staatliche Landwirtschaftsorganisation und größter ungarischer Weinerzeuger.
Alföld Die Große Ungarische Ebene, Quelle für Alltagswein in erheblichen Mengen. Siehe auch Hajós.
Aszú Entspricht dem österreichischen «Ausbruch», wird auf sehr süßen Wein (Tokajer) angewandt, der aus ausgelesenen edelfaulen Trauben gekeltert wird (vgl. auch Sauternes).
Aszú Eszencia, Tokaji br s ★★★★ — Die Spitzenqualität des handelsüblichen Tokajers: ein superber, bernsteingoldener Wein, steht einem Yquem nicht nach.
Badacsony Plattensee; w; tr s ★★→★★★ — Berühmter 420 m hoher Berg am Nordufer des Plattensees, dessen Basaltboden volle, hocharomatische Weine hervorbringen kann, die zu den besten Ungarns gehören.
Balaton Plattensee; r w; tr s ★→★★★ — Größter europäischer Binnensee. Viele Weine führen seinen Namen, die meisten davon sind gut. Die Endung «i» (z. B. Balatoni, Egri) entspricht der deutschen Endung -er an Ortsnamen.
Balatonfüred Plattensee; (r) w; tr s ★★ — Ort am Nordufer des Plattensees, Zentrum des Distrikts Balatonfüred-Csopak. Guter, aber weicherer, nicht so feuriger Wein.
Bikavér Eger; r ★ — «Erlauer Stierblut»: der historische Name des meistverkauften Rotweins von Eger; früher voll und ausgeglichen, aber in der heutigen Exportversion recht uneinheitlich.
Chardonnay Am Plattensee mit Chardonnay gemachte Versuche versprechen Gutes.
Csopak Ort bei Balatonfüred mit ähnlichem, aber trockenerem Wein.

Debrö Mátraalja; w; s ★★ — Bedeutender Weinort von Mátraalya, berühmt durch den blassen aromatischen, süßen Hárslevelú.

Eger (Erlau) Distrikt Eger; r w; tr s ★→★★ — Bekanntestes Rotweinzentrum Nordungarns: Schöne Barockstadt mit Kellern voll Bikavér. Außerdem delikater weißer Leányka (heute vielleicht der beste Wein dieser Gegend) und dunkler süßlicher Merlot, als Médoc Noir bekannt.

Eszencia Die sagenumwobene Quintessenz des Tokajers (Tokaji): intensiv süßer Traubenmost, so gut wie alkoholfrei, dem wundertätige Eigenschaften nachgesagt werden. Heute kaum noch aufzutreiben.

Ezerjó In Mór angebaute Traube, aus der der beste ungarische Weißwein erzeugt wird: eigenständig, potentiell duftig, fein.

Furmint Die klassische Tokajertraube mit großem Aroma und Feuer, wird am Plattensee manchmal mit sehr gutem Erfolg auch für Tafelwein angebaut.

Hajós Alföld; r ★ — Ort in Südungarn, hat sich einen Ruf als Zentrum für gute, lebendige, mittelschwere Cabernet-Sauvignon-Rotweine und einen guten Pinot Noir geschaffen.

Hárslevelü Einheimische Traubensorte, in Debrö zur Bereitung von gutem, sanft süßem Wein und als zweite Sorte im Tokajer verwendet.

Hungarovin Größte Weinhandelsorganisation mit riesigen Kellereien in Budafok bei Budapest.

Kadarka Die in Ungarn verbreitetste Rotweintraube, in großen Mengen auf den Ebenen im Süden angebaut und zu Konsumwein verarbeitet; sie kann (z. B. in Szekszárd und Villány) schöne Würze und Langlebigkeit entwickeln.

Kékfrankos Ungarisch für Blaufränkisch (angeblich mit Gamay verwandt). Liefert in Sopron an der österreichischen Grenze gute leichte, körperreiche Rotweine und gehört in Eger zum «Stierblut»-Rezept.

Kéknyelü Hocharomatische Weißweintraube, ergibt die besten und kräftigsten Wein vom Badacsony. Sollte feurig und würzig sein.

Leanyka Alte ungarische Weißweintraube, wird auch in Transsilvanien angebaut; liefert in Eger hervorragenden hellen milden Wein.

Mátraalja Weinbaugebiet in den Ausläufern des Mátragebirges in Nordungarn, mit Debrö, Gyöngyös und Nagyredé.

Mecsakalja Distrikt in den Ausläufern der Mecsek-Berge in Südungarn, bekannt durch die guten Weißweine von Pécs.

Médoc Noir Eine offenbar dem Merlot ähnliche Traube, die in Eger zu Bikavér («Stierblut») mit verarbeitet wird.

Monimpex Staatliches ungarisches Import- und Exportmonopol.

Mór Nordungarn; w; tr ★★ — Für frischen, trockenen Ezerjó bekannte nordungarische Stadt.

Muskotály Erbringt in Tokaj und Eger leichten, aber langlebigen Muskatellerwein. Wird in Tokaj manchmal auch als Aszú bereitet.

Nagyburgundi Wörtlich «großer Burgunder», eine einheimische Traube und nicht, wie oft angenommen, Pinot Noir, liefert in Südungarn saubere, feste Weine, bes. um Villány und Szekszárd.

Olaz Rizling Ungarischer Name für italienischen oder Welschriesling.

Pécs Mecsek; (r) w; tr ★→★★ — Stadt im Mecsekgebirge, im Westen, durch angenehmen, ausgeglichenen (freilich recht süßen) Olaz Rizling bekannt.

Puttonyos Das Maß für den Süßgehalt des Tokajers. Dem Szamorodni (Grundwein) wird Aszú (Ausbruch) in Puttonyos (Butten) zu je 25 l beigemischt. Eine Butte auf ein Faß (136 l) ergibt einen leicht süßen, 5 Butten schon einen sehr süßen Wein. Heute wird Tokajer mindestens dreibuttig und höchstens sechsbuttig bereitet.

Sauvignon Blanc Am Plattensee sind schon eindrucksvolle Beispiele mit echt ungarischem Temperament entstanden.

Siklos Durch Weißwein bekannter Distrikt im Süden.

Siller Blasser Rot- oder Roséwein, meist Kadarka- oder Kékfrankos-Trauben.

Somló Nordungarn; w; tr ★★ — Kleines Weinbaugebiet in isolierter Lage nördlich vom Plattensee, liefert Weißweine von ehemals hohem Ruf aus der Furmint-Traube.

Sopron Westungarn; r ★★ — Kleine ungarische Enklave im Burgenland, südlich vom Neusiedlersee (siehe Österreich), auf leichten und auf körperreichen Kékfrankos-Rotwein sowie auf liebliche Weißweine nach österreichischer Art spezialisiert.

Szamorodni Auf deutsch: der Zufällige. Bezeichnung für Tokajer ohne Beimischung von Aszú. Kann trocken oder (ziemlich) süß sein.

Szürkebarát Wörtlich «grauer Klosterbruder»: Ungarisch für Pinot Gris, liefert am Badacsony volle, schwere Weine.

Szekszárdi Mecsek; r ★★ — Distrikt im südlichen Mittelungarn. Dunkler, starker Kadarka-Rotwein, der eine Alterung durchmachen muß.

Tokaji (Tokajer) w; tr s ★★→★★★★ — Der berühmte starke, süße Wein Ungarns, einem oxydierten Sauternes vergleichbar, aus den Bergen an der Grenze zur Sowjetunion im Nordosten. Siehe Aszú, Eszencia, Furmint, Puttonyos, Szamorodni.

Tramini Die Traminer-Traube; wird in Ungarn zunehmend angebaut.

Villany Siklós; r rs (w) ★★ — Südlichste Stadt in Ungarn, bekanntes Rotweinzentrum. Vilány Burgundi ist zumeist Kékfrankos und durchaus gut. Siehe auch Nagyburgundi.

Welschriesling Der österreichische Name wird in Ungarn manchmal anstatt Olaz Rizling verwendet.

Rumänien

Rumäniens Weinindustrie ist auf die Sowjetunion, ihren wichtigsten Kunden, ausgerichtet und daher vorwiegend auf die von den Sowjetbürgern bevorzugten Süßweine spezialisiert. Neuere antialkoholische Tendenzen in der UdSSR beeinträchtigen das Geschäft. Da der Bedarf an fremder Währung den Export in den Westen wünschbar erscheinen läßt, sind die besten Qualitäten zu subventionierten Preisen erhältlich. Dazu gehören saubere, preiswerte Rot- und Weißweine guter Qualität, auch trockene, doch vorderhand nichts Außergewöhnliches.

Alba Iulia Stadt im Bereich Tîrnăve in Transsilvanien. Bekannt für recht trockenen Weißwein, einem Verschnitt aus italienischem Riesling, Fetească und Muskat-Ottonel.

Aligoté Die zweite weiße Burgundertraube, liefert in Rumänien angenehm frischen Weißwein.

Babească Traditionelle Rotweintraube im Bereich Focsani: erfreulich säuerlicher Wein mit leichtem Nelkengeschmack.

Banat Ebene an der Grenze zu Serbien. Werktags-Riesling und leichter roter Cadarca.

Cabernet Wird in Rumänien, vor allem in Dealul Mare, zunehmend angebaut, liefert dunklen intensiven Wein, der hier für an französische Weine gewöhnte Gaumen fast etwas zu süß ausfällt.

Cadarca Rumänische Schreibweise des ungarischen Kadarka.

Chardonnay Die große weiße Burgundertraube, wird in Murfatlar zu honigsüßem Dessertwein verarbeitet.

Cotesti Teil des Bereichs Focsani mit Rotweinen aus Pinot Noir, Merlot usw. und trockenen Weißweinen, die dem Elsässer Wein ähnlich sein sollen.

Cotnari Rumäniens berühmtester historischer Wein: leichter Dessertwein aus dem Bereich Moldau. Schmeckt wie sehr zarter Tokajer.

Dealul Mare Bedeutendes, modern arbeitendes Weinbaugebiet in den südöstlichen Ausläufern der Karpaten, spezialisiert auf Rotweine aus Cabernet-, Merlot-, Pinot-Noir- usw. Trauben.

Dobrudscha Schwarzmeerregion um den Hafen Constanta. Das Hauptweinbaugebiet heißt Murfatlar.

Drăgăsani Weinbaugebiet am Olt südlich der Karpaten. Hier werden traditionelle und «moderne» Traubensorten angebaut. Guter Muskat Ottonel.

Fetească Rumänische Weißweintraube mit milder Art, dieselbe Traube wie Leanyka in Ungarn (und angeblich wie Chasselas in der Schweiz).

Focsani Großes Weinbaugebiet im Osten, umfaßt die Gebiete Cotesti, Odobesti und Nicoresti.

Grasă Eine Form der ungarischen Furminttraube, die in Rumänien angebaut und u. a. im Cotnari verwendet wird.

Mehana Zum Lieblichen tendierender Markenwein, meist für den Export nach England.

Moldau Die Nordostprovinz, liegt heute größtenteils in der UdSSR.

Murfatlar Großes, modernes Weinbaugebiet beim Schwarzen Meer, spezialisiert auf süße Weine, u. a. Chardonnay. Jetzt auch trockene Rot- und Weißweine.

Muskat-Ottonel Der osteuropäische Muskateller ist in Rumänien am besten.

Nicoresti Der östliche Teil von Focsani, am bekanntesten durch den roten Babească.

Odobesti Der mittlere Teil von Focsani; hauptsächlich Weißweine aus Fetească-, Riesling- usw. Trauben.

Oltenia Anbaugebiet einschl. Drăgășani. Manchmal auch als Marke benutzt.

Perla Spezialität von Tîrnăve: ein gefälliger lieblicher Weißwein, Verschnitt aus Riesling, Fetească und Muskat-Ottonel.

Pitesti Bedeutendste Stadt des Bereichs Arges, südlich der Karpaten. Traditionelle Weißweine aus Fetească-, Tămîîoșă-, Riesling-Trauben.

Premiat Zuverlässige Zusammenstellung von Weinen in besserer Qualität für den Export.

Riesling D. h. italienischer Riesling. Sehr verbreitet, kein überragender Wein.

Sadova Stadt im Bereich Segarcea, liefert einen flachen, süßlichen Rosé.

Segarcea Südliches Weinbaugebiet nahe der Donau. Exportiert ziemlich süßen Cabernet.

Tămîîoșă Traditionelle Weißweintraube ohne ausgeprägten Charakter.

Tîrnăve Bedeutendes Weinbaugebiet in Transsilvanien, bekannt durch Perla und Muskat-Ottonel.

Trakia Ausgeglichene Markenweine, werden mit viel Erfolg in die USA geliefert. Besser auf den westlichen Geschmack abgestimmt als andere rumänische Weine.

Valea Călugărească «Das Tal der Mönche», Teil des Weinbaugebiets Dealul Mare mit einer bekannten Forschungsanstalt. Cabernet-, Merlot- und Pinot-Noir-Trauben werden im allgemeinen zu schweren süßen Weinen verarbeitet.

Jugoslawien

Ein zuverlässiger Lieferant von Weinen internationalen Kalibers, wenn auch die Qualität nicht immer aufregend ist. Den Anfang machte der jugoslawische «Riesling», gefolgt von Cabernet, Pinot Blanc, Traminer sowie probierenswerten Spezialitäten wie Zilavka und Prokupać. Abgesehen vom zentralen Hochland wird in ganz Jugoslawien Wein hergestellt, und zwar fast durchweg von Großgenossenschaften. An der dalmatinischen Küste und in Makedonien findet der Tourist besonders originelle Produkte, die einen Versuch wert sind.

Amselfelder Deutsche Vertriebsbezeichnung für roten Burgundac (Spätburgunder oder Pinot Noir) aus Kosovo. Auffallend süß.

Babic Standardrotwein von der dalmatinischen Küste, besser haltbar als gewöhnlicher Plavać.

Banat Sandiger Bereich im Nordosten, zum Teil in Rumänien, mit modernen Weinkellereien, die anständigen Riesling liefern.

Beli Pinot Pinot Blanc, in Slowenien eine sehr beliebte Traube.

Bijelo Weiß.

Blatina Die Rotweintraube und der Wein von Mostar. Hat nicht die gleiche Klasse wie der weiße Zilavka.

Bodanuşa Lokale Weißweintraube auf den Dalmatinischen Inseln, besonders Hvar und Brac. Angenehmer, erfrischender, leicht duftiger Wein.

Burgundac Bijeli Die in Slawonien und der Woiwodina in geringem Umfang angebaute Chardonnay-Traube.

Cabernet Die Sorte wird zurzeit vielerorts eingeführt und ergibt meist erfreuliche, manchmal hocherfreuliche Resultate. Siehe Kosovo.

Crno Schwarz-, d. h. Rotwein.

Čvićek Traditioneller dunkler Rosé oder heller Rotwein aus dem Sava-Tal, Slowenien.

Dalmaciajavino Bedeutende Winzergenossenschaft mit Sitz in Split, vertreibt eine Vielzahl von Küsten- und Inselweinen.

Dalmatien Die mittlere jugoslawische Küste von Rijeka bis Dubrovnik. Hat eine bemerkenswerte Vielfalt an charaktervollen Weinen aufzuweisen.

Dingac Schwerer süßlicher Rotwein aus der einheimischen Plavać-Traube, Spezialität der mittleren dalmatinischen Küste.

Faros Gehaltvoller, lang haltbarer Rotwein von der Insel Hvar.

Fruska Gora Bergland in der Woiwodina an der Donau, nordwestlich von Belgrad, mit einem modernen Weinbaugebiet und einer Vielfalt von Weinen, u. a. schwerem Traminer und Sauvignon Blanc.

Grasevina Slowenisch für italienischen Riesling (auch Welschriesling, Laski Rizling genannt), den normalen Riesling Jugoslawiens.

Grk Weiße Traube; eine Spezialität der Insel Korcula; liefert starken, sherryähnlichen und einen leichteren hellen Wein.

Istrien Halbinsel in der nördlichen Adria; der Hauptort ist Porec mit verschiedenartigen Weinen, der Merlot ist dort so gut wie sonstwo.

Jerusalem Der berühmteste jugoslawische Weinberg in Ljutomer. Die besten Weine sind Rajnski-Rizling- und Laski-Rizling-Spätlesen.

Kadarka Die wichtigste ungarische Rotweintraube, wird in Serbien verbreitet angebaut.

Kosovo (oder Kosmet) Bereich im Süden zwischen Serbien und Makedonien mit modernem Weinbau. Von hier kommt der Amselfelder sowie lebendiger Cabernet.

Kraski Wächst im Karst-Gestein an der Küste Sloweniens.

Laski Rizling Weiterer Name für italienischen Riesling.

Ljutomer- (oder Lutomer-)Ormoz Das bekannteste und wahrscheinlich beste Weißweingebiet Jugoslawiens in Nordostslowenien, berühmt für seinen Laski Rizling: vollmundig, gehaltvoll, in seinen besten Vertretern bukettreich und sehr befriedigend. Die Export-Qualität kann unterschiedlich sein.

Malvasia Weißweintraube, liefert in Westslowenien üppige, schwere Weine.

Maraština Starker, trockener Weißwein von den Dalmatinischen Inseln; der beste kommt von Čara Smokviča oder Hvar.

Maribor Bedeutendes Weinzentrum in Nordslowenien. Weißweine v. a. von VINAG: Laski Rizling, Riesling, Sauv. Blanc, Pinot Blanc, Traminer usw.

Merlot Wird mit gutem Erfolg in Slowenien und Istrien angebaut.

Mostar Islamisch wirkende kleine Stadt landeinwärts von Dalmatien mit sehr gutem trockenem Weißwein aus der Zilavka-Traube. Ferner Blatina.

Muskat-Ottonel Der osteuropäische Muskateller wird in der Woiwodina angebaut.

Navip Die große Winzergenossenschaft in Serbien mit Sitz in Belgrad.

Opol Angenehm leichter, heller Rotwein aus der Plavač-Traube, um Split und Sibenik in Dalmatien.

Plavać Mali In Slowenien und Dalmatien heimische Rotweintraube; ergibt körperreiche, kraftvolle und langlebige Weine. Siehe Dingac, Postup, Opol usw. Gewöhnliche Rotweine werden oft als «Plavač» bezeichnet. Es gibt auch eine weiße Version namens Plavać Beli.

Plavina Leichter Rotwein von der Dalmatinischen Küste um Zadar.

Plovdina In Makedonien im Süden heimische Rotweintraube, liefert milden Wein. Wird meist mit der schmackhafteren Prokupac-Traube verschnitten.

Portugizac Die österreichische Portugieser-Traube: einfacher Rotwein.

Pošip Gefälliger, nicht zu schwerer Weißwein von den Dalmatinischen Inseln, vor allem Korcula.

Postup Süßer und schwerer dalmatinischer Rotwein von der Halbinsel Peljesac bei Korcula. Er genießt dort hohes Ansehen.

Prokupać Wichtige einheimische Traubensorte in Südserbien und Mazedonien: 85 % der Gesamtproduktion. Guter dunkler Rosé (Ruzica) und voller Rotwein mit Charakter. Einige der besten kommen aus Zupa. Oft wird Plovdina beigemischt, um mehr Geschmeidigkeit zu erzielen.

Prošek Der Dessertwein aus Dalmatien mit verblüffender natürlicher Stärke, aber sehr unterschiedlicher Qualität. Er kann hervorragend sein, ist aber schwer aufzutreiben.

Radgonska Ranina Ranina ist die Bouvier-Traube (siehe Österreich). Radgona liegt bei Maribor. Der Wein ist süß und trägt die Handelsbezeichnung Tigrovo Mljeko (Tigermilch).

Rajnski Rizling Der Rheinriesling, wird in Ljutomer-Ormoz in geringem Umfang angebaut, kommt sonst in Jugoslawien selten vor.

Refosco In Ostslowenien und Istrien unter dem Namen Teran angebaute italienische Traube.

Renski Rizling Andere Schreibart für Rheinriesling.

Riesling Wenn keine nähere Bezeichnung dabei stand, war früher italienischer Riesling gemeint. Heute gesetzlich nur noch für echten (Rhein-)Riesling erlaubt.

Ruzica Rosé, meist aus der Prokupac-Traube; dunkler und besser als die meisten seiner Art.

Serbien Staat in Ostjugoslawien mit etwa der Hälfte der jugoslawischen Weinbaufläche, zwischen der Woiwodina und Mazedonien.

Sipon Jugoslawischer Name für die Furmint-Traube aus Ungarn, die auch in Slowenien angebaut wird.

Slamnak Riesling-Spätlese aus Lutomer.

Slawonien Nordkroatien an der ungarischen Grenze zwischen Slowenien und Serbien. Viel Standardweine, meist weiß, darunter die meisten jugoslawischen Rieslinge.

Slowenien Der nordwestlichste Staat Jugoslawiens; Weinbau und Weine sind dem europäischen Standard am nächsten: Ljutomer usw.

Smederevka Bedeutende Traube in Serbien und Kosovo. Ergibt frischen, trockenen Weißwein.

Teran Kräftiger dunkler Rotwein aus Istrien. Siehe Refosco.

Tigrovo Mljeko Siehe Radgonska Ranina.

Tocai Pinot Gris, liefert in Slowenien wie in Nordostitalien ziemlich schwere Weißweine.

Traminac Traminer. Wird in Slowenien und mit besonderem Erfolg in der Woiwodina angebaut.

VINAG Sehr große Kellerei in Maribor.

Vranac Dunkle Traube, liefert in Montenegro ansprechenden, kräftigen Wein.

Vugava Seltene weiße Traube auf Vis in Dalmatien, mit legendärer Verbindung zur Viognier-Traube im Rhône-Tal.

Woiwodina Autonome Provinz in Nordserbien mit umfangreichen Weinbaubestrebungen. Verschiedenartige europäische und Balkantrauben.

Zilavka Weißwein aus Mostar in der Herzegowina, oft einer der besten Jugoslawiens: trocken, ausdrucksvoll, einprägsam, fruchtig, mit zartem Aprikosenaroma. Die Exportversion ist enttäuschend.

Zupa Bezirk in Zentralserbien und Name für überdurchschnittlichen Rosé- und Rotwein (oder hellen und dunklen Rotwein) aus der Prokupac- und Provdina-Traube: Zupsko Ruzica bzw. Zupsko Crno.

Bulgarien

Bulgarien hat sich in einem Jahrzehnt einen Platz unter den vier größten Weinexportländern erobert. Einer alten, etwas verwitterten Weinbautradition wurden riesige neue Anbauflächen und eine rationale Kellerei-Industrie aufgepfropft. Die staatlichen Weinbaubetriebe sind in der Neuen Welt in die Lehre gegangen und bieten heute Cabernet, Chardonnay und andere mehr zu äußerst günstigen Preisen an. Zu den Qualitätsweinen aus 1985 eingeführten kontrollierten («Controliran») Anbaugebieten kommen inzwischen auch faßgereifte «Reserve»-Abfüllungen. Ein Absatzrückgang in der UdSSR hat zu erneutem Nachdruck auf Qualität, einem leichten Preisanstieg und einem Anbauverbot außerhalb der 24 Controliran-Gebiete geführt. Obschon die Russen weniger Wein abnehmen, exportiert Bulgarien aber immer noch 85 % seiner Produktion.

Asenovgrad Bedeutende Kellerei in den Außenbezirken von Plovdiv, der zweitgrößten Stadt Bulgariens; hier wird v. a. Mavrud produziert.

Cabernet Die Bordeaux-Traube gedeiht in Nordbulgarien sehr gut. Ihr Wein ist dunkel, kräftig, fruchtig und schön ausgewogen. Er trinkt sich schon jung sehr gut, Spitzenqualitäten reifen jedoch 5—6 Jahre lang aus.

Chardonnay Die weiße Burgunder-Traube bewährt sich nicht minder gut. Sehr trockener, aber duftiger und würziger Wein, ein Jahr in der Flasche tut ihm gut. Neuere eichenfaßgereifte Beispiele entwickeln echte Qualität.

Controliran Kontrolle der Herkunftsbezeichnungen.

Dimiat Die verbreitete einheimische Weißweintraube wird im Osten, zur Küste hin, angebaut. Gefälliger trockener Weißwein ohne allzu eindrucksvollen Charakter.

Euxinograd (Château) Kellerei an der Küste, ein Teil des ehemaligen Königspalastes. Ihre Weine sind für Staatsanlässe und für die Spitzenrestaurants reserviert.

Fetiaska Dieselbe Traube wie Feteasca in Rumänien und Leanyka in Ungarn. Der Wein ist gefällig, am besten lieblich; er wird als Donauperle verkauft.

Gamza Gute Rotweintraube (in Ungarn Kadarka). Längere Zeit gereifte Weine, v. a. Pavlikeni, können vorzüglich sein.

Han Krum Bulgariens modernste Weißweinkellerei bei Varna im Osten.

Iskra Die nationale Schaumweinmarke. Meist süß, aber von ordentlicher Qualität. Rot, weiß oder rosé.

Kadarka Auch in Ungarn verbreitete Traube und eine populäre Gamza-Rotweinmarke aus Nordbulgarien.

Karlovo Stadt in Mittel-Bulgarien, berühmt durch das «Tal der Rosen» und einen sehr angenehmen weißen Misket.

Lozitza «Controliran»-Cabernet aus dem Norden, vielleicht der bisher eleganteste Rotwein Bulgariens.

Mavrud Traubensorte und ihr dunkler Rotwein mit Pflaumenaroma aus Südbulgarien, v. a. Asenovgrad. Er entwickelt sich bei längerer Lagerung. Von alters her als der beste bulgarische Wein geschätzt.

Melnik Stadt im äußersten Südosten und ihre vielgelobte Traube. Der dortige Rotwein ist so dick, daß es heißt, man könne ihn in einem Taschentuch mitnehmen. Braucht mindestens 5 Jahre Reifezeit und hält sich 15 Jahre.

Merlot Die milde rote Sorte gedeiht vor allem im Distrikt Haskovo in Südbulgarien.

Misket Einheimische Traubensorte mit Muskateller-Aroma für süße Weißweine.

Muscat Ottonel Eine in Ostbulgarien angebaute Muskatellersorte. Sie liefert liebliche, fruchtige Weißweine.

Novi Pazar Kellerei für Chardonnay mit kontrollierter Appellation bei Varna mit Weinen der feineren Art.

Novo Selo «Controliran»-Misket-Rotwein aus dem Norden.

Orjahoviza Bedeutender Bereich im Süden für «Controliran»-Cabernet/Merlot. Volle, saftige Rotweine, nach 4—5 Jahren am besten. Neuere Reserve Cabernets, v. a. 1980er, sehr gut.

Pamid Milder, leichter Alltagsrotwein aus Südwest- und Nordwestbulgarien.

Pavlikeni Weinort im Norden mit einem prestigeträchtigen, auf hochwertigen Cabernet und Gamza spezialisierten Weingut.

Pleven Kellerei im Norden mit bedeutender Erzeugung von Pamid, Gamza und Cabernet. Zugleich Bulgariens Weinforschungsanstalt.

Plovdiv Stadt und Weinbaubereich im Süden mit gutem Cabernet.

Provadya Östlich von Shumen nahe der Küste; auch eine Gegend mit guten Weißweinen, v. a. trockenem Chardonnay.

Rcatzitelli Eine in Rußland sehr beliebte weiße Traube; sie liefert starken, süßen Wein. In Nordost-Bulgarien wird sie in großen Mengen zu trockenen bis lieblichen Weißweinen verarbeitet.

Reserve Bezeichnung auf Etiketten für eichenfaßgereifte Controliran-Auslesen.

Riesling Meist ist darunter Welschriesling zu verstehen. Rheinriesling wird ebenfalls, wenn auch weniger, angebaut und zu Weißweinen nach deutscher Art verarbeitet.

Sauvignon Blanc Wird in Ostbulgarien angebaut. Die ersten trockenen Weißweine dieser Sorte sind vor einiger Zeit auf dem Export-Markt erschienen.

Shumen Größte Kellerei in Ostbulgarien mit trockenen Weißweinen. Produziert auch recht guten Branntwein.

Sonnenküste Markenname eines in Deutschland vertriebenen lieblichen Weißweins.

Suhindol Nachbar von Pavlikeni, Standort der ersten bulgarischen Winzergenossenschaft (1909). Gute Kellerei mit Gamza, Cabernet und Pamid.

Sungarlare Die Stadt im Osten gibt einem trockenen «Controliran»-Misket den Namen.

Svishtov Kellerei für Cabernet-Erzeugung an der Donau im Norden, Spitzenreiter unter den kontrollierten Appellationen Bulgariens.

Sylvaner Gefälliger, trockener Sylvaner wird unter dem Namen «Klosterkeller» exportiert.

Tamianka Süßer Weißwein; noch süßer als Hemus.

Targovichte Nicht zu Vinprom gehörige Weißweinkellerei bei Shumen, spezialisiert auf liebliche und süße Weine.

Tirnovo Starker, süßer, roter Dessertwein.

Trakia Markenname einer guten Auswahl für den Export.

Varna Appellation an der Küste; bedeutende Chardonnay-Erzeugung.

Vinimpex Die staatliche Handelsorganisation für Import und Export von Wein und Spirituosen.

Vinprom Staatliches Kontrollgremium für sämtliche 145 Genossenschaftskellereien. Ihm sind die dramatischen Qualitätsverbesserungen der letzten acht Jahre zu verdanken. Es betreibt 10 % der Weinbaufläche Bulgariens sowie drei Forschungsinstitute.

Griechenland

Trotz des Beitritts zur EG hat Griechenland bisher wenig zur Modernisierung seines seit zweitausend Jahren stagnierenden Weinbaus getan. In Portugal (ebenfalls einem neuen EG-Mitglied) oder auch im nördlichen Nachbarland Bulgarien geschehen Veränderungen mit viel mehr Tempo. Allerdings wurde nun in Griechenland ein den EG-Bestimmungen angepaßtes System mit 29 Appellationen eingerichtet, und so ist nun viel von der hoffnungsvollen Zukunft des griechischen Weins die Rede. Bis jetzt hat sich freilich noch nicht viel getan. In den Restaurants in Athen bekommt man überteuerte Markenweine, und wenn man den stets preiswerten Retsina verlangt, rümpft der Kellner die Nase. Auf dem Land aber, vor allem im Norden, sollte man sich den Weinen der jeweiligen Gegend zuwenden.

Achaia-Clauss Der bekannteste griechische Weinhändler mit Kellern in Patras, Nord-Peloponnes, Produzent von Demestica usw.

Agioritikos Der Berg und die Mönchsrepublik Athos in Chalkidiki liefern Cabernet- und sonstige Trauben für Tsantali-Weine. Markenname eines guten trockenen Rosés.

Aminteion (Appellation) — Frischer Rot- und Roséwein aus den Bergen Makedoniens.

Attika Region um Athen, Hauptanbaugebiet für Retsina.

Boutari Handelshaus und Erzeuger von makedonischen und anderen Weinen, v.a. Naoussa. Der Spitzenwein heißt Grande Réserve.

Calliga Moderner Weinbaubetrieb mit 320 ha auf Kefallenia. Robola-Weißwein sowie Rotwein von einheimischen Trauben; gut, aber überakzentuiert.

Cambas, Andrew Bedeutender Weinhändler und -erzeuger in Athen.

Carras, John Hotelier in Sithonia, Chalkidiki, Nordgriechenland. Stellt interessante Rot- und Weißweine unter den Namen Château Carras, Porto Carras und Côtes du Meliton her.

Ch. Carras ist ein faßgereifter Rotwein nach Bordeaux-Art, der auch Flaschenlagerung lohnt.

Castel Danielis Einer der besten trockenen Rotweine von Achaia-Clauss.

Côtes du Meliton (Appellation) — Thrakischer Rot-, Weiß- und Roséwein in anständiger Qualität, erzeugt von Carras.

Courtakis, D. Händler in Athen mit gutem dunklem nemeischen Rotwein.

Demestica Zuverlässige Marke für trockenen Rot- und Weißwein von Achaia-Clauss.

Gentilini Neuer (seit 1984), erfolgreicher Weißwein aus Kefallenia. Ein milder, ansprechender Robola-Verschnitt. Beachtenswert.

Goumenissa (Appellation) — Mittelschwerer, eichenfaßgereifter Rotwein in guter Qualität von Boutari.

Hymettus Standardmarke für ungeharzten Rotwein und ebensolchen trockenen Weißwein.

Kefallenia Ionische Insel im Westen mit gutem weißem Robola und rotem Thymiatiko sowie Mavrodaphne. Siehe auch Gentilini und Calliga.

Kokkineli Retsina als Rosé, dem Weißen sehr ähnlich, kühl genießen.

Korfu Wunderschöne Insel mit Weinen, die ihrer kaum würdig sind. Der traditionelle Rotwein heißt Ropa.

Kreta Die Insel gibt einigen besseren griechischen Rotweinen ihren Namen. Die Appellationen lauten: Archane, Daphne, Peza und Sitia. Aber auch der Weißwein kann hier sehr gut sein.

Lac des Roches Sauberer Weißweinverschnitt vom Dodekanes von Boutari.

Lindos Name des Rhodos-Weins besserer Qualität, ob er von Lindos selbst kommt oder nicht; recht einfach.

Malvasia Die berühmte Traube soll aus Monemvasia im Süd-Peloponnes stammen.

Mantinia (Appellation) — Frischer Peloponnes-Weißwein von Cambas.

Mavro «Schwarz»; steht für dunklen (meist süßen) Rotwein.

Mavrodaphne (Appellation) — Wörtlich «schwarzer Lorbeer»: dunkler süßer konzentrierter Rotwein; eine Spezialität der Region Patras, nördlicher Peloponnes.

Mavroudi (Appellation) — Der Rotwein aus Delphi und von der Nordküste des Golfs von Korinth: dunkel mit Pflaumenaroma.

Metsovo (Appellation) — Cabernet-Rotwein aus Epirus im Norden.

Minos Populäre Marke auf Kreta; am besten ist der rote Castello.

Naoussa (Appellation) — Ausgesprochen starker trockener Rotwein aus Makedonien im N, bes. von Boutari und Tsantali.

Nemea (Appellation) — Stadt auf dem östlichen Peloponnes, berühmt durch ihren Löwen (den Herkules erschlug) und ihren dementsprechend löwenstarken Mavro.

Patras (Appellation) — Bedeutender Weinort an der Einmündung des Golfs von Korinth.

Peloponnes Die südliche Landmasse des griechischen Festlands, trägt die Hälfte der gesamten Rebfläche Griechenlands.

Pendeli Zuverlässige Marke für trockenen Rotwein aus Attika, erzeugt und abgefüllt von Andrew Cambas.

Retsina Weißwein mit Zusatz von Harz der Aleppo-Kiefer, schmeckt nach Terpentin und paßt eigentümlich gut zu griechischen Speisen. Spezialität aus Attika. Man sollte ihn kühl genießen.

Rhodos Östlichste griechische Insel. Der beste Wein ist süßer Malvasia. Die Marke für anständige Tafelweine heißt Lindos.

Robola (oder Rombola) (Appellation) — Modischer trockener Weißwein von der Insel Kefallenia vor dem Golf von Korinth, gefällig und mild, nicht ohne Charakter.

Samos (Appellation) — Insel vor der türkischen Küste, hat sich mit ihrem süßen, blaßgoldenen Muskateller einen Namen gemacht. Die übliche Qualität ist freilich nichts Besonderes.

Santorin Vulkan-Insel nördlich von Kreta; hier wird süßer Vinsanto aus sonnengetrockneten Trauben sowie trockener weißer Thira erzeugt. Das Potential ist noch nicht ausgeschöpft.

Tsantali Erzeuger in Agios Pavlos. Großes Sortiment von Tafelweinen, u. a. Cabernet aus Makedonien, Wein von den Mönchen des Berges Athos, Naoussa und Muscat aus Patras. «Cava» ist ein guter Verschnitt.

Verdea Der trockene Weißwein von der Insel Zakinthos westlich vom Peloponnes. Der Rotwein heißt Byzantis.

Xynomavra Die beste griechische Rotweintraube, Grundlage für Naoussa und andere Weine aus dem Norden.

Zypern

Die Insel exportiert große Mengen starker Weine zu vernünftigen Preisen, am bekanntesten ist der höchst passable Zypern-Sherry. Das feinste Produkt der Insel ist allerdings alter Commandaria, ein sirupartige Dessertwein. Bis vor kurzem standen nur traditionelle Traubensorten mit beschränkten Möglichkeiten zur Verfügung. Nun versucht man, mit besseren Rebsorten den Standard zu erhöhen, nur geht das leider langsam.

Afames Ort am Fuß des Olymp; zugleich Name eines der besseren Rotweine (Mavron) von SODAP.

Aphrodite Die griechische Liebesgöttin leiht ihren Namen einem vollen, mitteltrockenen Weißwein von Keo.

Arsinoe Trockener Weißwein von Sodap, trägt den Namen einer bedauernswerten jungen Dame, die von Aphrodite in Stein verwandelt wurde.

Bellapais Spritziger mittelsüßer Weißwein von Keo, benannt nach der berühmten Abtei bei Kyrenia. Wichtigstes Erfrischungsgetränk für Urlauber auf Zypern.

Christoforou Weinfirma in Limassol, Familienbetrieb.

Commandaria Seit uralten Zeiten in den Hügeln von Limassol erzeugter brauner Dessertwein hoher Qualität, benannt nach einem Kreuzritterorden. Die besten Vertreter (die «Hundertjährigen») sind ganz vorzüglich und unglaublich süß, das meiste aber ist Standardqualität.

Domaine d'Ahera Leichterer Rotwein im modernen Stil, von Keo.

Emva Cream Vielverkaufter süßer Zypern-Sherry von Etko, einer Filiale von Haggipavlu.

Etko Siehe Haggipavlu.

Haggipavlu Bekannter Weinhändler in Limassol.

Hirondelle Der süße Weißwein und einige andere Weine dieser beliebten Marke werden von Etko produziert (siehe Emva).

Keo Eine der größten und zielbewußtesten Weinhandelsfirmen in Limassol.

Khalokhorio Bedeutender Commandaria-Weinort mit ausschließlich Xynisteri-Anbau.

Kokkineli Rosé; der Name ist verwandt mit Koschinelle (roter Farbstoff).

Kolossi Rote und weiße Tafelweine von Sodap.

Limassol «Der Bordeaux von Zypern». Weinhafen im Süden.

Loel Bedeutender Produzent. Markennamen Amathus und Kykko. Zypern-Sherry Command sowie guter Negro-Rotwein.

Mavron Die schwarze Traube von Zypern (und Griechenland) und ihr dunkler Wein.

Mosaic Marke für Zypern-Sherry von Keo, u. a. ein feiner trockener Wein.

Othello Guter trockener Standard-Rotwein; sauber, rundum befriedigend; von Keo.

Palomino Milder, trockener Weißwein aus dieser (Sherry-)Traube, erzeugt von Loel. Eiskalt sehr süffig.

Pitsilia Region südlich vom Olymp mit den besten Commandaria- und Weißweinen.

Rosella Markenname für starken, mittelsüßen Rosé.

Semeli Guter, traditioneller Rotwein von Haggipavlu.

Sherry Zypern erzeugt eine Reihe von Sherry-artigen Weinen, deren beste Vertreter (besonders die trockenen) sehr gute Qualität haben.

SODAP Bedeutende Weingenossenschaft in Limassol.

St. Panteleimon Markenname für starken, süßen Weißwein von Keo.

Xynisteri Die auf Zypern heimische Weißweintraube.

Zoopiyi Bedeutender Commandaria-Weinort mit Mavron-Anbau.

USA

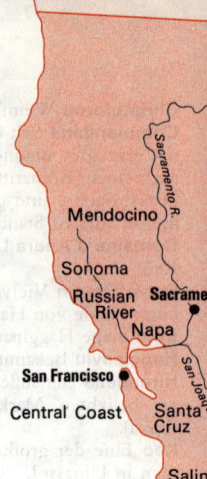

Mendocino

Sonoma

Russian River **Sacrame...**

Napa

Sacramento R.

San Francisco

Central Coast

Santa Cruz

San Joa...

Salin...

Kalifornien

In Kalifornien wird seit 150 Jahren Wein angebaut, der moderne Weinbau aber ist in den letzten 25 Jahren aus unbedeutendsten Anfängen entstanden. Seit einem Jahrzehnt versetzt er die Welt sowohl mit guten preiswerten Produkten als auch mit einer wachsenden Zahl von Weinen der Luxusklasse in brillanter Qualität in Erstaunen. Der kalifornische Weinbau hat sich in atemberaubendem Tempo vergrößert und gewandelt. Viele der hier aufgeführten Weinbaubetriebe sind noch kaum 10 Jahre alt. Qualitätsbewertungen können daher nur mit Vorsicht abgegeben werden.

Die Sterne-Bewertungen sollen zur Wiedergabe des internationalen Rufs eines Weinbaubetriebs dienen. Einige Neuzugänge konnten nur provisorisch bewertet werden (jeweils in Klammern).

Eine bedeutende Neuerung sind in Kalifornien die Appellations-Gebiete, von denen inzwischen über dreißig registriert sind, davon fünf allein im Napa Valley (weitere vier vorgeschlagen). Noch ist es allerdings zu früh, ihnen eine Leitfunktion im Hinblick auf den Stil zuzubilligen. Deshalb wurden hier die gewohnten Regionalbezeichnungen beibehalten.

Den Schlüssel zum kalifornischen Wein bilden die Traubensorten (im Verein mit Markennamen). Da es bei den Traubensorten in Kalifornien mancherlei Ungewohntes gibt, sind sie auf Seite 213 besonders aufgeführt.

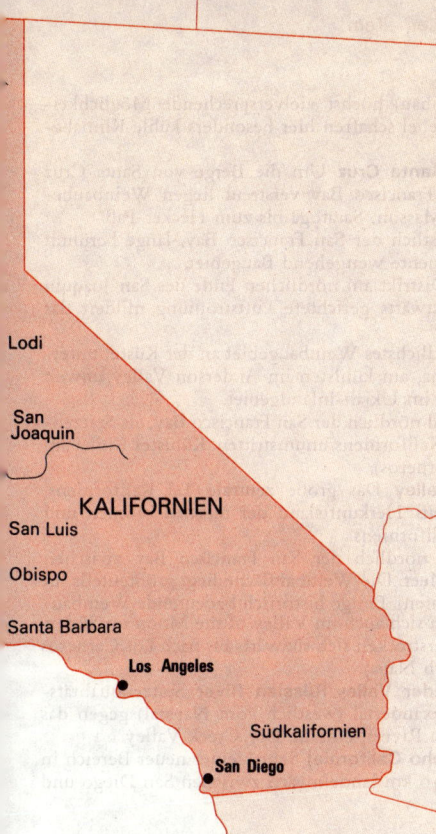

Lodi

San Joaquin

KALIFORNIEN

San Luis

Obispo

Santa Barbara

Los Angeles

Südkalifornien

San Diego

Bedeutende Weinbaugebiete

Amador Bezirk im Sierra-Vorgebirge östlich von Sacramento. Anbaugebiet für sehr guten Zinfandel, vor allem im Shenandoah Valley.

Central Coast Langer Küstenstreifen mit verstreutem Weinbau, von der San Francisco Bay nach Süden bis San Luis Obispo.

Central Coast/Hecker-Paß Paß über das Gebirge bei Santa Cruz südlich der San Francisco Bay mit einem Häuflein kleiner, althergebrachter Weinbaubetriebe.

Central Coast/Salinas Nach hemmungsloser Expansion in den 70er Jahren sind inzwischen viele Weinberge wieder gerodet worden. Was noch besteht, liefert charaktervolle Weine. Das Salinastal zieht sich südöstlich von Monterey landeinwärts.

Central Coast/San Luis Obispo Edna Valley südlich von San Luis Obispo und neue verstreutere Rebberge bei Paso Robles.

Central Coast/Santa Barbara Die Rebfläche im Santa Ynez Valley nördlich von Santa Barbara bietet (insbesondere für den Weißweinanbau) höchst vielversprechende Möglichkeiten; die Küstennebel schaffen hier besonders kühle Klimabedingungen.

Central Coast/Santa Cruz Um die Berge von Santa Cruz südlich der San Francisco Bay verstreut liegen Weinbaubetriebe von Paul Masson, Saratoga bis zum Hecker-Paß.

Livermore Tal östlich der San Francisco Bay, lange berühmt für Weißweine, heute weitgehend Baugebiet.

Lodi Stadt und Distrikt am nördlichen Ende des San Joaquin Valley. Eine westwärts gerichtete Luftströmung mildert das heiße Klima.

Mendocino Nördlichstes Weinbaugebiet an der Küste; unterschiedliches Klima, am kühlsten im Anderson Valley unweit der Küste; warm im Ukiah-Inlandgebiet.

Napa Das Napatal nördlich der San Francisco Bay, als Spitzenweinbaubereich Kaliforniens unumstritten. Kühlstes Klima am Südende (Los Carneros).

San Joaquin Valley Das große zentrale Tal Kaliforniens, fruchtbar und heiß. Herkunftsland der meisten offenen und Dessertweine Kaliforniens.

Sonoma Bezirk nördlich der San Francisco Bay zwischen Napa und dem Meer. Die Weinbaufläche liegt größtenteils im Norden (siehe unten). Einige historisch bedeutende Weinbaubetriebe befinden sich auch im Valley of the Moon im Süden. Die Weinberge erstrecken sich südwärts bis nach Los Carneros hinein (siehe auch Napa).

Sonoma/Alexander Valley/Russian River Spitzenqualitätsbereich vom Alexandertal (westlich vom Napatal) gegen das Meer zu (Russian River); einschl. Dry Creek Valley.

Temecula (Rancho California) Sehr kleiner neuer Bereich in Südkalifornien, 40 km landeinwärts zwischen San Diego und Riverside.

Neuere Jahrgänge

Das Klima in Kalifornien ist bei weitem nicht so gleichmäßig, wie man meint. Zwar kommen alles in allem die Trauben mit Regelmäßigkeit zur Reife, doch gibt es in vielen Gegenden strenge Frühlingsfröste, manchmal auch eine verregnete Erntezeit, und gelegentlich treten unerfreuliche Entwicklungen wie die zweijährige Dürre 1975–1977 ein.

Die Weine aus dem San Joaquin Valley fallen meist von einem Jahr zum anderen am gleichmäßigsten aus. Bei ihnen sagt der Jahrgang mehr über das Alter des Weins aus als über seinen Charakter.

Die Weinberge im Bereich Central Coast sind so weit verstreut, daß sich kein einheitliches Bild ergibt. Nur für das Napa- und Sonomatal läßt sich über das letzte Dutzend Jahrgänge der Spitzensorten Cabernet Sauvignon und Chardonnay Genaueres aussagen. Die Chardonnays sind meist nach 2 Jahren genußreif, nur die besten lohnen längeres Aufbewahren.

	Chardonnay	Cabernet Sauvignon
1970	Sollte schon ausgetrunken sein	Einer der besten bisher; reif
1973	Sehr gut, jetzt aber trinken	Reichlich und gut. Austrinken
1974	Sollte schon ausgetrunken sein	Schwierig; Spitzenweine ausgezeichnet; reif
1975	Sehr gut; überaltert	Delikat; bezaubernd; reif

1976	Sollte schon ausgetrunken sein	Kleiner Ertrag, aber vorzüglich; reif
1977	Allgemein ausgezeichnet; austrinken	Attraktiv; vollreif
1978	Sehr gut, aber austrinken	Vorzüglich. Allgemein trinkreif
1979	Hervorragend. Austrinken	Regen. Leichte Weine
1980	Sollte schon ausgetrunken sein	Außerordentlich; jetzt trinkreif
1981	Gut, nicht übermäßig schwer. Austrinken	Bald trinken
1982	Sauber, angenehm. Austrinken	Viel Erstklassiges; jetzt meist reif
1983	Austrinken	Ähnlich wie 1980, aber schneller reifend
1984	In der Jugend herrlich duftig, jetzt vollreif	Ausnehmend gut, reif und bukettreich. Über Jahre entwicklungsfähig
1985	Großer Ertrag, schöne Säure; exzellent	Kühle Reifezeit, schöne Ausgewogenheit, einige große Weine .
1986	Kühle Saison, feine Weine	Erster Eindruck sehr günstig
1987	Ideales Wetter, sehr guter Wein	Gilt als sehr vielversprechend
1988	Würzig, wahrscheinlich früh reifend	Unbeständiges Wetter, ansprechende Weine

Kalifornische Rebsorten

In Kalifornien werden vor allem die klassischen Rebsorten angebaut, die auch in der übrigen Welt verbreitet sind. Beschreibungen finden sich auf Seite 10 ff. Spezifisch kalifornische Traubensorten sind u. a.:

Emerald Riesling In Kalifornien entstandene Rebsorte der deutschen Art. Sauber, blumig, fruchtig und ein klein wenig streng.

Flora Ebenfalls in Kalifornien gezüchtete weiße Traube. Mild blumig; süß am besten. Auch als Schaumwein (z.B. von Schramsberg).

Gamay Beaujolais Nicht die rote Beaujolais-Traube, sondern eine Klon von Pinot Noir.

Gray Riesling Kein Riesling; ergibt körperreichen, aber kaum bemerkenswerten Wein.

Johannisberg Riesling Echter Riesling (auch als «white Riesling» bezeichnet).

Petite Sirah Nicht verwandt mit Syrah, vielmehr Synonym für die obskure französische Rebsorte Durif.

Ruby Cabernet In Kalifornien gezüchtete Kreuzung zwischen Carignan und Cabernet Sauvignon, hat so viel Charakter der letzteren Sorte abbekommen, daß sie interessant ist. Gut für heißes Klima.

Zinfandel Die heimische kalifornische Rotweintraube; liefert Wein in vielen Versionen, von leicht und fruchtig bis schwer und wuchtig. Bei Alterung kann sie hohe Qualität entwickeln. Heute weiß oder rosé gekeltert in Mode.

Weinbaubetriebe in Kalifornien

Acacia Napa; ★★★★ CH 80 81 82 83 84 85 86 87 PN 80 81 82 83 84 85 86 — Weinbaubetrieb im Bereich Carneros (jetzt im Besitz von Chalone), spezialisiert auf Chardonnay und Pinot Noir. Beide bewähren sich großartig.

Adelaide Cellars Central Coast/San Luis Obispo; (★★) — Sorgfältig ausgebauter, milder Chard. und geschmeidiger Cab: aus Paso Robles.

Alderbrook Sonoma; ★★ CH 84 85 — Neuer Betrieb (1982), keltert aus eigenen und zugekauften Trauben vollaromatische Weine. Chardonnay, Sauv. Blanc und Sémillon stets gut.

Alexander Valley Vineyards Alexander Valley; ★★→★★★ CH 80 81 82 83 84 85 86 87 CS 81 82 83 84 85 86 — Kleines Weingut. Besonders gute Chardonnays und Johannisberg Rieslings. Ferner sehr guter Cabernet.

Almaden San Joaquin — Berühmter Pionierbetrieb, wurde 1987 von Heublein übernommen; heute eine Alltagsmarke von Madera.

S. Anderson Vineyard Napa; ★★ CH 80 81 82 83 84 85 86 — Junger Weinbaubetrieb mit großen Kellern. Guter Chardonnay; neuerdings auch feiner Schaumwein.

Baldinelli Amador ★★ CS 79 80 81 82 83 84 — Stilvoller Cabernet und Zinfandel aus dem Shenandoah Valley.

Balverne Sonoma/RR; ★★ CH 80 81 83 — Betrieb bei Windsor, kam 1980 mit feinem Chardonnay, Sauvignon Blanc. C. S. überdurchschnittlich gut. 1988 neue Leitung.

Beaulieu Napa; ★★★ CS 74 76 77 78 79 80 81 82 83 84 85 86 — Zu Recht berühmte mittelgroße Weinkellerei, bes. Cabernet-Wein. Spitzensorte: De Latour Private Reserve Cabernet. Prächtiger Sauv. Blanc. Heute im Besitz von Grand Metropolitan. Beautour CS (86) preiswert.

Bel Arbres Zweitetikett von Fetzer.

Belvedere Wine Co. Sonoma; ★★ CS 82 83 84 CH 85 86 87 — 1980 gegründeter Betrieb mit Einzellagenweinen. u. a. Robert-Young-Cabernet aus dem Alexander Valley, York-Mountain-Cabernet aus dem Napatal, Bacigalupi-Chardonnay vom Russian River. Alle finden viel Beifall.

Beringer Napa; ★★→★★★ CH 83 84 85 86 87 CS 80 81 82 83 84 85 — Hundertjährige Weinkellerei, neuerdings von der Nestlé Co. modernisiert. Zunehmend interessante Weine, z. B. Chardonnay (ausgezeichnete «Private Reserve») und Cabernets sowie «Nightingale», ein botrytisierter Dessertwein.

Boeger El Dorado; ★★ CS 79 80 81 82 83 CH 85 — Kleines Weingut im Sierra-Vorgebirge mit gutem Zinfandel und Sauvignon Blanc.

Bonny Doon Vineyard ★★ CH 86 87 Central Coast/Santa Cruz; ★★ — Kleiner Betrieb (seit 1981) mit eigenen Ideen über Rhône-Trauben, u. a. Syrah, Grenache und sogar Roussanne und Marsanne (z. B. Le Cigare Volant: Grenache, gewürzt mit Mourvèdre; 84 85 86).

Bouchaine Napa/Carneros; ★★★ CH 83 84 85 PN 85 — Neuer Betrieb in einer alten Scheune; der Anfang wurde mit einem Pinot Noir mit Eichenholzaroma im Stil von Acacia gemacht. Inzwischen auch ähnlich guter Chardonnay und Sauv. Blanc.

Brander Central Coast/Santa Barbara; ★★ — Kleiner neuer Betrieb, spezialisiert sich auf den hervorragenden Sauvignon Blanc von Trauben aus dem Santa Ynez Valley. Inzwischen auch mit Cabernet und Merlot Marke «Bouchet» zur Spitze aufgerückt (84 85 86).

Bruce, David Central Coast; ★★ CH 83 84 85 86 — Kleiner, stetig aufstrebender Weinbaubetrieb mit schweren Weinen der Luxusklasse.

Buena Vista Sonoma; ★★ CH 83 84 85 86 87 CS 83 84 85 — Historischer Pionierbetrieb mit deutschen Besitzern und neuerdings sehr ordentlichen Leistungen, vor allem bei Weißwein (Riesling, Fumé Blanc, Chardonnay).

Burgess Cellars Napa; ★★ CH 83 84 85 86 CS 80 81 82 83 84 85 Z 81 82 83 84 85 — Kleiner Weinbaubetrieb in den früheren Souverain-Kellern, erzeugt guten Cabernet und sehr guten Zinfandel und Chardonnay.

Bynum, Davis Sonoma; ★★ CH 83 84 85 86 CS 82 83 — Renommierter Produzent von Standardsorten, v. a. Gewürz., Chard., Pinot Noir; westlich von Healdsburg.

Byron Vineyards Santa Barbara ★★★ CH 84 85 86 PN 85 86 — Ken Brown, lange Zeit Kellermeister bei Zaca Mesa, hat mit seinem eigenen Betrieb im Santa Maria Valley einen sehr guten Start. Denkwürdiger Pinot Noir.

B. V. Abkürzung für Beaulieu Vineyards auf Etiketten.

Cain Cellars Napa ★★ CH 84 85 86 CS 84 85 — Junger Betrieb (1984) mit ambitiösem Bordeaux-Verschnitt Cain Five aus eigenen Weinbergen am Spring Mountain. Ferner CS und Chard.

Cakebread Napa; ★★★ CH 80 81 82 83 84 85 — Seit 1973; wachsendes Ansehen, vor allem für Sauvignon Blanc und Cabernet (bes. 79), auch Chardonnay.

Calera Monterey/San Benito; ★★ PN 80 81 82 83 84 85 86 CH 85 86 — Weingut (seit 1975) mit Pinot Noir und Chardonnay. Jetzt im Besitz von Allied-Hiram Walker. Beachtenswert.

Callaway Südkalifornien; ★★ CH 83 84 85 86 — Mittelgroßer Betrieb auf neuem Gelände in Temecula. Saubere Weißweine.

Carmenet Sonoma; ★★→★★★ CS 84 85 — Während Chalone mit Burgund wetteiferte, streben die gleichen Besitzer hier seit 1982 Bordeaux nach: mit Sauvignon Bl. aus Sonoma und Cabernet/Merlot aus hohen Lagen bei Sonoma. Ferner «Gavilan» French Colombard aus dem Napatal.

Carneros Creek Napa; ★★★ CH 83 84 85 86 87 CS 74 77 80 81 82 83 84 — Erster Betrieb im kühlen Carneros-Bereich zwischen Napa und der San Francisco Bay. Guter Pinot Noir, Chardonnay und Cabernet. Preiswerter Merlot.

Caymus Napa; ★★★ CS 74 75 76 77 78 79 80 81 82 83 84 85 — Äußerlich bescheidener kleiner Weinbaubetrieb in Rutherford mit sehr hohem Qualitätsstand, v.a. bemerkenswert komplexer Cab. und Zin. sowie weißer Pinot Noir, Chard., Cab. Franc und Sauv. Blanc. Zweite Marke: Liberty School (preiswert).

Chalk Hill Sonoma/RR; ★★ CH 84 85 86 87 CS 83 84 85 — Bedeutende Lagen in Chalk Hill bei Windsor. Die ersten Weine lassen Gutes hoffen.

Chalone Central Coast/Salinas; ★★★★ CH 80 81 83 84 85 86 87 PN 80 81 82 83 84 — Einmalige kleine Berglage. Chardonnay und Pinot Noir in Super-Qualität. Ferner ausgezeichneter Pinot Blanc. Zweitetikett: «Gavilan»; s. a. Acacia und Carmenet. 1989 finanzielle Verbindung mit Ch. Lafite-Rothschild.

Chappellet Napa; ★★★ CH 81 83 84 85 86 CS 74 75 76 78 79 80 81 82 83 84 85 — Luxus-Weinbaubetrieb mit herrlich gelegenen Weinbergen. Ausgezeichneter, sehr langlebiger Cabernet, Chardonnay und Riesling; sehr guter trockener Chenin Blanc.

Château Montelena Napa; ★★ CH 83 84 85 86 CS 75 77 78 79 80 81 82 83 — Kleiner Betrieb, 1969 gegründet. Produziert sehr guten, charaktervollen Chardonnay und gerbstoffreichen Cabernet Sauvignon.

Château Souverain Alexander Valley; CH 83 84 85 86 CS 78 79 80 81 82 83 84 85 — Luxuriöser mittelgroßer Betrieb mit anerkannt gut bereiteten Weinen. 1986 von Beringen übernommen. Der 86er Carneros Reserve Chard. ist erstklassig.

Château St-Jean Sonoma; ★★★ CH 83 84 85 86 87 — Profilierter Betrieb, spezialisiert auf lebendige, langlebige Weißweine aus Einzellagen, z. B. Chardonnay, Pinot Blanc und vor allem Riesling Spätlese. Auch feiner Schaumwein und preiswerter «Vin Blanc». Im Besitz von Suntory.

Christian Brothers Napa und San Joaquin; ★→★★ CH 85 86 87 CS 84 85 — Größter Weinbaubetrieb im Napatal, wird von einem religiösen Orden betrieben. Sauberer, immer besser werdender Cabernet (seit 1984), ansprechender, brauchbarer Fumé Blanc, süßer weißer Ch. La Salle, sehr guter Brandy und Zin.-Port.

Clos du Bois Sonoma; ★★→★★★ CH 83 84 85 86 87 CS 78 79 80 81 82 83 84 85 — Healdsburg-Weingut und Kellerei im Dry Creek Valley. Sehr guter Gewürz., P. Noir, Merlot, Chard. und Sauv. Blanc. Ausgezeichnete Einzellagenweine. Jetzt im Besitz von Allied-Hiram Walker.

Clos Pegase Napa; (★★) — Erstaunliches Gebäude im postmodernen Stil bei Sterling. Die bisherigen Weine sind beständig.

Clos du Val Napa; ★★★ CH 83 84 85 86 87 CS 77 78' 79' 80 81 82 83 84 85 — In französischem Besitz mit sehr gutem, starkem Zinfandel, feinem, zartem Cabernet, Merlot, Chard. und Sém.

Concannon Livermore; Tafelwein ★★ CH 83 84 86 — Größere Kellerei; zunächst bekannt durch Weißweine, jetzt stehen Rotweine im Vordergrund. Im Besitz von Kellermeister Sergio Traverso sowie von Deinhard.

Congress Springs Santa Clara/Santa Cruz; ★★→★★★ CH 84 85 86 — Winziges Weingut oberhalb Saratoga mit wachsendem Renommee. Gute Weißweine, z. B. Sauvignon Blanc, Chard. und v. a. Pinot Blanc. Auch Cab. Franc.

Conn Creek Napa; ★★→★★★ CH 83 84 85 CS 78 79 80 81 82 83 84 — Weinkellerei auf dem Silverado Trail, seit 1979; hat sich eine treue Anhängerschaft erworben. Jetzt im Besitz von Ch. Ste-Michelle, Washington. Bestbekannt für Cabernet.

Cooks Champagne Siehe Guild.

Corbett Canyon Central Coast/San Luis Obispo; ★★ CH 84 85 86 87 — Neuer Betrieb im Edna Valley (1983) für sortenreine und Gattungsweine («Coastal Classic») in beträchtlichen Mengen (preiswert).

Culbertson Temecula ★★ — Junger Schaumweinspezialist, verarbeitet Lokaltrauben aus ganz unwahrscheinlichen Gegenden und gewinnt damit Medaillen.

Cuvaison Napa; ★★→★★★ CH 83 85 86 87 CS 78 79 80 81 82 83 84 — Kleiner Weinbaubetrieb unter neuer fachmännischer Leitung. Anfänglich strenger Cabernet und Chard., inzwischen gefälliger. Der Chard. aus eigenen Weinbergen in Carneros ist erstklassig.

Dehlinger Sonoma; ★★→★★★ CH 83 84 85 86 PN 79 80 81 82 83 84 — Kleiner Weinbaubetrieb und Rebberg westlich von Santa Rosa. Seit 1976 Chard., Cabernet und seit 1979 Pinot Noir, alle bestens ausgebaut.

DeLoach Vineyard Sonoma; ★★★ CH 83 84 85 86 87 PN 80 81' 82 83 84 85 86 — Betrieb am Russian River, 1975 gegründet, Chardonnay, Gewürz., P. Noir. Auch guter Zin. (sehr guter weißer Zin.) und Sauv. Blanc.

Diamond Creek Napa; ★★★ CS 74 75 76 77 78 79 80 81 82 83 84 85 86 — Kleines Weingut, seit den sechziger Jahren. Herber, langreifender Cabernet von den Hügeln westlich von Calistoga, z. B. «Volcanic Hill», «Gravelly Meadow».

Domaine Carneros Napa — Die spektakuläre Taittinger-Kellerei in Carneros ist die neueste Verknüpfung mit der Champagne. Die ersten Schaumweine kommen 1990 heraus.

Domaine Chandon Napa; ★★★ — Kalifornischer Vorposten der Champagnerfirma Moët & Chandon; 1976 gegründet. Anfangserwartungen erfüllen sich. Die erste, 1985 herausgekommene «Reserve» war ein durchschlagender Erfolg, ebenso die zweite. Shadow Creek ist ein Etikett für Wein, der nicht aus dem Napa Valley stammt.

Domaine Laurier Sonoma; ★★★ CH 83' 84 85 86 CS 78 79 80 81 82 83 84 85 — Kleiner neuer Betrieb mit wunderschön ausgebauten Weinen, v. a. Cabernet und Sauvignon Blanc, unter der neuen Appellation Green Valley. Hier entsteht ein Klassiker. Besonders fein der Chardonnay.

Domaine M. Marion Cent. Coast/Santa Cruz Mts. ★→★ — Ehemalige Handelsmarke, jetzt ein Betrieb in historischem Gebäude in Los Gatos mit sortenreinen Weinen der Mittelklasse, meist von der Central Coast.

Domaine Mumm Napa; ★★ — Schaumweinhersteller im Besitz von Seagram bei Rutherford. Der 1986 herausgekommene erste Wein hält, was er versprach: sehr frisch und fein.

Dominus Napa; ★★★★ 84 85 — Erste Früchte (84er Jahrgang 1988 herausgekommen) der Partnerschaft («John Daniel Society») zwischen den Erben des ehemaligen Inglenook

Vineyard, nördlich von Yountville, und Christian Moueix aus Pomerol. Cabernets-Merlot-Weine nach Bordeaux-Art mit vielversprechender Zukunft.

Dry Creek Sonoma; ★★★ CH 83 84 85 86 CS 79 80 81 82 83 84 85 86 — Kleiner Betrieb mit hohen Idealen: trockener Wein nach alter Art, besonders Weißweine, Chardonnay, Chenin Blanc und Fumé Blanc sowie großartiger Cabernet Sauvignon.

Duckhorn Vineyards Napa; ★★→★★★ Merlot 79 80 81 82 83 84 85 CS 79 80 81 82 83 84 85 — Kleiner Betrieb am Silverado Trail, durch Rotweine, v. a. sehr guten Merlot, bekannt geworden. Auch Sauvignon Blanc.

Dunn Vineyards Napa ★★★ 81 82 83 84 85 — Randall Dunn (früher bei Caymus) erzeugt in kleinen Mengen dunklen, herben Cabernet Sauvignon vom Howell Mountain in seinem eigenen Betrieb.

Durney Vineyard Central Coast/Monterey; ★★ CS 79 80 81 82 83 — Bekannt gute Quelle für vollen, robusten Cabernet. Ferner Chenin Bl. und Riesling.

Eberle Winery Central Coast/San Luis Obispo; ★★ — Höchst stilvoller und verläßlicher Cabernet-Erzeuger im Bereich Paso Robles (seit 1979). Ferner Chardonnay.

Edna Valley Vineyard Cen. Coast/San Luis Obispo; ★★→★★★ CH 84 85 86 87 — Gemeinschaftsunternehmen von Kellereien und Anbauern in Chalone. Öliger, charaktervoller Chardonnay.

Estancia Siehe Franciscan Vineyard.

Estrella River San Luis Obispo/Santa Barbara; ★★ CH 83 84 85 86 87 — Chardonnay, Riesling, Muscat, Syrah aus Paso-Robles-Weinbergen sind gut und ansprechend.

Far Niente Napa; ★★★ CH 83 84 85 86 87 CS 84 85 — Gegründet 1885, wiederbelebt 1979. Zuerst aromatischer Chardonnay, inzwischen auch ebensolcher Cabernet.

Ferrari-Carano Sonoma ★★ Neuer Familienbetrieb (1985) mit 400 ha Weinbergbesitz im Alexander, Dry Creek und Knights Valley. Chard. und Sauv. Blanc bereits erfolgreich; Cabernet Sauv. und Merlot im Entstehen.

Fetzer Mendocino; ★★→★★★ CH 83 84 85 86 CS 79 80 81 82 83 84 85 — Rasch wachsender Weinbaubetrieb mit interessanten, zuverlässigen Weinen, v. a. Chard. und Cabernet, ferner Fumé Blanc, Riesling und schwerer dunkler Zin. Höchst preiswert.

Ficklin San Joaquin; ★★★ — Familienbetrieb, erzeugt den besten kalifornischen «Port».

Field Stone Sonoma, (Alexander Valley); ★★ — Kleine unterirdische Kellerei, gegründet von einem Hersteller von Erntemaschinen. Gute Weine, v. a. vorzüglicher Cabernet Rosé.

Firestone Central Coast/Santa Barbara; ★★★ CH 83 84 85 86 CS 81 82 83 84 86 — Ehrgeiziger Betrieb (seit 1973) nördl. von Santa Barbara. Kühles Klima bringt eine breite Palette außergewöhnlicher Weine.

Fisher Napa; (★★) — Kleines Weingut in den Bergen bei Calistoga mit sehr gutem Cab. und Chard.

Flora Springs Wine Co. Napa; ★★ CH **83 84 85 86** 87 CS **80 81 82 83** 84 85 — Alter Steinkeller in St. Helena, 1979 wiedereröffnet. Viel Erfolg mit Chardonnay und Sauv. Blanc; Cabernet nicht so gelungen.

Folie à Deux Napa; ★★ — Kleiner Erzeuger von tadellosem Chardonnay, sehr gutem Chenin Bl. und Cabernet von zugekauften Trauben.

Foppiano Sonoma; ★★ — Altes Weingut in Healdsburg, das mit den verschiedensten Sorten aufgewertet wurde, unter anderem Fumé Blanc, Cabernet, Petite Syrah. Zweitetikett Riverside Farms mit preiswertem Zin.

Franciscan Vineyard Napa; ★★ CH **83 84 85** 86 CS **80 81 82 83** — Aufstrebendes Unternehmen mit gastfreundlicher Art. Guter Zinfandel, Chardonnay, Cabernet und Riesling, auch Montereys. Die Weine aus eigenem Besitz in Sonoma tragen das Etikett «Estancia» (preiswert).

Franzia San Joaquin; ★ — Großer alter Familienbetrieb. Mehrere gut eingeführte Marken, alle mit dem Vermerk «Erzeugerabfüllung in Ripon».

Freemark Abbey Napa; ★★★★ CH **83 84 85** 86 CS **74 75 76 77 78 79** 80 81 82 83 84 85 — Kleiner Betrieb mit großem Ruf; für Kenner; Cabernet, Chardonnay und Riesling (v. a. Spätlese «Edelwein»). Der Spitzen-Cabernet heißt «Bosché» (**74 75 78 79** 80' 81 82 83 84). Auch «Sycamore».

Frog's Leap Napa; ★★ — Charmanter kleiner Betrieb in St. Helena. Die neueren Cabernets und Chardonnays übertreffen den früheren Sauvignon Bl. und Zin. bei weitem.

Gainey Vineyard Santa Barbara ★★ — Vielversprechender junger Betrieb im Santa Ynez Valley. Gute Erfolge mit Sauv. Blanc; wird demnächst mit Einzellagen-Pinot Noir hervortreten.

Gallo, E. & J. San Joaquin; ★ → ★★ CS **78 81** — Die größte Weinkellerei der Welt. Pioniere in Quantität und Qualität. In Familienbesitz. Herzhafter Burgunder und Chablis Blanc setzen Maßstäbe für ganz USA. Sortenreine Weine, u. a. guter Sauvignon Blanc, Gewürztraminer, Riesling, Cabernet; der Chardonnay ist nicht so gut. Jahrgangs-CS findet viel Beifall. Ferner Schaumwein «André» und vieles mehr.

Gan Eden Sonoma ★★ — Erzeuger von koscherem Chard. und Cabernet Sauv.; alle Jahrgänge seit 1985 finden bei Kennern viel Beifall.

Geyser Peak Sonoma; ★★ — Alter, von der Brauerei Schlitz neu belebter Weinbaubetrieb. Inzwischen an den ortsansässigen Erzeuger Henry Trione verkauft. Weine v. a. aus eigenen Weinbergen (280 ha).

Giumarra San Joaquin; ★★ — Moderne Anlage im heißesten Teil des San-Joaquin-Tals, verarbeiten Trauben verschiedenster Art aus der Umgebung und von der Central Coast.

Glen Ellen Sonoma; ★★ → ★★★ CH **84 85 86** 87 CS **83 84** 85 86 — Vater und Sohn arbeiten zusammen und bringen unaufdringliche, elegante Weine von eigenen und zugekauften Trauben aus Sonoma hervor (Etikett Benziger of Glen Ellen); v. a. Sauv. Blanc, Chard. und Cabernet. «Proprietor's Reserve» wahrscheinlich von zugekauften Trauben.

Gloria Ferrer Sonoma; ★★ — Große neue Schaumweinkellerei, 1985 von Freixenet aus Spanien eröffnet. Höchst eindrucksvolle Anfänge.

Grand Cru Sonoma; ★★→★★★ CS 78 79 80 81 82 83 84 85 — Kleinbetrieb (1971) mit gutem Gewürztraminer, mehr und mehr Cabernet, Chenin und Sauvignon Blanc; jetzt Chard.

Green and Red Napa; ★★ — Sehr kleiner Betrieb im Pope Valley mit kräftigem Zinfandel.

Grgich Hills Cellars Napa; ★★★ CH 83 84 85 Z 77 78 79 80 81 82 83 84 — Grgich (früher bei Ch. Montelena) ist Kellermeister. Der Anbauer heißt Hills; er zieht vornehmlich Chardonnay und Riesling. Lebendige Weine, u. a. alkoholstarker Zin. und auch Cabernet.

Groth Vineyards Napa ★★ CS 84 85 — Weingut in Oakville, strebt mit feinem, subtilem Cabernet Sauv. an die Spitze. Auch Chardonnay.

Guenoc Vineyards Lake County; ★★ CH 84 85 86 — Ehrgeiziger neuer Weinbau- und Kellereibetrieb jenseits der Grenze des Napa-County. Chenin Blanc, Zinfandel und Petite Sirah sind bes. ansprechend.

Guild San Joaquin; ★ — Große Winzergenossenschaft. «B. Cribari» ist das Tafelweinetikett, «Cooks Champagne» ein großer Erfolg.

Gundlach-Bundschu Sonoma; ★★ CH 83 84 85 86 CS 79 80 81 82 83 84 — Sehr alter, von der neuen Generation wiederbelebter kleiner Betrieb. Ausgezeichnete Cabernet, Zinfandel, Merlot und gute Weißweine: Chardonnay, Gewürztraminer, Riesling.

Hacienda Sonoma; ★★ CH 83 84 85 86 CS 79 81 84 — Kleiner Betrieb, spezialisiert auf Spitzenklasse-Chardonnay und Gewürz. Der Cabernet ist in letzter Zeit unbeständig.

Handley Cellars Mendocino ★★ — Kleiner Familienbetrieb im Anderson Valley mit eindrucksvollem Chardonnay-Schaumwein und erfrischendem Brightlighter von Gewürztraminer.

Hanzell Sonoma; ★★★ CH 83 84 85 86 PN 80 81 82 83 84 — Kleiner Betrieb, hat unter seinem (inzwischen verstorbenen) Gründer in den 50er Jahren den kalifornischen Chardonnay revolutioniert. Chard. und P. Noir sind große Weine. Der erste Cabernet kam 1986 heraus.

Haywood Vineyard Sonoma; ★★ CH 83 84 85 86 CS 83 84 85 — Kleines neues Gut in den Bergen oberhalb Sebastiani. Die ersten Weine waren schöner, fruchtiger Chardonnay und Riesling sowie deftiger Zinfandel. Jetzt auch Cabernet.

Heitz Napa; ★★★★ CH 83 84 85 86 CS 76 77 78 79 80 81 82 83 84 — Für viele der beste Name in Kalifornien. Ein begabter Einzelgänger, der Maßstäbe für den ganzen Weinbau gesetzt hat. Seine Cabernets (bes. «Martha's Vineyard» und «Bella Oaks») sind dunkel, tief, voll Ausdruck, seine besten Chardonnays kraftvoll und langlebig. Die anderen Weine sind manchmal exzentrisch, auch der Chardonnay. 1984 große Erweiterung der Weinberge.

Hill, William, Winery Napa; ★★→★★★ CH 83 84 85 86 CS 80 81 82 83 84 — Sehr große Neuanpflanzungen in den Mayacamas Mountains und eine neue Kellerei erbrachten überaus markante, mit Wohlwollen aufgenommene erste Weine.

Hop Kiln Sonoma/Russian River; ★★ CH 83 84 85 — Kleiner Weinbaubetrieb mit individuellem, aromatischem Petite Syrah, Zin und Gewürz.

Husch Vineyards Mendocino; ★★ CH 86 CS 84 85 — Zuverlässiger Chardonnay, Gewürztr. und P. Noir aus dem Anderson Valley; Cabernet und Sauvignon Bl. aus Ukiah.

Inglenook Napa ★★→★★★ CH 85 CS 76 77 78 79 80 81 82 83 84 — Eine der großen alten Napa-Kellereien, vom neuen Besitzer, der Heublin Corp. (jetzt Grand Metropolitan), stark verändert. Inglenook Napa Valley ist das Etikett für Napa-Wein in zwei Qualitäten: Cask (Reserve) und Estate; dazu seit 1983 gerbstoffreicher Réunion. CS, Merlot, Chard. und Sauv. Bl. stark verbessert; süffiger Petite Syrah. (Inglenook Navalle, preiswerter Wein aus dem Central Valley, ist nur ein Namensvetter.)

Iron Horse Vineyards Sonoma; ★★★ CH 83 84 85 86 CS 79 80 81 82 83 84 85 — Stilvoller Besitz am Russian River; Chardonnay, Cabernet, P. Noir und Sauv. Blanc mit lebhafter Geschmacksfülle. Der I.-H.-Schaumwein ist trocken und sehr fein. Zweitetikett: Tin Pony.

Italian Swiss Colony San Joaquin; ★ — Altehrwürdiger Name aus Sonoma. Heute nur eine Marke der Firma The Beverage Source. Der Qualitätsstand erholt sich wieder.

Jekel Vineyards Central Coast/Monterey; ★★→★★★ CH 83 84 85 CS 78 79 81 82 83 84 — Vorzüglicher Riesling und Chardonnay. Der Cabernet ist voll und nachhaltig. Die Weine (bes. die weißen) reifen sehr schnell.

Jepson Vineyards Mendocino ★★ — Industrieller aus Chicago mit 40 ha Chard. und Sauv. Blanc bei Ukiah. Erzeugung: sortenreiner Wein, Schaumwein und in kleinen Mengen Brandy.

Johnson-Turnbull Napa; ★★ CH 80 81 82 83 84 85 86 — Sehr kleines neues Weingut, Nachbar von Mondavi, mit ausgewogenen, charaktervollen, nicht zu schweren Cabernets.

Johnsons of Alexander Valley Sonoma; ★★ CS 79 80 81 82 83 84 — Neues, kleines Weingut mit gutem Weinberggelände. Bester Wein: Cabernet.

Jordan Sonoma; ★★★ CH 83 84 85 86 CS 76 77 78 79 80 81 82 83 84 — Extravagantes Weingut, Cabernet nach dem Muster von Bordeaux; eleganter Chardonnay. Hochelegante Weine für anspruchsvolle Kenner.

Karly Amador; ★★ — Stilvoller Erzeuger v. a. von Zinfandel aus den Ausläufern der Sierra.

Keenan, Robert Napa; ★★ CH 83 84 85 CS 83 84 85 — Rebberge am Spring Mountain; anfangs übermäßig starke, gerbstoffreiche Weine. Der jetzt «geschliffenere» Stil gewinnt Beifall.

Kendall-Jackson Lake County; ★★→★★★ CH 84 85 86 87 CS 84 85 86 — Junger, aufstrebender Betrieb (1980) mit gutem, schlichtem Chard., Riesl. und Sauv. Blanc; Cabernet und Zin. lassen sich vielversprechend an. Sehr guter 86er Syrah.

Kenwood Vineyards Sonoma; ★★→★★★ CH 83 84 85 86 CS 78 79 80 81 82 83 84 85 — Aufstrebender Erzeuger von stets stilvollen Rotweinen, v. a. Cabernet und Zinfandel. Auch sehr guter Sauv. Blanc, guter Chard. und Chenin.

Kistler Vineyards Sonoma; ★★ CH 83 84 85 86 87 CS 80 81 82 83 — Kleines Weingut auf den Hügeln. Der erste Chardonnay (79) war außergewöhnlich. Die neueren Weine sind verhaltener. Jetzt auch Cabernet und Pinot Noir.

Konocti Cellars Lake County; ★★ — Mittelgroße Genossenschaftskellerei weit im Norden, halb im Besitz von John Parducci. Stets ansprechender Riesling, Fumé Blanc, Cabernet Sauvignon.

Korbel Sonoma; ★★ — Schaumweinspezialist für gehobene Ansprüche. «Naturale» und «Brut» gehören zu den besten kalifornischen Standard-«Champagnern». Auch Branntwein.

Kornell, Hans Napa; ★★ — Individuelle Schaumweinfirma, erzeugt vorzüglichen, vollaromatischen Sekt: «Sehr trocken».

Krug, Charles Napa; ★→★★ CS 74 77 78 79 80 81 82 83 84 CH 86 — Historischer Betrieb mit sauberem, gutem Cabernet, süßem Chenin Blanc und sehr süßem Muscat Canelli. C.K.-Mondavi ist die Marke für Konsumwein.

La Crema Sonoma; ★★ CH 83 84 85 86 87 PN 79 80 81 82 — 1979 in Petaluma gegründet; gewaltiger Chardonnay, eindrucksvoller P. Noir.

Lakespring Winery Napa; ★★ CS 84 85 SB 87 — Gleichmäßig guter kleiner Betrieb mit gutem Merlot, Cabernet und kraftvollen Weißweinen.

Lambert Bridge Sonoma; ★★ CS 80 81 82 83 84 85 — Kleines Weingut (1975) in der Nähe von Healdsburg. Chardonnay mit nicht mehr soviel Eichenholz wie früher; herber Cabernet für lange Lagerung.

Landmark Sonoma; ★★ CH 83 84 85 86 — Neues Gut in der Nähe von Windsor mit sauberem Chardonnay und Cabernet, der Klasse aufzuweisen beginnt.

Laurel Glen Sonoma; ★★ CS 81 82 83 84 85 — Der erste Wein aus der winzigen Glen Ellen Winery war der vorzügliche 81er Cabernet. Der 83er und 84er sind vielversprechend.

Leeward Winery Central Coast/Ventura; ★★ CH 83 84 85 86 87 CS 83 84 85 86 — Chardonnay von Trauben aus Monterey und San Luis Obispo brachte diesem neuen Unternehmen bei Santa Barbara 1980 einen guten Start.

Lohr, J. Central Coast; ★★ — Bedeutender Betrieb in San José und Paso Robles mit eigenen Weinbergen in Salinas, San Luis Obispo, Napa. Zuverlässiger Riesling, Chenin Blanc und Cabernet rosé.

Long Vineyards Napa; ★★ CH 83 84 85 86 CS 79 80 81 82 83 84 85 — Winziger Betrieb in den östlichen Hügeln bei Chappellet. Bis jetzt guter Chardonnay und Spätlese-Riesling. Nun auch Cabernet.

Lyeth Vineyard Sonoma; ★★ 84 85 — Neues Weingut mit großen Ambitionen bei Rot- und Weißweinen nach Bordeaux-Art. Inzwischen ohne eigene Weinberge; man muß abwarten.

Lytton Springs Sonoma; ★★ Z 83 84 85 86 — Kleiner Spezialbetrieb in Russian River für Zin.; dick und tanninhaltig; steigt zu Kopf.

Madrona El Dorado ★★ — Der Betrieb mit den höchstgelegenen Weinbergen in den Sierra-Ausläufern bringt eindrucksvollen Chardonnay hervor.

Maison Deutz Sonoma; ★★ — Neue Schaumweinkellerei mit Stammhaus in der Champagne. Vielversprechende erste Erzeugnisse.

Mark West Sonoma; ★★→★★★ CH 83 84 85 86 87 PN 79 80 81 82 83 84 85 — Junges Weingut in einer kühlen Lage; sehr ansprechender Chard. und Gewürz. Jetzt auch P. Noir und Schaumwein Blanc de Noirs.

Markham Napa; ★★ CS 78 79 80 81 82 83 84 CH 85 86 — 1979 gegründetes Gut, 120 ha. Sauberer, befriedigender Cabernet. Guter, knochentrockener Chenin Blanc. Chardonnay mit wachsendem Ruf. Jetzt in japanischem Besitz.

Martin Bros. Central Coast/San Luis Obispo; ★★ — Herrlich frischer Sauvignon Blanc, Chenin Bl. und Chardonnay. Der kleine Familienbetrieb will die Nebbiolo-Rebe in Paso Robles heimisch machen.

Martini, Louis Napa; ★★→★★★ CS 78 79 80 81 82 83 84 85 Z 78 79 80 81 82 83 84 85 — Großer, aber individueller Betrieb mit sehr hohem, gleichmäßigem Qualitätsstandard und einem der besten kalifornischen Cabernet Sauvignons («Vineyard Selection»). Zudem feiner Barbera, Pinot Noir, Zinfandel, Merlot, Petite Syrah, Gewürz., Folle Blanche und Moscato Amabile. Zweitetikett: «Glen Oaks».

Masson Vineyards Central Coast; ★→★★ — Berühmter alter Name, von Seagram 1987 verkauft; nach Monterey umgezogen.

Matanzas Creek Sonoma; ★★★ CH 85 86 M 79 80 81 82 83 84 — Junger, inzwischen mit ausgewogenem Chard., Sauv. Bl. und Merlot etablierter Betrieb.

Mayacamas Napa; ★★★★ CH 81 82 83 84 85 CS 76 77 78 79 80 81 82 83 84 — Erstklassiger, sehr kleiner Erzeuger und Kellereibetrieb mit Cabernet, höchst exzentrischem Chard., ferner Sauv. Blanc und Zinfandel (manchmal).

McDowell Valley Vineyards Mendocino; CS 80 81 82 83 84 — Große Neuentwicklung eines alteingesessenen Unternehmens zwecks vielfältiger Produktion. Im Auge behalten, bes. Zin. und den echten Syrah.

Merry Vintners Sonoma ★★ — Merry Edwards (früher bei Mount Eden, Matanzas Creek) hat sich mit Chardonnay (u. a. Reserven) einen Namen gemacht und versucht sich jetzt auch an Pinot Noir.

Milano Winery Mendocino; ★★ CH 83 84 85 86 CS 79 80 81 82 83 84 — Sehr kleiner Betrieb; beachtenswerter Chardonnay. Der Cabernet ist überschwer.

Mill Creek Sonoma; ★★ CH 84 85 — Weingut in der Nähe von Healdsburg (gegr. 1974) mit angenehmem, gefälligem Chardonnay, Merlot, Cabernet.

Mirassou Central Coast; ★★ — Dynamischer mittelgroßer Erzeugerbetrieb, seit 5 Generationen in der Familie. Pioniere in Salinas. Bemerkenswerter Gamay Beaujolais, Gewürztraminer und sehr gefälliger Schaumwein.

Mondavi, Robert Napa; ★★→★★★★ CH 83 84 85 86 87 CS 74 75 76 77 78 79 80 81 82 83 84 85 — Betrieb mit einem

Vierteljahrhundert Vergangenheit in der Erneuerung von Methoden, Anlagen und Techniken. Erfolgreiche Weine, u. a. Cabernet, Sauvignon Blanc (wird als Fumé Blanc verkauft), Chardonnay, Pinot Noir. Großartige «Reserves», stets in der Spitzenklasse; brauchbare Tafelweine. Siehe auch Opus One.

Mont St. John Napa ★★ CS 80 81 82 83 84 — Die Familie Bartolucci erzeugt aus Weinbergen in Carneros solide, preiswerte sortenreine Weine.

Monterey Peninsula Central Coast/Salinas; ★★ CH 83 84 85 CS 78 80 81 82 — Sehr kleiner Betrieb bei Carmel mit kräftigem, vollmundigem Zinfandel und Cabernet aus dem Salinas-Tal.

Monterey Vineyard Central Coast/Salinas; ★★ — Erster großer moderner Betrieb von Salinas, eröffnet 1974. Im Besitz von Seagram. Guter Zinfandel, Gewürztraminer und Sylvaner; fruchtiger, sehr leichter Gamay Beaujolais. «Classic Red» sehr preiswert.

Monteviña Amador; ★★ CS 79 80 81 82 83 Z 80 81 82 83 — Kleiner Pionierbetrieb in einem neuen Bereich: dem Shenandoah Valley, Amador County, in den Ausläufern der Sierra. Zinfandel, Barbera und Sauvignon Blanc inzwischen besser ausgewogen. Jetzt im Besitz von Sutter Home.

Monticello Cellars Napa; ★★★ CH 83 84 85 86 CS 80 81 82 83 84 85 — Ultramoderner neuer Betrieb bei Trefethen. Er fiel zuerst durch großartigen Gewürztraminer und Sauvignon Blanc auf. Inzwischen auch sehr guter Chardonnay, feiner, gerbstoffreicher Cabernet sowie Sémillon.

De Moor Napa; ★★ CH 83 84 85 86 CS 80 81 82 83 84 — Kleiner Betrieb in Yountville (früher Napa Cellars) mit gutem Erfolg, z. B. bei Cabernet und Zin. Neue Besitzer (aus Europa).

Morgan Central Coast/Salinas (★★) — Der früher bei Jekel beschäftigte Kellermeister baut jetzt seinen eigenen sehr guten Chardonnay.

J. W. Morris Sonoma; ★★★ — Früher ein Spezialist für hochwertige Port-artige Weine von Trauben aus Sonoma. Jetzt in Healdsburg, mit Tafelwein «Black Mountain» (bessere Qualität) und «J. W. Morris».

Mount Eden Vineyards Central Coast; ★★ CH 80 81 82 83 84 85 86 CS 84 — Gesellschaft, der ein Großteil der früheren Martin-Ray-Weinberge gehört. Teure junge Weine. Zweites Etikett: M.E.V.

Mount Veeder Napa; ★★ CS 74 75 77 78 79 80 81 82 83 84 — Ehrgeiziger kleiner Betrieb (1973). Hohe Preise und gute Anzeichen für Qualität bei Cabernet.

Navarro Vineyards Mendocino; ★★ — Erzeuger von sehr gutem Chard., P. Noir sowie hervorragendem Gewürztraminer und Riesling im kühlen Anderson Valley.

Newton Vineyards Napa; ★★★ CH 85 86 CS 84 85 — Luxuriöses Weingut mit schwerem, eichenholzduftigem Cabernet, Merlot, Chardonnay, Sauvignon Bl.

Opus One Napa; ★★★★ CS 79 80 81 82 83 84 — Kein Weinbaubetrieb, sondern ein Wein: Gemeinschaftsleistung von Robert Mondavi und Baron Philippe de Rothschild. Bislang ein Mondavi Reserve of Reserves zu einem an den Haaren herbeigezogenen Preis, aber gut.

Papagni, Angelo San Joaquin; ★★ — Alteingesessener Erzeuger mit technisch mustergültigem, modernem Betrieb in Madera. Trockene, sortenreiche Weine, u. a. Zinfandel, Chardonnay sowie erfreulicher Alicante Bouschet.

Parducci Mendocino; ★★ CH 83 84 85 86 87 CS 78 79 80 81 82 83 84 85 — Alteingesessener mittelgroßer Betrieb mit Weinbergen an verschiedenen Orten. Gute kräftige Rotweine: Cabernet (und ein exzellenter Cab./Merlot-Verschnitt), Petite Syrah, Zinfandel, «Burgundy». Außerdem gefälliger French Colombard, Chenin Blanc sowie sehr guter Chard. ohne Eichenaroma.

Pat Paulsen Vineyards Sonoma; ★★ — Der Besitz eines TV-Komikers bietet eine reiche Auswahl guter Weine, v. a. Sauvignon Blanc und einen ziemlich trockenen Muscat.

Pecota, Robert Napa; ★★ CH 83 84 85 86 CS 84 85 — Kleine Kellerei eines früheren Beringer-Kellermeisters. Hohes Niveau. Cabernet, Sauvignon Blanc, Chard. und guter, leichter Gamay.

Pedroncelli Sonoma R.-R.; ★★→★★★ CH 83 84 85 86 87 CS 78 79 80 81 82 83 84 — Seit langem bestehender Familienbetrieb mit noch frischem Ruhm für weit überdurchschnittlichen Zinfandel und Chardonnay, die mit zunehmender Erfahrung an Stil gewinnen.

Pepi, Robert Napa; ★★ CH 83 84 85 86 CS 82 83 — Junger Betrieb in den Bergen zwischen Oakville und Yountville, hat als Sauvignon-Blanc-Spezialist einen guten Start.

Phelps, Joseph Napa; ★★★ → ★★★★ CH 80 81 82 83 84 85 86 87 CS 74 75 76 77 78 79 80 81 82 83 84 85 — Mittlerer exklusiver Erzeugerbetrieb, Riesling Spätlese ist ausgewöhnlich. Sehr guter Chardonnay, Cabernet und Syrah. Der «Insignia Reserve» ist manchmal übermäßig gerbstoffhaltig. Auch der Weißwein hält sich gut (z. B. 80er Gewürz. 1988 in Bestform).

Pine Ridge Napa; ★★ CH 83 84 85 86 87 CS 79 80 81 82 83 84 85 — Kleiner Betrieb bei Stag's Leap mit sehr gutem Chardonnay, Merlot und Cabernet sowie mildem, aber frischem, fast trockenem Chenin Blanc.

Piper-Sonoma Sonoma; ★★★ CS 83 — Das Gemeinschaftsunternehmen von Piper-Heidsieck aus der Champagne und Sonoma Vineyards brachte 1980 die erste (sehr gute) Schaumwein Cuvée heraus. Der 81er war erst 1985 ganz abgerundet.

Preston Sonoma; ★★ CS 83 84 — Winziges Weingut mit sehr hohem Niveau im Dry Creek Valley, Healdsburg. Bes. gut sind: Sauvignon Blanc, Zinfandel und jetzt auch Sirah — Syrah-Verschnitt.

Quady Winery Central Valley; ★★ — Originelle Dessertweine aus Madera (seit 1975), u. a. die vielgepriesenen orangenhaften «Essencia» sowie «Elysium» von Black-Muscat-Trauben.

Quail Ridge Napa; ★★ CH 84 85 86 — Kleiner Spezialist für faßvergorenen Chardonnay; ferner Cabernet. Gute Weine zu einem stolzen Preis.

Quivira Sonoma; (★★) — Neuer Betrieb, gegründet 1986, mit höchst vielversprechendem Sauv. Bl. und Zin. aus dem Dry Creek Valley. Im Besitz der Christian Brothers.

225

Rafanelli Sonoma; ★★ — Winzige Kellerei, spezialisiert auf außerordentlich guten Zinfandel; auch Cabernet.

Raymond Vineyards Napa; ★★★ CH 83 84 85 86 87 CS 77 78 79 80 81 82 83 84 85 — Kleiner Betrieb (1974) bei St. Helena. Erfahrene Besitzer. Chardonnay, Riesling und Cabernet. Alle vorzüglich.

Ridge Central Coast, Santa Cruz; ★★★★ CS 77 78 79 80 81 82 83 84 85 — Kleiner Betrieb mit hohem Ansehen bei Kennern für konzentrierte Rotweine, die lange Flaschenlagerung brauchen. Bemerkenswerter Cabernet und Zinfandel aus Einzellagen, v. a. Montebello und York Creek, Napa.

River Oaks Sonoma; ★→★★ — Kräftige kommerzielle Weine von gleichem Weinbaubetrieb wie Clos du Bois, aber aus verschiedenen Lagen.

Roederer USA Mendocino; (★★★) — Niederlassung des gleichnamigen Champagner-Hauses im Anderson Valley. Der erst 1988 herausgekommene Schaumwein ist eindrucksvoll.

Rombauer Vineyards Napa; ★★ CH 85 86 87 CS 84 85 — Junger Betrieb (1980) mit eindrucksvollem Chard. und Cab. Sauv. aus zugekauften Napa-Trauben.

Roudon-Smith Santa Clara/Santa Cruz; ★★→ ★★★ CH 83 84 CS 78 79 81 82 — Kleines Weingut mit wirklich stilvollem Chardonnay.

Round Hill Napa; ★★→★★★ CH 83 84 85 86 87 CS 80 81 82 83 84 85 86 — Beständige gute Qualität, vor allem Gewürztraminer und Fumé Blanc, von einer großen neuen Kellerei in St. Helena. Spitzenweine unter dem Etikett Rutherford Ranch.

Rutherford Hill Napa; ★★★ CH 83 84 85 86 CS 79 80 81 82 83 84 85 — Abbey. Guter Gewürztraminer; exzellenter Chardonnay, Merlot und Cabernet.

Rutherford Ranch Siehe Round Hill.

Rutherford Vintners Napa; ★★ CH 83 84 85 CS 77 78 79 80 81 82 83 — Kleiner Betrieb, 1977 von Bernard Skoda gegründet. Das Etikett für die «Reserve» ist «Château Rutherford».

St. Andrews Napa; ★★ CH 83 84 85 86 CS 83 84 — Kleines Chardonnay-Gut am Silverado Trail bei Napa. Beständig ausgezeichneter Wein.

St. Clement Napa; ★★→★★★ CH 83 84 85 86 CS 78 79 80 81 82 83 — Kleine Produktion von gutem Cabernet, schwerem Chardonnay und feinem Sauv. Blanc.

St. Francis Sonoma; ★→★★ CH 83 84 85 86 87 — Neuer kleiner Betrieb. Verarbeitung vorzüglichen Cabernets, Gewürztraminers von älteren Lagen. Enttäuschende Weine.

Saintsbury Napa; ★★★ CH 83 84 85 86 PN 81 82 83 84 85 86 — Junger Weinbaubetrieb, verarbeitet Trauben aus Los Carneros zum vielleicht besten P. Noir und Chard. der Region.

San Martin Central Coast; ★★ CS 81 82 83 84 85 86 87 — Neugeordnete alte Firma, verarbeitet Trauben aus Salinas und San Luis Obispo zu sauberen, korrekten Sortenweinen. Auch Pionier für «sanfte» Weine (wenig Alkoholgehalt), besonders Riesling.

Sanford Santa Barbara; ★★★ CH **84 85 86 87** — Neuer Betrieb, begann 1982 mit überzeugendem Sauv. Blanc und Chardonnay der alten Schule. Der Pinot Noir ist schön ausgebaut, ebenso der Pinot Noir Blanc.

Santa Barbara Winery Santa Barbara ★★ — Ehemaliger Konsumweinproduzent schiebt sich immer weiter nach vorn, vor allem mit Einzellagen-Chardonnay.

Santa Cruz Mountain V'yd. C. Coast; ★★ CS **78 79 80 81 82 83** PN **79 80 81 82 83 84** — Kleiner Weinbaubetrieb in den Bergen, hofft auf feinen P. Noir, hat aber Schwierigkeiten mit vorschmeckendem Alkohol. Bringt jetzt auch Cabernet heraus.

Santa Ynez Valley Winery Santa Barbara; ★★ CH **83 84 85 86** — Bewährter Erzeuger von sehr gutem Sauv. Blanc und Chardonnay.

Sausal Sonoma; ★★ — Kleiner Spezialbetrieb für stilvollen Zin usw.

Scharffenberger Mendocino; (★★) — Bedeutender Pionier von Mendocino-Schaumwein nach der Champagner-Methode. Ein Umzug aus dem Ukiah in Anderson Valley ist geplant.

Schramsberg Napa; sch ★★★★ — Hingebungsvoller Spezialist, erzeugt den besten kalifornischen «Champagner» in historischen Kellern, u. a. feine «Reserves»; «Blanc de Noirs» besonders gut, lohnt 2 — 3 Jahre Lagerung.

Schug Cellars Napa; ★★ CH **83 84 85** PN **80 81 82·83** 84 85 — Neues Unternehmen (gegr. 1982) des ehemaligen Kellermeisters von Phelps. Zunächst sehr strenger, inzwischen milder gewordener Pinot Noir, auch fester, trockener Chardonnay.

Sebastiani Sonoma; ★→★★ CS **78 79 80 81 82 83 84** 85 86 — Umfangreicher und vornehmer alter Familienbetrieb mit robusten, anregenden Weinen, besonders Barbera. Die Spitzenweine führen die Appellation Sonoma. Im Auge behalten.

Seghesio Sonoma; ★ — Früherer Massenweinerzeuger aus Healdsburg, bietet heute beachtlichen P. Noir, Zin. und Chard.

Sequoia Grove Napa; ★★★ CH **83 84 85 86 87** CS 83 84 85 — Kleiner Betrieb bei Oakville. Seit 1979 ausgewogener Chardonnay; der Cab. Sauv. aus dem Napa und dem Alexander Valley ist gerbstoffreich und für lange Lagerung bestimmt.

Shadow Creek Siehe Domaine Chandon.

Shafer Vineyards Napa; ★★→★★★ CH **81 83 84 85** 86 CS **80 81** 82 83 84 85 — Junger Betrieb mit Weinbergen bei Stag's Leap erzeugt elegante Chardonnay und sehr stilvollen Cabernet und Merlot.

Shaw, Charles F., Vineyards and Winery Napa; ★★ CH **83 84 85 86 87** — Unübertroffener Spezialist in St. Helena für leichten roten Gamay, nun auch Chard., Cabernet, Sauv. Blanc.

Sierra Vista El Dorado ★★ Stets gleichmäßig guter Chard., CS und Zin,; neuerdings auch Syrah aus Lagen in den Sierra-Ausläufern.

Silver Oak Napa; ★★→★★★★ CS **78 79 80 81 82** 83 84 — Kleiner Betrieb (1972), erfolgreich mit gefälligem Cabernet, u. a. dem sehr teuren «Bonny's Vineyard».

Silverado Vineyard Napa; ★★★ CH **84 85 86** 87 CS **83 84 85** — Aufwendiger neuer Betrieb östlich von Yountville. Die ersten Chardonnay und Sauvignon Blanc machten Schlagzeilen. Inzwischen hat der Cabernet sie noch übertroffen. Eigentümerin ist Mrs. Walt Disney, genug Kapital steckt also dahinter.

Simi Alexander Valley; ★★★ CH **83 84 85** 86 CS **78 79 80 81 82 83 84 85** — Wiederhergestellter historischer Betrieb unter fachmännischer Leitung von Zelma Long. Einer der besten und lebendigsten Chardonnays Amerikas, delikater Cabernet und (seit 1982) vorzüglicher Sauv. Blanc. Ferner guter Chenin Blanc und unwiderstehlicher Rosé.

Smith & Hook Cent. Coast/Monterey ★★ 79 80 81 82 83 84 85 — Ganz auf Cab. Sauv. aus dem Salinas Valley eingestellter Spezialist.

Smith-Madrone Napa; ★★→★★★ CH **83 84 85 86** CS **79 80 81 82** 83 84 — Neuer Rebberg hoch auf dem Spring Mountain, der 1977 guten Riesling hervorbrachte. Der Chardonnay erregt viel Aufsehen. Ferner P. Noir und Cabernet.

Sonoma-Cutrer Vineyards Inc. Sonoma; ★★★★ CH **81 82 83 84 85** 86 — Vielleicht (wenigstens bislang) das Äußerste an Spezialisierung mit neuartigen Techniken zur Erzielung besonderen Charakters bei Chardonnay aus Einzellagen (wie in Burgund). Bisher erweist sich die Lage Les Pierres als die beste.

Spottswoode Napa ★★→★★★ — Aus einem Weinberg direkt bei St. Helena kommen kleine Mengen an zunmehmend stilvollem, subtilem Cab. Sauv. und Sauv. Blanc.

Spring Mountain Napa; ★★ CH **83 84** CS **75 77 78 79 80 81** — Renovierter kleiner Besitz aus dem 19. Jahrhundert mit neuer Kellerei, bereits für guten Chardonnay, Cabernet und Sauvignon Blanc bekannt geworden.

Stag's Leap Wine Cellars Napa; ★★★→★★★★ CH **83 84 85** 86 87 CS **74 75 76 77 78 79'** 80 81 82 83 84 85 — Vielgerühmter kleiner Erzeugerbetrieb mit höchstem Qualitätsstandard. Ausgezeichneter Cabernet und Merlot, frischer Gamay und feiner Chardonnay.

Sterling Napa; ★★★ CH **83 84 85 86** CS 82 83 84 85 — Sehr leistungsfähiger (und malerischer) Weinbaubetrieb (gehört jetzt Seagrams). Voller schwerer Sauvignon Blanc und Chardonnay; eichenholzduftiger Cabernet und Merlot. Ferner «Three-Palms»-Rotwein seit 85.

Stonegate Napa; ★★→★★★ CH **83 84** CS **78 79 80 81 82 83 84** — Kleiner Privatbetrieb, erzeugt Cabernet, Chardonnay und immer besseren Sauv. Blanc.

Stony Hill Napa; ★★★★ CH **74 75 76 77 78 79 80 81 82 83 84 85** — Einige der allerbesten kalifornischen Weißweine kommen seit 25 Jahren aus diesem winzigen Betrieb. Leider starb Fred McCrea 1977. Seine Chardonnays, Gewürztraminer und Rieslinge sind fein und delikat; der Chard. ist in letzter Zeit gewichtiger.

Stratford Napa; ★★ CH **84 85 86 87** CS 83 84 85 — Der erste Wein (1982) war ein eindrucksvoller Chardonnay-Verschnitt. Die neue Kellerei bei Rutherford kann größere Mengen bewältigen und liefert auch guten Sauv. Bl. (ab 1985).

Strong, Rodnay Vineyards Sonoma R-R; ★★ → ★★★ CS 78 79 80 CH 85 86 — Früher Sonoma Vineyards. Geachtet vor allem für Chardonnay. Einzellagenweine u. a. Alexander's Crown Cabernet.

Sutter Home Napa; ★ Z 77 78 79 80 81 82 83 84 85 — Kleiner wiederbelebter Betrieb, gedeiht beträchtlich an seiner eigenen Erfindung, «weißem» Zinfandel, einem süßen Rosé (1 Mio Kisten im Jahr).

Swan, J. Sonoma; ★★ Z 74 76 77 78 80 81 82 83 84 85 PN 85 — Einmannbetrieb mit gutem Namen für vollen Zinfandel, Chard. und P. Noir.

Taft Street Sonoma ★★ → ★★★ CH 84 85 86 87 — Nach anfänglicher Mittelmäßigkeit jetzt gute Leistungwen mit Chardonnay vom Russian River.

Trefethen Napa; ★★ → ★★★ CH 80 81 82 83 84 85 86 CS 74 75 76 77 78 79 80 81 82 83 84 — Kleiner Familienbetrieb im schönsten alten Holzhaus des Napatals. Sehr guter trockener Riesling, Cabernet, P. Noir, strenger Chardonnay (braucht längere Reifezeit) und ein beachtlicher, preiswerter Verschnitt, Eshcol. Versuche mit längerer Lagerung zeigen schönes Potential.

Tudal Napa; ★★ — Kleines, 1979 gegründetes Weingut, nördlich von St. Helena. Vorzüglicher, haltbarer, dunkler Cabernet.

Tulocay Napa; ★★ CS 80 81 82 83 84 — Winziger neuer Betrieb in Napa City. Fein ausgebauter Pinot Noir und Cabernet.

Ventana Central Coast/Monterey; ★★ CH 83 84 85 86 87 — Neu 1978 mit aromatischem Pinot Blanc und Chardonnay.

Vichon Winery Napa; ★★ → ★★★ CH 83 84 85 86 CS 77 78 79 80 81 82 83 84 85 — Gegr. 1980; originell und ehrgeizig. Feiner Chard. sowie Sauvignon/Sémillon-Verschnitt (50:50) «Chevrignon Blanc». Vielversprechende Cabernets. 1985 von Robert Mondavi übernommen.

Villa Mount Eden Napa; ★★★ CH 83 84 85 86 CS 77 78 79 80 81 82 — Kleiner Besitz in Oakville mit vorzüglichem trockenem Chenin Blanc, gutem Chardonnay und hervorragendem Cabernet. 1986 von Ch. Ste. Michelle übernommen.

Weibel Central Coast und Mendocino; ★ → ★★ — Älterer mittelgroßer Betrieb, preiswert in seiner Klasse. Spezialität: Schaumwein mit eigenem Etikett.

Wente Livermore und Central Coast; ★ → ★★★ CH 84 85 86 — Bedeutender historischer Spezialist in Weißweinen nach Bordeaux-Art. Die 4. Familiengeneration hat die Dynamik bewahrt. Chardonnay, Sauvignon Blanc und Riesling sind sämtliche erfolgreich; der Arroyo Secco Chard. ist sehr gut. Jetzt auch Schaumwein.

Whitehall Lane Napa; ★★ — Kleiner Erzeuger in St. Helena mit beachtenswertem frischem und lebendigem P. Noir.

White Oak Sonoma; (★★) — Kleine Kellerei in Healdsburg, verarbeitet Chard., Sauv. Blanc und Chenin Blanc aus dem Anderson Valley zu vollen, reifen Weinen. Jetzt auch Cab.

Wild Horse Winery San Luis Obispo ★★ — Kleiner, junger Betrieb bei Paso Robles; bezieht Trauben aus Santa Barbara. Eindrucksvoller Pino Noir.

William Wheeler Winery Sonoma; ★★ CH 86 CS 82 83 84 — Junger Familienbetrieb im Dry Creek Valley. Schwerer Cabernet, guter Sauvignon Bl., beachtenswerter Chardonnay.

Zaca Mesa Central Coast/Santa Barbara; ★★ CH 81 82 83 84 85 86 CS 79 80 81 82 83 84 — Santa-Ynez-Pionier, sehr erfolgreich mit Chardonnay und Riesling. Jetzt mit P. Noir auf dem Weg zu neuen Höhen.

ZD Wines Napa; ★★ CH 83 84 85 86 87 CS 79 80 81 82 83 84 — Sehr kleiner Betrieb (wechselte von Sonoma nach Rutherford) mit gutem Namen für wuchtigen Pinot Noir und Chardonnay.

Alkoholgehalt des Weins

Das Alkoholpotential der Weine variiert sehr stark. Ein wirklich schwerer Wein wie etwa Châteauneuf-du-Pape, Château d'Yquem oder Spätlese-Zinfandel enthält meist doppelt soviel Alkohol wie ein sehr leichter deutscher Wein: vielleicht 16 % im Vergleich zu 8 %. Es ist der Alkohol, der uns einen Wein als «körperreich» empfinden läßt, wobei er aber durch Geschmackselemente, Zucker, Säuregehalt, Tannin und verschiedenartige Extrakte ausgeglichen sein muß. Ohne begleitendes reiches Bukett würde er zu hitzig und ungefällig schmecken.

Typische Alkoholstärken, im Labor durch Analysen kommerzieller Muster ermittelt (Volumen-%):

Deutscher Tafelwein 8–11	*Montrachet 12,6*
Deutscher Kabinett 8–9	*California Zinfandel 12–16*
Deutsche Auslese 10–10,5	*California Chardonnay*
Deutsche Beerenauslese	*10,5–13,5*
12,8–14	*California Cabernet 11,44*
Französischer Tafelwein 9–12	*Australischer Cabernet/*
Roter Bordeaux 10,5–13	*Shiraz 13,8*
Bordeaux Cru Classé 11–12	*Barolo 12–14*
Beaujolais-Villages 10–10,5	*Chianti 12–13*
Muscadet 12	*Valpolicella 11,7*
Elsässer Riesling 10,5–11,5	*Rioja Reserva 12,5*
Chablis Premier Cru	*Sauternes 12–15*
10,5–12,7	*Château d'Yquem 13,5–16*
Beaune 11–14	*Fino Sherry 18–20*
Chambertin 12,4	*Oloroso Sherry 18–20*
Châteauneuf-du-Pape	*Jahrgangs-Port 19–20*
12,6+	*Madeira 17–19*

Der pazifische Nordwesten

Die Staaten Washington, Oregon und Idaho verfügen inzwischen über etwa 6500 ha Anbaufläche und mehr als 100 Weinbaubetriebe.

Oregons Rebberge sind vorwiegend im kühl-gemäßigten Willamette-Tal und dem wärmeren Umpqua-Tal zwischen der Küste und dem Gebirge der Cascades beheimatet. Diejenigen von Washington und Idaho liegen zur Hauptsache östlich der Cascades in den halbtrockenen Gebieten des Yakima-Tals und des Columbia-Beckens, wo die Tage heiß, die Nächte hingegen kalt sind. In Oregon gezogene Weine zeichnen sich eher durch feine Art, in Washington gewachsene durch intensiveres Aroma aus. Den einzelnen Weinbaubetrieben läßt sich jedoch mit wenigen Ausnahmen nur schwer ein eigener Charakter beilegen. In Oregon überwiegen kleine Betriebe, die sich erst noch bewähren müssen. Auch sind die Jahrgänge ebenso unterschiedlich wie z. B. in Burgund, und der von dort stammende Pinot Noir ist Oregons meistgerühmte Rebe. Das Handelshaus Drouhin aus Burgund hat durch Landkauf diesen Ruhm bekräftigt. Doch bleibt der Weißwein in der Mehrheit, wobei ein starkes Überangebot die finanziellen Grundlagen des Weinbaus im Nordwesten bedroht. Der vorzügliche Riesling ist ganz aus der Mode (und deshalb überaus preiswert). Die wichtigsten Weinbaubetriebe:

Adelsheim Vineyards Willamette, Oregon. Kleiner Betrieb; vielversprechender Pinot Noir, eichenholzduftiger Chardonnay, frischer Pinot Gris.

Alpine Vineyards Willamette, Oregon. Junges, kleines Weingut mit Glanzpunkten, z. B. Pinot Noir, Riesling.

Amity Vineyards Willamette, Oregon. 1976 gegründeter Betrieb (28 ha). Unterschiedliche Qualität: Am besten ist der Pinot Noir.

Arbor Crest Spokane, Washington. Aufstrebender, aussichtsreicher Neuling. Erste Chard. und Sauv. Blanc sehr gut. Auch vielversprechende, jedoch unberechenbare Rotweine.

Bethel Heights bei Salem, Oregon. Hochgelobter neuer Betrieb (1985), besonders mit Pinot Noir. Im Besitz von Bonny Doon (s. Kalif.).

Champs de Brionne George, Washington. Neuer Betrieb mit gutem Start in Weißweinen.

Château Benoit Oregon. Weingut mit sauberem Müller-Thurgau, Chardonnay und P. Noir. Ein neuer Kellermeister aus Chablis bringt nun auch Schaumwein heraus.

Château Ste. Chapelle Caldwell, Idaho. Erster Weinbaubetrieb in Idaho, bei Boise. Chardonnay und Riesling mit ungewöhnlich intensivem Aroma bei schöner Ausgeglichenheit. Inzwischen fest eingeführt.

Château Ste. Michelle Seattle, Columbia und Yakima Valley, Washington. Größter Betrieb im Nordwesten (550 000

Kisten), arbeitet inzwischen getrennt von Columbia Crest (siehe dort). Kellereien in Grandview und Woodinville bieten reiche Auswahl, u. a. sehr guten Cabernet, Sémillon, Chardonnay, Merlot und Schaumwein. Zweitetikett: Farron Ridge

Columbia Cellars (früher Associated Vintners) Washington. Ein Pionierbetrieb in Washington und noch immer führend (Redmond bei Seattle). Cabernet, Riesling, trockener, herzhafter Gewürztraminer und bes. Sémillon sind erfolgreich und preiswert. Jetzt auch guter Chardonnay.

Columbia Crest Washington. Das Etikett wird von Château Ste. Michelle für eine Reihe von Verschnitten aus River Run, der neuesten und größten Kellerei der Gruppe im Columbia River Valley, benutzt. Guter, delikat fruchtiger Chardonnay.

Covey Run (früher Quail Run) Yakima, Washington. Bewunderungswürdige Weißweine, u. a. Aligoté. Die Rotweine sind überstark in Alkohol und Aroma.

Elk Cove Vineyards Willamette, Oregon. Sehr kleiner Betrieb (gegr. 1977). Guter Chardonnay und Riesling aus Einzellagen. Unbeständiger Pinot Noir.

The Eyrie Vineyards Willamette, Oregon. 1965 gegründeter Betrieb mit burgundischen Vorbildern. Der berühmteste und am beständigsten gute Pinot Noir aus Oregon sowie Chard. mit starkem Eichenholzaroma. Auch Pinot Gris und trockener Muscat.

Hillcrest Vineyard Umpqua Valley, Oregon. 1961 gegründeter Betrieb in wärmerer Lage. Ungleiche Resultate. Am besten ist der Cabernet.

Hogue Cellars Yakima, Washington. Expandierender junger Betrieb mit sehr guten, fast trockenen Weißweinen, v. a. Riesling, Chenin Blanc, Sauv. Blanc und kräftiger Chardonnay. Seit 1983 stilvoller Cabernet und Merlot. Führend in der Region.

Kiona Vineyards Yakima Valley, Washington. Kleine Kellerei mit Weinbergen bei Benton City, hat mit Riesling und Chard. auf sich aufmerksam gemacht.

Knudsen Erath Willamette, Oregon. Zweitgrößter Weinbaubetrieb in Oregon mit verläßlichem gutem Pinot Noir, v. a. Vintage Select. Preiswerter herber Chardonnay.

F. W. Langguth Winery Yakima, Washington. Winzer von der Mosel, sehr erfolgreich mit Riesling nach deutscher Art, v. a. Spätlesen. Inzwischen in Besitz von Snoqualmie.

Latah Creek Spokane, Washington. Neuer Erzeuger von fast trockenen jungen Weißweinen, v. a. Chenin Bl., Riesling, Sauvignon Bl.

Mercer Ranch Columbia Valley, Washington. Neuer Betrieb mit ausgezeichnetem Cabernet sowie ungewöhnlichem Limberger aus bewährten Lagen.

Oak Knoll Willamette, Oregon. Obstweinspezialist, auch Erzeuger anständiger Rotweine, v. a. Pinot Noir (rot und weiß).

Preston Wine Cellars Yakima Valley, Washington. Altes Weingut mit sauberen bis sehr guten Weinen in reicher Auswahl.

Rex Hill Yamhill City, Oregon. Solide finanzierter Versuch, in die Pinot-Noir-Spitzenklasse mit Einzellagen und Reserve-Weinen einzudringen. Auch Riesling. Schöne neue Kellerei.

Saddle Mountain Zuerst von F. W. Langguth benutztes Zweitetikett.

Shafer Vineyard Cellars Willamette, Oregon. Kleiner, gewissenhafter Pinot-Noir-Spezialbetrieb. Der weiße Pinot Noir ist vielleicht der beste in Oregon; der Chardonnay ist es bestimmt.

Snoqualmie Yakima Valley, Washington. Nach finanzieller Neuordnung ein Wiederbeginn in 1988. Die Aussichten sind offenbar gut.

Sokol Blosser Vineyards Willamette, Oregon. Größter Weinbaubetrieb Oregons mit reichem Sortiment, u. a. Chardonnay (v. a. «Yamhill County»), Sauvignon Blanc, Merlot und (leicht süßer) Riesling. Der Pinot Noir ist regelmäßig am besten.

Station Hills Yakima Valley, Washington. Zuverlässige, gelegentlich hervorragende Quelle für angenehme, leicht liebliche Weißweine.

Stewart Vineyards Yakima, Washington. Neues Weingut bei Sunnyside. Die ersten Weißweine beeindrucken sehr.

Paul Thomas Seattle, Washington. Frühere Obstweinkellerei bei Seattle, bringt jetzt sehr gute sortenreine Weine (v. a. Chardonnay) hervor. Die Rotweine sind vielversprechend.

Tualatin Vineyards Willamette, Oregon. Drittgrößter Betrieb in Oregon. Hauptsächlich Weißwein mit Schwerpunkt auf Chard. und Pinot Noir (rot und weiß). Trauben aus eigenem Anbau und aus Washington. Unterschiedliche Qualität.

Woodward Canyon Walla Walla, Washington. Neuer Weinbaubereich, kleine Kellerei mit erstem stilvollem Semillon und Cabernet.

Yamhill Valley Oregon. Die ersten bei Sokol Blosser bereiteten Weine waren gut. Eigener Weinbergbesitz soll nun weitere Erfolge bringen.

Texas

In den letzten Jahren hat sich in Texas der Weinbau recht geräuschvoll neu etabliert. Offenbar hat er das Stadium der Experimente schon hinter sich gebracht und kann mit passablen Weinen aufwarten, doch kann bisher nur auf gutes Potential geschlossen werden.

Der größte Weinbaubetrieb ist Ste. Genevieve in Fort Stockton, aber auch er leidet unter Geldproblemen. Weine: Sauvignon Bl., Chenin Bl., French Colombard.

Dennoch kommen mit 450 aktiven Anbauern und 25 Kellereien die Weine aus Texas langsam in Form. Llano Estacado ist mit 88 ha bei Lubbock weiterhin der führende Betrieb. Pheasant Ridge ist dagegen viel kleiner, hat aber schon guten Chardonnay und Sémillon hervorgebracht. Fall Creek, nördlich von Austin, hat mit einem sehr guten Carnelian den ersten interessanten Rotwein aus Texas geschaffen. Auf den Fersen dieser Spitzenreiter folgen Oberhellman, Taysha (v. a. Gewürztraminer) und Slaughter-Leftwich. Die Produktion ist mit 220 000 Kisten jährlich noch relativ klein, aber wächst rasch.

Missouri verfügt über einen kleinen, aber schon traditionsreichen Weinbau bei Augusta. Dort erzeugt Mount Pleasant Vineyards sehr gute Weißweine, bes. von Seyval Blanc. Hoher Säuregehalt verleiht ihnen Haltbarkeit — etwa fünf Jahre.
Virginia Rasche Erfolge mit nicht zu fülligen, frisch-würzigen Chardonnays und Rieslingen haben dem Weinbau in Virginia genügend Selbstvertrauen gegeben, so daß nun mit noch weiteren europäischen Rebsorten neues Land erschlossen wird. Chardonnay und Riesling bleiben jedoch die Favoriten; Barboursville Vineyards und Meredith Vineyards halten hier die Spitze. Weiter im Norden um Charlotteville liegt der Schwerpunkt auf den roten Bordeaux-Trauben; als Wegbereiter fungiert hierbei Mountdomaine Cellars.

Der Norden und der Osten

New York und seine Nachbarstaaten Ohio und Ontario bauen traditionsgemäß ihren Wein mit Trauben einheimischer Abstammung. Die amerikanischen Trauben haben einen Beigeschmack, der als «fuchsig» bezeichnet wird, einen Geschmack, an den sich viele Amerikaner gewöhnt haben. Der Trend geht aber stetig zu Hybriden zwischen amerikanischen und europäischen Traubensorten, die diesen aufdringlichen Beigeschmack nur wenig oder gar nicht haben, und immer mehr auch zu den echten europäischen Rebsorten. Neuere Weine im europäischen Stil aus alten und jungen Bereichen (wie etwa Long Island) eröffnen beste Zukunftsaussichten. Chardonnay und Riesling erweisen sich schon als ausgezeichnet. Das folgende Verzeichnis enthält außer Weinbaubetrieben auch die Rebsorten.

Andres Der zweitgrößte Weinerzeuger Kanadas mit Betrieben in Ontario und British Columbia.
Aurora Eine der besten weißen französisch-amerikanischen Hybriden, in New York am verbreitetsten angebaut. Gut für Schaumweine.
Baco Noir Eine der besseren roten französisch-amerikanischen Hybriden. Hoher Säuregehalt, gibt aber guten, sauberen, dunklen Wein.
Banfi 22 ha Chardonnay bei Old Brookville auf Long Island. Der erste Wein kam 1986 heraus. Sehr günstiger Gesamteindruck.

Benmarl Hochangesehener und expandierender Erzeugerbetrieb in Marlboro am Hudson River. Hauptsächlich Weine
aus französisch-amerikanischen Hybriden (z. B. Seyval Blanc),
aber auch vorzüglicher Chardonnay.

Bridgehampton Wine Co. Sehr kleines Gut auf Long Island.
Riesling und Chardonnay.

Brights Größter kanadischer Weinbaubetrieb in Ontario,
baute früher nur amerikanische Trauben an, stellt sich jetzt
aber auf französisch-amerikanische Hybriden um und experi-
mentiert mit europäischen Reben. Der Baco Noir ist ein sauberer Rotwein, der Chardonnay ist stahlig und der Aligoté gefällig. Jetzt auch Besitz in British Columbia.

Bully Hill 1970 gegründeter Betrieb an den Finger Lakes. Baut
amerikanische Reben und Hybriden an und erzeugt daraus
Sortenweine.

Byrd Vineyards Betrieb in Maryland mit haltbarem Cabernet.

Canandaigua Wine Co. Bedeutender Erzeuger im Osten;
1986 Übernahme von Widmers. Auch in Kalifornien.

Catawba Eine der ersten amerikanischen Traubensorten,
heute noch die zweitverbreitetste. Flacher Rotwein mit Fuchsgeschmack. Wird zu süßen und Schaumweinen verarbeitet.

Château des Charmes Kleinerer Betrieb in Ontario, hat gute
Erfolge mit Chard., P. Noir, Gamay und Riesling.

Château Gai Großer kanadischer Weinbaubetrieb (Ontario),
baut europäische und Hybridsorten an, u. a. leichten Chard.,
Gamay, Merlot.

Chautauqua Größter Anbaubereich im Osten, entlang der
Südküste des Eriesees von New York bis Ohio; 8000 ha.

Chelois Beliebte rote Hybride. Liefert trockenen Rotwein von
einiger Fülle mit leichtem Fuchsgeschmack.

Concord Die erztypische amerikanische Traube, dunkelrot,
streng fuchsig, liefert gute Traubenkonfitüre, aber gräßlichen
Wein. Bei weitem die in New York am meisten angepflanzte
Sorte (9200 ha).

De Chaunac In Kanada ebenso wie in New York beliebte
gute rote französisch-amerikanische Hybride. Körperreicher
dunkler Wein.

Delaware Alt amerikanische Weißweintraube, liefert gefälligen, nur leicht fuchsigen, trockenen Wein. Wird zu «Champagne» und Stillwein verarbeitet.

Finger Lakes Über ein Jahrhundert altes Weinbaugebiet im
Norden des Staats New York, am bekanntesten durch seinen
Schaumwein («Champagne»). Das Zentrum ist Hammonds-
port.

Finger Lakes Wine Cellars Junger Weinbaubetrieb mit gutem Chardonnay und v. a. Riesling.

Firelands Cabernet von der St-George-Insel im Erie-See
(Ohio).

Glenora Wine Cellars Neuer Betrieb an den Finger Lakes.
Großer Erfolg mit Riesling und Chard.

Gold Seal Einer der größten und besten Weinbaubetriebe im
Staat New York. Marken: Charles Fournier und Henri Marchant. In letzter Zeit sind hervorragende preisgekrönte Chardonnays entstanden.

Great Western Markenname für Schaumwein der Pleasant Valley Wine Co., einen der besten Sekte von New York.

Hargrave Vineyard Richtunggebender Weinbaubetrieb legt in North Fork, Long Island, NY, große neue Weinberge an. Gut eingeführter Chardonnay und Pinot Noir.

Henri Marchant Marke der Gold Seal Winery für hauptsächlich traditionelle amerikanische Weine.

Heron Hill Vineyards Kleines Gut an den Finger Lakes mit anständigem Riesling, Chardonnay, Seyval Blanc.

Inniskillin Kanadischer Weinbaubetrieb (gegr. 1974) in Niagara mit Weinen von europäischen und Hybridreben, u. a. guter Maréchal Foch und Chardonnay, führend in Qualität.

Lake Niagara Markenname von Widmers.

Maréchal Foch Brauchbare rote französische Hybride zwischen Pinot Noir und Gamay.

Marrko Kleiner Betrieb in Ohio mit butterigem Chardonnay.

Die Reblaus ist ein Insekt, das von den Wurzeln der Weinrebe lebt. Als sie in den 60er Jahren des vorigen Jahrhunderts von Nordamerika nach Europa eingeschleppt wurde, löste das eine internationale Katastrophe aus. Fast der gesamte Rebenbestand des Kontinents wurde vernichtet, ehe man entdeckte, daß die einheimische amerikanische Rebe gegen Reblausbefall immun ist. Die einzige Abhilfe bestand darin, daß man europäische Reben auf amerikanische Rebstöcke aufpfropfte. Heute sind praktisch alle Weingärten Europas mit so gepfropften Reben bepflanzt. Ob nun der heutige Wein noch so gut ist wie in den Tagen vor dem Einfall der Reblaus, ist eine Lieblingsstreitfrage unter Weinliebhabern der alten Schule.

Niagara Alte amerikanische weiße Traube für süßen Wein. Stark fuchsig.

Pindar Vineyards Ansehnlicher junger Betrieb auf North Fork, Long Island; guter Erfolg mit Riesling.

Pleasant Valley Wine Co. Berühmter alter Weinbaubetrieb in Hammondsport, Finger Lakes, im Besitz von Taylor's, Marke Great Western.

Seibel Berühmter französischer Hybridenzüchter, der viele erfolgreiche französisch-amerikanische Kreuzungen herausgebracht hat. Sie wurden ursprünglich mit Nummern bezeichnet und erhielten später Namen wie Aurora, De Chaunac, Chelois.

Seyve-Villard Bekannter französischer Hybridenzüchter. Seine beste Züchtung mit der Nr. 5276 und dem Namen Seyval Blanc ist mit ihrem sauberen, aromatischen, schön säurehaltigen Wein die erfolgreichste ihrer Art.

Taylor's Größte Weinfirma der Oststaaten im Bereich Finger Lakes. Marken: Great Western und Lake Country. Weine meist aus einheimischen amerikanischen Sorten. Auch in Kalifornien. 1987 Besitzerwechsel.

Vinifera Wines Weinbaubetrieb von Dr. Konstantin Frank (†) dem Pionier, im Anbau europäischer Reben, z. B. Riesling, Chardonnay und Pinot Noir, im Bereich Finger Lakes. Einige vorzügliche Weine.

Wagner Vineyards Ausgezeichneter Chard. sowie Gewürz. und Aurora von den Finger Lakes.

Widmers Großer Weinbaubetrieb im Bereich der Finger Lakes mit Weinen aus einheimischen amerikanischen Sorten. Jetzt auch guter Riesling.

Wiemer, Herman J. Kreativer, wagemutiger deutscher Winzer an den Finger Lakes. Feine Rieslinge; sehr guter Chardonnay wird im Eichenfaß vergoren.

Woodbury Vineyards Betrieb in Chautauqua mit Chardonnay, Riesling und Pinot Noir.

Südamerika

ARGENTINIEN Argentinien ist das fünftgrößte Weinerzeugerland der Welt. Was es hervorbringt, wird fast alles dankbar und unkritisch in Südamerika getrunken. Doch nun ist einiges in Bewegung geraten. In der Provinz Mendoza liegen in den Ausläufern der Anden in etwa 600 m Höhe hochwertige Weinberge, die allerdings nicht ohne Bewässerung auskommen. San Raphael, 210 km südlich von Mendoza City, ist das Zentrum einer etwas kühleren Gegend. San Juan, mehr im Norden, ist viel heißer und spezialisiert sich in Sherry und Brandy. Auch aus Salta im Norden und Rio Negro im Süden kommen interessante Weine.

Bianchi, Bodegas Sehr bekannter Produzent von feinen Weinen in San Rafael. In der Hand von Seagrams. «Don Valentin» und Bianchi Borgoña sind Bestseller. «Particular» ist der Spitzen-Cabernet.

Canale, Bodegas Rühriger Betrieb im Tal des Rio Negro mit gutem Cabernet und Sémillon.

Crillon, Bodegas 1972 erbautes Weingut, das Seagram gehört und nur Schaumweine nach der Tankmethode herstellt.

Esmeralda Erzeuger eines guten Cabernet und Chard., St. Felician, in Mendoza.

Etchart Betrieb in Salta mit typischem, würzigem, aber trockenem Torrontes-Weißwein (Goldmedaille in Bordeaux 1987) und einer gediegenen Auswahl an Rotweinen aus Salta und Mendoza.

Flichman, Bodegas Altes Unternehmen in Mendoza, jetzt im Besitz einer Bank. Spitzenmarke «Caballero de la Cepa» (Weiß- und Rotwein), ferner Syrah, Merlot und Schaumwein.

Giol Die riesige staatliche Kooperative der Provinz Maipu. Hauptsächlich Massenwein. Die beste Sorte heißt «Canciller».

Goyenechea, Bodegas Baskischer Familienbetrieb in San Rafael, der Weine im alten Stil produziert, u. a. Aberdeen-Angus-Rotwein.

La Rural, Bodegas («San Felipe») Familienbetriebenes Weingut in Coquimbito (Mendoza). Stellt einige der besten Riesling- und Gewürztraminer-Weißweine Argentiniens her sowie gute Rotweine. Hat auch ein hübsches Weinmuseum.

Lopez, Bodegas Familienbetrieb, der am besten bekannt ist für seinen Rot- und Weißwein «Château Montchenot» und den «Château Vieux» Cabernet.

Luigi Bosca, Bodegas Kleiner Betrieb in Mendoza mit ausgezeichnetem Malbec und Sauvignon Blanc.

Nacari, Bodegas Kleiner La Rioja-Weinbaubetrieb. Sein Torrontés-Weißwein hat auf der Vinexpo 1987 in Bordeaux eine Goldmedaille und einen Oscar gewonnen.

Norton, Bodegas Alte, ursprüngliche englische Firma. Die Rotweine sind am besten, v. a. der Malbec. Die Spitzenmarke heißt «Perdriel». Auch gute Schaumweine.

Orfila, José Alteingesessene Bodega in St. Martin, Mendoza. Spitzenweine für den Export sind Cautivo, Cabernet und weißer Extra Dry (Pinot Blanc).

Peñaflor Das größte Weinunternehmen Argentiniens und — wie es heißt — das zweitgrößte der Welt. Massenweine, daneben aber auch mit die feinsten argentinischen Spitzenweine, u. a. Trapiche (bes. «Medalla»), Andean Vineyards, Fond de Cave Chardonnay und Cabernet. Für den Export ist ein achtbarer Sherry «Tio Quinto» bestimmt.

H. Piper Schaumweinherstellung in Lizenz des Champagner-Hauses Piper-Heidsieck; Konkurrenz zu Proviar.

Proviar, Bodega Erzeuger von «Baron B.» und «M. Chandon» — Schaumwein unter Aufsicht von Moët und Chandon. Außerdem auch stille Rot- und Weißweine, u. a. der sehr gute Castel Chandon, der nicht so aufregende Kleinburg, Wunderwein (weiß) und die eleganten, süffigen Comte de Valmont, Beltour und Clos du Moulin (rot).

San Telmo Moderner Weinbaubetrieb mit fast kalifornischer Atmosphäre; hervorragender, frischer, vollmundiger Chard., Merlot, Cabernet und bes. Malbec.

Santa Ana, Bodegas Kleiner, alteingesessener Familienbetrieb in Guaymallen, Mendoza. Breite Palette verschiedenster Sorten, u. a. guter Syrah Val Semina.

Suter, Bodegas Von Schweizern gegründete Firma im Besitz von Seagram. Der Bestseller ist der weiße «Etiqueta Marron», der rote «Etiqueta Blanca» ist ebenfalls gut.

Toso, Pascual Altes Mendoza-Weingut in San José, bereitet einen der besten Rotweine Argentiniens, den Cabernet Toso. Ebenfalls Riesling und Schaumweine.

Trapiche Siehe Peñaflor.

Weinert, Bodegas Kleiner Betrieb mit kräftigen Rotweinen nach alter Art (an der Spitze der gute Cab./Merlot Malbec «Cavas de Weinert») und vielversprechendem Sauv. Blanc.

CHILE Die natürlichen Bedingungen in Zentralchile, südlich von Santiago, sind für den Weinbau ideal. Aufgrund der seit Jahrzehnten schwierigen politischen Verhältnisse konnten aber die vorhandenen Möglichkeiten in den letzten vier Jahren gerade erst ein wenig genutzt werden. Die chilenischen Cabernets mit ihrem wuchtigen Aroma stehen an der Spitze und werden sicher einmal Weltruhm erlangen. Andere Rebsorten lassen ebenfalls Gutes erwarten. Mit neuen Eichenfässern kündigt sich eine wesentliche Qualitätsverbesserung an. Die bedeutendsten Bodegas («Viñas») mit Weinexport aus Chile sind:

Canepa, José Chiles modernste und größte Bodega, verarbeitet Weine aus verschiedenen Gegenden. Sehr guter, frischer und fruchtiger Cabernet aus Lontué, Curico, 160 km südlich; neuerdings besonders guter Chardonnay, Riesling und Sauvignon Blanc, ferner Sémillon, süßer Muskateller.

Concha y Toro Die größte und weitblickendste Weinfirma mit mehreren Bodegas und 1000 ha im Maipotal. Bemerkenswerter dunkler und tiefer Cabernet, Merlot, Verdot. Marken: St. Emiliana, Marques de Casa Concha, Casillero del Diablo. Chardonnay und Sauv. Blanc setzen sich allmählich durch.

Cousiño Macul Feines und schönes altes Weingut bei Santiago. Sehr trockener Sémillon und Chardonnay. Leichter Rotwein Don Luis; dunkler und gerbstoffreicher Don Matias; beides gute Cabernets. Antiguas Reservas (**81**) heißt der Spitzen-Cabernet für den Export.

Errazuriz Panquehue Historisches Gut im Aconcagua-Tal nördlich von Santiago mit überaus vollmundigen Weinen, v. a. Cabernet.

Los Vascos Familienbetrieb in der Provinz Colchagua (160 ha); erzeugt seit 1983 einen der besten Cabernets Chiles (**84, 85**). Der Einfluß von Bordeaux und Kalifornien ist unverkennbar. Ferner stilvoller Sauv./Sém. Eine Verbindung mit Château Lafite-Rothschild machte 1988 Schlagzeilen.

San Pedro Seit langem in Lontué, Curico, ansässig. Zweitgrößter Exporteur mit einer Reihe guter Weine; die Bestseller heißen Gatto Negro und Gatto Blanco. Llave de Oro ist ein guter, Castillo de Molina der beste Cabernet. Ferner ein würziger Rosé Amigo. Zweitetikett Santa Helena.

Santa Carolina Schöne alte Bodega in Santiago mit «Reserva de Familia»-Weinen im alten Stil und noch besseren «Ochagavia»-Weinen.

Santa Rita Alteingesessene Bodega im Maipotal südlich Santiago. Der 84er Cabernet Marke «120» hat sich in Europa und den USA einen Namen gemacht. Auch der Standard-Cab. ist sehr gut.

Torres, Miguel Neuer Betrieb eines alteingesessenen katalonischen Familienunternehmens (siehe Spanien) in Lontué. Guter Sauv. (faßgereifter «Bellaterra») und Chard., sehr guter Riesling. Der Cabernet ist eleganter als in Chile sonst üblich und hält sich gut.

Undurraga Berühmter Familienbetrieb, nahm als einer der ersten den Export nach den USA auf. Weine alten und modernen Stils: guter, sauberer Sauvignon Blanc und nach Eichenholz schmeckender gelber «Viejo Roble».

Viña Linderos Kleiner Familienbetrieb im Maipotal. Exportiert guten, körperreichen Cabernet, dem längere Flaschenlagerung gut bekommt.

BRASILIEN Internationale Investitionen, insbesondere in Rio Grande do Sul, erregen großes Aufsehen. Der Export kommt in Gang.

PERU

Viña Tacama exportiert Sauvignon Blanc und Schaumwein in vielversprechender Qualität.

Asien und Nordafrika

Algerien Die umfangreiche Rebfläche Algeriens ist in den letzten zehn Jahren von 344 000 auf unter 200 000 ha zusammengeschmolzen. Bessere Rot-, Rosé- und Weißweine werden in den Küstenbergen um Tlemcen, Mascara, Haut-Dahra, Zaccar und Ain-Bessem erzeugt. Der größte Teil wird für Verschnitte verwendet (zum großen Teil für die UdSSR).

China Deutsche und Russen legten zu Anfang des 19. Jahrhunderts den Grundstein für den Weinbau auf der Halbinsel Shantung (heute Shandong). Seit 1980 bringt der moderne, von Rémy Martin eingerichtete Weinbau die ordentlichen Weißweine Dynasty und Tsingtao hervor; und aufwendigere Neuanlagen in Shandong und weiter nördlich in Tianjin eröffnen interessante Aussichten. Tafelweine entstehen aus der Lokalsorte «Drachenauge» sowie aus der Muscat Hamburg (v. a. In Tianjin). In Quingdao ist dem Welschriesling der Chardonnay gefolgt, und die Hua-Dong-Kellerei hat 1985 Versuchspflanzungen mit vielen Rebsorten angelegt.

Indien 1985 brachte eine französisch-indische Firma in Narayangoan, südöstlich von Bombay, einen Schaumwein «Royal Mousseux» heraus, von dem bis zu 2 Millionen Flaschen exportiert werden sollen. Er zeigt beachtliche Qualität.

Israel Seit dem Wiederaufbau des Gewerbezweiges in den 1880er Jahren durch einen Rothschild handelte es sich beim israelischen Wein meist um koschere Produkte, bis vor kurzem Cabernet, Sauvignon Blanc, Semillon, Petite Sirah und Grenache in ordentlicher Qualität herauskamen. Die bedeutendste Marke ist Carmel. Seit 1986 setzen Yarden-Weine aus den Golan-Höhen weit höhere Maßstäbe, v. a. bei Sauvignon Blanc.

Japan Japan verfügt über einen kleinen Weinbau in der Präfektur Yamanashi, westlich von Tokio. Viele Weine sind mit Importen aus Argentinien, Osteuropa usw. verschnitten. Die besseren Weine aus der Sémillon-, der Chardonnay-, der Cabernet- und der lokalen weißen Traube, Koshu, sind leicht, manchmal gut, aber teuer. Vielleicht am interessantesten und teuersten ist der Sauternes-ähnliche Château Lion von Suntory. Die Spitze bildet Château Lumière mit Chardonnay, Cabernet usw. in hoher Qualität. Die wichtigsten Erzeuger sind: Suntory, Mercian, Mann's. 1985 wurde entdeckt, daß eine bedeutende Firma gepanschten österreichischen Wein als japanischen verkaufte. Leider sind die japanischen Etikettierungsbestimmungen so großzügig, daß die Verwechslung importierter Weine mit echt japanischen eher die Regel als die Ausnahme bildet. Inzwischen mehren sich die Anzeichen für ein sachgerechtes Verhalten, doch bei den Etiketten gibt es noch viel Verwirrendes.

Libanon Der kleine libanesische Weinbau in der Gegend von Ksara, im Bekaa-Tal nordöstlich von Beirut, liefert Rotwein mit echtem Gehalt und guter Qualität. Château Musar (★★★) bringt großartig gereiften Rotwein, zur Hauptsache aus Cabernet-Sauvignon-Trauben, hervor; außerdem einen vollblütigen Weißwein und neuerdings einen leichteren Rotwein «Tradition» aus 75 % Cinsaut und 25 % Cabernet Sauvignon.

Marokko Der beste nordafrikanische Wein kommt heute aus Marokko von Weinbergen entlang der Atlantikküste und um

Meknes. In zehn Jahren ist die Rebfläche von 76 000 auf 22 000 ha zurückgegangen. Die besten Rotweine heißen Chante Bled und Tarik; Gris de Guerrouane ist ein sehr trockener blasser Rosé. In Marokko werden sie unter dem Namen Les Trois Domaines vertrieben.

Tunesien Die Rebfläche Tunesiens umfaßt heute 30 000 gegenüber 48 000 ha vor zehn Jahren. Spezialität des Landes ist süßer Muskateller; aus Carthage, Mornag und Cap Bon kommen anständige Rotweine und Rosés.

Türkei Der größte Teil der sehr großen türkischen Rebfläche produziert Tafeltrauben. Und doch sind die Weine aus Thrakien, Anatolien und von der Ägäis bemerkenswert gut. Trakya-Weißweine und anatolische Buzbag-Rotweine sind die bekannten Standardsorten der staatlichen Weinkellereien. Doluca und Kavaklidere sind Privatfirmen mit gutem Qualitätsstand. Roter Villa Doluca aus Thrakien ist sehr gut, der Buzbağ preiswert, manchmal etwas ländlich schlicht.

UdSSR Mit über 2,1 Millionen ha Rebfläche ist die UdSSR der viertgrößte Weinerzeuger der Welt — fast ausschließlich für den heimischen Verbrauch. Die Ukraine (mit der Krim) ist die größte Weinbau-Republik, gefolgt von der Moldau- und der Russischen Republik sowie Georgien. Der Sowjetverbraucher hat eine Vorliebe für das Süße sowohl beim Tafelwein als auch bei Dessertweinen, deren beste Vertreter von der Krim kommen (bes. Massandra). In der Moldau-Republik und der Ukraine werden dieselben Trauben angebaut wie in Rumänien, hinzu kommen Cabernet, Riesling, Pinot Gris usw. Die Russische Republik erzeugt die besten Rieslinge (insb. Arbau, Beshtau, Anapa) und süßen Tsimlanskoye («Champanski»). Georgien bringt mit alten Methoden extrem gerbstoffherbe Weine für den Inlandsmarkt und mit (relativ) modernen Techniken Verschnittweine für den Export hervor (z. B. Tsinandali, Mukuzani). Kakhetiá (Ost-Georgien) ist seit jeher berühmt für Rot- und Weißweine mit starkem Gerbstoffgehalt. Aus Imeretia (West-Georgien) kommen mildere, überaus originelle Weine. Wenn einmal das nötige Zubehör (z. B. gute Flaschen) zur Verfügung steht, wird Georgien auf dem Exportmarkt groß einschlagen. Georgischer Schaumwein ist sehr preiswert und süffig.

Australien

Es ist gut 20 Jahre her, seit die moderne Weintechnologie den 150 Jahre alten Weinbau Australiens revolutioniert hat, die Vorherrschaft gespriteter Weine beendete und die Bereitung von Tafelweinen feinster Qualität ermöglichte. Die traditionellen australischen Weine waren dicke, plumpe Shiraz-Rotweine oder weiße Semillons bzw. Rieslinge aus warmen, ja heißen Klimazonen. Eine allmähliche Verlagerung in kühlere Gegenden, zu Gärungs- und Reifeprozessen in neuen Holzfässern und zu edlen Traubensorten (in vorderster Linie Cabernet, Merlot, Pinot Noir, Chardonnay und Sauvignon Blanc) hat eine radikale Stiländerung gebracht, die keineswegs geradlinig verlaufen ist. Immerhin ist der Gehalt an Extrakt und Alkohol noch immer hoch, und die besten unter den Weinen Australiens haben großen Charakter und entwickeln sich im Alter zu prächtiger Fülle.

Der Export hat für Australien plötzlich große Bedeutung gewonnen und stieg in fünf Jahren von 8 auf über 40 Millionen Liter. Inzwischen gelangen australische Spitzenweine bis London und New York. Es ist aber nicht leicht, ihnen auf den Fersen zu bleiben. Heute tragen über 500 Weinbaubetriebe zur australischen Weinerzeugung bei. Die Etikettensprache ist weniger weitschweifig (aber auch weniger informativ) geworden, dafür wird der australische Verbraucher immer anspruchsvoller. Was an Information gegeben wird, ist verläßlich, und Auszeichnungen, die gegen scharfen Wettbewerb errungen wurden, bedeuten viel. In einem Land, das über keine amtlich festgelegten Qualitätsklassen verfügt, ist der Käufer für jede Hilfestellung dankbar.

Weinbaugebiete

Die hier verzeichneten Jahrgänge entsprechen den für Rotweine der betreffenden Gebiete als gut bis ausgezeichnet qualifizierten Jahrgängen. Vorzügliche neuere Jahrgänge sind mit einem Akzent gekennzeichnet, z. B. 82'.

Adelaide Hills S-Austr.; **84'** 85' 86' 87 88 — Unter der Führung von Petaluma entstanden viele neue Weingärten in sehr kühlen Lagen (450 m Höhe) in den Mount-Lofty-Bergen und kommen jetzt in Ertrag.

Adelaide Plains S-Austr.; 82 84' 86' 87 88' — Kleiner Bereich nördlich von Adelaide, früher als Angle Vale bekannt. Erzeuger u. a. Normans, Anglesey und Primo Estate.

Barossa S-Austr.; 66 75 76 80 81 84' 85 86' 87 88 — Der Bereich Australiens mit den bedeutendsten Kellereien, aber keinem eigenen Weinbau. Hier werden Trauben verschiedener Herkunft verarbeitet (aus der Umgebung, dem Murray-Valley, aus kühlen Regionen mit bester Qualität, z. B. den nahe gelegenen Bergen und dem weitentfernten Coonawarra). Der Stil der Weine ist entsprechend unterschiedlich.

Bendigo/Ballarat Vict.; 73 75 80' 82' 84 85 87 88 — Verstreute kleine Lagen bester Klasse; sie lassen die Glorie des vorigen Jahrhunderts neu erstehen. 14 Betriebe, u. a. Ch. le Amon, Balgownie, Heathate Winery und Passing Clouds.

Canberra District 15 Betriebe mit Direktverkauf an Ortsansässige und Touristen. Die Qualität ist so unterschiedlich wie der Stil.

Clare Watervale S-Austr.; 71' 75' 80' 82 84' 85 86' 87 88 — Kleiner Bereich mit guten Lagen, rund 150 Kilometer nördlich von Adelaide; am bekanntesten durch Riesling, aber auch Anbau von Shiraz und Cabernet. 17 Betriebe reichen bis in den Nachbarbezirk Polish Hill River hinein.

Coonawarra S-Austr.; 66 71 72 76' 77 79 80' 82' 84' 86 87 88 — Südlichster und größter Weinbaubereich Südaustraliens, seit langem für ausgeglichene Rotweine bekannt, neuerdings auch mit Riesling und Chardonnay erfolgreich. Viele Neugründungen, u. a. Hollicks, Haselgrove, Koppamurra, Ladbroke Grove, Zema Estate.

Geelong Vict.; 78 80' 82 84' 85 86 87 88 — Einst ein berühmter Bereich, durch die Reblaus vernichtet und in den 60er Jahren wiedererstanden. Ein sehr kühles, trockenes Klima bringt feste Tafelweine von erstklassigen Sorten hervor, u. a. Idyll, Hickinbotham.

Goulburn Valley Vict.; 68 71' 76 80' 82 84 86 87 88 — Alteingesessene (z. B. Ch. Tahbilk) und neue (z. B. Mitchelton) Betriebe in einer Gegend mit gemäßigtem Klima, erzeugen vollaromatische Tafelweine.

Granite Belt Qld.; 85 87' — Rasch wachsende, hochgelegene und relativ kühle Weinbauregion an der Grenze zu NSW mit 13 Weinbaubetrieben. Spezialitäten: würziger Shiraz und voller Sémillon/Chardonnay.

Great Western/Avoca Vict.; 78 80' 82' 84 85 86 87 — Bereiche mit kühlem bis gemäßigtem Klima im mittleren Westen des Staats; Avoca wird auch als Pyrenäen-Gegend bezeichnet. Beste Tafel- und Schaumweine. Jetzt 8 Betriebe, davon 6 neu.

Hunter Valley NSW; 66 67 73 75 79 80 82 83 85' 86' 87 — Der große Name in NSW. Tiefer, kräftiger, milder, erdiger Shiraz-Rotwein und weißer eigenständiger Sémillon. Neuerdings auch Cabernet und Chardonnay, bei viel Wandel im Charakter.

Keppoch Padthaway S.-Austr.; 76 79 80 82' 84' 85 86' 87 88 — Großes neues Anbaugebiet (keine Kellereien), das von großen Gesellschaften als Ableger von Coonawarra entwickelt wird. Kühles Klima und gutes Potential für gängige Rot- und Weißweine sowie Chardonnay/P.-Noir-Schaumweine.

Margaret River W.-Austr.; 73' 75 76 79' 81' 82' 83 85' 86' 88 — Neues Anbaugebiet mit kühlem Klima, 280 km südl. von Perth, liefert superb elegante Weine. 20 bereits tätige Betriebe; weitere sind geplant.

Mornington Peninsula Vic.; **84'** 86' 87 — 17 kommerzielle Kellereien in Puppenhausgröße mit anspruchsvollen Weinen aus einer kühlen Küstengegend 40 km südl. von Melbourne. 45 Erzeuger mit zusammen 104 ha, v. a. Elgee Park, Merricks.

Mount Barker/Frankland River W.-Austr.; 80 81' 82 83 85 86 88 — Vielversprechendes neues, sehr ausgedehntes Anbaugebiet im äußersten Süden W.-Australiens.

Mudgee NSW; 74 75 78 79 83 84' 86 87' — Kleines, ziemlich abgelegenes Gebiet, 270 km nordwestl. von Sydney. Große Rotweine, voll in Farbe und Geschmack, und kernige, derbe Weißweine, die jetzt allmählich feiner werden.

Murray Valley S.-Austr., Victoria u. NSW; oJ — Großes bewässertes Weinbaugebiet nahe Swan Hill, Mildura (NSW und Vic.), Renmark, Berri, Loxton, Waikerie und Morgan (S.A.). Hauptsächlich «Faß»-Tafelweine. 40 % der Gesamterzeugung Australiens.

NO-Victoria 66' 70' 71' 75' **80' 82'** 86' 87 88 — Historischer Bereich mit Rutherglen, Corowa, Wangaratta. Schwere Rotweine und vorzügliche süße Dessertweine.

Perth Hills W.-Austr. — Junges Weinbaugebiet 30 km von Perth, mit 6 Kellereien und einer größeren Anzahl Anbauer in kühlen Berglagen.

Pyrenees Vikt.; 82 84 85' 86 87' 88 — Region in Central Victoria mit sieben Weinbaubetrieben; volle, minzenduftige Rotweine, einige interessante Weißweine, v.a. Fumé Blanc.

Riverina NSW; oJ — Großmengenerzeugungsgebiet bei Griffith; gute Faßweine, v. a. Weißwein.

Southern Vales S.-Austr.; 67' 71' 76' 77' 80' 82' 84' 85 **86'** 87 88 — Umfaßt das McLaren Vale und die Hanglagen von Reynella südl. von Adelaide. Weine im großen Stil, die immer mehr verfeinert werden; vielversprechender Chardonnay.

Swan Valley W.-Austr.; 75' 78' 81' **82' 84'** 85' 86 88 — Die Wiege des Weinbaus im Westen Australiens, am Nordrand von Perth. Sehr warmes Klima, bringt starken Wein mit wenig Säure hervor. Gute Dessertweine.

Tasmania 82' 84' 85 86 87 88' — Inzwischen bringen 13 Weinbaubetriebe ihre Erzeugnisse auf den Markt; Gesamterzeugung über 200 000 l. Großes Potential v. a. bei Chard. und P. Noir.

Upper Hunter NSW; 75' 79' 80' 81' 83' 85' 86' 87 — Besteht seit Anfang der 60er Jahre. Die bewässerte Rebfläche produziert hauptsächlich Weißwein, der leichter ist und sich schneller entwickelt als der aus dem Hunter Valley. Oft sehr empfehlenswert.

Yarra Valley («Lillydale») 76' 78' **80'** 81' 82' **84'** 85 86' 87 88' — Das historische Weinbaugebiet bei Melbourne war vernachlässigt, wird jetzt aber von Enthusiasten mit kleinen Betrieben rasch wieder aufgebaut. Ein hervorragendes Anbaugebiet mit über 400 ha Edelreben.

Weinbaubetriebe

All Saints NO-Victoria; alle Sorten ★ — Einst berühmter, alter Weinbaubetrieb in Familienbesitz, schwankende Qualität; neuerer Wechsel in Leitung und Eigentum bringt vielleicht eine Wiederbelebung.

Allanmere Hunter Valley; Tafelwein ★★→★★★ — Kleiner Betrieb unter der Leitung eines ehemaligen englischen Arztes. Ausgezeichneter Sém., Chard. sowie milde Rotweine.

Allandale Hunter Valley; Tafelwein ★→★★★ — Kleine Kellerei ohne eigenen Anbau; kauft ausgewählte Trauben aus der Umgebung. Unterschiedliche, manchmal hervorragende Qualität: v. a. Chardonnay.

Angove's Riverland; Tafel- und Dessertwein ★→★★ — Familienbetrieb in Adelaide und Renmark im Murray Valley. Sehr beachtliche Cab. sowie Chard. und andere Weißweine.

Arrowfield Upper Hunter; Tafelwein ★★→★★★ — Große Anbaufläche auf bewässertem Land. Leichter Cabernet, saftiger Chardonnay «Show Reserve»; auch «holzgereifter» Sémillon.

Bailey's NO-Victoria; Tafel- und Dessertwein ★★→★★★ — Volle altmodische Rotweine von großem Charakter v. a. Bundarra Hermitage sowie vortreffliche Muskateller- und Tokay-Dessertweine.

Balgownie Bendigo/Ballarat; Tafelwein ★★★★ — Spezialisiert in feinen Rotweinen, vor allem purem Cabernet und P. Noir. Erzeugt auch ausnehmend guten Chardonnay. Heute im Besitz von Mildara.

Bannockburn Geelong; Tafelwein ★★★ — Erzeugt mit Burgundertechnik intensiven und komplexen Chard. und P. Noir.

Basedow Barossa Valley; Tafelwein ★★→★★★ — Mittelgroße Kellerei, keltert aus gekauften Trauben zuverlässigen Rot- und Weißwein; bes. gut Sémillon «White Burgundy».

Berri-Renmano Coop. S-Austr.; Riverland, alle Sorten ★→★★ — Nach Fusion mit Renmano bei weitem Australiens größte Kellerei, verkauft meistens an andere Gesellschaften. Eigene Marken werden für Inland- und Exportmärkte entwickelt (siehe Renmano).

Best's Great Western; alle Sorten ★★→ ★★★ — Konservativer alter Familienbetrieb in Great Western mit gutem, mittelschwerem Rotwein und süffigem Weißwein sowie Schaumwein.

Blass, Wolf (Bilyara) Barossa V.; Tafel- und Schaumweine ★★★ — Wolf Blass ist ein begeisterter deutscher Weinproduzent mit außergewöhnlichen Etiketten und erstaunlichen Erfolgen bei Prämierungen. Ein Meister im Mischen von Sorten und Herkunftsbereichen und in der Verwendung von frischem Eichenholz.

Bowen Estate Coonawarra; Tafelwein ★★★ — Kleiner Betrieb in Coonawarra; intensiver, aber nicht schwerer Cabernet, guter Riesling. Demnächst auch Chardonnay-Schaumwein.

Brand Coonawarra; Tafelwein ★★→★★★ — Familienbetrieb; feiner, kräftiger Cabernet und Shiraz von besonderer Art unter dem Namen Laira. Einige Qualitätsmängel Ende der 70er/Anfang der 80er Jahre sind inzwischen beseitigt.

Briar Ridge Vineyard Hunter Valley; Tafelwein ★★ — Früher im Besitz von Murray Robson. Große Auswahl an sortenreinen Weinen: Chard., Cab. und Hermitage in hocheelegantem Stil.

Brokenwood Hunter Valley; Tafelwein ★★★ — Cab. und Shiraz von aufregender Qualität seit 1973. Eine neue Kellerei (1983) steuert Chard. und Sém. in hoher Qualität bei.

Brown Brothers Milawa; alle Sorten ★→★★★ — Altes Familienunternehmen mit neuen Ideen, recht delikate sortenreine Weine, viele aus kühlen Berglagen. Chardonnay und trockener weißer Muskateller, beide ganz hervorragend in zuverlässig guter Auswahl.

Buring, Leo Barossa; alle Sorten ★★→★★★ — «Château Leonay», alter Weißweinerzeugerbetrieb, heute im Besitz von Lindeman. Vorzüglicher «Reserve-Bin»-Rhein-Riesling.

Campbells of Rutherglen NO-Victoria; alle Sorten ★★ — Eindrucksvolle, lebendige Weiß- und elegante Rotweine sowie gute Dessertweine.

Cape Clairault Margaret River, WA; Tafelwein ★★ — Fortschrittlicher Erzeuger von Sém., Sauv. Blanc und Cab. in anständiger Qualität und mit Aussicht auf Besseres.

Cape Mentelle Margaret River; Tafelwein ★★→★★★★ — Exzentrischer, robuster Cabernet, ganz anderer Stil als hier üblich, kann aber großartig sein; ferner Zinfandel und sehr populärer Semillon.

Capel Vale S.W. W.-Austr.; ★★★ — Hervorragende Auswahl an Weißweinen, u. a. Riesling Gewürz. Sehr guter Cabernet.

Cassegrain Hastings Valley, NSW; Tafelwein ★★→★★★★ — Neuer Betrieb an der Küste, verarbeitet Trauben aus der Umgebung und aus dem Hunter Valley. Oft hervorragender Chard.

Chambers' Rosewood NO-Victoria; alle Sorten ★★→★★★ — Gute preiswerte Tafel- und großartige Dessertweine, v. a. Tokay.

Château Le Amon Bendigo; Tafelwein ★★★ — Stilvoller, minzenduftiger Cabernet und pikanter Shiraz bestätigen die Eignung dieser Gegend für Rotwein.

Château Hornsby Alice Springs, N. Territory; ★→★★ — Eine charmante Besonderheit. Vollmundiger, sauberer Rotwein aus dem Busch.

Château Rémy Great Western/Avoca; Schaum- und Tafelwein ★★ — Im Besitz von Rémy Martin. Trebbiano im Verschnitt mit Chard. ist ein erstaunlicher Erfolg. Auch guter Rotwein «Blue Pyrénées».

Château Tahbilk Goulburn Valley; Tafelwein ★★→★★★ — Schöner, historischer Familienbesitz mit langlebigem Cabernet, Shiraz, Rhein-Riesling und Marsanne. «Private Bins» sind vorzüglich.

Coldstream Hills Yarra Valley, Vict.; Tafelwein ★★★→★★★★ — Neuer Betrieb, der zweitgrößte in Yarra, 1987 von dem Weinpublizisten James Halliday aufgebaut. Internationaler Erfolg mit P. Noir; häufig preisgekrönt auf Ausstellungen.

Conti, Paul, Wines Swan Valley; Tafelwein ★★ — Eleganter Swan Valley-Hermitage, ferner feiner Chardonnay und weitere Weißweine.

Craigmoor Mudgee; Tafelwein und Port ★★→★★★ — Älteste Kellerei des Bezirks; gehört heute zur Wyndham-Gruppe. Sehr guter Chard. und Sém. sowie Verschnitt aus beiden und Cab./Shiraz.

Cullens Willyabrup Margaret River; Tafelwein ★★★ — Derber, aber gefälliger Cabernet/Merlot, pikanter Sauvignon Blanc und Chardonnay mit Holzaroma — alle höchst charaktervoll.

d'Arenberg Southern Vales; Tafel- und Dessertwein ★→★★ — Familienbetrieb alter Art. Ein strammer und rustikaler Rotwein sowie Riesling.

De Bortoli Griffith, N.S.W.; ★→★★★ — Weinbaubetrieb in einem Bewässerungsbereich. Einfache Rot- und Weißweine, aber herrliche süße «botrytisierte» Beerenauslesen von Sém., Traminer und Riesling.

Delatite Central Vict.; Tafelwein ★★★ — Rosalind Ritchie bringt aus einer sehr kühlen Hanglage schön geschmeidigen und angemessen femininen Riesling, Gewürztraminer, P. Noir und Cabernet hervor.

Diamond Valley Yarra Valley; Tafelwein ★★→★★★ — Erzeuger von hervorragendem P. Noir in bedeutenden Mengen. Die übrigen Weine sind eher gut als groß zu nennen.

Domaine Chandon Yarra Valley; Schaumwein — Das Prunkstück im Yarra Valley. Bedeutende Produktion aus nur in kühlen Gegenden Australiens gewachsenen Trauben unter genauer Anleitung der Besitzer Moët & Chandon. Die ersten Anzeichen deuten auf hochinteressante, vielleicht ausnehmend gute Qualität hin; Markteinführung April 1989.

Drayton's Bellevue Hunter Valley, N.S.W.; Tafelwein ★★★ — Traditionelle Hunterweine: Hermitage und Sémillon. Manchmal auch guter Chardonnay; in neuerer Zeit wieder bessere Qualität.

Dromona Estate Mornington Peninsula; Tafelwein ★★★ — Größter und bester Erzeuger der Gegend. Sorgfältig ausgebauter Cabernet, P. Noir und Chardonnay.

Elgee Park Mornington Peninsula; Tafelwein ★★ — Größerer moderner Betrieb auf dem ältesten Weinbergbesitz mit sehr gutem Cabernet/Merlot, Chardonnay, Riesling und ein wenig Viognier.

Enterprise Wines Clare Valley; Tafelwein ★★★ — Tim Knappstein, ein höchst begabter Kellermeister, produziert Rheinriesling, Fumé Blanc, Gewürztraminer und Cabernet. Gehört jetzt zur Wolf-Blass-Gruppe.

Evans and Tate Swan Valley; Tafelwein ★★→★★★ — Feine, elegante Rotweine, v. a. aus den Redbrook-Weinbergen am Margaret River und aus Gnangara im Swan Valley. Auch guter Sémillon.

Evans Family Hunter Valley, N.S.W.; ★★★ — Exzellenter, in neuen Eichenfässern vergorener Chardonnay aus dem kleinen Weinberg der Familie Len Evans.

Forest Hills Mount Baker, WA; Tafelwein ★★→★★★ — Pionierweinberg; die Weine werden bei Plantagenet bereitet. Riesling, Chardonnay und Cabernet sind meist ausgezeichnet.

Giaconda Central Vict.; Tafelwein ★★★ — Sehr kleiner, aber äußerst modischer Betrieb bei Beechworth mit gesuchtem Chard. und P. Noir.

Hardy's Southern Vales, Barossa, Keppoch usw.; alle Sorten ★→★★★ — Berühmter Familienbetrieb mit Weinen aus verschiedenen Bereichen, auch in Verschnitten: St. Thomas Burgundy, Old Castle Riesling sind die einfacheren Weine; Spitzensorten: Serie «Collection» und die feinsten Jahrgangs-Portweine Australiens. Hardy hat inzwischen Houghton und Reynella sowie neuerdings auch Stanley erworben. Die schön restaurierten Gebäude der letzteren Firma sind jetzt Unternehmenssitz.

Heathcote Bendigo; Tafelwein ★★→★★★ — Stilvoller Erzeuger erlesener roter und weißer sortenreiner Weine mit reichem Aroma in technischer Perfektion.

Heemskerk Tasm.; Tafelwein ★★★ — Kommerziell erfolgreicher Betrieb in Tasmanien. Kräuterwürziger Cabernet, vielversprechender Chardonnay, ferner Pinot Noir und Riesling. In Partnerschaft mit Louis Roederer bestehen Zukunftspläne für Spitzenklasse-Schaumwein.

Henschke Barossa; Tafelwein ★★★ — Familienbetrieb, bekannt für sehr guten Shiraz und Cabernet. Neue hochgelegene Weinberge in den Adelaide Hills bringen Abwechslung und Vielfalt.

Hickinbotham Winemakers Mornington Peninsula; Tafelwein ★★→★★★ — Diese Erzeugerfamilie hat mit innovativen Methoden und Trauben verschiedenster Herkunft seit 1980 faszinierende Stile hervorgebracht.

Hollick Coonawarra; Tafelwein ★★★ — Ian und Wendy Hollick haben mit prämiertem 84er Cabernet und sehr gutem Chardonnay und Riesling ihren kleinen Betrieb schlagartig in die Spitzengruppe gebracht.

Houghton Swan Valley', W-Austr.; Tafel- und Dessertwein ★→★★★ — Der berühmteste alte Weinbaubetrieb in Westaustralien. Spitzenwein: weicher, reifer «White Burgundy». Auch vorzüglicher Cabernet, Verdelho usw. Siehe Hardy's.

Hungerford Hill Hunter Valley und Coonawarra; Tafelwein ★→★★★ — Mittelgroße Kellerei mit erstklassigen reinsortigen Weinen, v. a. Riesling und Cabernet aus Coonawarra.

Huntington Estate Mudgee; Tafelwein ★★→★★★ — Kleines Weingut, das beste in Mudgee. Feine Cabernets und sauberer Sémillon und Chardonnay. Der Preis liegt immer unter dem Wert.

Idyll Geelong, Vict.; ★★★ — Kleiner Betrieb mit feinstem Cabernet und Gewürz.

Jeffrey Grosset Clare; Tafelwein ★★→★★★ — Der tüchtige junge Kellermeister bringt hochelegante Rieslinge, Chardonnays und Cabernets in gleichmäßiger Qualität hervor.

Kaiserstuhl Barossa; Weine aller Art ★→★★★ — Gehört jetzt zu Penfolds; eine sehr große Kellerei, verarbeitet Trauben verschiedenster Herkunft. Die «Einzellagen»-Rieslinge sind hervorragend, ebenso die Rotweine Marke Red Ribbon.

Katnook Estate Coonawarra; Tafelwein ★★★ — Vorzüglicher, aber teurer Cabernet und Chardonnay, ferner Sauv. Bl., P. Noir, Riesling.

Krondorf Wines Barossa Valley; Tafelwein ★★→ ★★★ — 1986 von Mildara aufgekauft; Qualität und Markenimage sollen erhalten bleiben. Die «Burge and Wilson»-Weine sind am besten.

Lake's Folly Hunter Valley; Tafelwein ★★★★ — Das Werk eines enthusiastischen Arztes aus Sydney. Cabernet und neue Fässer für vollen komplexen Rotwein; außerdem guter Chardonnay.

Lark Hill Canberra Distr. ★★ — Bester, gleichmäßiger Erzeuger mit besonders ansprechendem Riesling.

Leconfield Coonawarra; Tafelwein ★→★★★ — Coonawarra-Cabernet großen Stils. Der Riesling gelingt immer besser.

Leeuwin Estate, Margaret River; Tafelwein ★★→★★★★ — Hervorragend ausgestattetes Weingut mit superben (und sehr teuren) Chardonnays, in Westaustralien führend, entwickelt jetzt auch feinen P. Noir, Riesling und Cabernet.

Lehmann Wines, Peter Barossa; Tafelwein ★★→ ★★★ — Hüter der Barossa-Tradition. Zumeist Faßwein in großen Mengen, aber auch Spezial-Cuvées unter eigenem Etikett.

Lillydale Vineyards Yarra Valley; Tafelwein ★★★ — Chardonnay-Spitzenerzeuger mit raffinierten Techniken; auch bukettreicher Gewürztraminer und frischer Riesling. Auch Cabernet und P. Noir sind jetzt hinzugekommen.

Lindeman Früher Hunter Valley, jetzt überall; alle Sorten ★→★★★ — Eine der ältesten Firmen, heute ein Gigant im Besitz der Philip Morris Corp. Sein Ben Ean «Moselle» ist ein Marktführer. Besitzer von Burings in Barossa und Rouge Homme in Coonawarra; bedeutende Weinberge in Padthaway liefern ausgezeichneten Chardonnay. Verschnitte aus verschiedenen Bereichen. Pioniere in der Modernisierung des Weinstils, trotzdem auch Erzeuger öliger Hunter-Weine der alten Art.

McWilliams Hunter Valley und Riverina; alle Sorten ★→★★★ — Berühmter Erzeugerbetrieb in Mount Pleasant (Hermitage und Sémillon). Pioniere in Riverina mit edlen Sorten, u.a. Cabernet und süßem weißem «Lexia». Die Qualität hat sich deutlich gebessert.

Marsh Estate Hunter; Tafelwein ★★→★★★ — Bedeutender Erzeuger von immer besserem Sém., Shiraz und Cabernet.

Mildara Coonawarra, Murray Valley, S-Austr.; alle Sorten ★→★★★ — Sherry- und Brandy-Spezialisten in Mildura am

Murray River; außerdem feiner Cabernet und Riesling in Coonawarra. Heute gehören auch Balgownie, Krondorf und Yellowglen dazu.

Mitchells Clare Valley; Tafelwein ★★★ — Kleiner Familienbetrieb mit großartigem Riesling und Cabernet.

Mitchelton Goulburn Valley, Vict.; Tafelwein ★★★ — Großer, moderner Betrieb. Reiche Auswahl, u. a. faßgereifter Marsanne und die besonders preiswerte Zweitmarke Thomas Mitchell.

Montrose Mudgee, NSW; Tafelwein ★★→★★★ — Erfolgreiche neue Bereitungs- und Marketing-Initiativen; superber Chardonnay, interessanter Barbera und Nebbiolo. 1988 an Wyndham verkauft.

Moorilla Estate Tasm.; Tafelwein ★★★ — Älterer Betrieb am Rand von Hobart am Derwent River, produziert superben Pinot Noir, sehr guten Chardonnay und Cabernet in winzigen Mengen.

Morris NO-Vict.; Tafel- und Dessertwein ★★→★★★★ — Alter Weinbaubetrieb in Rutherglen mit den besten Dessert-Muskatellern und -Tokajern Australiens. Neuerdings auch billige Tafelweine.

Moss Wood Margaret River; Tafelwein ★★★★ — Bester Weinbaubetrieb dieser Gegend (mit nur 12 ha). Cabernet-Sauvignon, Pinot Noir und Chardonnay mit reichem fruchtigem Bukett, den besten Kaliforniern nicht unähnlich.

Mount Langi Chiran Great Western, Vict.; Tafelwein ★★→★★★ — Erzeuger von sehr feinem, pfefferigem, Rhônewein-ähnlichem Shiraz, sehr gutem Cabernet und nicht ganz so erfreulichem Riesling.

Mount Mary Yarra Valley, Vict.; Tafelwein ★★★★ — Dr. John Middleton ist Perfektionist; er bringt in sehr kleinen Mengen Chard., P. Noir und vor allem feinsten Cab. Sauv./Cab. Franc mit Merlot hervor.

Murray Robson Wines Hunter; Tafelwein ★★ — Die Reinkarnation von Murray Robson mit einem absichtsvoll ähnlichen Etikett. Die Weine entstehen in Richtung Grove unter der Leitung von Robson.

Oakridge Yarra Valley; roter Tafelwein ★★★ — Cabernet-Spezialist mit den feinsten Weinen dieser Art in Yarra, allerdings nur in kleinen Mengen.

Orlando (Gramp's) Barossa Valley; Weine aller Art ★★→★★★ — Großer Pionierbetrieb. Seit 1988 im Besitz des Managements. Reiche Auswahl von einfachem, gutem Jacob's Creek Claret bis zu ausgezeichnetem Coonawarra Cabernet, Chardonnay und großartigem «Steingarten»-Riesling. Die preiswerte Sorte heißt William Jacob.

Penfold's Früher Adelaide, heute überall; alle Sorten ★→★★★★ — Weiterverzweigte, ausgezeichnete Firma in Barossa, Riverina, Coonawarra und im Clare Valley usw. Grange Hermitage (75' 76' 78' 80 82') ist ★★★★, St. Henri Claret steht nicht weit zurück. Weine mit Faßnummern sind meist erstklassig. «Grandfather Port» ist großartig. Neu: «Magill Estate» vom früheren Grange-Weingut und «Clare Estate» von Weinbergen in Clare.

Petaluma S-Austr.; ★★★★ — Kürzlich Durchbruch mit Cabernet, Chardonnay und Riesling, jetzt zentralisiert um die neuen Weingüter in den Adelaide Hills. Verarbeitet Trauben aus Coonawarra und dem Clare Valley. Bollinger bringt als Teilhaber umfangreichen Anbau und Anlagen für Schaumwein namens «Croser» (seit 1985) mit ein.

Petersons Hunter Valley; Tafelwein ★★★ — Tüchtiger kleiner Betrieb im Hunter Valley mit auf Ausstellungen erfolgreichem Chardonnay und sehr gutem Sémillon.

Piper's Brook Tasm. Tafelwein; ★★★ — Pionier in einem kühlen Bereich mit sehr gutem Riesling und P. Noir sowie stahligem Chardonnay aus dem Tamar Valley bei Launceston. Schöne Etiketten.

Pirramimma Southern Vales, S-Austr.; alle Sorten ★→★★ — Große Erzeugung in guter Qualität; die Rotweine sind am besten.

Plantaganet Mt. Barker; Weine aller Art ★★→★★★ — Größter Erzeuger der Region mit großer Auswahl, v.a. vollem Chardonnay, Shiraz und lebendigem, kräftigem Cabernet.

Quelltaler Clare Watervale; alle Sorten ★→★★ — Alter Weinbaubetrieb, bekannt für guten «Granfiesta»-Sherry. Neuerdings auch guter Rheinriesling und Sémillon. Von Wolf Blass 1987 aufgekauft.

Redman Coonawarra; roter Tafelwein ★→★★ — Einer der berühmtesten Namen in Coonawarra; ein Familienbetrieb (seit 1966) mit Claret und Cabernet. Die neueren Weine enttäuschten.

Renmano Murray Valles, S-Austr.; alle Sorten ★→★★ — Großer Genossenschaftsbetrieb (siehe Berri-Renmano). Besonders preiswert: «Chairman's Selections».

Reynella Southern Vales, S-Austr.; alle Sorten ★★→★★★ — Rotweinspezialisten südlich von Adelaide. Voller Cabernet (z. T. Coonawarra), Claret und ausgezeichneter «Port». Siehe Hardy's.

Rockford Barossa Valley, SA; Tafelwein ★★ — Kleiner Erzeuger mit einem reichhaltigen Programm in völlig individuellen Stilen, oft gewonnen von Trauben aus sehr alten, ertragsschwachen Weinbergen.

Rosemount Upper Hunter und Coonawarra; Tafelwein ★→★★★ — Voller, öliger Hunter-Chardonnay und Coonawarra-Cabernet stehen an der Spitze des reichhaltigen Programms und sind internationale Erfolge.

Rothbury Estate Hunter Valley; Tafelwein ★★ → ★★★ — Bedeutendes Weingut in Konsortialbesitz, konzentriert sich auf traditionelle Hunter-Weine «Hermitage» und langlebigen Sémillon («Black Label» ist am besten). Der neue Chardonnay (aus Cowra) und der Pinot Noir sind vielversprechend.

S. Smith & Sons Barossa; Weine aller Art ★→★★★ — Großes altes Familienunternehmen mit beträchtlichem Schwung. Es arbeitet mit Computern, Mostanalyse usw. und bringt damit ein volles Spektrum an hochwertigen Weinen zuwege (v. a. «Hill-Smith Estate» und «Heggies Vineyard»).

St. Huberts Yarra Valley, Vict.; Tafelwein ★★→★★★ — Betrieb mit feinem, vielgefragtem Cabernet. Der kürzlich erfolgte Besitzerwechsel dürfte dem größten Betrieb in Yarra zu mehr Beständigkeit verhelfen.

St-Leonards NO-Vikt.; Weine aller Art ⭐⭐ — Ausgezeichnete, sortenreine Weine; Verkauf nur im Haus oder im Direktversand, u.a. seltene Sorten wie Fetyaska und Orange Muscat.

St. Matthias Tamar Valley, Tas.; Tafelwein ★★ — Ist fast über Nacht zu den «großen drei» Weinbaubetrieben Tasmaniens gestoßen. Herrliche Lage; Verkauf ab Keller an der Tamar-Mündung. Die Weinbereitung erfolgt bei Heemskerk.

Saltram Barossa; Weine aller Art ★→★★★ — Betrieb im Besitz von Seagram, Weine unterschiedlicher Qualität. Spitzenwein: «Pinnacle Selection»; weitere Marke «Mamre Brook».

Sandalford Swan Valley; Tafelwein ★ — Schönes altes Weingut mit kontrastreichen Stilrichtungen von Rot- und Weißweinarten vom Swan- und Margaret-River.

Saxonvale Hunter Valley; Tafelwein ⭐⭐ — Mittelgroßer Betrieb, erzeugt guten, früh reifenden Sémillon und Chardonnay sowie feinen, milden Cabernet und Shiraz. 1986 von Windham Estate übernommen.

Seppelt Barossa, Great Western, Keppoch usw.; Weine aller Art ★→★★★ — Überall anzutreffender Erzeuger des populärsten australischen Sekts (Gt. Western Brut), guter Dessertweine, des zuverlässigen Rotweins Marke Moyston und einiger sehr guter Verschnittweine aus Gt. Western und Drumborg in Victoria und Keppoch und Barossa in S-Australien. Der Spitzen-Schaumwein heißt «Salinger».

Seville Estate Yarra Valley, Victoria; Tafelwein ★★→★★★ — Winziger Betrieb mit hervorragendem Chardonnay, Riesling Spätlese, Shiraz, P. Noir und sehr gutem Cabernet.

Stanley Clare Valley, S-Austr.; alle Sorten ★→⭐⭐⭐ — Wichtiges, mittelgroßes Qualitätsweingut, Ende 1987 von Hardy übernommen. Guter Rhein-Riesling, Chard. und Cabernet sowie Cabernet-Shiraz-Malbec-Verschnitte unter dem Namen Leasingham.

Stanton & Killeen NO-Victoria; Tafel- und Dessertweine ★★ — Kleiner alter Familienbetrieb mit vollem Muscat und schwerem Moodemere-Rotwein.

Taltarni Great Western/Avoca; Tafelwein ★★★ — Dominique Portet, Bruder von Bernard (Clos du Val, Napa), Sohn von André (Château Lafite), produziert wuchtige, aber ausgewogene Rotweine, guten Sauv. Blanc und feine Schaumweine.

Tarrawarra Yarra Valley; Tafelwein ★★ — Millionenprojekt, erzeugt in begrenzten Mengen eigenwilligen und teuren Chardonnay; P. Noir soll demnächst hinzukommen.

Taylors Wines Clare Valley; Tafelwein ★→★★ — Großer Betrieb mit reicher Auswahl an preiswerten Tafelweinen.

Tisdall Wines Goulburn Valley; Tafelwein ★★→★★★ — Interessanter junger Weinbaubetrieb am Echuca River mit derben Landweinen («Rosbercon»), aber auch feineren Erzeugnissen (Mount Helen Cabernet, Chardonnay, Rhein-Riesling).

Tollana Barossa, S-Austr.; alle Sorten ⭐⭐→⭐⭐⭐ — Alte, früher durch Brandy berühmte Firma, befaßt sich neuerdings mit der Erzeugung bemerkenswerter Cabernets und Rhein-Rieslinge; 1987 von Penfolds übernommen.

Tulloch Hunter Valley; Tafelwein ★→★★ — Alter Name in Pokolbin mit gutem trockenem Rotwein, «Riesling» und Verdelho. Jetzt im Besitz der Penfold's-Gruppe.

Tyrell Hunter Valley, N.S.W.; Tafelwein ★★→★★★ — Erzeugt mit die besten traditionellen Hunter-Weine; Hermitage und Sémillon Marke «Vat 47». Außerdem ein großer, vollmundiger Chardonnay, delikater P. Noir und sehr guter Schaumwein.

Vasse Felix Margaret River; Tafelwein ★★→★★★ — Pionier am Margaret River. Elegante Cabernets mit beachtlicher mittelschwerer und ausgewogener Art. 1987 von Robert Holmes übernommen.

Virgin Hills Bendigo/Ballarat; Tafelwein ★★★★ — Rotweinverschnitt (Cab./Shiraz/Malbec) in sehr kleinen Mengen, aber legendär in Stil und Harmonie.

Westfield Swan Valley; Tafelwein ★→★★ — John Kosovich's Cabernets, Chardonnays und Verdelhos zeichnen sich trotz heißem Klima durch besondere Finesse aus. Auch guter «Port».

Wirra Wirra Southern Vales S.-Austr.; Tafelwein ★★→★★★ — Unter Petaluma-Einfluß wird mit hochwertigen, schön präsentierten Weiß- und Rotweinen neuerdings viel Erfolg erzielt.

Woodleys Barossa, S-Austr.; Tafelwein ★★ — Sehr bekannt für preiswerte Marke «Queen Adelaide». Spitzenwein: «Reference» Cabernet. 1985 von Seppelt's übernommen.

Wyndham Estate Branxton, N.S.W.; Weine aller Art ★ →★★ — Rührige, große und neue Hunter- und Mudgee-Gruppe mit Richmond Grove, Hunter Estate, Hollydene, Montrose, Craigmoor und Saxonvale als Marken.

Wynns Coonawarra, Southern Vales; Tafelwein ★ → ★★★ — Großes, in mehreren Staaten Australiens tätiges Unternehmen, führte bauchige Flaschen ein. Größte Kellerei und umfangreichster Weinanbau in Coonawarra. Guter Cabernet (v. a. «John Riddoch»). 1985 von Penfold's übernommen.

Yalumba Siehe S. Smith & Sons.

Yarra Burn Yarra Valley; Tafelwein ★→★★★ — Größere Boutique mit Weinen in unterschiedlicher Qualität und Art, meist ausgezeichneter P. Noir und Cab.

Yarra Yering Yarra Valley; Tafelwein ★★★ — Eine der besten unter den Lilydale-Weinbau-Boutiquen; v. a. rassiger, kraftvoller Pinot und tiefgründiger Cabernet.

Yarrinya Estate Yarra Valley; Tafelwein ★★→★★★ — Von de Bortoli 1987 übernommen und stark erweitert; verfügt über die größte Anbaufläche im Yarra Valley, jedoch noch nicht voll in Ertrag.

Yellowglen Bendigo/Ballarat; Schaumwein ★→★★ — Schaumweinerzeuger mit großem Elan, von Mildara aufgekauft. Der Umsatz beeindruckt mehr als die Qualität.

Yeringberg Yarra Valley; Tafelwein ★★★ — Historisches Weingut, erzeugt jetzt wieder Chard., Cab., P. Noir in kleinen Mengen und bester Qualität.

Yeringberg Yarra Valley; Tafelwein ★★★ — Historisches Weingut, erzeugt jetzt wieder Chard., Cab., P. Noir in kleinen Mengen und bester Qualität.

Neuseeland

In den letzten 10 Jahren hat sich Neuseeland mit Tafelweinen in erstaunlicher Qualität internationale Geltung verschafft, vor allem mit Weißweinen, die sich gegenüber australischen und kalifornischen Erzeugnissen sehr wohl behaupten können. Heute gilt es unter den neueren Weinbauländern der Erde als die führende Region mit kühlem Klima. Der Export (nach England, den USA, Europa und Japan) hat sich 1988 fast verdreifacht. Die Entwicklung erfuhr einen raschen Aufschwung, als in den frühen 70er Jahren auf der Nord- und der Südinsel weite Gebiete neu mit Reben bepflanzt wurden. Es sind heute rund 5000 ha übrig, nachdem eine staatlich geförderte Rodungswelle im Jahr 1986 mit 1500 ha Reben geringwertigerer Sorten aufräumte, die auf dem heimischen Markt kostspielige Überschüsse verursacht hatten. Weiße Trauben herrschen vor. Müller-Thurgau ist die meistangebaute Sorte, doch wird er inzwischen von den im Ausland stark gefragten Sauvignon Blanc, Riesling und Chardonnay für Weißwein sowie Cabernet Sauvignon und Merlot für Rotwein allmählich überholt.

Neue Weinbaubereiche werden in Martinborough auf der Nordinsel (nördlich von Wellington) sowie in Canterbury und Central Otago auf der Südinsel erschlossen. Neuseeland darf sich rühmen, die am weitesten südlich (Otago) und östlich (East Cape) gelegenen Weinberge zu besitzen.

Es handelt sich im allgemeinen um Weine relativ leichter Art mit intensiver Frucht und typischem Sortencharakter bei frischer Säure. Gärung und Ausbau im Faß erhöhen noch die Komplexität und Vielgestaltigkeit dieser Weine.

Die wichtigsten Bereiche und Weinerzeuger sind:

Auckland Größte Stadt Neuseelands, Geschäftssitz bedeutender Kellereien, mit vielen mittleren und kleinen Weinbaubetrieben in der Umgebung.
Babich Henderson, bei Auckland. Größerer alter dalmatinischer Familienbetrieb, in Neuseeland wegen gleichmäßiger Qualität und reichem Angebot hoch angesehen. Verarbeitet auch Trauben aus Gisborne und von der Hawkes Bay. Guter Chardonnay (v. a. «Irongate»), Sauv. Blanc, Sémillon-Chard., Gewürz., Cabernet Sauvignon und Cabernet/Merlot.
Brookfields Meeanee, Hawkes Bay. Kleine Boutique; Neuling im Export. Bekannt für Sauv. Blanc, Chard. und Cab. Sauv.
Cape Mentelle Renwick, Marlborough. Zweigbetrieb eines westaustralischen Weinguts, bekannter unter seinem neusee-

ländischen Markennamen «Cloudy Bay» nach einer nahegelegenen Bucht. Den Anfang machte ausgezeichneter Sauv. Blanc; nunmehr ist hervorragender Chard. hinzugekommen.

Cellier Le Brun Renwick b. Blenheim. Kleiner Weinbaubetrieb, gegründet von einem Mitglied eines Champagner-Hauses. Erzeugt Schaumwein nach dem Champagner-Verfahren, u. a. sehr guten Blanc de Blancs.

Collard Henderson, bei Auckland. Kleiner Familienbetrieb, verarbeitet Trauben aus verschiedenen Gegenden, u. a. Rothesay, Tologa Bay und Hawkes Bay, zu gutem Chard., Sauv. Blanc, trockenem Chenin Blanc und Cab./Merlot.

Cooks Betriebe in Te Kauwhata, südl. von Auckland und an der Hawkes Bay. Großes, mit Corbans und der früheren Firma McWilliams zusammengeschlossenes Unternehmen, verarbeitet Trauben aus Gisborne und von der Hawkes Bay. Stetig gute Egebnisse mit Chard., Gewürz., Chenin Blanc und Cab. Sauv.; bringt nun auch entsprechenden Sauv. Blanc sowie Müller-Thurgau Spätlese hervor.

Cooper's Creek Huapai Valley, nordwestl. von Auckland. Kleiner Weinbaubetrieb, ergänzt die eigene Ernte durch Trauben aus Gisborne und von der Hawkes Bay. In den Export gehen guter Chardonnay, Sauv. Blanc, Riesling, Gewürz. sowie die populären Verschnitte «Coopers Dry» (weiß) und «Coopers Red».

Corbans Henderson, bei Auckland. Alteingesessene Firma mit Betrieben in Gisborne und an der Hawkes Bay. Jetzt mit Cooks und McWilliams zur zweitgrößten Weinbaufirma Neuseelands zusammengeschlossen. Neue Spitzenmarke «Stoneleigh» aus Weinbergen in Marlborough mit sehr gutem Sauv. Blanc, Chard., Riesling und Cab. Sauv. Große Auswahl gediegener Weine unter dem Etikett Corban. Weitere hochwertige Weine unter dem Zweitetikett Robard & Butler.

De Redcliffe Mangatawhiri, südöstl. von Auckland. Kleiner, fortschrittlicher Betrieb mit zugehörigem «Hotel du Vin»; erzeugt guten Chard., Sémillon und Cabernet/Merlot.

Delegat's Henderson, bei Auckland. Mittelgroßer Familienbetrieb, verarbeitet Trauben aus Gisborne und von der Hawkes Bay zu gutem Chard., Sauv. Blanc und Cabernet Sauv. sowie einer eindrucksvollen Riesling-Auslese.

Esk Valley Bayview, Hawkes Bay. Großes ehemaliges Familienunternehmen, jetzt zusammengeschlossen mit der Villa Maria/Vidal-Gruppe; auf ein kleines Programm an hochwertigen Weiß- und Rotweinen konzentriert.

Giesen Burnham, südl. von Christchurch, Canterbury; Südinsel. Kleiner, von einer deutschen Einwandererfamilie gegründeter Betrieb; verarbeitet Trauben aus eigenen Weinbergen und aus Marlborough. Guter Chard., Sauv. Blanc, Riesling und Rotwein.

Gisborne Sitz von drei großen Weinbaubetrieben, Montana, Corbans und Penfolds, und Zentrum eines umfangreichen Weinbaugebiets mit Matawhero und Tologa Bay. Im März 1988 zerstörte ein Wirbelsturm rund 10 % der Rebfläche. Guter Bereich für Müller-Thurgau, Chard., Sémillon und Gewürztraminer.

Goldwater Waiheke Island im Hauraki Golf, bei Auckland. Kleiner Betrieb an der Küste, durch Cabernet/Merlot und eichenholzduftigen Sauv. Blanc bekannt geworden.

Hawkes Bay Großes Weinbaugebiet an der Ostküste der Nordinsel, südlich von Gisborne, bekannt für Obst und Trauben hoher Qualität, v. a. Chardonnay und Cabernet Sauvignon.

Hunter Marlborough. Kleiner, fortschrittlicher Betrieb, verarbeitet nur Trauben aus Marlborough. Hoch angesehen für hervorragenden Sauv. Blanc (auch im eichenholzduftigen «Fumé»-Stil) und Chardonnay.

Kumeu River Kumeu, nordwestl. von Auckland. Spitzenmarke eines kleinen Familienbetriebs in San Marino, der sich mit Sauvignon Fumé, Chardonnay, Cabernet/Merlot sowie mit leichtem, fruchtigem Cabernet Franc unter dem Etikett Brajkovich einen Namen macht.

Lincoln Vineyards Henderson b. Auckland. Mittelgroßer Familienbetrieb mit sortenreinen Weinen, v. a. Chard., Chenin Bl. und Merlot.

Marlborough Führendes Export-Weinbaugebiet am Nordende der Südinsel auf einer vom Wairau River gebildeten steinigen Ebene. Besonders geeignet für Weißweintrauben (Chard., Sauv Blanc und Riesling), aber auch Cabernet Sauv. und Pinot Noir gedeihen gut. Potential für sehr guten Schaumwein ist vorhanden.

Martinborough Neues kleines Weinbaugebiet in Süd-Wairarapa, Nordinsel (nördl. von Wellington). Steiniger Boden, ähnlich wie in Marlborough. Eigene Appellation.

Martinborough Vineyards Martinborough. Der größte unter den kleinen Betrieben dieser Gegend. Mit Chardonnay, «Fumé»-Sauvignon Blanc und Pinot Noir wurden bereits Auszeichnungen errungen.

Matawhero bei Gisborne. Kleiner Betrieb mit schon lange bestehender Reputation für Gewürztraminer, Chardonnay und Sauvignon Blanc.

Matua Valley nordwestl. von Auckland. Mittelgroßer Familienbetrieb, erbringt Pionierleistungen mit neuen Rebsorten. Die eigenen Trauben werden von der Hawkes Bay und aus Gisborne ergänzt. Bekannt durch Judd Chard. (Gisborne), nicht-faßgereiften, als «Fumé» bezeichneten Sauv. Blanc, eigenartigen Pinot Noir/Blanc, exzellenten Cabernet Sauv. und Muscat Spätlese.

Milton bei Gisborne. Kleiner Erzeuger, arbeitet mit organischen Kultivierungsmethoden. Guter Sauv. Blanc/Sémillon-Verschnitt, Chardonnay und Riesling (sowohl trocken als auch Spätlese).

Mission Greenmeadows, Hawkes Bay. Der älteste noch arbeitende Weinbaubetrieb Neuseelands, gegründet von französischen Missionaren und noch immer unter der Leitung der Society of Mary. Guter Sémillon/Sauv. Blanc-Verschnitt und Cabernet/Merlot.

Montana Auckland. Größtes Weinbauunternehmen Neuseelands mit Betrieben in Gisborne und Marlborough; mit Penfolds NZ zusammengeschlossen. Weinbaupionier in Marlborough, verarbeitet aber auch Trauben aus Gisborne und von der Hawkes Bay. Aus Marlborough kommen Chard., Sauv. Blanc, Riesling, Cabernet Sauv. und Pinot Noir, und aus Gisborne stammt ein viel verkaufter Chardonnay. Der Erfolg mit «Lindauer»-Schaumwein *(méthode champenoise)* führte zu einem Lizenzvertrag mit dem Champagner-Haus Deutz.

Morton Estate Katikati, bei Tauranga, an der Ostküste der Nordinsel. Expandierender neuer Betrieb mit gutem Ruf für Chardonnay von der Hawkes Bay (v. a. die Spitzensorte mit schwarzem Etikett), Sauv. Blanc und Cabernet Sauv. Vor kurzem kam der erste (sehr gute) Schaumwein nach dem Champagner-Verfahren heraus.

Ngatarawa bei Hastings, Hawkes Bay. Weinbau-Boutique in früh. Stallgebäuden, gehört einer alteinges. Familie. Guter Sauv. Blanc und Cab./Merlot unter dem Etikett «Glazebrook».

Nobilo Hupai Valley, nordwestl. von Auckland. Der größte neuseeländische Weinbaubetrieb in Familienbesitz, verarbeitet eigene sowie zugekaufte Trauben aus Gisborne, Martinborough, Marlborough und von der Hawkes Bay. Guter Chardonnay (v. a. aus Gisborne), Sauv. Blanc, Sémillon; alter, guter Ruf für langlebige Cabernet-Sauv.- und Pinot-Noir-Rotweine. Zweitetikett «Classic Hills».

Penfolds Siehe Montana.

Robard & Butler Siehe Corbans.

Selak's Kumeu, nordwestl. von Auckland. Kleine Familienfirma mit gutem Ruf im Export für Sauvignon Blanc, Sauv. Blanc/Sémillon-Verschnitt (im «Fumé»-Stil), Chardonnay und Cabernet Sauv. (Spitzensorten der beiden letzteren unter dem Etikett «Founders»).

St. Nesbit Karaka, bei Papakura, südl. von Auckland. Expandierende Weinbau-Boutique, spezialisiert auf einen einzigen aus Cabernet Sauv., Cab. Franc und Merlot gemischten, gut bereiteten und in kleinen Fässern gereiften Rotwein.

Stoneleigh Siehe Corbans.

Stonyridge Waiheke Island b. Auckland. Weinboutique mit zwei Rotweinen im Bordeaux-Stil; Larose exzellent, Airfield sehr gut.

Te Mata Havelock North, Hawkes Bay. Älteste noch ständig in Betrieb befindliche Kellerei, erzeugt nach Restaurierung guten Chard. und Sauv. Blanc aus Lagen in der Umgebung sowie einen ausgezeichneten Cab./Merlot «Coloraine» aus eigenem Weinbergbesitz.

Vidal Hastings, Hawkes Bay. Romant. alter Weinbaubetrieb, mit Villa Maria zusammengeschlossen. Guter Chard., Sauv. Blanc, Cabernet Sauv. und Pinot Noir von der Hawkes Bay.

Villa Maria Mangere, südl. Vorort von Auckland. Große Firma, jetzt mit Vidal und Esk Valley vereinigt; verarbeitet Trauben aus Ihumatao (beim Flughafen Auckland) und Gisborne sowie von der Hawkes Bay. Große Auswahl an Weinen mit Schwerpunkt auf faßvergorenem Chard., Sauv. Blanc (und eichenholzgewürzter «Fumé»-Variante), Gewürz., Cab. Sauv. und Cab./Merlot.

Weingut Seifried Upper Moutere, bei Nelson, Südinsel. Kleiner, von einem österreichischen Einwanderer gegründeter Betrieb. Guter Chard., Sauv. Blanc, Riesling (trocken und Spätlese) sowie Pinot Noir.

Südafrika

Die Qualität der südafrikanischen Tafelweine hat einen Aufschwung genommen, seit die Weinbergbesitzer etwa um 1970 mit der Anpflanzung von Cabernet Sauvignon und edlen Weißweintrauben begannen. Der Erfolg der kleineren neuen Betriebe hat in den 80er Jahren auch andere zum Ankauf von Eichenholzfässern in Frankreich ermutigt. Es wird jetzt auch mehr Sorgfalt bei der Lese und beim Ausbau im Keller geübt, so daß sich der Qualitätsstand stetig erhöht, wenn auch noch nicht in demselben Tempo wie z. B. in Neuseeland.

Allesverloren ★★ — Gut in Malmesbury mit 160 ha Rebfläche, durch «Port» bekannt, jetzt auch auf kraftvolle und dunkle Rotweine, u. a. reifen, milden Cabernet und Tinta Barocca, spezialisiert.

Alphen ★ — Der Name dient als Markenzeichen für Gilbeys.

Alto ★★ — Gut in Stellenbosch mit rund 100 ha, am bekanntesten durch sehr robusten Cabernet und einen guten Shiraz/Cabernet-Verschnitt: Alto Rouge.

Backsberg ★★ → ★★★ — Preisgekröntes 160 ha großes Gut in Paarl mit bemerkenswert guten Weißweinen (u. a. Chardonnay) und mittelschwerem Cabernet sowie Shiraz.

Bellingham ★→★★★ — Spitzenmarke der Union Wine Co. Verläßliche Rot- und Weißweine, bes. Cabernet. Meistverkaufte Marke: Johannisberger.

Bergkelder Große Weinfirma in Stellenbosch, Mitglied der Oude-Meester-Gruppe, Erzeugung und Vertrieb vieler Marken- (Fleur du Cap, Grünberger) und Gutsweine.

Betrams ★★ — Rotweinmarke von Gilbey's mit gutem Cabernet und Shiraz in reicher Auswahl.

Blaauwklippen ★★→★★★ — Weingut südlich von Stellenbosch. Erzeugt mit die besten Rotweine Südafrikas (Cabernet, Pinot Noir und Zinfandel) sowie guten Rhein-Riesling und Sauvignon Blanc.

Boberg Kontrollierte Herkunftsbezeichnung für gespritete Weine aus den Regionen Paarl und Tulbagh.

Boschendal ★★★ — Großes Weingut (250 ha) im Bereich Paarl auf dem Gelände einer alten Obstfarm. Schwerpunkte: Weißwein und «Brut»-Schaumwein. Ein Cabernet-Verschnitt «Grand Vin» kam 1985 heraus. Der 86er ist empfehlenswert. Ein schönes Restaurant ist auch vorhanden.

Breede River Valley Bereich mit gespriteten Weinen östlich vom Drakenstein-Gebirge.

La Bri ★★ — Interessante Weißweine aus einer Genossenschaftskellerei von Sauvignon Blanc, Rhine Riesling und Sémillon. Am besten ist der Blanc de la Bri.

Buitenverwachting ★★★ — Ausgezeichnete Lagen und zugekaufte Trauben ergeben vorzüglichen Sauvignon Blanc und Blanc Fumé. Guter Rhine Riesling.

Buketttraube Weißweintraube, säurehaltig, mit Muscat-Aroma, wird oft für Verschnitte verwendet.

Cabernet Die große Bordeaux-Traube, besonders erfolgreich in der Küstengegend. Bringt sehr kräftige, lang haltbare Weine. Frische Eichenholzfässer bringen seit 1982 Qualitätsverbesserung.

Cavendish Cape ★★ — Bemerkenswert gute Sherries von der K.W.V.

Chardonnay — Klassische Weißweintraube, in Südafrika infolge staatlicher Beschränkungen noch selten. Neu herausgekommene gute Weine haben einen Qualitätssprung nach vorn gebracht. Inzwischen sind 25 auf dem Markt. Gute Aussichten.

Chenin Blanc Jede dritte Weißwein-Rebe am Kap ist eine Chenin Blanc. Anpassungsfähig, manchmal vorzüglich. Alias Steen. K.W.V. erzeugt einen sehr guten, äußerst preiswerten Wein dieser Sorte.

Cinsaut Höchst ertragreiche französische Rotweintraube, wurde früher in Südafrika Hermitage genannt. Selten unter dem eigenen Namen anzutreffen.

Coastal Region Abgegrenztes Weingebiet, umfaßt Paarl, Stellenbosch, Durbanville, Swartland, Tulbagh.

Colombard In Kalifornien «French Colombard». Bringt wegen des hohen Säuregehalts und fruchtigen Buketts Lebendigkeit in weiße Verschnitte ein.

Constantia Der einst berühmteste Muskateller der Welt kommt vom Kap. Heute der südlichste Herkunftsbereich.

Delheim ★★★ — Weinkellerei in Driesprong in einem der besten und höchstgelegenen Teile von Stellenbosch, bekannt für delikaten Steen-Weißwein, Gewürztraminer und eindrucksvolle Rotweine: Pinotage, Shiraz, Cabernet. Grande Réserve (Cab. Sauv., Cab. Franc, Merlot) ist Spitzenklasse.

Drostdy ★★ — Eine Sherrymarke von Bergkelder.

Edelkeur ★★★★ — Ausgezeichneter, intensiv süßer Weißwein von edelfaulen Trauben durch Nederburg.

Estate Wine Streng kontrollierter Begriff, der nur auf Weine aus registrierten Gütern angewandt werden darf, die ihre Produkte aus eigenen Trauben keltern.

Fleur du Cap ★★ — Populäre, saubere Weine von Bergkelder, guter Cabernet, interessanter Sauvignon Blanc.

Gewürztraminer Die berühmte würzige Traube aus dem Elsaß. Besonders gute Weine von Nederburg, Simonsig und (in trockener Art) von Stellenryck. Der von Natur aus geringe Säuregehalt bringt am Kap Schwierigkeiten.

Grand Cru (oder Premier Grand Cru) Bezeichnung für völlig trockenen Weißwein, keine Qualitätsklassifizierung. Meist nicht empfehlenswert.

Groot Constantia (★★★) — Historisches Gut, heute in Staatsbesitz, nahe Kapstadt. Zu Anfang des 19. Jh. Herkunftsort überragender Muskatellerweine. Heute Weine verschiedenster Art, v. a. guter Rhein-Riesling und Gewürztraminer.

Grünberger ★ — Marke von Bergkelter mit einer Reihe trockener und lieblicher Weißweine von Steen-Trauben.

Hamilton-Russell ★★ — Junges Weingut in einem kühlen Tal an der Küste. Führend mit Chardonnay und Sauvignon Blanc.

Hanepoot Am Kap gebräuchlicher Name für die süße Muscat-of-Alexandria-Traube.

Hartenberg ★★ — Früher als Montagne bekannt. Das Gut in Stellenbosch bringt weiterhin feinen Cabernet und Shiraz hervor. Die Weißweine sind nicht so empfehlenswert.

Hazendal ★★ — Familienbesitz in West-Stellenbosch, spezialisiert auf lieblichen Steen, vertrieben durch Bergkelder.

Kanonkop ★★★ — Namhaftes Gut bei Stellenbosch; stilvolle, körperreiche Cabernet- und Pinotage-Weine. Paul Sauer Fleur ist ein Verschnitt nach Bordeaux-Art.

Klein Constantia ★★★→★★★★ — Südafrikas neuer Star. In Weinberg und Keller werden keine Kosten gescheut. Sauv. Blanc und Riesling der Spitzenklasse. Erster Chardonnay 1988 sehr fein; der 88er Cabernet kommt 1992 heraus.

Koopmanskloof ★★ — Stellenbosch-Gut. Herstellung von gutem, trockenem Chenin-Blanc-Verschnitt «Blanc de Marbonne».

K.W.V. Die Kooperativ Wijnbouwers Vereeniging, Südafrikas nationale Winzergenossenschaft, wurde vor 60 Jahren vom Staat zum Ankauf von Produktionsüberschüssen gegründet. Heute erzeugt sie in großen, hervorragend ausgerüsteten Anlagen in Paarl eine Reihe guter Weine, insbesondere Sherry.

Laborie ★★ — Muster-Gut im Besitz von K.W.V. am Paarl Mountain; weiße und rote Verschnitte.

Landgoed Südafrikanischer Ausdruck für Weingut; erscheint auf Gutsweinetiketten und amtlichen Siegeln.

Landskroon ★★ — Familienbetrieb von Paul und Hugo de Villiers. Gut trockene Rotweine: Pinot Noir, Tinta Barocca und Cabernet, Sauvignon und -Franc.

Late Harvest Bezeichnung für einen milden, süßen Wein. «Special Late Harvest» muß von Natur aus süß sein (ohne Beifügung von Süßreserve). Der «Noble Late Harvest» bildet die höchste Qualitätsstufe.

Le Bonheur ★★★ — Gut in Stellenbosch mit einem der besten Weißweine vom Kap: Blanc-Fumé, einem nicht im Faß gereiften Sauvignon Blanc. Auch Cabernet im Médoc-Stil.

Lemberg (★★) — Kleines Gut in Paarl, erzeugt körperreichen, faßgereiften Harslevelü und Sauvignon Blanc. Wachsendes Renommee.

Lievland (★★→★★★) — Wenig bekannter Betrieb mit bescheidener Aufmachung, beginnt sich einen guten Ruf zu schaffen. Der Rhine Riesling belegte auf der Gault-et-Millau-«Olympiade» 1988 in Paris einen Spitzenplatz.

J. C. Le Roux ★★ — Alte Marke, als Schaumweinfirma von Bergkelter neu erstanden. Erzeugung: Sauvignon Blanc (Tankgärung) und Pinot Noir (Champagner-Methode) sowie Chardonnay.

Malmesbury Zentrum des Swartland-Weinbaugebiets an der Westküste nördlich von Kapstadt, spezialisiert auf trockene Weiß- und Destillierweine.

Meerendal ★★ — Gut in der Nähe von Durbanville, wo traditionelle, robuste Rotweine produziert und von Bergkelder verkauft werden, bes. Shiraz und Pinotage.

Meerlust ★★★ — Schöner alter Familienbesitz südlich von Stellenbosch. Herstellung von hervorragendem Cabernet, Rubicon (ein Verschnitt nach Médoc-Art), Merlot und P. Noir.

Monis ★→★★ — Bekannter Weinkonzern in Paarl; feiner «Jahrgangs-Port».

Muratie ★ — Altes Gut im nördlichen Stellenbosch, am bekanntesten durch seinen Port. Vor kurzem verkauft. Hohe Zukunftserwartungen.

Nederburg ★★★→★★★★ — Die berühmteste Weinfarm des modernen Südafrika, von der Stellenbosch Farmers' Winery betrieben. Ihre alljährliche Auktion ist ein Großereignis. Pionier in modernen Kellereiverfahren und für weißen, feinen Cabernet, «Private-Bin»-Verschnitte, Edelkeur und Gewürztraminer. Auch gute Schaumweine und Paarl-Rieslinge.

Neethlingshof (★★) — Neubestockung. Am besten sind körperreicher Colombard und Cabernet; auch Gewürztraminer. Beobachtenswert.

Neil Ellis Vineyards ★★→★★★ — Weine einer Zentralkellerei von Trauben aus ganz verschiedenen Gegenden. Sehr feiner Sauv. Blanc und Cabernet.

Overberg Abgegrenzter Weinbaubereich im Caledon-Gebiet in der Küstenregion, hier liegen mit die kühlsten Weinberge am Kap. Bisher noch keine bekannten Weine.

Overgaauw ★→★★★ — Gut westlich von Stellenbosch. Guter Steen und ausgezeichneter Cabernet sowie Tria Corda, ein Cabernet/Merlot-Verschnitt.

Paarl Südafrikas Weinmetropole, 50 km nordöstlich von Kapstadt, mit abgegrenzter Umgebung. Gehört zu den besten Lagen des Landes, vor allem bei Weißwein und Sherry.

Paarlsack ★ — Bekannte, in Paarl von K.W.V. hergestellte Sherryserie.

Pierre Jourdan (★★★) — Eindrucksvoller Schaumwein nach dem Champagner-Verfahren von Chardonnay und P. Noir.

Pinot Noir Wie in Kalifornien und Australien bemühen sich die Erzeuger um Geschmacksvielfalt. Am besten sind Hamilton-Russell, Blaauwklippen und Meerlust, Rustenberg.

Pinotage Südafrikanische Rotweintraube, Kreuzung zwischen Pinot Noir und Cinsaut, sehr ertragreich und widerstandsfähig. Üppiger, fruchtiger, aber nicht erstklassiger Wein.

Premier Grand Cru Siehe Grand Cru.

Rhine-Riesling Liefert trockene und leicht liebliche Weine von großer Geschmacksfülle. Meist sind mindestens zwei Jahre Flaschenlagerung erforderlich. Siehe Weißer Riesling.

Riesling Südafrikanischer Riesling (eigentlich Cruchen Blanc) hat mit dem Rhine-Riesling nichts gemein. Bringt frischen, neutralen und süffigen Wein.

Rietvallei ★★ — Gut in Robertson, erzeugt ausgezeichneten gespriteten Muscadel.

Robertson Kleiner, offiziell anerkannter Bereich im Osten der Kapregion und landeinwärts. Vor allem Dessertweine (bes. Muskateller), aber auch roter und weißer Tafelwein sind im Kommen. Umfaßt auch Bonnievale. Bewässerte Weinberge.

Roodeberg ★★ — Preiswerte Marke für Rotweinverschnitte der K.W.V.

Rustenberg ★★★ — Zwar nicht amtlich, aber doch effektiv ein roter Estate Wine aus dem nordöstlichen Stellenbosch. Rustenberg Dry Red ist ein guter Cabernet-Cinsaut-Verschnitt. Der reine Cabernet ist hervorragend, der P. Noir gut.

Sauvignon Blanc Paßt sich gut an das warme Klima an. Weithin angebaut und in faßgereiften und nicht im Faß gereiften Qualitäten erhältlich.

Schoongezicht ★★★ — Partnergut von Rustenberg, eine der schönsten alten südafrikanischen Farmen, erzeugt gefällige Weißweine aus Steen-, Riesling- und Clairette-Blanche-Trauben. Guter Chardonnay und Rhine Riesling.

Shiraz Bildet die Grundlage für viele hochwertige rote Verschnitte; tiefer, dunkler Wein.

Simonsig ★★★ — Das Gut ist im Besitz des Weinbau-Pioniers F. J. Malan und bringt u. a. Gewürztraminer, Vin Fumé, faßgereiften trockenen Weißwein und einen «Méthode Champenoise»-Sekt hervor. Wachsende Qualität.

Simsonvlei Eine der bekanntesten Genossenschaftskellereien Südafrikas nahe bei Paarl. Holt sich Auszeichnungen mit Pinotage.

Spier ★★ — Weingut mit fünf Farmen westlich von Stellenbosch, wo Rot- und Weißweine produziert werden. Am besten sind Colombard und Pinotage.

Steen Die meistangebaute weiße Traube Südafrikas, angeblich ein Klon der Chenin-Blanc-Rebe. Liefert kräftigen, süffigen, lebendigen Wein, süß oder trocken, meist besser als südafrikanischer Riesling.

Stein Für kommerziele halbtrockene Weißweinverschnitte gebräuchlicher Name. Nicht unbedingt zu verachten.

Stellenbosch Stadt und Weinbaugebiet rund 50 km östlich von Kapstadt, erstreckt sich an der False Bay bis zum Ozean. Hier ist das Herz des Weinbaus mit den drei größten Firmen. Die besten Weingüter, bes. für Rotwein, liegen in den zur Region gehörenden Vorgebirgen.

Stellenbosch Farmers' Winery (S.F.W.) Nach der K.W.V. größte südafrikanische Weinkellerei mit verschiedenen Weinen, u. a. Nederburg und Zonnebloem. Große Auswahl an Weinen der unteren und mittleren Preisklasse.

Stellenryck ★★★ — Bergkelder-Spitzensorten: Rhine-Riesling, Fumé-Blanc, Cabernet und Gewürztraminer.

Superior Amtliches Qualitätsprädikat für «Wines of Origin». Der Wein muß den vom Wine & Spirit Board festgesetzten Qualitätsnormen entsprechen.

Swartland Abgegrenzter Bereich um Malmesbury. Allesverloren ist das beste Gut.

Tassenberg ★ — Populärer und preiswerter Rotwein, zumeist als Tassie bekannt.

Theuniskraal ★★ — Bekanntes Gut in Tulbagh, spezialisiert auf Weißweine, bes. Riesling, Gewürztraminer und Sémillon.

Tulbagh Anbaugebiet nördlich von Paarl, am bekanntesten durch die Weißweine seiner berühmten Güter Theuniskraal und Twee Jongegezellen und die Dessertweine der Winzergenossenschaft in Dorstdy. Siehe auch Boberg.

Twee Jongegezellen ★★ — Weingut in Tulbagh, gehört zu den großen Pionieren, die in den 50er Jahren den südafrikanischen Weinbau revolutionierten; noch heute im Besitz der Familie seines Gründers (18. Jh.). Vorwiegend Weißwein, u. a. «Schanderl» und «T.J.39». Ein neuer Schaumwein ist vielleicht Zeichen für Wiederaufstieg.

Uiterwyk ★★ — Altes Gut westlich von Stellenbosch mit gutem Cabernet Sauv. und angenehmen Weißweinen.

Uitkyk (★★★) — Altes Weingut (160 ha) in Stellenbosch, berühmt für Carlonet (kräftiger Cabernet) und weißen Carlsheim (vorwiegend Sauv. Blanc).

Vergenoegd ★★★ — Alter Familienbesitz im südlichen Stellenbosch, liefert hochwertigen Sherry an die K.W.V., bukettreichen Cabernet und vorzüglichen Shiraz unter der Gutsmarke. Nicht mehr so gut wie früher.

Villiera ★★→★★★ — Gut in Paarl mit einem Spitzensekt «Tradition» nach der Champagner-Methode. Gewinner der Gault-et-Millau-«Olympiade» 1988 in Paris mit Rhein-Riesling. Feiner Cabernet und Cab./Merlot-Verschnitt.

Vriesenhof ★★★ — Kleines Weingut mit Weinbergen in hohen Hanglagen in den Stellenbosch-Bergen. Hochangesehener Cabernet und Chardonnay sowie Cab./Merlot.

Weißer Riesling Alias Rhine-Riesling; bringt in Südafrika guten Wein. Braucht Reifezeit.

Welgemeend ★★★ — Sehr kleines Weingut in Paarl mit Verschnitten nach Médoc-Art, delikatem Cabernet sowie Amadé, einer Mischung aus Grenache, Shiraz und Pinotage.

Weltevrede ★ — Fortschrittliches Gut im Robertson-Bereich. Weiße Verschnittweine sowie gespritete Weine.

De Wetshof ★★★ — Pioniergut im Robertson-Bereich; Chardonnay, Sauvignon Blanc, Rhine Riesling und ein süßer Edelfäule-Weißwein, Edeloes. Errang mit Chardonnay den Preis für den besten Wein auf der Vinexpo 87 in Bordeaux.

Wine of Origin Das südafrikanische Gegenstück zur Appellation Contrôlée. Die amtlich abgegrenzten Bereiche sind auf diesen Seiten verzeichnet.

Worcester Amtlich abgegrenzter Weinbaubereich um die Flußtäler von Breede und Hex, östlich von Paarl. Viele Genossenschaftskellereien erzeugen hauptsächlich Dessertwein, Brandy und trockene Weißweine.

Zandvliet ★★ — Gut im Gebiet Robertson mit feinem, leichtem Shiraz.

Zevenwacht ★★★ — Großes Gut in Stellenbosch. Die Weine werden nur an Aktionäre und an Restaurants abgegeben. Eindrucksvoller Cabernet Sauvignon.

Zonnebloem ★★ — Qualitätsmarke für Cabernet, Riesling, Sauvignon Blanc, Pinotage und Shiraz der Stellenbosch Farmers' Winery. Neuerdings stark verbesserte Qualität.

Was Worte sagen sollen

In der für ein so kleines Buch (und manchmal auch für größere Bücher) unumgänglichen Kurzform werden Weine oft durch Worte beschrieben, die gelegentlich nichtssagend, ja sogar dümmlich oder schlichtweg albern klingen. Was soll zum Beispiel «fett», «rund», «voll», «mager», «fest» eigentlich besagen? Einige unscharfe und daher zu Kopfschütteln Anlaß gebende Begriffe sollen hier ein wenig erläutert werden:

Abgang Siehe «Nachhaltigkeit».

Ansprechend Bedeutet: «Mir schmeckt der Wein so, wie er ist»; bei teuren Weinen eine gewisse Einschränkung, bei einfacheren ein Lob. In jedem Fall ein erfrischendes Getränk.

Ausgewogenheit Der Wein enthält alle wünschenswerten Elemente (Säure, Alkohol, Geschmacksstoffe usw.) in gut abgestimmtem und erfreulichem Verhältnis.

Biß Der erste Eindruck, den der Wein auf der Zunge macht. Er sollte positiv sein, braucht aber nicht unbedingt übermäßig kräftig auszufallen. Fehlt der Biß ganz, dann ist ein Wein schwächlich oder flach.

Blumig Wird oft als gleichbedeutend mit «fruchtig» gebraucht, soll aber eigentlich auf Anklänge von Blumendüften hinweisen. Gelegentlich ist von Rosen, Veilchen usw. die Rede.

Charmant Ein etwas herablassender Ausdruck, wenn es sich um Wein handelt, der eindrucksvollere Qualitäten haben sollte. Er beinhaltet Leichtigkeit, gelegentlich auch Lieblichkeit und wird für Loire-Weine oft gebraucht.

Eichenholz Duft oder Geschmack (oder beides) nach frisch gesägtem Eichenholz, z. B. einem neuen Faß.

Elegant Der Lieblingsausdruck eines professionellen Weinkosters, wenn ihm die Worte fehlen, um einen Wein zu beschreiben, dessen Proportionen (Gehalt, Geschmack, Aroma), dessen erster Eindruck ebenso wie seine Nachhaltigkeit, Konsistenz und alle sonstigen Qualitäten den Vergleich mit natürlicher Schönheit anderer Art nahelegen, z. B. mit dem Gang eines Pferdes oder der Gestalt und Haltung einer Frau.

Fest Eine Geschmacksvielfalt, die Gaumen und Zunge stark durch kräftige Säure oder Herbheit beeindruckt und ein Gefühl von jugendlicher Kraft vermittelt, so daß man sicher ist, daß dieser Wein im Alter sanftere Nuancen annehmen wird. Ausgezeichnet zu stark gewürzten Speisen und auf jeden Fall immer ein positiver Eindruck.

Fett Ein Wein, dessen Geschmack und Konsistenz den Mund ganz ausfüllen. Für einen leichten Mosel offenbar nicht die rechte Qualität, bei einem Sauternes dagegen dürfte sie nicht fehlen.

Fleisch Bezieht sich auf Substanz und Gefüge. Ein «fleischiger» Wein ist mehr «fett» als «saftig», eher ölig, nicht unbedingt kraftvoll. Der Ausdruck wird oft auf gute Pomerols mit ihrem sanften Gefüge angewandt.

Frisch Beinhaltet ein gewisses Maß an fruchtiger Säure, ja sogar ein wenig Säuerlichkeit sowie jugendliche Lebendigkeit und Spritzigkeit. Junge Weißweine sollten immer frisch sein, andernfalls wären sie flach oder fade.

Fruchtig Ein viel gebrauchter Ausdruck; eigentlich bezeichnet er den Körper und die Reichhaltigkeit eines aus guten, reifen Trauben gewonnenen Weins. Ein fruchtiges Aroma ist nicht dasselbe wie ein blumiges. Zur Fruchtigkeit gehört im allgemeinen eine Spur Süße. Hilfreich sind Versuche, herauszuspüren, welche Frucht (außer Trauben) sich im Duft oder Geschmack eines Weins befindet, z. B. Grapefruit, Zitronen, Pflaumen, Aprikosen — solange man das nicht zu wörtlich nimmt.

Gefällig Ein Wein, an dem man Gefallen findet, ohne daß er Gemüt und Geist zu sehr in Anspruch nimmt. Er trinkt sich angenehm, braucht keine lange Reifezeit und bleibt als erfreuliches Getränk und nichts weiter sonst in Erinnerung.

Gefüge Der «Plan», nach dem sich ein Wein aufbaut. Die Franzosen sagen «charpente» und stellen damit die Analogie zu einem Dachgebälk her. So bildet ein Balken die Breite, ein zweiter die Länge oder Tiefe, wieder ein anderer als Firstbalken das «Rückgrat» usw. Ein Wein ohne Gefüge ist flach, nichtssagend und kurzlebig.

Gehaltvoll Bezieht sich auf den Geschmack insgesamt und auf den Alkoholgehalt. Manchmal verbirgt sich hinter diesem Wort das Gegenteil von Eleganz, nämlich Überfülle. Meist wird es positiv gebraucht, doch geht es in Kalifornien leichter von der Zunge als in Bordeaux. Auf den Zusammenhang kommt es also an.

Geschmeidig Wird oft auf junge Rotweine angewandt, von denen man mehr Aggressivität erwartet hätte. Eher lebhafter als nur «gefälliger» Wein, wobei sich gute Qualität eigentlich von selbst versteht.

Hohl Es fehlt an befriedigendem Geschmack «in der Mitte», d. h. zwischen dem ersten Eindruck und dem letzten Nachgeschmack. Typisch für Weine habgieriger Winzer, die ihre Reben zuviel Trauben tragen lassen. Ein extrem hohler Wein ist «leer».

Leicht Mit relativ wenig Alkohol und Körper. Eine sehr willkommene Qualität in Weinen, zu denen sie paßt, z. B. zu den deutschen.

Mager Etwas mehr Konsistenz wäre besser: Es fehlt am vollmundigen Geschmack, und meist kommt noch übertriebene Herbheit hinzu. Gelegentlich kann der Ausdruck aber auch als Anerkennung für einen ausgeprägten, erfreulichen Stil gemeint sein.

Nachhaltigkeit Die anhaltende Empfindung der Geschmacks- und Aromastoffe nach dem Hinunterschlucken. Im Prinzip ist ein Wein um so besser, je länger sein Wohlgeschmack im Mund bleibt. Das Maß für eine Sekunde Nachhaltigkeit ist I «Caudalie». 10 Caudalies sind gut, 20 sind grandios.

Rauh Weder der Geschmack noch die Konsistenz sind angenehm. Säure oder Herbheit treten scharf in den Vordergrund.

Reichhaltig Nicht unbedingt süß, jedoch einen Eindruck von opulenter Fülle vermittelnd.

Robust Herzhaft, kräftig und recht gehaltvoll.

Rund Harmonisch und voll.

Saftig Im Sinne von Saft und Kraft, mit einer Substanz so recht zum Kauen; etwas «magerer» als «fleischig».

Schlicht Ein einfacher Wein, aber nicht ohne Charme.

Spritzig Leicht und meist angenehm säuerlich frisch, oft durch einen gewissen Gehalt an Kohlensäure unterstützt.

Stilvoll Ausdrucksvoll und eigenständig, ja selbstbewußt.

Tief/Tiefe Ein so beschriebener Wein will aufmerksam genossen sein. An ihm ist mehr, als der erste Eindruck verrät; sein Geschmack entfaltet sich auf der Zunge zu ungeahnten Dimensionen. (Tiefe Farbe bedeutet dagegen nur dunkle Farbe.) Alle wirklich feinen Weine haben Tiefe.

Voll Manchmal auch durch «körperreich» wiederzugeben: Ein Wein mit «weiniger» Fülle, d. h. Alkohol und Extrakt (alle Geschmacksstoffe) in vollmundigem Zusammenwirken.

Und was Zahlen nicht sagen können

Unter den Weinliebhabern in den USA hat sich in letzter Zeit die Meinung breitgemacht, daß die Qualitätsunterschiede zwischen dem einen und dem anderen Wein exakt und sinnvoll durch eine Punktwertung ausgedrückt werden könnten. Zu diesem Zweck werden jedem Wein zwischen 50 (anscheinend die in amerikanischen Schulen übliche Mindestpunktzahl) und 100 Punkte zugeordnet.

Man stelle sich also vor, ein 1985er Château Belair erhielte z. B. 90 und ein 1985er Beaune Clos des Mouches 88 Punkte — das wäre nicht nur ein unmittelbarer Vergleich zwischen zwei Weinen, die schon von der Grundkonzeption her völlig unvergleichbar sind, es würde auch einem Urteil, das notwendigerweise eine bedeutende subjektive Komponente enthält, den falschen Anschein wissenschaftlicher Exaktheit geben.

Noch schlimmer, wenn eine solche Punktwertung als Durchschnitt aus einer Gruppenweinprobe errechnet wird. Der unbefangene Leser könnte zu der irrigen Annahme verleitet werden, es handle sich dabei um ein einmütiges Urteil.

Punktwertungen dieser Art sind bei Weinprämierungen sicherlich brauchbar und unerläßlich. Ohne eingehende Erläuterung aber führen sie in die Irre. Überdies wird durch sie nur der Eindruck vermittelt, daß alle Weine darauf abzielen, in einem einheitlichen Sinne gut zu sein, anstatt den gebührenden Wert auf das Herrlichste zu legen, was der Wein uns zu bieten hat: seine unendliche Vielfalt.

Ein paar Worte zur Gesundheit

Enthält Sulfite

Diese für die meisten Menschen unverständliche, aber mit nicht recht faßbarer Bedrohlichkeit erfüllte Warnung war der erste einer Reihe von «Gesundheitshinweisen», die heute nach dem in Amerika gültigen Weingesetz auf Weinetiketten stehen müssen.

Die eigentliche Warnung, die sich dahinter verbirgt, ist die, daß fanatische Lobbyisten in Amerika außerordentliche Macht besitzen, so daß sie mit einer Taktik der Angst dem Bürger die Freiheit der Wahl seines Weines beschneiden können. Jeder normale und gesunde Weintrinker ist sich der Gefahren bewußt, die damit verbunden sind, wenn er Alkohol zu sich nimmt, und er wird daher jedes Übermaß vermeiden. Er weiß auch, daß unter bestimmten Voraussetzungen die Vorsicht gebietet, überhaupt keinen Alkohol zu trinken. Den Wein als «Gesundheitsgefährdung» zu bezeichnen ist nichts weiter als eine grobe Verfälschung der Wahrheit und droht zum Eingriff in die Rechte des Individuums zu werden, ja es verleugnet das Prinzip der individuellen Verantwortung. Die US-Regierung ist starkem Druck für eine Rückkehr zur Prohibition ausgesetzt. Alle Liebhaber des Weins sind von der Bedeutung des Maßhaltens überzeugt und erwarten von ihren Regierungen dasselbe.

Masters of Wine

Das Institute of Masters of Wine wurde 1953 in London gegründet, um für den britischen Weinhandel einen exakten und anspruchsvollen Qualifikationsmaßstab zu schaffen. Seine strengen Prüfungen bestehen selbst nach eingehender theoretischer und praktischer Schulung nur wenige. (Sie müssen Weine «blind» erkennen können und über ihre Bereitung sowie über die grundlegenden EG- und Zollbestimmungen Bescheid wissen.) Bisher haben sich erst 130 Kandidaten für den Titel eines Masters of Wine qualifizieren können. Vierzehn davon sind Frauen.

1988 hielt das Institut mit Unterstützung der Madame-Bollinger-Stiftung erstmals auch Prüfungen für nichtenglische Anwärter ab. Mit der Zeit dürfte der Titel «Master of Wine» (M. W.) im weltweiten Weinhandel so etwas wie den Rang eines Magisters verkörpern.

268

Für Ihre persönlichen Notizen

Wie ein gutes Weinglas aussehen soll

In vielen Weinbauregionen Europas findet man althergebrachte Weingläser, die den Wein der jeweiligen
Gegend angeblich am schönsten zu Geltung bringen.
Manche sind allerdings eher ehrwürdigem Brauchtum
als praktischen Erwägungen zu verdanken. Ein gutes
Weinglas soll klar, dünnwandig und ohne Schliff sein,
einen mäßig langen Stiel und einen relativ großen, am
oberen Rand einwärts gewölbten Kelch haben. Die hier
abgebildeten Gläser sind ein Entwurf des Verfassers.
Sie bilden einen kompletten Satz, mit dem den wichtigsten Weintypen Genüge getan werden soll.

Roter Bordeaux **Champagner** **Roter Burgunder**

Weißwein **Sherry** **Port**

Für Ihre persönlichen Notizen: